FRANÇOISE DOLTO

Die ersten fünf Jahre: Alltagsprobleme mit Kindern

Aus dem Französischen
von Sylvia Koch

WILHELM HEYNE VERLAG
MÜNCHEN

HEYNE SACHBUCH
19/541

Titel der französischen Originalausgabe:
LORSQUE L'ENFANT PARAIT
Tome 1, 2 et 3
Dieser Titel erschien bereits in der Reihe
Heyne Lebenshilfe
unter der Bandnummer 17/117.

Umwelthinweis:
Dieses Buch wurde auf chlor- und
säurefreiem Papier gedruckt.

Taschenbuchausgabe im Wilhelm Heyne Verlag
GmbH & Co. KG, München
Copyright © Vol. 1: 1977; Vol. 2: 1978; Vol. 3: Édition du Seuil
Copyright © 1982 Psychologie heute – Sachbuch,
verlegt bei Beltz, Weinheim und Basel
Copyright © 1992 Quadriga Verlag, Weinheim, Basel
Printed in Germany 1997
Umschlagillustration: Bavaria Bildagentur/Stock Imagery, Gauting
Umschlaggestaltung: Atelier Adolf Bachmann, Reischach
Druck und Verarbeitung: Presse-Druck, Augsburg

ISBN 3-453-12319-0

Inhalt

Vorwort 8

1. Alles hat seinen Grund
   (Ein Kind ist da) 19
2. Der Mensch weiß alles — von seiner frühesten
   Kindheit an
   (Wenn ein kleiner Bruder auf die Welt kommt) 25
3. Siehst du, wir haben dich erwartet
   (Das Kind ist jetzt unter uns) 29
4. Abwesenheit des Vaters 38
5. Was ist gerecht?
   (Aufregung und launisches Verhalten) 41
6. Über die Erziehung zur Sauberkeit 50
7. Wer verläßt wen? 53
8. Jeder hat seine eigenen Schlafgewohnheiten 61
9. ›Gern haben‹ oder ›begehren‹
   (Nächtliches Aufwachen) 68
10. Sich verständlich machen, indem man schreit 74
11. Trennung, Ängste 80
12. Indirekte Fragen
    (Vaterschaft, Geburt, Sexualität) 84
13. Gibt es müde Mütter? 95
14. Der Große ist ein bißchen wie der Kopf,
    der Kleine wie die Beine
    (Brüder unter sich) 100
15. Was ist wahr
    (Der Weihnachtsmann) 107
16. Wir sterben, weil wir leben 110
17. Erst mit dem Baby wird die Frau zur Mutter
    (Ernährungsfragen) 116
18. Noch einen Augenblick zu Hause
    (Hier Kindergarten, dort Werbung) 120
19. ›Sprechen müssen‹ gibt es nicht
    (Worte und Küsse) 124

20. Er wird ein Künstler 129
21. Stumme Fragen
    (Noch einmal Sexualität) 135
22. Was geschehen ist, ist geschehen
    (Ängste).. 139
23. Eine andere Sprache verstehen, seine Eltern
    adoptieren 143
24. Kinder brauchen Leben um sich
    (Freizeitbeschäftigungen) 149
25. Wenn man an den Körper des Kindes rührt
    (Operationen) 155
26. Ein Baby muß getragen werden
    (Beruhigen) 160
27. Aneinanderhängende Babys, eifersüchtige
    Zwillinge 165
28. Nein sagen und doch das Richtige tun
    (Gehorsam) 169
29. Nackt, vor wem? 178
30. »Stell dir vor, sie wäre tot«
    (Aggressivität) 185
31. Wer ist ›man‹?
    (Vater und Mutter) 190
32. Den Ödipus spielen 197
33. Immer wiederkehrende Fragen
    (Trennung; Zwillinge) 204
34. Aggressive oder aggressiv behandelte Kinder?
    (Rückkehr aus dem Kindergarten) 210
35. Das Baby ›zivilisiert‹ empfangen
    (Geburt) 214
36. Du hast einen leiblichen Vater gehabt
    (Ledige Mütter) 219
37. Das Kind, das alles berühren will
    (Herumlaufen und alles untersuchen)................ 231
38. Eine bessere Hand gibt es nicht
    (Linkshändige Kinder) 238
39. Die Gegenstände sind für uns da — und nicht
    umgekehrt, wir für sie
    (Ordnung oder Unordnung) 246

40. Siehst du, ich hatte Lust dazu, dich zu schlagen
    (Gewalttätigkeit bei Kindern und Eltern) 266
41. Die Mutter rauft sich die Haare,
    der Sohn sieht aus wie ein zerrupftes Huhn
    (Aufgebrachte Mütter) 273
42. Passivität ist keine Tugend
    (Schüchterne Kinder) 281
43. In der Fantasiewelt
    (Weihnachten, Märchen, Spielsachen) 290
44. Wirklichkeit und Einbildung
    (Flucht, Angst, Lüge) 301
45. Die Worte sollen der Wirklichkeit entsprechen
    (Den Tod sagen) 309
46. Gemeinsam Spaß haben — aber jeder entsprechend
    seinem Bedürfnis 317
47. Du wolltest auf die Welt kommen, und wir wollten
    ein Kind
    (Sexualerziehung, direkte Fragen) 327
48. Das große Vergnügen?
    (Sich voreinander nackt zeigen) 335
49. Was man in einem bestimmten Alter können muß
    (Von falschen Normen) 341

Sachregister 351

Vorwort

Während meines Urlaubs im August 1976 bekam ich einen Telefonanruf. Der Direktor von FRANCE-INTER*, Pierre Wiehn, den ich bis dahin nicht kannte, schlug mir vor, nach der Urlaubszeit an einer Sendung über Probleme, die Eltern mit ihren Kindern haben, teilzunehmen. Fürchterlich, mitten im Urlaub an die Rückkehr denken zu müssen. Ich lehnte ab. Ich sagte auch deshalb kategorisch nein, weil mir die Schwierigkeit einer solchen Sendung bewußt war — spielen bei Erziehungsproblemen doch so viele unbewußte Faktoren eine Rolle. Einige Tage später versuchte der Stellvertreter des Direktors von FRANCE-INTER dann überzeugender zu sein. Die Nachfrage nach einer solchen Sendung wäre groß, sagte er. Seit das Radio zu Hause eine Art ständiger Begleiter geworden sei, suchten dort viele Eltern die Antworten auf ihre psychologischen Probleme. Man sollte deswegen einmal eine Sendung über die Schwierigkeiten bei der Kindererziehung machen. Ich fand die Idee nicht schlecht, aber warum gerade mit mir, die ich in meinem Beruf als Psychoanalytikerin schon viel zuviel beschäftigt bin? Das wäre doch eher eine Aufgabe für Erzieher, Psychologen oder junge Mütter und Väter. Es gibt schließlich viele Leute, die sich mit diesen Fragen beschäftigen. Ich blieb bei meiner Ablehnung, und die Sache war für mich gestorben.

Bei meiner Rückkehr aus dem Urlaub rief Pierre Wiehn dann noch einmal an. Kommen Sie doch nur vorbei, sagte er, um mit uns zu sprechen, und wir denken über die Angelegenheit noch einmal nach. Wir würden gern unsere Vorstellungen mit Ihnen diskutieren, denn es handelt sich um eine Sendung, die uns sehr am Herzen liegt. Ich war gerade zurückgekommen und fühlte mich gut ausgeruht, stand noch nicht unter dem Druck meiner Termine und sagte zu. An einem Nachmittag Anfang September ging ich schließlich zu dem großen

---

* Bekannte französische Rundfunkanstalt.

Gebäude von FRANCE-INTER, um die Herren, die mich auf die Sendung angesprochen hatten, dort zu treffen, mit ihnen gemeinsam über das Projekt nachzudenken und mich nach und nach für ihre Sache gewinnen zu lassen.

Ich sah ein, daß man sich der Kinderwelt annehmen sollte, zumal die Nachfrage von seiten der Öffentlichkeit wirklich groß war. Doch wie konnte man Antworten geben, ohne zu schaden, ohne zu indoktrinieren, wie konnte man die Zuhörerschaft nutzen, um etwas für diejenigen zu tun, die die Zukunft einer Gesellschaft sind, von der sie aber niemals angehört werden? Schließlich stimmen die Verantwortlichen von Beratungsstellen darin überein, daß sie feststellen, daß die Verhaltensstörungen, aufgrund derer die Kinder zu ihnen gebracht werden, häufig auf die frühe Kindheit zurückzuführen sind. Neben den unmittelbar reaktiven Störungen aufgrund von schulischen oder familiären Ereignissen gibt es in der Kindheit richtige Neurosen oder Psychosen, die mit Störungen anfingen, die man hätte beheben können, wenn den Eltern und den betroffenen Kindern dabei geholfen worden wäre, sich ohne Angst und Schuldgefühle von beiden Seiten besser zu verstehen. Ohne diese Hilfe gehen solche Störungen häufig in einen chronisch pathologischen Zustand über, der beim Kind sowohl von starken Abhängigkeitsgefühlen und Abwehrreaktionen wie auch von einer ungleichmäßigen Entwicklung gekennzeichnet ist. Die ganz Kleinen drücken ihre Leiden zunächst durch Funktionsstörungen der Verdauungsorgane, Appetitverlust, Schlafstörungen, motorische Unruhe oder durch große Apathie aus, wenn nicht dadurch, daß sie anfangen, sich gegenüber allem gleichgültig zu zeigen und die Lust am Spielen und kindlichen Umhertoben verlieren. Die Verlangsamung der Sprachentwicklung, motorische Störungen oder Charakterstörungen sind dann die nachfolgenden Symptome des Verlustes der sprachlichen Kommunikation mit der Umgebung. Diese in der frühen Kindheit ja häufig auftretenden Störungen sind für die meisten Eltern völlig unverständlich, und sie begnügen sich damit, das Schulalter abzuwarten und ihre Kinder bis dahin für die Fehlentwicklungen zu bestrafen oder den sie störenden Kindern Beruhigungsmittel zu verabreichen, auf die sie der Arzt eines Tages aufmerksam gemacht hat und die sie seitdem täglich anwenden. Man kann also sagen, daß derartige kindliche Beziehungsschwierigkeiten bis zum schulpflichtigen Alter nicht als solche ins Bewußtsein der Erwachsenen dringen. Dabei sind sie es doch selbst, die eine gestörte psychosoziale Zukunft des Kindes vorbereiten. Es ist nicht so, daß die Eltern ihre Kinder nicht lieben, sondern sie verstehen es nicht, sie wissen nicht — oder wollen es nicht wissen —, wie sie mitten in den Schwierigkeiten ihres eigenen Lebens an die psychischen Probleme der ersten Lebensphase ihrer Söhne und Töchter herangehen sollen. Dabei sind diese Kinder doch schon in den ersten Stunden ihres Lebens Wesen, die nach Kommunikation trachten, Wesen, die Sicherheit, Liebe, Fröhlichkeit und Worte brauchen, und zwar mehr noch wie materielle Pflege oder eine gesunde Ernährung und rein körperliches Wohlergehen. Hinzu kommt, daß die Medizin und speziell die Chirurgie solche Fortschritte gemacht haben, daß manche Kinder, die in der Vergangenheit sowohl an Infektionskrankheiten als auch an Funktionsstörungen oder physiologischen Schwächen im frühen Alter starben, heute gerettet werden; wiederum andere bleiben nach einem schwierigen Leben im Mutterleib oder nach einer Frühgeburt mit langem Aufenthalt im Brutkasten am Leben. Doch diese medizinisch so gut betreuten und körperlich erholten Kinder zeigen oft Regressionssymptome und Schwierigkeiten bei der Sprachentwicklung im weitesten Sinne des Wortes, zeigen Gesundheitsstörungen psychosozialer Herkunft in ihrem familiären Milieu, in der Gesellschaft oder wenn sie mit gleichaltrigen Kindern zusammen sind. Es ist dann viel zu spät, wenn im Schulalter die Auswirkungen einer in ihrer Entwicklung bis zu drei oder fünf Jahren gestörten Frühkindheit dadurch zu erkennen sind, daß es für diese Kinder unmöglich ist, sich mit Sicherheit und Fröhlichkeit an den Aktivitäten der Kinder ihres Alters zu beteiligen. Und erst viel später lassen sich die Eltern dann dazu bewegen, spezielle Untersuchungen durchführen zu lassen, nämlich wenn sie mit Charakterstörungen ihrer Kinder, andauernden psychosomatischen Symptomen oder verschiedenen psychischen Symptomen konfrontiert werden, daß die Kinder z. B. in Angstzustände verfallen oder heftige Ablehnung durch ihre Altersgruppe oder die Erwachsenen in ihrer Umgebung erfahren. Dabei haben diese Kinder aber noch Glück im Vergleich zu denjenigen, die von ihren Eltern getrennt sind und sich in Anstalten oder Einrichtungen aufhalten, in denen sie meist für immer zu abseits stehenden Mitgliedern der Gesellschaft gemacht werden.

Man müßte also viel früher eingreifen, nämlich sobald bei der Erziehung des Kindes Probleme in seinem Verhältnis zur Mutter auftauchen. Aber wie?

Es gibt zahlreiche Fälle, bei denen die Eltern selbst dieser Meinung sind und das Scheitern ihrer Erziehungsbemühungen verstehen lernen wollen. Doch oft handelt es sich um umfassende Erziehungsprobleme, d. h. sie versuchen dann ›alles‹, wie sie sagen, und haben doch Angst, damit zu scheitern. Gleichzeitig verliert das Kind an Lebenslust, weil es ihm nicht gelingt, sich gerade denjenigen gegenüber verständlich zu machen, von denen es — von Natur aus, weil es ein Kind ist — alles erwartet, und an deren Hilfe es gerade durch seine Entwicklungsstörungen appelliert.

Wäre es also nicht möglich, den Eltern bei ihren Problemen, sich ausdrücken zu können, zu helfen, die Bedeutung der Schwierigkeiten ihrer Kinder verstehen zu lernen, anstatt die ersten Anzeichen des kindlichen Leidens totzuschweigen oder zu ignorieren? Man müßte darüber informieren, wie man einem Kind am besten die Sicherheit zurückgeben kann und ihm ermöglicht, in seiner Entwicklung weitere Fortschritte zu machen und sein Selbstvertrauen zu finden: nach einem Schicksalsschlag oder schlechten Erfahrungen, einer schweren Krankheit, einer bleibenden Behinderung bzw. einem vorhandenen körperlichen, geistigen oder seelischen Leiden. Es gibt für Eltern nichts Schlimmeres, als ihre Ohnmacht vor dem physischen oder psychischen Leid ihres Kindes festzustellen, und ebenso geht es dem Kind, wenn es das Gefühl hat, seine existentielle Sicherheit zu verlieren, dieses Gefühl des natürlichen Vertrauens, das es aus dem Erwachsenen schöpft. Alles in allem ginge es also darum, die Eltern zu informieren, auf ihren Hilferuf eine Antwort zu geben, festgefahrene Situationen aufzulösen, dem einen oder anderen die Schuld abzunehmen, um letztlich Denkprozesse in Gang zu setzen; es ginge darum, Väter und Mütter in ihrem Verständnis zu unterstützen, daß auch sie zu der gestörten Entwicklung des Kindes beigetragen haben. Vielleicht könnte man ihnen auch manchmal helfen, über die Schwierigkeiten, die ihnen ihr gestörtes Kind vor Augen führt, sich selbst besser zu verstehen. Das gestörte Kind ist häufig nur der scheinbare, doch manchmal auch der wirkliche Grund ihrer Bestürzung und Probleme, die oft ohne ihr Wissen eine Reaktion auf ihre eigenen Ungeschicklichkeiten sind, welche die Weiterentwicklung ihres nach Selbständigkeit strebenden Kindes hemmen; es mag daran liegen, daß sie ihm je nach Alter und seiner Art manchmal zu viel und manchmal nicht genug Freiheit geben. Ist aber eine solche Hilfestellung überhaupt möglich? Sollte man also den Versuch mit der Sendung wagen?

Bestand nicht die Gefahr, fertige Lösungen und wirksame Erziehungstricks vorzubringen, wobei es doch meistens um komplexe emotionale Probleme geht, die auf die Erwachsenen zurückzuführen sind? So tragen diese häufig noch die Verhaltensweisen ihrer eigenen Eltern in sich, die sie ihren Kindern gegenüber wiederholen, oder befinden sich im Gegenteil in Widerspruch zu ihrer Elternrolle, die sie zu früh familiären Verpflichtungen nachkommen läßt, mit denen sie nicht fertig werden können, weil sie gleichzeitig ihre eigene verlängerte Jugend weiterleben. Letztere sind zu früh an ein Leben gebunden, das Verantwortung von ihnen verlangt. Ich glaubte, daß man von dieser Art von Rundfunksendung nicht zu viel erwarten sollte, aber reichte es aus, sich der Aufgabe zu entziehen? Wenn ich es mache, so sagte ich mir, würden dagegen sicherlich viele Einwände erhoben werden, aber war auch dies ein Grund, den Versuch nicht zu unternehmen? Viele familiäre Situationen sind z. B. einfach zu schwierig, zu viele unbewußte Prozesse spielen beim Kommunikationsverlust in der Familie eine Rolle, als daß es den Eltern möglich wäre, die innere Ruhe wiederzuerlangen, die für ein Nachdenken notwendig ist; um so mehr, da gerade Eltern, die selbst in Schwierigkeiten geraten, von ihren Kindern und deren ›Lebenserfolge‹ Trost für ihren Kummer erwarten. Es gibt so viele Eltern, die in ihrer Kindheit verletzt, in ihrer Ehe bzw. dem Leben mit ihren Angehörigen emotional enttäuscht oder beruflich entmutigt worden sind und nun alle ihre Hoffnung auf ihren Nachwuchs setzen, dessen kleinster Mißerfolg sie zur Verzweiflung bringt und den sie mit einer für Jugendliche lähmenden Verantwortung belasten, anstatt ihnen in einer Atmosphäre der Sicherheit und Entspannung zu helfen, ihr Selbstvertrauen zu bewahren und ihre Hoffnung …

Wie sollte man also vorgehen? Zunächst nicht auf alle Fragen direkt antworten, selbst wenn die Anonymität gewahrt bliebe. Man sollte detaillierte Briefe anfordern und den Schreibenden gleichzeitig versichern, daß alle ihre Briefe aufmerksam gelesen werden würden, obwohl man — angesichts der knappen Sendezeit — nur auf die wenigsten direkt eingehen könnte. Seine Schwierigkeiten *schriftlich* zu formulieren, ist ja schon für sich genommen ein gutes Mittel, um sich selbst zu helfen. Das war meine erste Idee.

Nach Durchsicht der Post müßte man dann unter den Fragen diejenigen auswählen, die, von einem besonderen Fall ausgehend, ein Problem aufwerfen, das zahlreiche Eltern interessieren kann, selbst wenn es sich für jedes Kind anders darstellt. Zu berücksichtigen wäre weiterhin die familiäre Lebensweise, die Anzahl der Kinder, das Alter, das Geschlecht, der Platz, den das Kind in der Geschwisterreihe einnimmt, denn von diesen Faktoren hängen eine Reihe von emotionalen Faktoren beim Kind ab. Ebenso werden von diesen Umständen die Weltsicht des Kindes beeinflußt, die es im Verlauf seiner Entwicklung auf der Suche nach seiner Identität gewinnt, die Anregungen, die es bekommt, die Rivalität in seinem Verhältnis zu anderen und seine aufeinanderfolgenden Identifikationen. Man müßte die Eltern, die uns zuhören würden, über die *besonderen* Zeitabschnitte informieren, die alle Kinder — jedes auf seine Weise — in ihrer Entwicklung durchleben und die so viel Kopfzerbrechen bereiten, wobei das Unverständnis der Erwachsenen und ihre Bestürzung angesichts von Mißerfolgen gerade in dieser Zeit für die Kinder schmerzhafter sind als in späteren Zeitabschnitten ihres Lebens und die Ursache für Mißverständnisse, Mißdeutungen und Kettenreaktionen, die einem glücklichen Ausgang dieser besonderen Entwicklungsetappen im Wege stehen. Man müßte also anhand von speziellen Fällen über diese häufigsten Probleme sprechen, damit die Sendung dem Verständnis der Kindheit durch die Erwachsenen wirklich dient. Für viele Erwachsene trifft zu, daß sie von diesen für die Kindheit spezifischen Krisen und von den entsprechenden Reaktionsweisen, die — je nach Art des Kindes — mit einem glücklichen oder weniger glücklichen Ausgang einhergehen, überhaupt nichts wissen.

Die Eltern und Erwachsenen wissen nämlich nur selten, daß ein kleiner Mensch von Geburt an ein sprachliches Wesen ist und daß viele von seinen Schwierigkeiten am besten dadurch gelöst werden, daß man sie ihm erklärt. So klein ein Kind auch sein mag, ist es doch fähig, wenn eine Mutter oder ein Vater mit ihm über die bekannten oder nur vermuteten Gründe seines Leides spricht, diese Leidsituation zu überwinden und dabei sein Selbstvertrauen und das Vertrauen in seine Eltern zu bewahren. Aber versteht es denn schon den Sinn der Wörter oder die Hilfsbereitschaft, von der dieses Sprechen zeugt? Ich bin mir sicher, daß es schon sehr früh für den Sinn der mütterlichen Sprache sowie auch für den vermenschlichenden Sinn des mit Mitgefühl und Aufrichtigkeit an seine Person gerichteten Wortes offen ist. Es empfindet darin mehr Sicherheit und zusammenhängende Befriedigung als in dem Gebrüll, in den Beschimpfungen und Schlägen, die es zum Schweigen bringen sollen und dies manchmal ja auch fertigbringen. Eltern, die so handeln, verleihen dem Kind eher den Status eines Haustieres, das seinem Herrchen gegenüber unterwürfig und ängstlich ist, als den eines Menschen, dem bei seinen existentiellen Schwierigkeiten, von denjenigen, die ihn lieben, geholfen wird. Die Kinder können dann selbst nur noch durch Geschrei ihr Unbehagen zum Ausdruck bringen, weil ihnen die beruhigenden und erklärenden Worte von seiten der Eltern fehlen. Die menschliche Kommunikation scheint mir heutzutage gegenüber den Kindern in Vergessenheit geraten zu sein, die zwar stets Zeuge des elterlichen Ehelebens sind, aber der direkt an sie gerichteten Sprache beraubt. Dies trifft besonders auf solche Kinder zu, die in der Stadt leben — mit ihrer Mutter, bei ihrer Pflegemutter oder in der Kinderkrippe. In den alten Stammesfamilien gab es früher immer einen zusätzlichen Erwachsenen, der, wenn die Eltern nicht da waren, mit dem Kind zu sprechen wußte, ihm ein Lied singen, es wiegen bzw. mit sich selbst versöhnen konnte, und dabei auch dessen Leidensäußerungen tolerierte. Auch kommt es darauf an, im Laufe der Erziehung auf alle Fragen eines Kindes ehrlich zu antworten und seine Beobachtungsgabe, sein Urteilsvermögen und seinen kritischen Sinn zu fördern. Mir schien es notwendig, daß die Eltern diese Sprache entdecken oder wiederentdecken. Doch sind das alles nicht eigentlich Erkenntnisse des gesunden Menschenverstandes, die man Eltern beibringen muß und die sie nur vergessen haben?

Ich fragte mich auch, ob die anstehende Arbeit mit der Sendung oder, man könnte auch sagen, diese soziale Hilfestellung, Aufgabe eines Psychoanalytikers sein kann? Ein Psychoanalytiker ist doch ausgebildet für das stille Zuhören bei denjenigen, die gekommen sind, um im Gespräch mit ihm ihre innere Ruhe wiederzufinden, die durch vergangene Krisen gestört wurde, deren Sinn sie durch ein Wiedererzählen zu entziffern suchen, weil sie durch den Wiederholungsprozeß in bezug auf diese Krisen derart in sich eingesperrt sind, daß sie in ihrer menschlichen Entwicklung beeinträchtigt werden. War es also Aufgabe eines Analytikers — zu denen ich ja schließlich gehöre —, in einer Radiosendung direkt auf Fragen in bezug auf Erziehungsprobleme zu antworten? Diese Frage habe ich mir seinerzeit gestellt und stelle sie immer noch. Sicherlich kann ich nur zu Erziehungsproblemen Stellung nehmen wie jemand, der durch die Psychoanalyse ausgebildet ist, auf der anderen Seite aber auch von so vielen ungelösten Situationen informiert wurde, in denen sich diejenigen — junge und weniger junge Menschen —, denen ich in meinem Beruf begegnet bin, zu bewähren hatten. Wenn auch jeder Mensch in seiner Entwicklung die gleichen Etappen durchmacht, so empfindet doch jeder einzelne die daraus entstehenden Schwierigkeiten anders, die immer an die seiner Eltern — mögen diese auch noch so wohlmeinend sein — gekoppelt sind. Kann diese immer besondere und individuelle Kenntnis des menschlichen Leidens dazu beitragen, auch anderen zu helfen, die nicht direkt angesprochen werden? Ich weiß es nicht. Die Erfahrung wird es zeigen. Und gibt es keine vermeidbaren Leidsituationen unter denjenigen, die Eltern und Kinder im Laufe ihres gemeinsamen Lebens durchmachen? Wir alle sind von unbewußten Wünschen eingenommen, und in bezug auf die Eltern-Kind-Beziehung sind diese vom Inzestverbot durchdrungen bzw. den Schwierigkeiten, einen schöpferischen Ausweg aus Bedürfnissen zu finden, die zwischen den einzelnen Familienmitgliedern nicht zugelassen sind. Aber wenn ich Psychoanalytikerin bin, so bin ich auch eine Frau, Gattin oder Mutter, und ich habe ebenfalls die Probleme dieser verschiedenen Rollen gekannt und kenne die Grenzen, einfach nur guten Willens zu sein. Ich spreche als Frau, die, obwohl Psychoanalytikerin, von ihrem Alter her mindestens Großmutter sein könnte, als Frau, deren Antworten anfechtbar und die ihnen zugrundeliegenden Ideen angreifbar sind, in einer sich bewegenden Welt, in der die heutigen Kinder die Jugendlichen und die Erwachsenen von morgen sein werden, in einer in Wandlung begriffenen Zivilisation. Im Grunde möchte ich nur in die Fragen, die man mir stellt, mehr Verständnis für das zugrundeliegende Problem einbringen. Die Zuhörer — die, die mir schreiben, zuhören und schließlich die, die hier meine Antworten lesen — sollten nicht denken, daß ich über ein wahres Wissen verfüge, das sie nicht in Frage zu stellen hätten. Es geht mir darum, diesen Weg der Wissensvermittlung zu erforschen und darum, sich den aktuellen Problemen der heutigen Kinder zu stellen. Diese sind in vielen Fällen Erfahrungen und einem psychosozialen Klima ausgesetzt, das sich stets verändert und ständig Situationen schafft, die für alle neu sind. In den Antworten, die ich gebe, setze ich mir zum Ziel, die Eltern, die Schwierigkeiten haben, zu bewegen, ihr Problem unter einem anderen Blickwinkel zu betrachten, jene Zuhörer, die sich nicht unmittelbar angesprochen fühlen, zum Nachdenken über die Stellung, die der Kindheit um uns herum eingeräumt wird, zu bringen, diese Kindheit, die wir Erwachsene, die wir neben ihr hergehen, zu empfangen und zu unterstützen haben, damit die Kinder in aller Ruhe den Sinn ihrer Verantwortung verstehen lernen.

Ist die heutige Kindheit eine Kopie unserer eigenen? Müssen wir in unseren Verhaltensweisen die derjenigen wiederholen, denen es gelungen ist, vergangene Generationen großzuziehen? Sicherlich nicht. Die Bedingungen der Wirklichkeit haben sich verändert und verändern sich jeden Tag, und mit ihnen müssen die heutigen Kinder leben, um sich zu entwickkeln. Was sich nicht geändert hat, ist das unstillbare Bedürfnis der Kinder nach Kommunikation mit den Erwachsenen. Dieses existiert immer noch und hat immer existiert, denn es macht das menschliche Wesen aus, daß es sich ausdrückt und danach trachtet, den Schranken des Alters und der Sprache zum Trotz sich den anderen mitzuteilen und dann auch leidet, dazu unfähig zu sein oder nur inadäquate Mittel dafür zur Verfügung stehen zu haben.

Alle diejenigen, die meine Antworten auf diese Briefe von Eltern und seltener von Jugendlichen lesen, werden, so hoffe ich, dazu angeregt, ihrerseits über diese Probleme, deren Sinn und die verschiedenen Antworten, die man darauf geben kann, nachzudenken. Dazu gehört auch das Nachdenken über dieses außergewöhnliche Mittel des Sichmitteilens und der gegenseitigen Hilfe im Rahmen einer Radiosendung, welche die Kommunikation zwischen einander unbekannten Leuten über Probleme, die früher in den Familien geheimgehalten wurden, ermöglicht.

Bei manchen werden Erinnerungen aus ihrer eigenen Kindheit wachgerufen werden, manche werden auf Schwierigkeiten aufmerksam gemacht, die sie selbst als Kind oder die ihre Eltern mit ihnen gehabt haben bzw. auf Probleme, die sie mit ihren eigenen Kindern hatten oder jetzt noch haben und die sie ohne fremde Hilfe lösen können. Ich hoffe auch, daß dieses Buch viele ermutigt, sich anderen Familien zu nähern. Es mag dann dazu beitragen, in Leidsituationen geratene Eltern und deren Kinder anders zu betrachten, sowie die Reaktionen der Kinder mit anderen Augen zu sehen, ob man sie nun auf den Spielplätzen miteinander spielen sieht, ob es sich um Kinder handelt, die sich in der Schule schwertun oder um Kinder, die uns einfach nur in unserer Ruhe stören. Vielleicht kann man den Erwachsenen helfen, mit solchen Kindern anders zu sprechen als wie sie es jetzt tun, nicht zu schnell über sie zu urteilen, durch ihr Nachdenken Antworten auf alltägliche Probleme, die man ihnen anvertraut, und von denen hier so viel die Rede sein wird, zu finden. Vielleicht werden sie besser als ich die hilfreichen Worte zu dem schwierigen menschlichen Dasein der Eltern und dem nicht weniger schwierigen menschlichen Dasein der Kinder bei denjenigen finden, denen sie begegnen und die sie um Rat bitten.

Dieses Buch berichtet über die ersten Monate der Sendung von FRANCE-INTER: *Wenn ein Kind auf die Welt kommt.*

Ich möchte zuletzt allen von der kleinen Mannschaft, die wir während der Sendung bildeten, danken: Bernard Grand, dem Produzenten, der immer ein wachsames Auge auf seine Uhr geworfen hat! Jacques Pradel, der sich mit mir während der Sendung unterhält; Catherine Dolto, die alle von mir ausgewählten Briefe zusammengefaßt hat, was es uns ermöglichte, die Hauptthemen des Tages festzulegen; den treuen Technikern und Sekretärinnen des Zimmers 5348, 116, avenue du Président Kennedy, Paris XVI.

Françoise Dolto

1. KAPITEL

Alles hat seinen Grund
(Ein Kind ist da)

Françoise Dolto, Sie sind Psychoanalytikerin; es kommt aber hier nicht darauf an, eine persönliche Sprechstunde abzuhalten. Sind Sie auch dieser Meinung?

Ganz genau. Und obwohl ich Psychoanalytikerin bin, wie Sie sagen, hoffe ich, daß ich auch einen gesunden Menschenverstand habe und daß ich den Eltern in ihren Schwierigkeiten werde helfen können, genauer gesagt, bei solchen Schwierigkeiten, die bei ihren Kindern noch vor den ernsteren Störungen kommen, für die man später zu den Ärzten oder denen gehen muß, die für die Psyche der Menschen zuständig sind. Es gibt viele Dinge, die die Eltern zunächst nicht so ernstnehmen, im übrigen die Ärzte auch nicht. Die Eltern wissen nur, daß sie ein Problem haben: ihr Kind hat sich verändert. Sie möchten dann wissen, was sie machen sollen; und sehr oft könnten sie die Lösung selbst herausfinden, wenn sie nur ein wenig nachdenken würden. Ich möchte ihnen helfen, nachzudenken, das ist mein Ziel.

Das stimmt, denn vorbeugen ist besser als heilen. Andererseits gibt es aber nicht nur die Dramen: die Ankunft eines Kindes ist ein freudiges und glückliches Ereignis. Aber man muß diese Kinder, die da kommen, verstehen. Und das ist nicht immer leicht.

Die Eltern empfangen sie meist mit viel Freude. Aber man erwartet ein Baby, und dann ist es ein Junge oder ein Mädchen. Man hätte ein Mädchen vielleicht ein bißchen lieber gehabt, aber es ist ein Junge geworden; man würde lieber einen Jungen haben, und es ist ein Mädchen ... Man muß hinzufü-

19

gen, daß es im übrigen in der Familie ja nicht nur die Eltern gibt. Die Großeltern sind auch da, und vor allem die ersten Kinder. Ein solches Ereignis — die Geburt eines Neuankömmlings — ist für viele erste Kinder ein kleines Drama. Ich möchte sogar sagen, daß es ein sehr schlechtes Zeichen ist, wenn das Kind, das, sagen wir einmal, zwischen 18 Monaten und vier Jahre alt ist, nicht eifersüchtig reagiert. Das vorige Kind *soll* Eifersucht zeigen, weil es ihm Probleme schafft, wenn es zum ersten Male sieht, daß alle Leute vor seinen Augen ein jüngeres Kind bewundern: »Muß man also ›Baby‹ spielen«, denkt sich das ältere Kind, »um bewundert zu werden?« Bis dahin glaubte es, daß es anerkannt sein würde, wenn es zum Erwachsenen werden würde, ein großer Junge oder ein großes Mädchen.

Ich glaube, daß man den Eltern gerade in dem Augenblick, in dem ihr Baby zur Welt kommt, helfen soll, denn alles wird in den darauffolgenden Monaten komplizierter.

Sie sprachen vom ›gesunden Menschenverstand‹. Es ist wahr, daß ein bißchen gesunder Menschenverstand manchmal eine Situation wieder in Ordnung bringen kann, die ursprünglich extrem verworren und dramatisch erscheint. Vielleicht könnten wir dieses anhand eines konkreten Beispiels erläutern.

Man muß wissen, daß das Kind, welches eine seltsame Reaktion zeigt, immer einen Grund dafür hat. Man spricht dann häufig von den *Launen* des Kindes: sie sind dann einfach da, weil man sie so nennt. In Wirklichkeit besteht unsere Aufgabe, wenn ein Kind plötzlich eine seltsame Reaktion zeigt, die alle Leute stört, darin, zu *verstehen,* was eigentlich vor sich geht. Ein Kind will auf der Straße nicht mehr weitergehen: vielleicht will es seine Schuhe nicht mehr anhaben; vielleicht will es gerade in diese Richtung nicht gehen; vielleicht geht man zu schnell, und vielleicht müßte man doch den Kinderwagen nehmen, wo man doch glaubte, es wäre groß genug, um darauf verzichten zu können. Die Eltern aber denken: »Es hat doch schöne Ferien gehabt, es steht gut auf seinen Füßen …« Eben überhaupt nicht! Am gleichen Ort wie vor den

Ferien möchte es, daß man wie früher seinen Kinderwagen dabei hat. So etwas wird nicht lange dauern. Die Launen kommen meiner Meinung nach vom Unverständnis für das Kind: es versteht nicht, weil der Erwachsene es nicht mehr versteht. Hierbei handelt es sich also im Grunde um eine Frage des gesunden Menschenverstandes! Und ich habe eine Reihe von Kindern gesehen, die anfingen, ihre Launen zu haben. Es ist dies der Fall bei jedem lebendigen oder intelligenten Kind, das erklären will, was es empfindet und wünscht, aber nicht weiß, wie es vorgehen soll: es schimpft dann, es ist ablehnend, es schreit und dann fängt man auch selbst um es herum an zu schreien. So sollte man eben nicht reagieren, sondern vielmehr versuchen, es zu verstehen, indem man sich sagt: »Es gibt einen Grund. Ich weiß nicht welchen, aber denken wir nach!« Und vor allem soll man nicht sofort ein Drama daraus machen.

Ein anderes Ereignis, das alle Eltern betrifft, die Kinder im Vorschulalter haben: Die Kindergartenzeit* beginnt. Oft ist es für das Kind ein richtiges Ereignis, von seiner Familie wegzugehen, zu einem Unbekannten zu gehen, neue Leute kennenzulernen.

Sprechen Sie von einem Kind, das zum erstenmal in den Kindergarten geht, oder von demjenigen, bei dem der Kindergarten — etwa nach den Ferien — wieder anfängt?

---

* Die Vorschulerziehung ist in Frankreich etwas anders organisiert als bei uns. So ist der eigentlichen Grundschule, die wie bei uns mit sechs Jahren beginnt, die ›L'école maternelle‹ vorgeordnet, in die die Kinder ab drei Jahren gehen. Sie entspricht zwar im großen und ganzen unserem Kindergarten, ist aber besonders zum Ende hin eher eine ›Vorschule‹, d. h. straffer organisiert als unsere Kindergärten und schon eindeutig auf jene Fertigkeiten hin orientiert, die die Kinder beim Schuleintritt brauchen. Die Erzieherinnen wechseln jedes Jahr. In diesem Buch wurde ›L'école maternelle‹ für die drei- und vierjährigen Kinder mit ›Kindergarten‹, für die fünfjährigen Kinder mit ›Vorschule‹ oder ›Vorschulkindergarten‹ übersetzt. (Anm. der Übers.)

Von beiden. Befassen wir uns zunächst mit dem kleinen Kind, das zum erstenmal in den Kindergarten geht.

Letzten Sommer arbeitete ich ruhig im Garten, als ich ein kleines Mädchen hörte, das die Ankunft seines Onkels bejubelte. Das war für dieses Mädchen eine richtige Freude! Nun gut. Dieser Herr steigt also aus seinem Auto aus und sieht die Kleine: »Mensch, bist du aber groß geworden! Du kommst bestimmt bald in den Kindergarten!« Darauf sagt das Mädchen glücklich und sich ganz wichtig vorkommend: »Ja, ja, ich werde in den Kindergarten gehen. Wenn der Kindergarten wieder losgeht, gehe ich hin, in zwei Monaten.« Der Onkel antwortet: »Du wirst sehen, daß es dort nicht so lustig zugeht. Du wirst nämlich ganz ruhig bleiben müssen und darfst nicht so einfach herumrennen. Sieh mal, du bohrst jetzt mit dem Finger in der Nase, das wird man da z. B. nicht machen dürfen. Und dann noch deine kleinen Spielkameraden. Du wirst vor ihnen achtgeben müssen, denn sie werden dich an den Zöpfen ziehen. Wie? Du wirst deine Zöpfe noch haben? Aber nein, man muß dir die Haare schneiden.« Wirklich, eine Schreckensvision! Das kleine Mädchen war so fröhlich vor der Ankunft seines Onkels, so fröhlich bei seinem Empfang … Danach habe ich es nicht mehr gehört. Hier war ein Kind durch die Worte eines Erwachsenen, der es vielleicht necken wollte, völlig am Boden zerstört worden. Dies ist nur ein Beispiel, aber wie oft stellen Erwachsene dem Kind den Eintritt in den Kindergarten als das Ende des unbeschwerten Lebens dar.

Es ist dann wohl auch nicht erstaunlich, Kinder zu sehen, die weinen und sich praktisch auf dem Bürgersteig hinterherschleifen lassen, um nicht in den Kindergarten gehen zu müssen.

Es gibt auch Kinder, die es nicht mehr abwarten können, in den Kindergarten zu kommen, weil sie dann eine Tasche für ihr Frühstücksbrot haben werden, etc. Und dann kommen sie dort an: sie werden in der Menge der dort anwesenden Kinder untergehen und hatten damit nicht gerechnet. Die Kinder sind dann — vor allem am zweiten Tag — sehr verängstigt, wenn sie den Kindergarten wieder verlassen und die Mutter sie abholt. Und am dritten Tag wollen sie dann nicht mehr hingehen. Ich glaube, daß es — zum Glück — Kindergärten gibt, die die Kinder anders empfangen … Man muß langsame Schritte machen, d. h. man soll einem Kind, das eine starke Abneigung gegen den Besuch eines Kindergartens empfindet, nicht vor den Kopf stoßen. Der Vater könnte vielleicht einmal seine Arbeitszeit anders regeln, um das Kind abzuholen oder es wenigstens morgens hinbringen. Es gibt viele Kinder, die auch nach dem Kindergarten noch zu jemand anderem gebracht werden und vorher nicht daran gewöhnt waren. Außerdem muß man auch sehr früh aufstehen. Die Kinder selbst hatten aber eine ganz andere Vorstellung gehabt, für sie bedeutete der Kindergarten einfach mit anderen zusammen zu sein und zusammen zu spielen. Und dann ist es ganz und gar nicht so. Die Mutter hatte dem Kind z. B. nicht gesagt, daß es erst zu jemand anderem käme und von dort aus in den Kindergarten gehen würde, daß derjenige, bei dem es vor dem Kindergarten war, es auch wieder abholt und es die Mutter erst am Abend wiedersehen würde. Ich glaube, daß man den Kindern sagen muß, was geschehen wird, ohne ihnen Angst zu machen, etwa indem man ihnen zeigt, daß man bei ihnen ist: »Ich werde an dich denken.« Oder: »Schau, ich habe dir ein Bildchen oder eine Fahrkarte mitgebracht: wenn du dich im Kindergarten langweilst, wirst du es in der Tasche haben. Dein Vater hat dir diese Fahrkarte gegeben. Du kannst dich also sicher fühlen.« Solche Dinge sollte man sagen. Die Kinder brauchen die Anwesenheit der Eltern. Das neue Milieu ist dem Kind nämlich ungewohnt. Die Eltern müssen ihre Anwesenheit dort durch irgend etwas, was sie dem Kind gegeben haben, dokumentieren, damit das Kind an Selbstvertrauen gewinnt.

Man sollte auch daran denken, daß das Kind nicht immer erzählen kann, was im Kindergarten los war. Wenn das Kind sich in seinem familiären Milieu befindet, kann es nur erzählen, was an diesem Ort selbst geschieht, was es im Augenblick denkt. *Das Kind lebt immer in der Gegenwart.* Nun wird gefragt: »Was war heute im Kindergarten los?« Und man schimpft mit ihm, weil es nichts erzählen kann.

Nehmen wir das Beispiel eines Kindes, das zum zweiten- oder drittenmal mit dem Beginn des Kindergartens konfrontiert wird, etwa nach den großen Ferien. Jetzt geht es bei ihm nicht mehr um die ursprüngliche Angst vor dem Kindergartenbesuch; dieses Kind kann aber durch die Ankunft einer neuen Erziehungsperson oder durch einen Wechsel in der Kindergruppe, durch eine veränderte Stimmung oder durch neu aufgenommene Kinder usw. verunsichert werden.

Es ist wichtig zu wissen, ob es das vorausgegangene Jahr im Kindergarten glücklich gewesen ist. Wenn es dort ein wenig gleichgültig war oder wenn es dort Sorgen hatte, wird das zweite Jahr im Kindergarten im Gegenteil eine glückliche Zeit sein: denn es wollte nicht die gleiche Erzieherin wiederhaben. Ich habe viele Kinder gesehen, die in die Klinik gebracht wurden: »Das Kind ist jeden Tag krank, wenn es in den Kindergarten gehen soll, und sonntags geht es ihm sehr gut.« Ich habe mit dem Kind geredet, und als wahrer Grund stellte sich heraus, daß das Kind *diese* Erzieherin nicht haben wollte: es wollte die *andere* wiederhaben, die vom vorigen Jahr. Leider hatte ihm die neue Erzieherin gesagt: »Also diejenigen, die bei mir nicht mitkommen, werden noch einmal zu den Kleinen zurückkehren.« Aber das war ja genau, was dieses Kind wollte! Ich erklärte dann dem Kind, daß es eigentlich viel Glück hatte: »Du hast viel Glück, daß du deine neue Erzieherin nicht magst. Denn wenn man seine Erzieherin mag, versucht man nicht, alles zu können, um das nächste Jahr in eine andere Gruppe zu kommen.«

Wenn die Kinder ihre Erzieherin im Vorschulkindergarten nicht mögen, sollte man sie folgendes fragen: »Erklärt sie auch gut?« Sehr oft sagen sie: »Ich mag die Erzieherin nicht, aber erklären tut sie schon gut.« — »Also, genau das ist doch das Wichtigste. Eine Erzieherin ist da, um zu erklären. Für den Rest ist die Mutter da.«

2. Kapitel

Der Mensch weiß alles —
von seiner frühesten Kindheit an
(Wenn ein kleiner Bruder auf die Welt kommt)

Kehren wir zu der Frage der Geburt eines kleinen Kindes in einer Familie zurück, in der es schon kleine — drei- oder vierjährige — Jungen oder Mädchen gibt. Soll man diese Kinder lange, bevor es soweit ist, davon informieren, ihnen die Schwangerschaft der Mutter also erklären?

Man soll den Älteren erklären, daß ein Baby kommen wird, und daß man nicht weiß, ob es ein Junge oder ein Mädchen wird; dies, damit die Geschwister verstehen, warum die Mutter eine Wiege vorbereitet. Und vor allem sollten die Mütter nicht darüber erstaunt sein, daß allem, was sie tun, widersprochen wird: zum Beispiel, daß das Kind dieser Wiege wie aus Versehen einen Fußtritt versetzt, wenn die Mutter gerade mit ihr beschäftigt ist. Die Mutter sollte dem Kind bloß nicht sagen, daß es deswegen böse ist. Ihr Kind befindet sich in einer außergewöhnlichen Situation. Man bereitet die Ankunft eines Babys vor, und ein Baby ist für das größere Kind einfach weniger wert als schon groß zu sein.

Die Mütter sagen manchmal: »Wir werden es kaufen, dieses Baby.« Damit macht man sich über einen Menschen lustig, der sehr wohl weiß, daß er vorher ein Baby gewesen ist. Im Unbewußten weiß der Mensch alles, seit er ganz klein ist. Die ›Intelligenz‹ des Unbewußten ist die gleiche wie bei uns Erwachsenen. Also, jedesmal, wenn wir die Gelegenheit haben, mit den Kindern über die Dinge des Lebens zu sprechen, sollten wir sie einfach so sagen, wie sie sind.

Der Ältere wird nun vom Baby, das geboren wird, sagen: »Warum denn? Ich will es nicht haben.« Man antwortet: »Aber dieses Baby ist doch nicht *für dich.*« In vielen Familien heißt es aber von seiten der Eltern: »Ein kleiner Bruder oder eine kleine Schwester für dich.« Infolgedessen rechnet das Kind damit, sofort einen gleichaltrigen Spielkameraden zu haben, weil es Kinder kennt, die Brüder oder Schwestern haben. Es sagt sich dann: »So soll es sofort sein!« — »Aber du weißt doch, daß du als ganz kleines Baby auf die Welt gekommen bist.« Man zeigt ihm dann Fotos aus dieser Zeit: »Schau mal, wie du aussahst, als du klein warst. So wird das Baby auch aussehen, wenn es geboren wird.« Und wenn das Kind im voraus entscheidet: »Wenn es ein Junge wird, dann will ich es nicht«, oder: »Wenn es ein Mädchen wird, dann will ich es nicht«, kann man ihm antworten: »Aber weißt du, es muß nicht unbedingt sein, daß du es gern hast, es hat Eltern, wie du Eltern hast.« Oft wird das Kind, dem man sagt, daß es seinen kleinen Bruder oder seine kleine Schwester nicht gernzuhaben braucht, gerade dieses Geschwister am liebsten haben, und zwar aus dem einfachen Grund, weil dies etwas ganz Natürliches ist. Wenn ein Kind seinen kleinen Bruder oder seine kleine Schwester nicht gern hat, dann nur, um seine Mutter zu ärgern und ihr zu widersprechen, sie zum ›Ausflippen‹ bringen will, wie man heute sagt.

Sie sprachen von den Fußtritten gegen die Wiege. Das ist ja nicht so schlimm. Aber ich glaube zu wissen, daß es manchmal schlimmer kommen kann. Ich habe insbesondere von dem Fall eines vier- bis fünfjährigen Jungen gehört, der ein Baby ziemlich grausam gebissen hatte. Kommt das häufig vor?

Ja, relativ häufig. In solch einem Fall muß die Mutter schon viel Geistesgegenwart zeigen. Man soll vor allem das ältere Kind nicht brutal beschimpfen. Es schämt sich schon genug wegen dem, was es gemacht hat. Es ist notwendig, ihm beiseitezustehen und ihm zu sagen: »Siehst du, wie kräftig du bist? Aber dein kleiner Bruder (oder deine kleine Schwester) ist noch sehr schwach und sehr klein, so wie du gewesen bist, als du noch sehr klein warst. Jetzt weiß das Baby, daß es einen großen Bruder hat, und es wird dir vertrauen. Aber verstehst du, du sollst es nicht beißen, da du es nicht essen kannst. Also nutzt dir das Beißen nichts.« Wir müssen uns vorstellen, daß die kleinen Kinder, wenn sie etwas mögen, es probieren wollen, sie essen es. Für sie ist das Stadium des Kannibalismus noch nicht so weit entfernt. Hinzu kommt, daß sie das Baby oft an der Mutterbrust saugen sehen und ihnen kommt ein an seiner Mutter saugendes Baby durchaus wie ein Kannibale vor. Sie verstehen nichts an diesem seltsamen Vorgang. Aber solche Vorkommnisse, die Sie angesprochen haben, gehen schnell vorbei, wenn die Mutter begreift, daß derartige Reaktionen nicht einfach böse, sondern vor allem Angstreaktionen sind.

Aber wenn die Eifersuchts- oder sogar Ablehnungsreaktionen (ein Fußtritt gegen die Wiege, Beißen usw.) weiter andauern, wird die Lage dann nicht doch ernst? Was soll man dann tun?

Die Lage wird zum einen ernst, wenn die Eltern ängstlich sind, und zum anderen, wenn das Kind stark darunter leidet, vernachlässigt zu werden. Vielleicht verhält es sich in Wirklichkeit gar nicht so, nur wird ihm nicht so geholfen, wie es notwendig wäre. Und wie kann man einem eifersüchtigen Kind helfen, das leidet? Ich meine, der Vater kann es am besten. Der Vater oder eine Schwester der Mutter, eine Tante, eine Großmutter... Wenn es sich um einen Jungen handelt, sollte ein Mann ihm helfen. Zum Beispiel kann der Vater am Sonntag sagen: »Komm, wir Männer...«, und man läßt die Mutter mit ihrem Baby zurück: »Sie denkt nur an ihr Baby.« Der Vater kann ruhig solche Dinge sagen, wie: »Du, du bist schon groß, du kommst mit mir.« Wenn man so will, ›befördert‹ er das ältere Kind, um dessen Eifersuchtsreaktionen, wie wieder ins Bett zu machen, nur noch Milchprodukte essen zu wollen, bei jedem kleinsten Anlaß herumzujammern oder nicht mehr gehen zu wollen, aufzufangen. Warum handelt das Kind auf diese Weise? Es geht dabei um ein Problem, das die Identität des Kindes betrifft: ein Kind versucht, diejenigen nachzuahmen, die es bewundert, und es bewundert, was Vater und Mutter bewundern. Wenn es für das ältere Kind also so aussieht, daß die Eltern das Baby bewundern, erlebt es einen Konflikt. Wie soll man da herauskommen? Ich meine, daß man dem Älteren in seiner Entwicklung helfen muß, ihn veranlassen, daß es mit Gleichaltrigen spielt; man soll es bloß nicht die ganze Zeit neben die Wiege stellen und sich mit der Mutter und dem Baby aufhalten lassen.

Nehmen wir an, daß es sich um eine Familie handelt, in der es schon Kinder gibt, die ein bißchen älter sind als diejenigen, von denen wir bis jetzt gesprochen haben, z. B. fünf, sechs- oder siebenjährige Kinder. Diese Kinder zeigen zwar keine so offenen Ablehnungsreaktionen, aber reagieren doch auch?

Ab dem Alter von vier oder fünf Jahren will ein Kind sich das Baby aneignen. Es will sich besser um es kümmern als seine Mutter oder sein Vater. Hier muß man sehr aufpassen, da sich das Kind von seinem eigenen Schicksal, eben das eines Jungen oder Mädchens, das unter Gleichaltrigen groß werden soll, abwenden kann, und beginnt, so eine Art wirkliche Mutter oder Vater zu werden. Zum einen ist das für das ältere Kind sehr schlecht, zum anderen auch für das Baby, für das die Mutter fortan zwei Stimmen und zwei Köpfe haben wird. Die Mutter und der Vater sollten sich möglichst sagen, daß sie für jedes Kind, das geboren wird, die Eltern eines Einzelkindes sind. Ein Neugeborenes ist auf seine Weise auch *einzigartig* in bezug auf sein Alter und seine Bedürfnisse. Was die älteren Geschwister betrifft, sollten sie natürlich helfen, mitwirken und bei der Arbeit mitmachen. Aber man sollte sie nicht dazu verpflichten. Die beste Methode, wenn sie sich um das Baby kümmern wollen, ist, ihnen zu sagen: »Also gut, ich erlaube es dir heute.« Aber dies sollte für die Mutter keinesfalls zum Alibi werden, etwa nach dem Motto: »Wenn das Kind sich um das kleine Geschwister kümmert, habe ich meine Ruhe.« Eine solche Haltung ist für das Baby sehr schlecht.

3. Kapitel

Siehst du, wir haben dich erwartet
(Das Kind ist jetzt unter uns)

Das Kind ist jetzt auf die Welt gekommen, und die Eltern stellen sich viele Fragen: Soll man mit dem Kind in einer Art von Babysprache sprechen oder es wie einen kleinen Erwachsenen behandeln? Soll man es von den Erwachsenen isolieren? Soll das Kind in einer Art Kokon, ohne Lärm, Musik usw., gehalten werden? Soll man das Kind an seinen Platz zurückbringen, wenn Freunde kommen?

Sie sagen: »Das Kind an seinen Platz zurückbringen ...«, als ob es ein Gegenstand wäre!

Ich werde wohl von der Wahrheit nicht allzuweit entfernt sein, wenn ich sage, daß manche Eltern ihr Baby tatsächlich als kleinen Gegenstand betrachten.

Wissen Sie, früher lebten alle in dem einzigen Raum zusammen, der beheizt wurde und die Wiege stand auch dort. Diese Kinder entwickelten sich zu sozialeren Wesen als die Kinder von heute, die zu sehr vor dem Lärm des Familienlebens abgeschirmt werden. Man soll nicht vergessen, daß das Kind bereits *im Mutterleib* am Leben seiner Mutter teilnimmt; es hört auch die Stimme seines Vaters. Es kann also *im Mutterleib* alles hören, vor allem gegen Ende der Schwangerschaft. Und plötzlich kommen dann bei der Geburt die lauten Geräusche. Es entwickelt dann sehr schnell das Bedürfnis, die Schwingungen der mütterlichen Stimme zu hören, die es ja wiedererkennt, aber auch die Stimme des Vaters. Ich glaube, daß die erste Zwiesprache mit dem Baby in den Armen der Mutter sehr wichtig ist: »Siehst du, wir haben dich erwartet. Du bist ein kleiner Junge. Vielleicht hast du uns sagen hören, daß wir

29

ein kleines Mädchen erwarteten. Aber wir sind sehr froh, daß du ein kleiner Junge bist.«

Was kann die Wirkung dieser Worte auf ein kleines Baby sein, das erst einige Stunden oder einige Tage alt ist? Ist es wirklich sehr wichtig?

Es ist sehr wichtig. Ich kann Ihnen sagen, daß es Kinder gibt, die sich an die allerersten Dinge, die um sie herum gesprochen wurden, erinnern. Sie sind darüber erstaunt, nicht wahr? Es ist, als wäre alles auf einer Art Tonband aufgenommen worden. Ich meine damit im übrigen nicht, daß man mit dem Baby lange Gespräche führen soll, sondern daß man das Baby von Geburt auf ansprechen kann, und daß es diese Ansprache braucht. Auf diese Weise führen wir es in unsere eigene Welt ein, als zukünftigen Mann oder als zukünftige Frau und nicht als ein kleines Ding, als Baby oder Stofftierchen. Es ist ein Mensch; man muß ihn sicher auch liebkosen; aber man muß ihn vor allem als zukünftigen Mann oder zukünftige Frau respektieren.

Man soll also schon in den ersten Lebensmonaten das Kind am Familienleben, an den Ereignissen des Tages teilhaben lassen ...

Vor allem an jenen Ereignissen, die es angehen. Zum Beispiel, wenn viel Lärm um es entsteht: »Siehst du, dein Bruder kippt gerade einen Stuhl um.« Oder wenn es weint. Es geht nicht immer darum, es dann auf den Arm zu nehmen, sondern man sollte mit dem Kind sprechen: »Nanu, geht es dir nicht gut? Du bist so unglücklich!« Man soll Sätze und Stimmlaute haben, die das Leiden des Kindes begleiten, denn auf diese Weise wird das Leiden (auch für das Baby) menschlich, da es verbalisiert wird. Alles, was gesprochen wird, wird menschlich. Alles, was nicht gesprochen wird, bleibt im Bereich des Ungewöhnlichen und ist nicht in die Beziehung zur Mutter einbezogen.

Ich glaube, daß alle, die ein erstes Kind haben, sich immer wieder die Frage gestellt haben, ob man das Kind weinen lassen oder auf den Arm nehmen sollte. Im letzteren Fall hat man dann oft Angst, dem Kind schlechte Gewohnheiten beizubringen. Aber muß man dem Kind eigentlich ›Gewohnheiten‹ beibringen?

Was verstehen Sie unter ›Gewohnheiten‹? Wenn diese dazu führen würden, daß die Eltern, weil ein Kind geboren wurde, ihren Lebensstil ganz und gar umstellen, glaube ich nicht, daß sie es schaffen würden. Natürlich ist es richtig, daß ein Kind regelmäßig gestillt wird. Es braucht, daß man sich um es kümmert und seine Windeln wechselt. Sicherlich hat die Mutter nicht die gleiche Freiheit wie früher, und auch der Vater hat ›seine kleine Frau‹ nicht mehr für sich allein. Es tritt also wirklich eine Veränderung in ihrem Freiheitsgefühl ein, aber es ist doch auch so schön, sich über eine Wiege zu beugen und mit dem Kind zu sprechen! Ich finde, daß das Kind am Familienleben beteiligt sein soll, wie es dies schon im Bauch seiner Mutter war. Ob man es schreien lassen soll? Nicht zu lange, eher es wiegen, d. h. *ihm seinen Rhythmus wiedergeben.* Warum es sich dadurch beruhigt? Weil es der gleiche Rhythmus ist, den es im Körper der Mutter verspürte, wenn sie mit ihrem Kind im Bauch überall herumging. Und dann sollte sie beim Wiegen vor allem mit ihm sprechen. »Sieh, Mutter ist da, Vater ist da. Sieh doch, wir sind doch da für dich.« So in dieser Art sollte man mit ihm sprechen. Dann wird sich das Kind, wenn es weinen möchte, an die Schwingungen der Stimmen seiner Eltern erinnern und wieder beruhigt sein.

Ich meinte mit Gewohnheiten auch die Gestaltung des täglichen Lebens. Zum Beispiel wird das Baby spazierengefahren, bekommt etwas zu essen und wird anschließend hingelegt. Und die Eltern legen fest, daß dieser Mittagsschlaf eineinhalb, zwei oder zweieinhalb Stunden dauern soll. Soll man das Kind, wenn man z. B. merkt, daß es nach einer halben Stunde in seinem Zimmer weint, zwingen, diese Ruhepause, die es selbst nicht will, trotzdem einzuhalten?

Jeder sollte seinen eigenen Rhythmus herausfinden. Aber wieso ›in seinem Zimmer‹? Ein Kind schläft dort ein, wo wir alle sind. Wenn es müde ist, schläft es irgendwo ein, und es ist viel besser so. Es wird besser schlafen, wenn es um sich herum Gespräche hört. Das Baby muß viel schlafen, aber es ist nicht notwendig, es deshalb beiseite zu schaffen, als würde man es in die Wüste schicken. Als es im Bauch seiner Mutter schlief, störte es der Lärm auch nicht; es wachte irgendwann auf, denn schon im Mutterleib schläft und wacht das Kind dann wieder auf.

Das Kind soll in der Familie integriert sein und so viel wie möglich mit ihr in einem gemeinsamen Raum leben. Aber sollte es nicht der Erholung wegen in bestimmten Momenten doch von den Erwachsenen getrennt werden und eine Welt nach seinem Maßstab haben?

Ich kenne Familien, die ein ›Kinderzimmer‹ eingerichtet haben und dieses genauso belassen haben, bis das Kind vierzehn Jahre alt war, und zwar einfach deshalb, weil man für das Kinderzimmer Geld ausgegeben hatte. Ich persönlich glaube, daß das Baby nichts anderes braucht als seine Wiege und vielleicht eine Kiste, damit nicht überall Unordnung herrscht, d. h. man kann, sobald das Kind ins Bett gebracht worden ist, alle seine Spielzeuge in die Kiste zurücktun. Wenn das Kind dann zu krabbeln anfängt, sollte man vielleicht einen kleinen Teppich neben die Kiste legen, damit es ohne Mühe auf dem Boden spielen kann. Auf diese Weise ist es wirklich in das Leben der Familie integriert und hat andererseits auch seine Ecke für sich.

Ich finde es gut, wenn das Kind in seiner eigenen Ecke schläft. Es gibt aber auch Familien, die nur eine Einzimmerwohnung haben; in diesem Fall kann man einen Vorhang anbringen, damit die Eltern weiterhin ihr eigenes Leben haben können und das Kind auch sein eigenes Reich. Bei einer Familie, die in einer Zweizimmerwohnung lebt, ist es besser, daß das Kind getrennt schläft, damit die Eltern ihre Ruhe haben; einfache Möbel, die der Vater gebastelt hat, sind fast besser als neue, schön lackierte Möbel, die das Kind, bis es vier oder fünf Jahre alt ist, ja doch nur kaputtmacht. Denn man muß wissen, daß ein Kind *kaputtmachen muß*, es *muß*. Und zwar deswegen, weil das Spiel des Kindes nichts mit dem Respekt vor den Gegenständen zu tun hat. Wenn man ihm zu früh beibringt, alles, was teuer gekauft worden ist, die Möbel, die Tapeten usw., zu respektieren, hindert man es am ›Leben‹: ein Kind ist gesund, wenn es fröhlich ist und wenn die Eltern nicht ständig aufpassen: »Was wird es als Nächstes anstellen?«

Wenn die Eltern abends ins Bett gehen wollen, ist dies kein Grund, das Kind ebenfalls ins Bett zu bringen. Wenn es in sein Zimmer geht, sagt man: »Du verläßt uns jetzt (es sollte möglichst der Vater sagen), du läßt deine Mutter in Ruhe. Wir wollen allein zusammen sein.« Das Kind wird sich schnell damit abfinden, besonders, wenn man mit ihm freundlich spricht.

Dann gibt es noch die Freunde der Familie: die Kinder wollen sie kennenlernen. Warum auch nicht? Man zieht ihnen ihre kleinen Morgenmäntel an, und sie kommen dazu. Wenn das Kind an Ort und Stelle einschläft, bringt man es in sein Zimmer zurück. Man sollte sich bei allem von seinem gesunden Menschenverstand leiten lassen und wissen, daß man ein Kind respektiert, wenn man es am Leben der Eltern teilhaben läßt und ihm gleichzeitig beibringt, seinerseits die Eltern zu respektieren; andererseits sollte es auch spüren, daß sein Bedürfnis nach Ruhe für sich selbst anerkannt wird und daß man nicht gegen seinen Rhythmus vorgeht.

Sie haben gesagt, daß eine Mutter sich von ihrem Baby nie entfernen sollte. Ich glaube aber, daß es sich dabei leider nur um eine Idealvorstellung handelt und daß das alltägliche Leben ganz anders aussieht. Viele Mütter sind aus beruflichen oder sonstigen Gründen gezwungen, ihr Kind, selbst wenn es noch ganz klein ist, von jemand anderem beaufsichtigen zu lassen. Soll man diese Situation möglichst vermeiden, oder was kann man sonst machen?

Nehmen wir an, daß die Eltern die Lösung der Kinderkrippe, Tagesmutter oder eine andere Person in der Stadt gewählt haben, damit ihr Kind beaufsichtigt wird. Für den Anfang wäre die Lösung zu Hause mit der Mutter sicherlich am besten. Die Lösung mit der Krippe ist nicht so schlecht, wenn die Hausordnung dort so flexibel ist, daß die Mutter das Kind auch an einem Tag, wenn sie Urlaub hat, zu Hause behalten kann. Aber wie immer sollte man vor allem mit dem Kind sprechen: »Ich bringe dich in die Krippe, und dann werde ich dich wieder abholen. In der Krippe wirst du alle deine Freunde und die Damen oder die Tanten (ich weiß nicht, wie man sie in den verschiedenen Krippen nennt) sehen.« Die Mutter soll also mit dem Kind sprechen und es im voraus informieren. Wenn sie ihr Kind dann wiedersieht, soll sie sich bloß nicht auf es stürzen, um es zu küssen. Wenn die Mutter sofort ihr Kind zu liebkosen anfängt, wird es sich fürchten. Sie sollte mit ihm sprechen, ihm Fragen stellen, es ihren eigenen Geruch wieder wahrnehmen lassen, denn das Kind erkennt seine Mutter an der Stimme und dem Geruch. Vor allem aber erkennt das Kind seine Mutter, wenn es wieder zu Hause ist und nicht mehr unterwegs, auf der Straße oder in der Krippe. Die Mutter, die sich ja sofort auf das Kind beziehen kann, mag das erstaunlich finden. Aber das Kind erkennt sie wirklich erst in dem Rahmen, in dem der Raum und die Stimme ihm bekannt sind, wo sein Vater, seine Mutter, es selbst und die Wiege sind. Natürlich spreche ich hier von ganz kleinen, d. h. vier, fünf oder sechs Monate alten Kindern. Nach einer gewissen Zeit kennt das Kind dann seinen täglichen Rhythmus und ist sehr glücklich, nach Hause zu gehen. Jedoch soll man es weiterhin nicht abküssen, wenn das Kind nicht selbst den ersten Schritt unternimmt. Es ist viel besser, daß die Mutter ein Bonbon mitbringt, anstatt das Kind abzuküssen.

Sie sagten, daß die Anwesenheit der Mutter für die Entwicklung des Kindes sehr wichtig sei. Heißt das, daß sich diese im Idealfall auf zwei oder drei Jahre erstrecken soll?

Wenn Sie mich nach dem Idealfall fragen, so sollte sich die Zeit der Anwesenheit so lange erstrecken, bis das Kind sicher laufen kann. Das Kind kann ungefähr im Alter von 18 Monaten richtig laufen oder turnen, da es ja zwischen 12 und 14 Monaten zu laufen beginnt. Das Ideal wäre — damit die Mütter auch einmal Ruhe vor ihren Kindern haben —, daß sich diejenigen, die Kinder in etwa dem gleichen Alter haben, einigen, sich zusammentun und abwechselnd am Nachmittag die Kinder nehmen ... Alle drei Tage werden dann die Kinder von der gleichen Frau beaufsichtigt und sich nach einer gewissen Zeit an den Rhythmus anpassen. Außerdem lassen sich die Kinder mit anderen gleichaltrigen Kindern viel besser erziehen als allein.

Übrigens haben wir bisher nur von den Ehepaaren gesprochen, die die Geburt eines Kindes erwarten. Man sollte nichtsdestoweniger vor den Großmüttern den Hut ziehen ... Es gibt auch Großmütter, die uns schreiben, stellen Sie sich vor ...

Die Großmutter spielt eine wichtige Rolle. Meistens kennt das Kind schon sehr früh ihren Namen; man sollte aber nicht irgendwelche alten Damen ›Omi‹ nennen und sollte die Großmutter väterlicherseits und die Großmutter mütterlicherseits durch ihren Familiennamen unterscheiden: »Weißt du, die Omi, die heute zu Besuch kommt, ist die Mutter deines Vaters, oder die Mutter deiner Mutter.« Es gibt häufig Spannungen zwischen der Mutter des Kindes und deren Mutter oder Schwiegermutter. Das Kind merkt so etwas sofort. Man sollte diese Dinge vor dem Kind nicht verheimlichen, sondern sie mit Humor nehmen. Nur sollten die Mutter und die Großmutter vor dem Kind nicht aus dem einfachen Grund streiten, weil die eine das Gegenteil von dem, was die andere will, möchte. Und die Großmütter sollten auch nicht so tun, als würde das Kind ihnen gehören: »Oh, mein Sohn! Oh, meine Tochter!« Sie sollten dem Kind sagen: »Du bist mein Enkel oder meine Enkelin. Dein Vater ist mein Kind; oder deine Mutter ist meine Tochter.« So in dieser Art. Das Kind entwickelt recht schnell einen Sinn dafür, daß es Vorfahren hatte, von jemandem abstammt, wenn man ihm es schon früh durch Worte vermittelt. Es versteht auch schnell, mit wem es gerade zu tun hat, wenn man mit ihm spricht. Manchmal nutzt es das auch aus, aber das macht nichts.

Die Großmütter sollten andererseits keine Angst haben: »Oh, ich weiß nicht, ob meine Tochter (oder meine Schwiegertochter) darüber erfreut sein wird, daß ich dieses oder jenes mache.« So sollten sie wirklich nicht denken. Sie sollten mit dem Kind so verfahren, wie sie wollen, und man kann sich hinterher aussprechen. Das Kind versteht das sehr schnell. Und eine Großmutter kann auch einmal ein paar Fotos zeigen und von der Vergangenheit des Vaters oder der Mutter sprechen, was das Kind schon ab dem Alter von drei oder vier Jahren sehr interessiert. Es ist für das Kind eine richtige Entdeckung, wenn es erfährt, daß auch Vater und Mutter Kinder gewesen sind. Nicht nur die Großmutter kann ihm dies im übrigen mitteilen.

Da wir gerade von den Großmüttern sprechen. Hier erzählt eine Mutter, daß ihre fünfjährige Tochter dieses Jahr zum erstenmal in die Vorschule geht; alles ist gut gelaufen; sie hatte sich auch besondere Mühe gegeben, das Kind morgens selbst hinzufahren, hatte den Vater gebeten, es um die Mittagszeit abzuholen, damit es sich wirklich im Vertrauen fühlt. Die ersten vierzehn Tage lief auch alles ganz gut; doch plötzlich fing das Kind nach einem Besuch bei der Schwiegermutter an zu weinen und sich zu weigern, in den Kindergarten zu gehen. Warum? Die Mutter versuchte, es herauszufinden: »Meine Schwiegermutter hat dem Kind folgendes gesagt: ›Sieh zu, daß du im Kindergarten schön arbeitest, weil Omi die Kinder nicht mag, die schlecht arbeiten.‹« Wenn die schroffe Ablehnung des Kindergartens wirklich von dieser Szene herrührt, wird sich die Mutter fragen, was sie tun könnte, damit ihr Kind wieder Lust hat, in den Kindergarten zu gehen ...

Es ist schwierig, auf diese Frage zu antworten; die Großmutter hat von Arbeit gesprochen. Nur geht es hier um den Kindergarten: man ist dort, um zusammen zu spielen und zusammen zu singen. Dieses Kind soll sich sagen: »Aber sie versteht nicht, was der Kindergarten ist.« Gerade das sollte man vielleicht mit dem Kind bereden, ihm erklären, daß die Omi es nicht wußte, weil es, als sie klein war, nicht solche Kindergärten wie heute gab; oder daß sie mit ›arbeiten‹ basteln, tanzen und singen gemeint hat. Und dann sollte man dem Kind in diesem Zusammenhang versprechen, daß Mutter oder Vater der Omi erklären werden, was der Kindergarten nun wirklich ist …

4. KAPITEL

Abwesenheit des Vaters

Bei der Ankunft eines Kindes geht man eher davon aus, daß sich zunächst eine besondere Beziehung zur Mutter herstellt und sich das Kind mehr mit ihr identifiziert als mit dem Vater. Es kommt auch häufig vor, daß das Kind den Vater nach dessen Abwesenheit von ein paar Tagen oder Wochen nicht akzeptiert bzw. mit ihm schmollt.

Und der Vater ärgert sich darüber ... Nun gut. Man muß zuerst verstehen, daß Kinder und Erwachsene ein anderes Zeitgefühl haben. Zwei, drei Tage sind für ein Kind zwei, drei Wochen, d. h. eine lange Zeit. Der Vater sollte dem Kind immer sagen, wenn er weggeht und vor allem: »Ich werde an dich denken.« Die Mutter sollte auch von dem abwesenden Vater sprechen, damit er in ihren Worten weiterhin präsent ist. Die Väter sollten ihrerseits bei ihrer Rückkehr nicht erstaunt sein, wenn das Kind ihnen gegenüber ein langes Gesicht zieht oder gleichgültig erscheint. Sie sollten keinen Ärger zeigen und sich ganz natürlich verhalten. Nach kurzer Zeit wird das Kind zurückkommen und um den Vater herumspielen.

Man sollte sich auch nicht auf das Kind stürzen, um es zu küssen. Die wenigsten Eltern wissen, daß das Kind diese Küssereien bis zum Alter von drei Jahren nicht als etwas Angenehmes empfindet; dies liegt daran, daß es nicht weiß, wie weit der Erwachsene mit seinen Umarmungen geht. (Dazu kommt, daß es seine Eltern sehr stark liebt, und die Liebe drückt ein kleines Kind dadurch aus, daß es das, was es liebt, in den Mund steckt. Das Verschlingen als Zeichen von Liebe ist dem Kannibalismus verwandt, der nach dem Abstillen im übrigen zum Tabu wird.) Die Eltern denken, daß sie ihrem Kind ihre Liebe beweisen, wenn sie es küssen und meinen, auch das Kind äußert seine Liebe, indem es sie küßt. Das ist aber nicht wahr bzw. handelt es sich eher um ein Ritual, das dem Kind auferlegt wird, ein Ritual, das es über sich ergehen lassen muß und das im Grunde nichts beweist. Das Kind beweist seine Liebe, wenn es seinem Vater sein Spielzeug bringt oder auf seinen Schoß klettert. In solchen Momenten könnte derjenige, der abwesend war, sagen: »Ich bin froh, dich wiederzusehen«, und auch über den Gegenstand, den das Kind gerade gebracht hat: »Oh, wie schön. Es ist schön, was du mir da bringst.« Alles wird in Ordnung sein, da der Gegenstand, den das Kind interessiert, auch das Interesse des Vaters oder der Mutter gefunden hat.

Im Zusammenhang mit zeitlich begrenzten Trennungen haben wir viele Briefe von Eltern bekommen, die gezwungen sind, häufiger zu verreisen, z. B. Lastwagenfahrer, Vertreter, Radio- oder Fernsehjournalisten; alle fragen sich, ob es nicht ein großes Drama im Leben eines Kindes ist, immer wieder vom Vater getrennt zu sein. Manche ziehen sogar in Betracht, ihren Beruf zu wechseln. Wie erlebt ein Kind diese Trennung?

Alles hängt davon ab, wie man mit ihm spricht. Wenn der Vater ihm erklärt, was er macht, wenn er nicht zu Hause ist, wenn er seinem Kind mit einfachen Worten und auf eine lebendige Art erzählt (selbst wenn das Kind ihn nicht zu verstehen scheint), daß er einen Lastwagen fährt, daß er für das Fernsehen arbeitet oder daß er Vertreter ist … oder einem anderen Beruf nachgeht, wird das Kind diese Worte im Ohr behalten. Es ist auch die Aufgabe der Mutter, den Kindern den abwesenden Vater, der arbeitet, an sie denkt und bald zurückkommen wird, in Erinnerung zu bringen. Wenn sie alt genug sind, kann man ihnen den Kalender zeigen: »Siehst du, an diesem Tag wird er wieder zurück sein. Was wirst du für deinen Vater machen? Wirst du ein schönes Bild malen, das wird ihn sicherlich freuen.« Man *muß* vom Vater sprechen, wenn er nicht da ist; nach seiner dritten oder vierten Abwesenheit wird das bewußte Kind — ein Kind ist bereits ab zwölf, vierzehn oder achtzehn Monaten ›bewußt‹ — sehr wohl wissen, daß der Vater, wenn er weg ist, auch zurückkommen wird, und daß alle während seiner Abwesenheit an ihn denken, da von ihm gesprochen wird.

Noch etwas Wichtiges: Man sollte das Kind nicht in dem Glauben lassen, daß der Vater bei seiner Rückkehr den Polizisten spielen wird, erst recht nicht, wenn es etwas unordentlich und schwierig ist, der Mutter gern widerspricht oder leicht wütend wird — eine Phase, die meistens zwischen 18 und 22 Monaten liegt. So sollte die Mutter bloß nicht sagen: »Das werde ich aber deinem Vater erzählen.« Das wäre sehr, sehr ungeschickt, weil das Kind auf diese Weise eine ganze Reihe kleiner Schuldgefühle erwirbt, die es dann mit der Rückkehr des Vaters in Verbindung bringt. Die Freude an der Rückkehr des Vaters würde getrübt, weil das Kind sich unwohl fühlt. Allerdings geht es auch nicht darum, den Vater gänzlich auszuschließen, unter dem Vorwand, er sei ja nicht da. Ältere Kinder bitten ihre Mutter manchmal darum, ihrem Vater das eine oder andere, auf das sie nicht besonders stolz sind, nicht zu sagen. Wenn es sich dabei um eine unwichtige Angelegenheit oder alltägliche Streitigkeiten des Kindes im Zusammenhang mit einem anderen Kind oder der Mutter handelt, sollte die Mutter darauf bedacht sein zu antworten: »Ich werde es ihm ganz sicher nicht erzählen. Du weißt, daß du im Unrecht gewesen bist und hättest es wahrscheinlich nicht getan, wenn dein Vater dagewesen wäre, aber ich werde ihn mit diesem Kinderkram doch nur langweilen.« Wenn es sich im Gegenteil um ein ernsthaftes Ereignis handelt, das die Mutter dem Vater unbedingt mitteilen muß, sollte sie das Kind darüber nicht im unklaren lassen, aber ihm auch nicht drohen, mit dem Vater so zu sprechen, als ob es darum ginge, an eine strafende Kraft zu appellieren. Sie sollte dem Kind helfen, vor seinem Vater Achtung zu haben und ihn als eine Hilfe darstellen, die ihr mit guten Ratschlägen beiseitesteht und auch als Verantwortlichen, der mit ihr zusammen nach Mitteln und Wegen sucht, um dem Kind bei der Überwindung seiner Schwierigkeiten zu helfen. Kurzum, das Wichtigste bei der Abwesenheit des Vaters ist für alle Kinder, unabhängig von ihrem Alter, den Gedanken an seine Gegenwart und das Vertrauen zu ihm stets aufrechtzuerhalten.

5. KAPITEL

Was ist gerecht?
(Aufregung und launisches Verhalten)

Eine Mutter sagt uns, daß sie seit der Geburt ihres ersten Babys von der Notwendigkeit überzeugt ist, ihm zuzuhören, es zu verstehen und mit ihm zu sprechen. Jedoch schreibt sie dann noch folgendes: »Das Leben ist nicht einfach. Es gibt Situationen, die von Müdigkeit oder Aufregung geprägt sind, bzw. Situationen, in denen ich dazu neige, vor meinem Kinde die Selbstbeherrschung zu verlieren.« Ihre Frage lautet: » Denken Sie, daß diese Momente, die jede Mutter kennt und in denen man unkontrolliert handelt, für das Kind schädlich sind?«

Hier geht es vor allem um den Charakter der Mutter; sie wird ihn nicht ändern, nur weil ein Kind da ist. Wenn ein Kind seine Mutter manchmal aufregt, dann sagt man ihm: »Siehst du, ich bin heute nervös.« Das Kind wird schon verstehen, d. h. es ahnt sehr schnell, was los ist. Nachdem man zornig war, sollte man ihm sagen: »Siehst du, ich habe mich aufgeregt.« Man sollte aber nach einer solchen Situation auf keinen Fall das Kind küssen, um den schlechten Augenblick wieder auszulöschen; man sollte mit ihm in einer sanfteren Stimme sprechen und mit ihm lachen. Auf keinen Fall sollte man dem Kind Vorwürfe machen, wenn die Aufregung von der Mutter ausging. Es zu küssen würde andererseits auch nichts nützen; das Kind wird keinen Kuß verstehen, nachdem es brüskiert wurde. Sprechen ist hier immer dem körperlichen Zugriff — ob er nun aus Zorn oder einem Gefühl der Zärtlichkeit resultiert — vorzuziehen, da dieser eher dem Tier als dem Menschen eigen ist.

Die gleiche Mutter stellt noch eine andere Frage: »Glauben Sie, daß eine Mutter, die gerade einen Fehler gemacht hat und ihn vor dem Kind offen zugibt, in den Augen des Kindes an Respekt verliert?« Sie fragt sich also, welches Urteil ein Kind in einem solchen Fall über sie fällen wird.

Für das Kind ist von *vornherein* immer alles gut, was die Mutter macht. Trotzdem soll die Mutter nicht erstaunt sein, wenn ihr Kind mit zwei oder drei Jahren manchmal einen kleinen Wutanfall bekommt oder ungehörige Worte an sie richtet. Sie wird dann lachen und sagen: »Nun gut, du ärgerst dich manchmal wie ich.«

Ihrer Meinung nach ist es also falsch, wenn ein Erwachsener dem Kind seine vorübergehende Nervosität zugibt?

Ganz und gar nicht. Er sollte ihm aber nicht sagen: »Ich war im Unrecht«, sondern: »Ich war nervös.« Die Mutter könnte dann noch hinzufügen: »Entschuldigung«, denn das Kind entschuldigt seine Eltern immer gern.

Zu diesem Thema habe ich einen weiteren, gleichzeitig humorvollen wie auch tiefgründigen Bericht vorliegen. Eine Dame schreibt Ihnen: »Ich habe einen Sohn, der jetzt dreizehn Jahre alt ist; als er fünf oder sechs war und ich mit ihm stritt und ihn wegen einer Dummheit schlagen wollte, fing er an, lauthals zu lachen. Ich war natürlich vollkommen außer mir. Ich hätte ihn am liebsten umgebracht. Dann habe ich mich nach einer Weile wieder beruhigt. Wir haben uns auf das Bett gesetzt, und ich habe ihn gefragt, warum er denn so gelacht hätte. Er hat zu mir gesagt: ›Mutter, wenn du dich selber sehen könntest, wie du aussiehst, wenn du zornig bist, würdest du die erste sein, die lacht ...‹ Ich glaube auch, daß man nicht besonders hübsch aussieht, wenn man sich so zur Schau stellt. Wenn ich Lust habe, ihn zu verprügeln, sage ich seitdem zu ihm: ›Komm mit mir, es ist jetzt der passende Augenblick, um sich vor den Spiegel zu stellen.‹ Und der Zorn läßt nach. Beide lachen wir dann.«

Der Mutter und ihrem Sohn ist es gelungen, ihre Spannungen mit Humor zu nehmen. Das ist eine gute Methode. Im Grunde hat in diesem Fall das Kind seiner Mutter geholfen, ihre Wutanfälle zu überwinden.

Ein anderer Brief nimmt zu dem, was Sie gerade erklärt haben, eine etwas andere Haltung ein: »Wie soll man gegenüber einem zweiten Kind handeln, das auf das Älteste eifersüchtig ist? (...) Ich habe drei Kinder, zwei Mädchen von zwölf und neun Jahren und einen dreijährigen Jungen. Nun ist das neunjährige Mädchen immer eifersüchtig auf das, was die Ältere tut, sagt oder bekommt. Und ich versichere Ihnen, daß ich mein Menschenmöglichstes getan habe, um immer gerecht zu sein. Dieses Kind ist trotzdem nie zufrieden, da es überempfindlich ist, wird der kleinste Anlaß zum Drama, das von Geschrei, Tränen und Wutanfällen begleitet wird. Sie behauptet dann, daß man sie nicht lieb genug hat, daß sie weggehen will; und da sie sehr selbständig ist, fällt es ihr schwer zu gehorchen. Was soll man da machen?«

Dieses kleine Mädchen ist bestimmt in einer schwierigen Situation. Sie ist die zweite und vom gleichen Geschlecht wie die Älteste. Ihr besonderer Wunsch ist es, sich immer der Ältesten gleichzustellen. Als der kleine Bruder geboren wurde — der erste Junge — war dieser für die Eltern wirklich ein neues Kind, da ein zweites, gleichgeschlechtliches Kind in gewisser Hinsicht nur die Wiederholung von etwas schon Bekanntem ist. Ich denke mir, daß die Eifersucht für dieses Mädchen erst seit der Geburt ihres Bruders zu einer schmerzhaften Erfahrung wurde. Die Mutter unterliegt einem Irrtum, wenn sie ihr Möglichstes versucht, um Gerechtigkeit walten zu lassen: *es gibt keine Gerechtigkeit für das Kind. Alles ist in seinen Augen ungerecht, wenn es nicht alles bekommt.* Die Mutter sollte besser sagen: »Es stimmt, du hast recht, ich bin ungerecht, sogar sehr ungerecht. Vielleicht bist du in dieser Familie unglücklich.« Sie sollte mit diesem Kind allein sprechen, d. h. weder vor seiner älteren Schwester noch vor seinem kleinen Bruder. Vielleicht könnten außerdem der Vater und die Mutter zusammen mit dem Mädchen sprechen und ihr sagen: »Wenn du wirklich zu unglücklich bist ..., müssen wir uns überlegen, ob wir uns nicht einschränken könnten, um dich in ein Internat zu schicken. Es würde für uns ein großes finanzielles Opfer bedeuten, aber wenn du dort wirklich glücklicher sein könntest ..., also, wir werden darüber einmal nachdenken.« Die Mutter soll bloß nicht versuchen, immer gerecht zu sein, denn die Welt ist ungerecht. Man kann dem Kind auch erzählen: »Weißt du, es gibt Länder, in denen die Sonne immer scheint, und solche, wo es immer regnet. Vielleicht willst du zum Beispiel woanders sein. Du bist nicht zufrieden, wo du bist.« Und dann sollte man alles herausstellen, was zwischen ihr und ihrer Schwester verschieden ist. Es ist eine gute Methode, die Unterschiede zwischen Kindern hervorzuheben, um ihnen zu helfen, sich mit sich selbst und nicht mit anderen zu identifizieren. Auch kommt es darauf an, die Qualitäten des einzelnen anschaulich zu machen. Wenn man z. B. ein Kleid, ein Bändchen oder eine andere kleine Sache kaufen geht, könnte die Mutter mit jeder Tochter leise flüstern, damit die andere nicht zuhören kann und dabei jeder ins Ohr sagen, welche Farbe sie denn gerne hätte ... Auf diese Weise ermutigt sie jede, über ihren eigenen Geschmack nachzudenken und ihre eigene Wahl mitzuteilen. Sonst wird das jüngere Kind unter Umständen glauben, daß das, was das ältere nimmt, schöner bzw. überhaupt das Beste ist. Das zweite Kind ist von dem älteren einfach zu abhängig und darunter leidet es sehr stark; es spielt nur die Unabhängige, aber in Wirklichkeit ist sie es nicht. Die Abhängigkeit und die Eifersucht kommen von dem (eingebildeten) geringen Selbstwertgefühl. Es ist die Aufgabe der Mutter, jedem ihrer Kinder ein persönliches Selbstwertgefühl zu vermitteln. Es ist schmerzhaft, auf ein anderes Kind eifersüchtig zu sein, das einfach nicht nachzuahmen ist.

Kommt diese Situation bei Kindern eigentlich häufig vor?

Ja, aber im vorliegenden Fall vor allem deshalb, weil das Kind fühlt, daß sein Verhalten im Grunde der Mutter weh tut. Diese nennt die Eifersucht einen Fehler, aber das trifft nicht zu. Sie ist eine Qual, die Mitgefühl und Liebe von seiten der

44

Mutter erfordert. Es handelt sich dabei um eine normale und unvermeidliche Etappe der Entwicklung zwischen kurz hintereinander geborenen Kindern.

Schlimm für das Kind?

Ich weiß nicht, ob schlimm oder nicht schlimm. Ich glaube nicht; es hängt davon ab, ob die Mutter unter der Qual ihrer Tochter selbst leidet, während sich das betroffene Kind schon verstanden fühlen würde, wenn sie sein Leiden mit Worten ausdrücken würde und ihm auf diese Weise helfen könnte. Aber ich möchte wiederholen, daß man mit diesem Kind nicht vor seinem Bruder oder seiner Schwester sprechen sollte … Ich bin mir auch nicht ganz sicher, ob der ganze Vorgang nicht das Resultat einer gewissen Eifersucht ist, die die ältere Tochter gegenüber der jüngeren empfindet.

Mein Ratschlag wäre, nicht zu versuchen, in jedem Fall gerecht zu sein, sondern dem jüngeren Mädchen einfach dadurch zu helfen, daß man mit ihm ehrlich spricht. Sonst wird sich das Kind immer wieder über alles mögliche beklagen.

Eine Dame sagt uns: »Ich habe ein fünfjähriges Mädchen, deren Reaktionen mich manchmal ratlos machen. Welche Haltung soll ich vor diesem kleinen Mädchen einnehmen, das mich schlägt oder so tut, als wollte sie mich schlagen, sobald ich ihr einen Befehl erteile oder ihr einen Wunsch ablehne? Das kommt natürlich nur vor, wenn es schlecht gelaunt ist.« Und sie fügt hinzu, daß sie ›alles versucht‹ hätte: gleichgültig zu bleiben, ironisch zu reagieren oder zu toben …

Glauben Sie, daß es sich um eine Großmutter oder eine Mutter handelt?

Genau die gleiche Frage habe ich mir auch gerade gestellt …

Nun gut, nehmen wir einmal an, daß es sich um die Mutter handelt … Geschieht es, wenn die beiden allein sind oder wenn noch andere Leute da sind?

Darüber sagt sie nichts.

Machen wir trotzdem weiter: »Ich habe alles versucht: gleichgültig zu bleiben, zu toben ...« Und was noch?

Ironisch zu sein.

Ironisch zu sein ... Ich glaube, daß sie schließlich eine Art Spiel miteinander begonnen haben: wer wird dem anderen befehlen? Es wird sich wohl um ein intelligentes Mädchen handeln, denn es ist überhaupt nicht dasselbe, so zu tun, als ob man jemanden schlagen will oder wirklich zu schlagen. »Zu tun als ob« bedeutet so viel wie »Achtung, Achtung, ich führe das Kommando!« Wenn es wirklich einmal zuschlägt, wahrscheinlich nur deshalb, weil es ganz außer sich ist. Ich glaube, daß die Mutter für den Fall, daß das Kind wirklich einmal zuschlagen sollte, sagen kann: »Hör zu, ich sage dir Dinge, die dir nicht gefallen, aber ich versuche mein Bestes. Wenn du damit nicht einverstanden bist, brauchst du nicht zu mir zu kommen. Dann bleibe doch in deinem Zimmer, zieh dich zurück. Aber wenn du in meine Nähe kommst, dann sage ich dir, was ich denke.« Ich finde, man soll sich mit diesem Kind unterhalten und nicht die Beleidigte, die Verärgerte oder was weiß ich spielen. Man soll auch mit ihm lachen: »Also, deine Hand will mich schlagen, was meinst du dazu?« Denn das Kind ist in der Lage, mit seinen Händen oder Füßen zu reagieren, ohne sie mit sich selbst in Zusammenhang zu bringen. Das hört sich vielleicht etwas komisch an, aber man soll ihm ruhig sagen: »Schau, warum will diese Hand mich schlagen? Weil ich etwas gesagt habe, was dir nicht gefällt? Aber du sagst zu mir doch auch manchmal Dinge, die mir nicht gefallen. Schlage ich dich deshalb?« Oder, wenn das Kind ein Stofftier hat: »Na warte, den Schlag, den ich gerade von dir bekommen habe, kriegt dein Bärchen zurück. Und was sagt dann das Bärchen dazu?« Damit kann man die ganze Angelegenheit zu einem Spiel werden lassen. Ich habe den Eindruck, daß das kleine Mädchen, von dem wir sprachen, nur möchte, daß sich seine Großmutter (oder Mutter) um es kümmert, und zwar nur um es. Leider wissen wir nicht, ob sich der gleiche Vorgang in der Öffentlichkeit oder in einer vertrauten Spielsituation abspielt.

Ich habe den Eindruck, daß er auch in der Öffentlichkeit stattfindet, da die Mutter (oder die Großmutter) schreibt: »Ich habe alles versucht, und zwar je nachdem, in welcher Umgebung wir gerade waren.« Also hat sie sich wohl entweder Ratschläge aus ihrer Umgebung geholt, oder die Szene hat sich vor den Augen anderer abgespielt. Damit hängt übrigens noch ein weiteres Problem zusammen, denn diejenige, die den Brief an uns gerichtet hat, sagt auch nicht, ob sie das Kind selbst öfter geschlagen hat oder ob sie ein Kindermädchen hatte, das das Kind schlug, als es noch ganz klein war.

Die Kinder machen sich die Gewohnheiten der Erwachsenen zu eigen, insbesondere, wenn sie noch ganz klein sind. Dieses Kind findet Gefallen daran, die Sprache der Eltern zu übernehmen. Man ist immer wieder darüber erstaunt. Häufig hört man, wie Eltern ihre kleinen Kinder mit strenger Stimme ansprechen: »Halt deinen Mund, faß das nicht an!« usw. Und dann sind sie ganz überrascht, daß das Kind ihre Gewohnheiten übernimmt, wenn es beginnt, sich selbst als kleine Persönlichkeit zu fühlen ...

Und wie steht es überhaupt damit, Kinder zu schlagen?

Das hängt davon ab.

Was halten Sie eigentlich von dem Standpunkt, daß ein paar Ohrfeigen, die man früher ja auch bekommen hat, nichts schaden können ...

Viele Mütter haben manchmal, als sie klein waren, Schläge bekommen und fanden das in Ordnung. Warum sollten sie ihren Kindern dann diese Erfahrung vorenthalten? Sie tun eben das gleiche, was man auch mit ihnen gemacht hat. Es gibt Kinder, die für diese Methode sogar empfänglich sind: wenn

47

man ihnen nicht ab und zu Schläge erteilt, glauben sie, daß sie nicht genügend geliebt werden. Das hängt vom Erziehungsstil der Mutter ab. Man kann darüber, ob Schlagen gut oder schlecht ist, kein absolutes Urteil fällen, da es Teil eines Ganzen ist.

Aber schockieren Sie derartige Erziehungspraktiken nicht?

Nein. Ich glaube, daß man vor allem alles vermeiden soll, was für das Kind erniedrigend ist. Man darf Kinder nie demütigen. Das ist destruktiv, ob es nun aus Spaß oder aus Ärger heraus geschieht. Abgesehen davon, daß das Schlagen den Erwachsenen und manchmal auch das Kind für den Augenblick beruhigt, halte ich es langfristig allerdings doch für schädlich (und das Ziel einer Erziehung eröffnet ja eine längerfristige Perspektive). Auf jeden Fall sollten der Vater oder die Mutter, die ihr Kind nun unbedingt schlagen wollen, dies niemals in der Öffentlichkeit tun. Man nimmt das Kind eher beiseite und schimpft mit ihm. Aber wenn die Mutter vor lauter Aufregung die Hand gegen ihr Kind erhebt — was soll sie dann machen? Man kann es nicht einfach verhindern. Das heißt auch nicht, daß sie unbedingt eine schlechte Mutter ist. Es gibt Mütter, die ihr Kind niemals anrühren, die aber in ihrer Sprache und in ihrem Verhalten viel aggressiver, sogar viel sadistischer sind, als wenn sie das Kind schlagen würden.

Man sollte jedoch wissen, daß körperliches Strafen ein Zeichen von Schwäche von seiten der Eltern ist und von einem Mangel an *Selbstbeherrschung* zeugt, wie jemand es uns hier richtig geschrieben hat. Es handelt sich also um ein schlechtes Beispiel, das den Kindern von den Erwachsenen gegeben wird. Ein Erwachsener, der seinem Kind gegenüber schroff und aggressiv spricht, dazu neigt, heftig zu handeln und den für ihn typischen Wutausbrüchen freien Lauf läßt, sollte nicht darüber erstaunt sein, einige Monate oder Jahre später sein Kind genauso mit schwächeren Kindern sprechen und handeln zu sehen. Ich wiederhole, daß ein jüngeres Kind die Handlungsweise des Erwachsenen erst einmal als ›gut‹ ansieht, blind sozusagen. Und das Kind wird den Erwachsenen

48

früher oder später nachahmen, und zwar sowohl Erwachsenen wie auch anderen Kindern gegenüber.

Was das Schlagen betrifft, sollte der Erwachsene, der sich durch einen Mangel an *Selbstbeherrschung* nicht zurückhalten kann, jedoch nicht auf die billige Ausrede verfallen, daß er eine erzieherische Maßnahme vornimmt, denn damit würde er sich wirklich etwas vormachen. Und er sollte zumindestens diese Maßnahme nicht im voraus ankündigen, nach dem Motto: heute abend oder am Samstag werde ich dir ›deine‹ Schläge verpassen. In diesem Fall handelt es sich um eine perverse, dem Erwachsenen lustbringende Haltung, die auch das Kind verdirbt, für beide demütigend ist und insgesamt erziehungsfeindlich; denn wenn das Kind den Erwachsenen fürchtet, verliert es schnell die Achtung ihm gegenüber und verurteilt ihn für das, was er ist, nämlich ein schwaches Wesen, unfähig, sich zu beherrschen oder noch schlimmer: sadistisch bis hin zur Kaltblütigkeit.

6. KAPITEL

Über die Erziehung zur Sauberkeit

In diesem Fall habe ich einen Erlebnisbericht vor mir liegen. Ich will diesen langen Brief, der von einer Mutter von fünf Kindern stammt, einmal zusammenfassen. Das älteste Kind ist zehn Jahre alt, das jüngste 25 Monate. Eigentlich geht es dabei um das Problem, wie die Kinder lernen, sauber zu sein. Die Mutter hat die Tatsache, daß sie fünf Kinder hat, dazu genutzt, fünf verschiedene Erfahrungen zu sammeln. Dem ersten Kind hat sie sehr oft das Töpfchen angeboten und mit ihm geschimpft, wenn es in die Windeln machte oder ablehnte, sich auf den Topf zu setzen. Dem zweiten ...

Ja, aber zu welchem Zeitpunkt? Sagt sie darüber nichts?

Ich glaube, daß sie es sagt. Aber dann müßte ich den Brief wohl doch im Detail vorlesen.

Es geht vor allem um das älteste Kind, denn die anderen werden normalerweise dadurch erzogen, daß sie dieses nachahmen.

Hier haben wir es: »Ich bin Mutter von fünf Kindern, die ich ziemlich schnell hintereinander bekommen habe, das älteste ist jetzt zehn Jahre alt, das jüngste 25 Monate. Meine beiden ersten Kinder sind knapp ein Jahr auseinander. Wie viele Mütter, hatte ich es sehr eilig, meinen ersten Sohn sauber zu sehen, vor allem, weil seine kleine Schwester ihm dicht nachfolgte. Deshalb habe ich ihm den Topf hartnäckig so oft wie möglich angeboten — manchmal jede Stunde — und schimpfte mit ihm, wenn es erfolglos blieb und er statt dessen in die Windeln machte. Nachdem ich mich in dieser Beziehung ein Jahr angestrengt hatte, war er sauber geworden; genau mit zwei Jahren tagsüber und mit zweieinhalb Jahren auch nachts. Also keine

50

Heldentat!« Soweit zum ersten Kind. Danach hat sie ihr System ein wenig umgestellt. Sie hat den Topf angeboten, aber diesmal ohne mit dem Kind zu schimpfen, oder sie hat mit ihm geschimpft, aber den Topf nicht angeboten usw. Das hat sie bis zu dem letzten Kind so gemacht, dem sie absolute Freiheit gewährte, d. h., sie hat ihm den Topf überhaupt nicht mehr von sich aus angeboten. Sie hat festgestellt, daß alle ihre Kinder mit zwei Jahren tagsüber und mit zweieinhalb Jahren nachts sauber gewesen sind.

Das finde ich sehr amüsant und auch sehr lehrreich, vielen Dank an diese Mutter für ihren Bericht.

Und sie fügt noch hinzu: »Ich halte es für überflüssig zu versuchen, das Kind um jeden Preis sauber zu bekommen.«

Ich glaube, daß dieser Bericht viele Mütter trösten wird, die sich schwarzärgern, weil ihr Kind noch nicht sauber ist. Ich möchte aber auch dazu sagen, daß sie Glück gehabt hat, daß der Älteste nicht weiterhin ins Bett gemacht hat, da sie zu früh mit der Sauberkeitserziehung begonnen hat. Erst ab zwei Jahren, d. h. ab dem Zeitpunkt, wenn das Kind in der Lage ist, eine Haushaltsleiter allein bis zur letzten Stufe, an der es sich mit seinen Händen festhält, hinauf- und wieder hinunterzuklettern, ist sein Nervensystem soweit ausgebildet, daß es, wenn es aufpaßt, sauber sein kann. Vorher geht es nicht. Diese Mutter hat ja ein Jahr später ein anderes Kind bekommen; aber ich könnte mir denken, daß der Älteste das Interesse, das seine Mutter für seinen Popo gezeigt hat, als sehr angenehm empfand, denn sie kümmerte sich auf diese Weise ganz besonders um ihn.

Ich finde, daß es recht klug war, was sie, eigentlich ohne ihr Wissen, für den Ältesten tat, der dadurch auch nach der Geburt des zweiten Kindes weiterhin die Aufmerksamkeit der Mutter erhielt. Die anderen Kinder werden dadurch erzogen, daß sie den Ältesten nachahmen. Sobald sie es können, wollen sie alles genauso richtig machen wie er. Sicherlich können sie tagsüber nicht vor ungefähr 21 Monaten, was die Mädchen angeht, und 23 Monaten, was die Jungen angeht, sauber sein. Die Jungen werden etwas später als die Mädchen sauber. Aber es schließt sich in unserem Falle die Frage an, ob der Älteste bei seiner Erziehung zur Sauberkeit nicht ein wenig perfektionistischer, weniger frei und weniger locker in seinen Bewegungen als die anderen geworden ist. Wenn nicht, dann ist es gut so. Trotzdem bleibt es schade um die Zeit, die mit dem Nachttopf verloren wurde, während es so viele andere Dinge zu tun gibt, um die Geschicklichkeit der Hände, des Mundes, der Sprache bzw. des ganzen Körpers zu entwikkeln … Wenn das Kind geschickt ist, Fingerfertigkeit besitzt, gerne turnt, d. h. frei und entspannt über eine gelungene Koordination seiner Bewegungen verfügt, seine Muskelkraft beherrschen kann und schon gut spricht, macht es ihm viel Spaß, allein sauber zu werden und so zu handeln wie die Erwachsenen, nämlich richtig auf die Toilette zu gehen. Bei dieser Gelegenheit möchte ich noch sagen, daß die Mütter den Nachttopf weder in die Küche noch in das Zimmer des Kindes stellen sollten. Er muß in der Toilette stehen, außer nachts, und das Kind soll immer, es sei denn, es ist sehr kalt draußen, und das ist es ja nur im Winter, seine Bedürfnisse auf der Toilette erledigen und nie in den Räumen, in denen gelebt und gegessen wird.

7. Kapitel

Wer verläßt wen?

Hier eine Mutter, die ein Baby hat, das drei Monate alt ist: sie erklärt Ihnen, daß dieses Baby mit sechs Monaten in die Krippe gehen soll und fragt, wie man ihm den Übergang vom Leben in der Familie zur Anwesenheit in der Krippe erleichtern kann. Sie sagt auch, daß sich ihre ganze Umgebung dadurch hervortut, ihr zu erklären, wie schädlich die Krippen für Kinder seien, aber daß sie nicht nachgeben will. Sie fragt danach, ob sie sich z. B. in der Woche, bevor das Kind mit der Krippe beginnt, weniger um es kümmern soll oder ob sie vielmehr die Feiertage dazu benutzen soll, ihr Kind möglichst häufig Leuten aus ihrer Familie, wie z. B. der Großmutter, anzuvertrauen.

Bloß nicht das letztere. Diese Mutter soll sich um ihr Baby kümmern ... Ich halte es für das Wichtigste, daß sie mit ihrem Baby zu anderen Leuten geht und dort mit ihm bleibt. Für das Baby ist es überhaupt nicht das gleiche, mit anderen Babys zusammenzusein, wie es in drei Monaten in der Krippe der Fall sein wird, oder ganz allein Erwachsenen überlassen zu werden. Es wird ihm aber bestimmt helfen, wenn es seine Mutter häufig mit anderen Erwachsenen sprechen sieht, anstatt ständig allein mit ihr unter vier Augen zu sein. Alle Babys sollten oft mit ihrer Mutter andere Leute besuchen gehen. Jedesmal, wenn die Mutter irgendwohin geht, sollte sie — sofern es möglich ist — ihr Baby mitnehmen, damit es alle seine Onkel, seine Tanten, seine Großmütter usw. kennenlernt. Die Mutter sollte dann aber bei ihm bleiben. Aber um auf die Ausgangsfrage zurückzukommen — es ist schon ein heikles Alter, um ein Kind in die Krippe zu bringen.

Es ist wohl noch etwas zu klein?

Nein, darum geht es nicht, man kann im Gegenteil Kinder sehr früh dorthin bringen. Das Kind gewöhnt sich schnell an

53

diesen Rhythmus. Aber es ist noch in einem Alter, in dem ihm seine Mutter sehr fehlen wird. Man sollte es also entsprechend darauf vorbereiten ... Sie sagt nichts darüber, was für eine Arbeit sie haben wird und ob sie ihre ganze Zeit dafür aufbringen muß?

Scheinbar legt sie Wert darauf, die Beschäftigung, die sie zur Zeit ausübt, nicht fallen zu lassen. Ich denke, daß sie im Mutterschaftsurlaub ist, aber entschlossen, ihre Beschäftigung wieder aufzunehmen.

Das Kind wird sich in einigen Wochen daran gewöhnen, aber sie wird es ihm erklären müssen: »Ich bin gezwungen, arbeiten zu gehen. Es tut mir sehr weh, dich in der Krippe zu lassen, aber dort wirst du Freunde finden, dort wirst du kleine Babys finden.« Sie sollte ihm auch oft von anderen Babys erzählen und mit ihm auf Spielplätze gehen, um ihm dort die Babys mit ihren Müttern zu zeigen; sie soll sie ihm benennen: »die anderen Babys, die kleinen Freunde, die Kameraden, die kleinen Mädchen, die kleinen Jungen« usw. Sie sollte nie sagen, daß dieses oder jenes Baby lieber ist als es selbst; es sollte genau wissen, daß die Mutter ihm das meiste Interesse gegenüber zum Ausdruck bringt, auch wenn sie vor ihm mit einer anderen Mutter oder mit einem anderen Kind spricht.

Auf jeden Fall sollte sie das Interesse für ihr Kind nie verlieren oder sich weniger um ihr Kind kümmern, wenn es in die Krippe kommt ...

Auf keinen Fall. In der Krippe kümmern sich die Frauen viel um die Babys. Also warum nicht auch die Mutter? Natürlich muß sie sich in Anwesenheit des Babys, während sie mit ihm spricht, auch um das Haus kümmern, wie es die Frauen in der Krippe im übrigen auch tun; diese kümmern sich um viele Dinge und gleichzeitig um die Babys.

Solche Fragen über das Problem der Trennung von einem kleinen Baby kommen immer wieder vor.

54

Ich habe zwei Briefe hierzu vorliegen. Der eine stammt von einer Großmutter, die Ihnen sagt: »Ich werde ab nächsten Januar auf meine kleine Enkelin aufpassen müssen. Könnten Sie mir etwaige Vorsichtsmaßnahmen anraten, die im Hinblick auf diese Lebensumstellung ergriffen werden müssen?

Sie sagt nicht, ob das Kind seine Eltern wiedersehen wird oder nicht?

Anscheinend doch. Aber sie gibt keine näheren Erläuterungen hierzu: »Ich werde von 8.00 Uhr morgens bis 17.30 Uhr abends auf sie aufpassen, außer mittwochs, samstags und sonntags; meine Enkelin wird also die Betreuung, die Bettwäsche und sogar die Umgebung wechseln.«

Das Problem liegt also ähnlich wie das, über das wir gerade gesprochen haben. Dieses Baby sollte ab jetzt mit seiner Mutter oder mit seinem Vater einige Stunden bei der Großmutter verbringen. Es soll die Umgebung kennenlernen. Seine Mutter kann ihm sagen: »Siehst du, hier bist du bei deiner Großmutter.« Nach deren Worten übernimmt sie die Betreuung wohl nur am Tage und das nicht einmal jeden Wochentag. Das wird gut klappen. Man soll dem Kind auch hier immer im voraus sagen, woran es ist. Es muß diese neue Umgebung zusammen mit der Anwesenheit und mit der Stimme seines Vaters, der mütterlichen Nähe und ihrer Stimme kennenlernen. Auch sollte es irgendwelche Sachen seiner Mutter bei sich haben, damit es ihren Geruch verspürt, oder Spielzeug, das es zu Hause hat, das hingebracht und jedesmal von der Großmutter zurückgebracht wird; weiterhin Spielsachen, die es immer bei der Großmutter wiedersehen wird, und die es nach einer gewissen Zeit nach Hause mitnehmen und dort behalten kann, genauso, wie es anderes Spielzeug von zu Hause zur Großmutter hinbringen und dortlassen wird. Es sollte einen Lieblingsgegenstand haben, den es von der Mutter zur Großmutter und von der Großmutter zur Mutter hin- und hertransportiert. Dieses Kind wird ganz einfach zwei Orte haben, an denen es sich aufhält. Es muß aber die Kontinuität seiner Person zwischen diesen beiden Orten fühlen. Auf diese Weise wird es sich sehr gut an den Umstand, an zwei Orten zu leben, gewöhnen. Es wäre auch gut, wenn die Großmutter mit dem Kind in der Woche spazierengeht und ebenso die Eltern, wenn sie das Kind haben.

Die Angelegenheit ist also nicht so dramatisch. Der zweite Brief stammt von einem Vater. Das Problem geht über das des letzten Briefes etwas hinaus, aber betrifft immer noch die Frage nach der Trennung von den Eltern: »Was könnten die unmittelbaren, aber vor allem langfristigen Folgen für ein Kind sein, das im Alter von 20 Monaten dreieinhalb Monate von seinen Eltern getrennt wird?«

20 Monate ... es wird also schon gehen, laufen und sprechen können. Man kann auch seine Sprache schon leicht verstehen, selbst wenn es noch nicht so gut spricht. Man soll das Kind auf die bevorstehende Veränderung vorbereiten und mit ihm darüber sprechen. Der Vater oder die Mutter sollen es zu dem Ort hinfahren, an dem es sich aufhalten wird; und sie sollen sich dann von ihm verabschieden, selbst wenn es weint; sie sollen nicht weggehen, wenn es schläft und ihr Weggehen nicht bemerkt. Da sie ihm Postkarten schreiben werden, könnten sie ihm auch kleine Bilder zeichnen; sie könnten ihm regelmäßig einmal in der Woche Kekse oder Bonbons schikken; das Kind muß von seinen Eltern Zeichen bekommen, um zu sehen, daß sie an es denken. Das ist das Wichtigste. Mit 20 Monaten kann ein Kind im übrigen von den Eltern ohne weiteres getrennt werden ... Die Eltern sollten aber durch kleine Aufmerksamkeiten immer zeigen, daß sie in Gedanken bei ihrem Kind sind. Man braucht sich jedoch nicht zu wundern, wenn das Kind darauf unzufrieden reagiert, denn es reagiert auf seine Weise. Es ist viel besser, daß ein Kind auf eine derartige Trennung irgendwie reagiert. Und wenn es seine Eltern wiedersieht und dabei ein wenig schmollt, müssen diese ihr Kind verstehen, mit ihm sprechen und dürfen ihm keine Vorwürfe machen. Dann wird es gutgehen. Wenn diese Trennung unbedingt notwendig ist, handelt

es sich um eine Leidenssituation, die das Kind verwinden muß. Vielleicht wird sie für die Großmutter oder die Person, bei der es einige Wochen verbracht haben wird, noch größer sein als seine eigene, wenn es sie wieder verlassen wird. Es braucht sie aber auch nicht plötzlich zu verlassen. Was die Eltern betrifft, so sollen sie mit dem Kind nachträglich von der Trennungssituation sprechen und von der Freude, die sie verspürten, als sie es wiedergesehen haben; die angebliche Gleichgültigkeit, die es beim ersten Treffen nach der Trennung vielleicht gezeigt haben mag, sollten sie jedoch nicht erwähnen.

Eine andere Frau schreibt uns folgendes: »Ich habe einen kleinen zweieinhalbjährigen Jungen. Als er im kritischen Alter von sieben Monaten war, habe ich ihn dreimal in der Woche verlassen.«

Man erkennt schon, daß diese Mutter Schuldgefühle bei sich empfindet, denn sie spricht von ›verlassen‹, und nicht von ›jemandem anvertrauen‹.

Die Mutter hat ihr Kind aus beruflichen Gründen bei einer Tagesmutter untergebracht. Sie schreibt: »Ich muß hinzufügen, daß ich privilegiert bin, da ich Lehrerin bin. Ich habe also lange Ferien, die ich mit meinem Kind verbringen kann.« Das zweite Jahr arbeitete sie dann fast jeden Tag und hat das Kind wieder zu der Tagesmutter gebracht. Alles ist gut gelaufen. Dann aber dieses Jahr (das Kind ist zweieinhalb Jahre alt): »Ich habe mit meiner Tätigkeit aufgehört, aber wollte meinen Sohn in den Kindergarten schicken, damit er zu anderen Kindern Kontakt hat.«

Obwohl sie mit ihrer Arbeit aufgehört hat?

Genau.

Seltsam.

Sie hat ihrem Kind genau erklärt, daß der Kindergarten ein Ort ist, an dem man viel Spaß hat und kleine Freunde trifft: »Aber nach dem ersten Tag im Kindergarten lehnte dieses Kind es strikt ab, wieder dorthin zu gehen und weinte sehr viel.« Die Mutter stellt nun die Frage, ob man darauf bestehen soll, das Kind in den Kindergarten zu schicken oder im Gegenteil einige Monate abwarten soll, bevor man es dort wieder hinbringt.

Ich denke, daß diese Mutter sehr gut versteht, worum es geht. Ihr Kind war bei einer Tagesmutter... Wir haben gesehen, daß die Mutter ihrerseits das Gefühl hatte, ihr Kind verlassen zu haben. Das Kind schien jedoch bei dieser Tagesmutter ganz glücklich gewesen zu sein. Sie sagt uns nicht, ob es dort noch andere Kinder gab oder ob es allein war... Natürlich muß es diesem Kind im Alter von zweieinhalb Jahren etwas komisch vorkommen, nun einerseits mit vielen Freunden in den Kindergarten zu gehen und andererseits die Mutter bei sich zu Hause zu wissen. Gerade jetzt schickt sie es dorthin, wo sie doch Zeit für es hätte! Denn schließlich hätte sie für ihr Kind alles, was man im Kindergarten tut, auch machen können, abgesehen davon, daß man dort nicht mit seiner Mutter sprechen und sich an ihrem Alltag beteiligen kann wie Einkaufen, Kochen oder Hausarbeit...

Ich dachte, sie hat ihr Kind in den Kindergarten geschickt, damit es zu anderen Kindern Kontakte kriegt. Es ist nämlich ein Einzelkind.

Richtig, aber sie ist doch eine Mutter, die unterrichten kann... Sie könnte jetzt, wo sie zu Hause bleibt, doch zu einer anderen Form mütterlicher Erziehung übergehen, die der Tagesmutter nicht möglich war. Das Kind sollte nicht, weil die Mutter nun zu Hause ist, wieder zur Tagesmutter gehen, aber man bräuchte diese auch nicht ganz abzuschaffen. Das Kind könnte ihr vielleicht an einem oder zwei Nachmittagen wieder anvertraut werden. So wird die Mutter ein wenig Ruhe haben. Denn sie hat ihre Arbeit doch wahrscheinlich aufgehört, um sich ausruhen zu können, vielleicht auch aus einem anderen Grund, den sie nicht angibt. Vielleicht könnte sie es auch so einrichten, daß sie auf ihren Sohn aufpaßt und ihn gleichzeitig auf den Kindergarten vorbereitet, von dem er ja schon weiß, was er bedeutet; und sie könnte in diesem Sinne mit ihm spielen, malen, singen und seine Aufmerksamkeit auf Bastelarbeiten lenken. Im übrigen finde ich das Alter von zweieinhalb Jahren viel zu früh, um in den Kindergarten zu gehen.

Eigentlich kann man ein zweieinhalbjähriges Kind erst dann in den Kindergarten schicken, wenn es daran gewöhnt ist, andere Kinder draußen und bei sich zum Spielen zu treffen und wenn es von sich aus hingehen will, weil es sich durch die Anwesenheit eines Kindes, das es dort schon kennt oder eines älteren Geschwisters, das es nachahmen will, angezogen fühlt. Trotzdem, zweieinhalb Jahre ist eigentlich zu früh.

Was ist allgemein das ideale Alter, um ein Kind in den Kindergarten zu schicken?

Ein Kind ›im allgemeinen‹ gibt es nicht. Jedes Kind ist verschieden. Es gibt Kinder, die sich zu Hause sehr gut beschäftigen können, wenn man es ihnen beigebracht hat und die vor allem zusammen mit der Mutter das tun, was zu Hause so anfällt. Es ist wichtig, daß ein Kind zu Hause seine Fertigkeiten erlernt und übt, es soll sich dort allein beschäftigen können, allein spielen, bei seinem Tun und Treiben laut sprechen, mit seinen Bären, Puppen und seinen kleinen Autos spielen und sich Geschichten dabei erzählen. Es soll allein Spiele machen oder mit dem, der es trotz seiner Arbeit nebenher begleitet. Es arbeitet auch im Haushalt mit, putzt das Gemüse mit der Mutter, es geht einkaufen und beobachtet die Geschehnisse auf der Straße. Erst dann wird es sich für den Kindergarten interessieren. Bis dahin sollte es schon mit anderen Kindern auf Spielplätzen gespielt haben und dabei zu seiner Mutter gelaufen sein, wenn kleinere Rivalitätskämpfe stattfanden, worauf die Mutter es tröstet, indem sie ihm die Erfahrung, die es gerade gemacht hat, erklärt.

Mit welchem Alter also?

Mit drei Jahren; für ein aufgewecktes Kind ist das ein gutes Alter, um mit dem Kindergarten anzufangen. Zweieinhalb Jahre finde ich sehr früh, vor allem für ein Einzelkind, das sich zunächst an den Umgang mit anderen Kindern zu gewöhnen hat.

Gibt es andererseits auch eine Altersgrenze nach oben, die man nicht überschreiten darf? Man sollte ein Kind doch auch nicht zu lange zu Hause behalten, nicht wahr?

Nein, aber es hängt auch davon ab, wie es zu Hause beschäftigt wird und wie gut es die Welt draußen, d. h. die Nachbarn, die Straße, die Spielplätze usw., kennt. Früher kam man mit sechs Jahren in die Volksschule, weil man zu Hause, in der Familie oder mit den Freunden alles getan hatte, was man heute im Kindergarten macht. Für das Kind blieb die Familie nicht auf seinen Vater und seine Mutter beschränkt. Es gab die Großmutter, den Onkel, die Tanten, Kusinen und Nachbarn. Und die Beteiligung des Kindes an der Hausarbeit. Das Kind war dann sehr froh, lesen und schreiben zu lernen, denn es hatte schon eine Menge Anregungen bekommen, sang Lieder, tanzte, spielte allein und konnte sich sonst nützlich machen ... Eigentlich war es zu allem fähig, was ein Kind mit seinem Körper, d. h. mit seinen Händen und seiner motorischen Intelligenz machen kann: nämlich wirklich ein kleiner Begleiter des alltäglichen Lebens zu sein. Auf jeden Fall ist es, um darauf noch einmal zurückzukommen, für ein zweieinhalbjähriges Kind zu früh, in den Kindergarten zu gehen — mit Ausnahme vielleicht von einigen sehr aufgeweckten Kindern, die sich schon wünschen, ständig mit kleinen Freunden zusammen zu sein.

8. KAPITEL

Jeder hat seine eigenen Schlafgewohnheiten

In diesem Brief wird bestritten, was Sie in bezug auf den Schlaf des Kindes gesagt hatten, und zwar daß ein Kind eigentlich überall einschlafen kann, sobald es ein Bedürfnis dazu verspürt. Auch meinten Sie, daß man ein Kind ein wenig zur Einsamkeit zwingt, wenn man es zum Schlafen ins Bett steckt. Dazu nimmt nun eine Mutter wie folgt Stellung: »Ich habe einen achtzehn Monate alten Jungen. Dieses Kind will nicht einschlafen, solange es nicht in seinem Bett, d. h. in seinem Zimmer ist, außer bei längeren Autofahrten, auf denen es dann auch einschläft. Wenn es aber Gesellschaft hat, möchte es unbedingt am Leben um sich herum beteiligt sein, es zwingt sich regelrecht dazu, wachzubleiben.« Diese Dame ist also der Meinung, daß die Umgebung der Erwachsenen sich auf den Schlaf ihres Sohnes nachteilig auswirkt, wobei doch der Schlaf einer der wichtigsten Faktoren für die Entwicklung eines Kindes in diesem Alter ist.

Sie hat vollkommen recht. Wir verallgemeinern zu viel. Es gibt Kinder, die entsprechend ihrem eigenen Rhythmus dort einschlafen, wo man sie hinlegt, und zwar sobald sie ein Bedürfnis dazu haben. Bei diesem Kind scheint dies nicht der Fall zu sein. Es bezieht sich wahrscheinlich besonders stark auf die Erwachsenen. Kein Kind ist dem anderen gleich. Und seine Mutter hat es bestimmt schon früh daran gewöhnt, in seinem Bett zu schlafen. Diese Mutter hat also recht mit dem, was sie schreibt. Sie hat ihr Kind schon an einen bestimmten Lebensrhythmus gewöhnt. Warum auch nicht? Sie hat erreicht, daß ihr Kind einschläft, sobald man es in sein Zimmer bringt, und sollte sich deswegen keine Fragen stellen und weiter so verfahren wie bisher. Ich bin im übrigen sehr froh, daß von den Zuhörern auch Einwände gegen das, was ich sage, vorgebracht werden. In diesem Fall hatte ich ein wenig zu stark verallgemeinert, denn ich erinnerte mich, daß auf einem Bauernhof die Kinder in einem gemeinsamen Raum schlafen, seitdem sie Babys sind, da es keinen anderen beheizten Raum gibt. Als meine älteren Geschwister klein waren, war ja Krieg gewesen, und man konnte nur einen Raum beheizen, eben den, in dem man sich aufhielt. Heute leben wir nicht mehr unter den gleichen Bedingungen. Hinzu kommt die persönliche Eigenart des Kindes; es gibt welche, die besonders stark auf Reize ihrer Umwelt reagieren, und solche, die gelassener sind und die, wenn sie es wollen, überall einschlafen können. Wie uns gesagt wurde, schläft das Kind, von dem die Rede ist, im Auto; dabei gibt es wieder andere, die genau dort nicht schlafen wollen.

Aber ich möchte noch einmal betonen, daß es andererseits auch nicht schädlich ist, ein Kind in einem Zimmer einschlafen zu lassen, in dem sich viele Erwachsene aufhalten.

Der Kleine, über den wir gerade gesprochen haben, wurde daran gewöhnt, in seinem eigenen Bett einzuschlafen. Er ist ein bißchen auf sein eigenes Bett oder auf das Schlafen im Auto fixiert, warum auch nicht? Er scheint Schlafgewohnheiten behalten zu haben, die ihm beigebracht worden waren, als er noch ganz klein war. Aber vielleicht wird sich das für ihn auch einmal ändern. Momentan bleibt er zwar in seinem Bett, doch es ist durchaus möglich, daß er es eines Tages einmal verläßt, um in den Raum, in dem sich die anderen aufhalten, zurückzukehren. Ich glaube, daß man sich dann weder ärgern noch erstaunt fühlen sollte. Wenn dieses Kind irgendwann einmal gegenüber den Erwachsenen eine persönliche Initiative ergreift und sie dabei nicht stört, warum sollte man ihm die Möglichkeit dazu verwehren? Ein Kind, das ›Gewohnheiten‹ hat, kann sich weniger auf Veränderungen einstellen als ein anderes. Es findet dann eben nicht in allen Situationen die Sicherheit, die es für sich braucht.

Damit wäre die Antwort auf diesen Brief erledigt. Trotzdem fände ich es gut, die dort angesprochene Fragestellung etwas zu erweitern und einmal allgemein auf den Schlaf, seine Bedeutung und seine Dauer beim Kind zu sprechen zu kommen.

Hier läßt sich wohl kein Patentrezept erfinden. Meine eigenen drei Kinder hatten alle drei verschiedene Schlafgewohnheiten. Ab einem gewissen Zeitpunkt waren sie natürlich alle in ihrem Zimmer, aber nicht alle in ihrem Bett. Ich denke, daß man die Kinder möglichst nicht ins Bett schicken sollte, bevor der Vater nach Hause kommt. Man kann sie ja in ihrem Schlafanzug aufbleiben lassen, wenn sie noch nicht ins Bett gehen wollen. Wenn sie nun sehr müde sind, sollte man sie natürlich schlafen lassen. Kinder, die nie gezwungen werden, ins Bett zu gehen, legen sich auch freiwillig hin, sobald sie in ihr Bett hineinklettern können. Von daher empfiehlt sich im übrigen ein nicht zu hohes Bett ohne Stäbe, gegebenenfalls ein Stuhl daneben, auf den man Spielzeug oder Bilderbücher zum Anschauen vor dem Einschlafen bzw. nach dem Aufwachen legen kann.

Sollte man die Kinder vielleicht wecken, wenn der Vater nach Hause kommt?

Wenn sie wirklich schon schlafen, nein. Aber der Vater kann den Kindern sagen: »Ich werde euch immer gute Nacht sagen, wenn ich nach Hause komme.« Wenn das Kind in solch einem Fall aufwacht und seinen Vater begrüßen will, finde ich es richtig, es aus dem Bett herausklettern zu lassen. Es kann dann noch im Morgenmantel dort bleiben, wo sich die Eltern aufhalten, denn es ist für ein Kind doch sehr wichtig, seinen Vater zu sehen, nicht wahr? Man sollte ihm dann erlauben, noch fünf oder zehn Minuten aufbleiben zu dürfen … Bevor es sich dann wieder hinlegen soll, kann man ihm etwas Milch zu trinken geben, um die Situation zu beenden. Ein Kind schläft viel besser, wenn es ein kleines glückliches Erwachen gehabt hat und wenn es noch eine Kleinigkeit zu essen bekommen hat, eine Scheibe Brot, ein Plätzchen oder etwas zu trinken. Bei gedämpftem Licht und mit seinem Spielzeug um es herum wird es dann einschlafen, wenn es müde ist.

Es soll allerdings den Abend seiner Eltern auch respektieren lernen. Die Erwachsenen brauchen ihre Ruhe und das Zusammenleben außerhalb der Kinder.

In einem anderen Brief werden Sie gefragt, ob sich das Schlafen im Zimmer seiner Eltern auf die ›seelische Gesundheit‹ eines fünfjährigen oder sechsjährigen Kindes auswirken kann.

Nun steht in diesem Brief nicht, ob die Familie viel Platz hat oder gezwungen ist, in einem Raum zu leben. Es ist tatsächlich besser, daß das Kind nachts nicht Zeuge der Intimität und des Schlafes seiner Eltern ist. Wenn es nicht anders geht, sollte man aber dafür sorgen, daß das Kind nicht in das Bett seiner Eltern geht; wenn es diesen Wunsch äußert, sollte man nicht mit ihm schimpfen, sondern darüber sprechen und ihm, wenn es ein Junge ist, sagen, daß auch der Vater, als er klein war, sein eigenes Bett hatte; und im Falle eines Mädchens sollte es lernen zu akzeptieren, daß es noch ein kleines Mädchen ist und nicht Vater oder Mutter mit den Erwachsenen spielen kann, als würde es selbst schon erwachsen sein.

Noch einige andere Fragen in diesem Zusammenhang, die immer wieder vorkommen. Ein Mädchen, das jetzt zehneinhalb Jahre alt ist, teilte ein Zimmer mit seinem sechsjährigen Bruder. Eines Tages dann haben ihm seine Eltern ein eigenes Zimmer eingerichtet. Und jetzt will es zu seinem Bruder zurückkehren, da es allein in seinem Zimmer Angst hat. Was soll man tun?

Erstens scheinen die Eltern die getrennten Zimmer eingerichtet zu haben, ohne das Kind vorher um seine Meinung gefragt zu haben. Ich finde, daß es vernünftiger gewesen wäre, die beiden noch zusammenzulassen, bis das Mädchen das gebärfähige Alter erreicht hat. Für den Jungen ist es noch unwichtig ...

Was heißt eigentlich gebärfähiges Alter?

Gebärfähiges Alter? Das heißt, seine Periode zu haben. Es handelt sich also um den Zeitpunkt, an dem sich das Kind zum jungen Mädchen entwickelt. In diesem Moment (vielleicht auch etwas früher) wird das Mädchen sehr froh sein, ihr eigenes Zimmer zu haben, und der Junge auch. Aber warum macht die Mutter nicht vorläufig aus dem anderen Zimmer ein Spielzimmer? In dem Zimmer, in dem man schläft, wird gearbeitet und in dem anderen gespielt. Es wäre vernünftiger, denn meiner Meinung nach sollte man diese Kinder, die zu zweit in der Familie sind, zu diesem Zeitpunkt noch nicht trennen. Bei mehreren Mädchen und einem Jungen gäbe es ein Zimmer für den Jungen und eines für die Mädchen.

Weiter gibt es viele Briefe, die das Problem nächtlicher Ängste bei Kindern erwähnen. Dabei scheinen mir diese Ängste immer mit einem ganz besonderen Problem des Kindes verknüpft zu sein. Für das Mädchen von zehneinhalb Jahren wurden die Ängste aus dem vorgenommenen Umgebungswechsel verständlich ...

... und vor allem, weil es sich diesen Wechsel ja selbst gar nicht gewünscht hatte ...

Gibt es andere Erklärungen für nächtliche Ängste bei Kindern?

Natürlich. Alpträume kommen häufig im Alter von sieben Jahren vor und sind als relativ gewöhnliches Vorkommnis zu betrachten, die in diesem Alter sogar notwendig sind. Ich denke mir, daß es sich beim vorliegenden Fall aber um ein Mädchen handelt, das sich etwas zu stark in das Alter seines Bruders ›zurückversetzt‹ hat, während der Bruder sich im Gegenteil ›gestreckt‹ hat, um das Alter seiner Schwester zu erreichen. Ich glaube, daß diese beiden Kinder, bevor man sie trennt, verschiedene Freunde haben müßten, anstatt fälschlicherweise wie Zwillinge zusammenzusein, und dies seit ihrer frühesten Kindheit. Jetzt kann man den Trennungsprozeß nicht plötzlich beschleunigen, nachdem die Kinder so lange daran gewohnt waren, zusammen in einem Zimmer zu sein. Dies ist im Gegenteil ein langsamer Prozeß, der durch eine psychologische Veränderung des Kindes vonstatten geht, wobei diese Veränderung zum großen Teil auf den Einfluß von Freunden zurückzuführen ist. Das Kind braucht immer einen Freund, mit dem es sich gut versteht, in unserer Fachsprache nennen wir ihn ein ›Hilfs-Ich‹. Kinder brauchen Gesellschaft. In unserem Fall sind diese Kinder bestimmt viel glücklicher, im gleichen Zimmer zu schlafen. Bis jetzt ist jeder für den anderen das bevorzugte ›Hilfs-Ich‹. Man wird ihnen sicherlich nicht dadurch helfen, daß man sie plötzlich nachts trennt, sondern dadurch, daß man ihnen beibringt, wie sie tagsüber am besten allein auskommen, indem sie sich am Wochenende oder während der Ferien andere Spielkameraden suchen.

Bis zu welchem Alter können sich denn zwei Jungen das gleiche Zimmer teilen?

Während ihrer ganzen Kindheit, ja sogar während ihrer ganzen frühen und späten Jugend. Man kann ihnen z. B. in demselben Zimmer zwei getrennte Ecken einrichten, damit sie sich beim Arbeiten mit ihrem Licht nicht gegenseitig stören, da sie verschiedene Tätigkeits- und Schlafrhythmen haben werden. Ich kann mir überhaupt nicht vorstellen, wie es für Kinder gleichen Geschlechts schädlich sein kann, im gleichen Zimmer zu schlafen. Vielleicht wird es im Pubertätsalter schwieriger. Allerdings ist es wichtig, die Kinder zum Schlafen zu trennen. Damit meine ich, daß es Kindern zwar viel Spaß macht, in einem Doppelbett zu schlafen, aber ich halte diese Lösung für nicht so hervorragend. In diesen Betten bekommt der eine alle Bewegungen des anderen mit, es sei denn, die Betten sind fest in der Wand verankert. Während des Schlafes regredieren wir alle; die Kinder, die in solchen Betten schlafen, sind voneinander abhängig, wobei die Beschaffenheit der Wohnungseinrichtung ihnen diese Abhängigkeit aufzwingt. Wenn man wenig Platz hat, sind ausziehbare

66

Betten, die man auch trennen kann, vorzuziehen; um so mehr, als sie zum Bettenmachen auch praktisch sind bzw. für den Fall, daß ein Kind krank ist und im Bett bleiben muß. Es ist im allgemeinen schädlich, Kinder unabhängig davon, ob sie gleichen Geschlechts, verschiedenen Alters oder Zwillinge sind, in einem Bett schlafen zu lassen. Was auf dem Land nicht so viele Nachteile hatte (obwohl es auch dort welche gab), wirkt sich in der Stadt ungünstig aus, weil man auch tagsüber ständig eng aufeinanderhockt. Jeder soll nachts seinen freien Raum haben, ohne ständig an den Körper des anderen zu stoßen. Im gleichen Zimmer zu schlafen ist natürlich etwas ganz anderes und keinesfalls schädlich, es sei denn, das älteste Kind ist bereits erwachsen und das andere noch ein Kind.

9. KAPITEL

›Gern haben‹ oder ›begehren‹
(Nächtliches Aufwachen)

Kehren wir zu dem Problem zurück, wenn ein Kind in der Nacht aufwacht und zu weinen beginnt.

Um Kinder in welchem Alter handelt es sich?

In diesem Fall um ein dreijähriges Mädchen, das alles in allem sehr ausgeglichen ist, wie die Mutter schreibt. Trotzdem wacht es seit drei Monaten jede Nacht auf. Die Mutter hat sich daraufhin mit Freundinnen, die auch sehr junge Kinder haben und ebenfalls häufiger, d. h. drei- oder viermal in der Nacht, aufwachen, überlegt, wie man das Problem lösen kann: »Daraufhin bin ich zu meinem Kinderarzt gegangen, um ihm mitzuteilen, daß ich es nicht länger aushalten würde, ständig auf diese Weise in der Nacht geweckt zu werden, und habe ihn um ein Beruhigungsmittel für das Kind gebeten. Der Arzt hat mir aber kein Beruhigungsmittel gegeben. Ich persönlich bin jedoch dafür und auch, daß das Kind nachts wieder Windeln trägt.«

Warum soll es wieder Windeln haben? Was hat das mit dem Problem zu tun?

Ich gestehe, daß es völlig aus dem Zusammenhang fällt ...

Es handelt sich um ein großes, schon dreijähriges Mädchen; das nächtliche Aufwachen ist nicht dasselbe wie bei den ganz kleinen Kindern ... Und erst vor drei Monaten hat es angefangen ... Gerade in diesem Alter (mit drei Jahren) interessiert sich das Kind für den Geschlechtsunterschied. In diesem Alter liebt das kleine Mädchen seinen Vater heiß und innig. Diese Mutter spricht zwar nicht von ihrem Mann, ohne Zweifel wird sie aber mit ihm zusammen in einem Bett liegen. Ich vermute, daß das Mädchen in der Nacht auch jemanden bei sich haben möchte, so wie die Mutter.

Im übrigen sagt die Mutter, daß das Mädchen beim Aufwachen immer das gleiche ruft, nämlich: »Mutter, Mutter«, oder: »Wasser«, oder: »Vater.« Wenn daraufhin nichts geschieht, gibt es ein Drama, ein großes Geschrei.

Dem Mädchen würde ganz bestimmt dadurch geholfen sein, daß der Vater ab und zu an sein Bett kommt, um es zu beruhigen: »Psst! Deine Mutter schläft. Alle müssen schlafen. Schlaf du auch.« Die Mutter könnte auch einiges an der Einrichtung des Schlafzimmers des Kindes ändern. So könnte das Kind auf einem Nachttisch immer ein Glas Wasser neben sich haben. Häufig hört das Kind dann auf, ins Bett zu machen (ich sage das wegen der Windeln, von denen die Mutter sprach). Ein Glas Wasser neben das Bett eines Kindes zu stellen, das nachts ins Bett macht, kommt den meisten Eltern widersprüchlich vor. Der Grund dafür liegt aber darin, daß ein Kind, das ein bißchen unruhig und ängstlich ist, Wasser braucht. Die unmittelbare Art, sich Wasser zu ›machen‹, ist dann, ins Bett zu pinkeln; die zweite Möglichkeit besteht darin, das Wasser, welches im Glas neben dem Bett steht, zu trinken. Wahrscheinlich handelt es sich bei diesem Mädchen um ein Kind, das nächtliche Ängste hat — bei dreijährigen Kindern ist es normal. Bei den siebenjährigen Kindern tauchen sie in Form von Alpträumen wieder auf. Bei den Dreijährigen bedeutet Aufwachen: die Mutter suchen, wieder klein zu werden und aufs Neue eng mit der Mutter zusammensein wollen, denn sie befinden sich in einem Alter, in dem sie größer werden und das Bewußtsein dafür gewinnen, ein Junge oder ein Mädchen zu sein. Was das Problem dieser nächtlichen Ängste angeht, so kann man während des Tages mit dem Kind ›Blinde Kuh‹ spielen und dabei das Zimmer verdunkeln. Man bindet sich dabei ein Tuch vor die Augen und tut so, als wäre es Nacht; man steht auf, macht irgend etwas, knipst das Licht an und wieder aus usw. Aber man hütet sich davor, ›Vater oder

Mutter zu wecken‹. Ich denke mir, daß das Mädchen nach einigen Erklärungen, die durch das Spiel vermittelt werden können, sehr wohl begreift, daß es seine Eltern in Ruhe lassen soll; wenn es groß sein wird, wird es auch einen Mann haben, aber zur Zeit ist es zu klein, auch wenn es kein Baby mehr ist. Wahrscheinlich wird der Kleinen von ihrer Mutter zu wenig Selbständigkeit eingeräumt. Zum Beispiel sich die Sachen, die es tagsüber anzieht, selbst auszusuchen, die Frisur zu bestimmen und viele Dinge mehr. Es ist ein Alter, in dem die kleinen Mädchen beginnen, ein wenig eitel zu werden. Wenn die Mütter die Unabhängigkeit dieser kleinen Mädchen tagsüber fördern, können sie ihnen viel dabei helfen, die nächtliche Zuflucht ins ›Nest‹ nicht mehr zu brauchen. Was soll ich noch dazu sagen? Ich verstehe die Geschichte mit den Windeln überhaupt nicht. Wenn es soweit gekommen ist, wahrscheinlich, weil das Kind noch ins Bett macht.

Anscheinend.

Macht sich das Kind eigentlich Gedanken darüber, daß es nachts ins Bett macht?

Ich glaube, daß die Mutter die Windeln erwähnt, um dem Kind nachts keinen Anlaß zu geben, aufzuwachen …

Eben. Dieses Kind spricht von Pipi, weil es glaubt, daß der Unterschied zwischen den Geschlechtern ein Unterschied des Pipi sei. Ich glaube, daß die Mutter ihm unbedingt erklären muß, daß die Jungen und die Mädchen verschiedene Geschlechter haben, wobei sie ruhig den Ausdruck ›Geschlecht‹ benutzen soll, denn dieses hat mit dem Pipi ja nichts zu tun. Sie soll dem Kind erklären, daß es jetzt ein hübsches Mädchen ist, dann ein junges Mädchen und schließlich eine Frau werden wird, so wie seine Mutter. Aber vielleicht liegt es auch daran, daß dieses dreijährige Kind noch ein Gitterbettchen hat, aus dem es nicht allein herauskommt, um Pipi zu machen. Der Vater sollte die Stäbchen abmontieren oder eben ein anderes Bett besorgen.

Und noch ein Wort zu den *Beruhigungsmitteln*.

Der Arzt hatte völlig recht, sie abzulehnen, denn sie sind doch nur für die Mutter bequem. Was für die Mutter aber auch bequem sein würde und dem Kind nichts schadet, wäre, die Tochter hin und wieder woanders bei einer kleinen Freundin übernachten zu lassen. Wenn das Kind bei einer Kusine oder einer Freundin übernachten würde, könnte das Problem innerhalb von acht Tagen gelöst sein. Der mögliche Grund, daß dieses dreijährige Kind im Grunde nur auf seine Eltern, die zusammen in einem Bett liegen, eifersüchtig ist, würde wegfallen, wenn es einmal ganz allein schläft.

In jedem Fall geht es weder darum, zu schimpfen oder das Kind zu beruhigen, sondern zu verstehen, was in ihm, das bestimmte Veränderungen durchmacht, vor sich geht: vielleicht fühlt es sich eingeengt, weil es aus seinem Bett, das es kindlicher macht und an dessen Ränder es stößt, herauswächst; oder es kann aufgrund seiner sich entwickelnden Intelligenz die ›Pipis‹, also den Geschlechtsunterschied zwischen Mädchen und Jungen, erfassen, von dem es vorher keine beruhigende Information von seiten der Mutter bekommen hat. Es ist dagegen keine Lösung, ein Kind, das nicht schlafen kann, mit Arzneien vollzustopfen. Es ist besser, verstehen zu lernen, daß das Mädchen von seiner Körpergröße und seinen intellektuellen Fähigkeiten her wächst und es entsprechend zu behandeln und mit ihm zu sprechen, um bestimmte Fragen zu lösen.

Hier habe ich noch zwei weitere Briefe. Der eine stammt von einer Großmutter, der andere von einer Mutter. Es handelt sich dabei um etwas ältere Kinder, die spezielle Probleme mit sich bringen. Zuerst also der Brief der Großmutter, die sich um ihren elfjährigen Enkel Sorgen macht. Seit längerer Zeit und trotz wiederholter Besuche beim Arzt macht dieser Junge immer noch ins Bett: »*Da wir nicht länger zusehen wollen, daß dieser Junge mit dieser Störung aufwächst, möchten wir Sie um Rat bitten. Was kann man dagegen tun?*«

Ich möchte der Großmutter folgendes sagen: Es ist nett, daß sie sich an uns wendet. Dieses Kind ist schon groß und müßte seine sexuelle Entwicklung selbst in Angriff nehmen. Um die Wahrheit zu sagen: das Problem, daß ein Junge noch ins Bett macht, ist immer mit seiner Sexualität verknüpft. Ich weiß nicht, ob diese Familie — speziell der Vater — sich über ihr Kind Sorgen macht. Es wird nicht vom Vater gesprochen, glaube ich.

Der Brief stammt von der Großmutter.

Diese Großmutter sollte dem Jungen auf eine kluge Art und Weise so viel Zuwendung wie möglich geben, ohne jedoch auf das Problem konzentriert zu sein, daß er noch ins Bett macht. Was das Kind selbst betrifft, so könnte es, wenn ihm die Angelegenheit lästig ist, einen Spezialisten um Rat fragen. Es gibt sicherlich welche in der Nähe, also dort, wo diese Frau lebt. Er kann sich z. B. an eine Beratungsstelle wenden. In diesen Einrichtungen kann man auch um eine psychotherapeutische Behandlung nachsuchen, und die Krankenkasse übernimmt in den meisten Fällen die Kosten. In seinem Alter kann der Junge, wenn es ihn beunruhigt, mit jemandem allein über das Problem reden, auch wenn er noch nicht in der Pubertät ist. Aber man sollte ihm keine Schuldgefühle einreden, weil er seine Schließmuskeln noch nicht beherrschen kann — ein Zeichen psychologischer Unreife, an der die Familie und die Großmutter vielleicht beteiligt sind.

In dem anderen Brief geht es um einen vierzehnjährigen Jugendlichen. Dieser Junge ist seit seinem siebenten Lebensjahr nachts sehr ängstlich: er hat eine krankhafte Angst vor der Dunkelheit. Er schläft ein, doch wenn er manchmal aufwacht, hat er Angst.

Es hat also angefangen, als er sieben Jahre alt war. Ich muß sagen, daß Kinder, die mit ca. sieben Jahren keine Alpträume haben, nicht normal sind; denn jedes siebenjährige Kind hat mindestens zwei- oder dreimal in der Woche Alpträume. Warum? Weil sie in diesem Alter anfangen, den Unterschied zwischen ›gern haben‹ und jemanden ›begehren‹ zu begreifen.

Der Vater und die Mutter haben in den Augen des Kindes dadurch, daß sie sich liebhaben, viel füreinander übrig; jetzt kommen aber das Begehren und die Vorgänge hinzu, die sich in der Intimität ihres Schlafzimmers abspielen und die die Eltern vor den Kindern verbergen wollen. Dieser Jugendliche wird in der Dunkelheit von Ängsten heimgesucht... Er schleppt diese Ängste seit seinem siebenten Lebensjahr mit sich herum, und jetzt, da er 14 Jahre alt ist, wird es höchste Zeit, daß er sich einmal mit einem — möglichst männlichen — Psychotherapeuten unterhält, damit er seine Alpträume frei aussprechen und ihren Sinn verstehen lernen kann. Mit sieben Jahren — das kann man ruhig jedem sagen — hat das Kind Alpträume, daß seine Eltern sterben, was ein gutes Zeichen, normal und unvermeidlich ist. Seine eigene Kindheit muß in ihm sterben; das bedeutet so viel wie ›sterben für die Milchmutter‹ und sterben für den ›Vater der Milchzähne‹. Wahrscheinlich hat dieser Junge diese Phase mit sieben Jahren nicht durchgemacht. Jetzt ist es zu spät, um das Problem mit einer Auskunft über den Rundfunk zu lösen. Er braucht ein Gespräch mit einem Psychotherapeuten.

10. Kapitel

Sich verständlich machen, indem man schreit

Hier haben wir einen Brief, der von einer Lehrerin geschickt wurde: Ihr dreieinhalbjähriges Kind hat zur Zeit einige kleinere Probleme. Zunächst beschreibt die Mutter die Situation in der Familie: Der Mann arbeitet und kommt spät nach Hause; trotzdem findet er am Abend oder am Wochenende Zeit, um mit den Kindern zu spielen und mit ihnen zu sprechen (es gibt nämlich auch noch einen kleinen Bruder, der bald ein Jahr alt wird und von dem Dreieinhalbjährigen sehr gut akzeptiert wird). Seit das besagte Kind zweieinhalb Jahre alt ist, geht es in den Kindergarten, wo es auch gut zurechtkommt. Am Anfang gab es dort einige kleinere Probleme, die sich aber bald wieder legten; so nannte man ihn ›den Kleinen‹ oder die Erzieherin behandelte ihn zu sehr als Baby, was ihn beleidigte. »Zu dieser Zeit folgte zu Hause ein Kindermädchen auf das andere. Dieses Jahr — und hier liegt das Problem — kümmert sich eine neue Dame um meine zwei Kinder und sie fühlt sich allmählich etwas überfordert ...«

Wie alt ist diese Dame?

Sie ist 52 Jahre alt und hat selbst eine achtzehnjährige Tochter. Sie beklagt sich darüber, daß der kleine Junge ihr nicht gehorcht, mit ihr grob ist und ihr sogar Fußtritte gibt. Als die Mutter ihn danach fragte, hat er sein Verhalten zugegeben, aber trotzdem hat die Betreuerin große Mühe damit, daß ihr das Kind gehorcht. Es kommt ihren Aussagen zufolge jeden Tag zu einem neuen Konflikt. Jetzt ist der Junge abends immer nervöser und reizbarer. Ohne sichtbaren Grund und bei den geringsten Anlässen fängt er an zu schreien.

Er ist wohl mit seinen Nerven am Ende.

Genau. Er lehnt sogar ab, sich vor dem Essen seine Hände zu waschen, wenn seine Mutter ihn darum bittet. Wenn sie weiterreden will, schreit das Kind: »Hör auf, hör auf, hör auf ...« Die Mutter schreibt: »Er übertönt mit seinem Gebrüll jeden Versuch, ihm etwas zu erklären.« Damit das Bild vollständig ist, noch ein paar Bemerkungen zu dem Kind: es ist sensibel, spielt oft mit seinem kleinen Bruder und hat ihn offensichtlich gern. Der Brief endet ein wenig selbstkritisch: »Mir scheint, daß wir von diesem Jungen oft ein bißchen zu viel verlangen. Wir wollen, daß er artig und höflich ist und daß er uns kleine Gefallen tut. Im Grunde möchten wir ein richtiges Gleichgewicht zwischen unserem Wunsch, ein glückliches und ausgeglichenes Kind zu haben, und unseren eigenen nervlichen Belastungen finden, ärgern uns aber nicht im richtigen Augenblick und sind so unseren Prinzipien nicht treu.« Sie bittet Sie, ihr einige Ratschläge zu geben, damit der Junge sich nicht vor seiner Umwelt verschließt bzw. damit er weniger aggressiv wird.

Wahrscheinlich lehnt der Junge seine jetzige Betreuerin ab. Natürlich ist es schwer, jemanden zu finden, der einen kleinen Jungen richtig betreuen kann; diese Aufgabe ist für eine Frau noch schwieriger, erst recht, wenn sie, wie in diesem Fall, selbst keinen Jungen großgezogen hat. Denn es gibt zwischen Jungen und Mädchen schon gewaltige Unterschiede. Es ist z. B. kein gutes Zeichen, wenn ein Junge im Alter zwischen zweieinhalb und dreieinhalb Jahren nicht ein bißchen heftig ist. Weiterhin ist es für einen Jungen wichtig, zu einer Frau, ob nun Mutter oder Betreuerin, ›nein‹ sagen zu können. Darüber sollte sich keine Mutter ärgern, denn wenn ein Kind ›nein‹ sagt, heißt das so viel, daß es zwei oder drei Minuten später so handeln wird, als hätte es ›ja‹ gesagt. Ein Junge muß zu seiner eigenen Identifizierung zu einer Frau ›nein‹ sagen, damit er zu seinem eigenen Werdegang als Junge ›ja‹ sagt. Es ist ziemlich wichtig, diesen Prozeß zu verstehen. Der Brief berichtet im übrigen nicht, was der Vater macht, ob er sich um seinen ältesten Sohn kümmert, indem er z. B. mit ihm spazierengeht ..., d. h. ihn aus dieser Welt von Frau und Baby herausführt.

Am Anfang des Briefes wird uns gesagt, daß er spätabends nach Hause kommt, daß er aber trotzdem oft für das Kind Zeit findet, wenigstens am Wochenende ...

Aber sie sagt, daß er sich um *die* Kinder und nicht besonders um diesen Ältesten kümmert, der sich ja von seinem Alter her sehr von seinem kleinen Bruder unterscheidet. Mir scheint, daß er ein wenig zu sehr wie sein kleiner Bruder behandelt wird. Im Grunde will er, der ja viel zu früh in den Kindergarten geschickt wurde, eigentlich groß werden. Es wäre wichtig, ihn außerhalb des Kindergartens mit gleichaltrigen Kindern spielen zu lassen. Ein Baby reicht als kleiner Freund wohl nicht aus.

Er scheint sensibel und intelligent zu sein. Wahrscheinlich hat er sich gekränkt gefühlt, als man ihn ›Kleiner‹ nannte. Nun war er aber tatsächlich noch sehr jung, als er in den Kindergarten kam. Ich denke mir, daß diese Mutter ihrem Kind schon dadurch helfen könnte, ruhiger zu werden, indem sie ihn z. B. nicht allein zum Händewaschen schickt. Es ist nicht schwer zu sagen: »*Wir* gehen uns die Hände waschen.« Die Mutter soll mit ihm gehen, ihn dabei begleiten, ihm helfen oder einfach dabei sein. In bezug auf die Dinge, um die sie ihn bittet, sollte eine gewisse Vertrautheit zwischen beiden sein. Ich glaube, daß ihm das gefallen wird. Es gibt etwas anderes, was nervöse Kinder enorm beruhigt: nämlich mit Wasser zu spielen. Die Mütter wissen es viel zu wenig. Es läßt sich immer irgendwo ein Spülbecken, eine Schüssel oder ein Bidet finden, wo das Kind abends, wenn es vom Kindergarten zurückkommt oder wenn es aufgedreht ist, mit Wasser spielen kann. Man kann ihm z. B. sagen: »Sieh mal, dein Vater hat dir ein kleines Boot mitgebracht.« In einem Raum, in dem Wasser vorhanden ist, kann sich ein Kind stundenlang vergnügen und beruhigt sich. Man kann ihm auch zeigen, wie man mit einem Putzlappen ungewollten Überschwemmungen provisorisch abhelfen kann.

*Dies kommt mir ein wenig wie das Rezept von einer Großmut-
ter vor..., gibt es dafür denn eine wissenschaftliche Erklärung?*

In den Wohnungen haben die Kinder mit den natürlichen
Elementen nicht mehr viel zu tun. Was ist denn das Leben
anderes als das Wasser, die Erde, die Bäume, die Blätter, auf
Steine zu klopfen, eben dies alles zusammen ... Die kleinen
Kinder wollen auf undifferenzierte Art aggressiv sein. In dem
uns vorliegenden Fall sieht es so aus, als würde die Betreuerin
gleichzeitig als Steinchen, Baum, Mauer oder alles zusammen
fungieren. Und natürlich überfordert diese Situation die Frau,
wie die Mutter schreibt. Könnte die Mutter das Kind nicht
statt dessen zu einem kleinen Freund schicken, den es mag?
Ich habe das Gefühl, daß dieses Kind nicht wie ein ›Großer‹
erzogen wird, und dagegen setzt es sich zur Wehr. Gleichzeitig
wollen die Eltern aber, daß er ein Großer ist, sehen dabei
aber nur die Seite der Umgangsformen. Wenn die Mutter von
den Erwartungen spricht, die die Eltern dem Jungen gegenüber haben, könnte man glauben, daß er fünf oder sechs Jahre alt ist; in dem Brief finden sich widersprüchliche Äußerungen. Von daher ist es schwierig, eine Antwort zu geben. Vor
allem aber muß vermieden werden, daß das Kind sich schuldig fühlt. Die Mutter schreibt, daß der Junge sein Verhalten,
der Betreuerin Fußtritte zu versetzen, ›zugibt‹. Was heißt aber
in diesem Zusammenhang ›zugeben‹? Seine Füße sind sehr
aufgeregt und er tritt. Sein Mund ist voll von Geschrei und
Leiden, und er sagt dem Kindermädchen Dummheiten. Ich
glaube, daß er nicht genügend so beschäftigt ist, wie es ein
Junge seines Alters eigentlich sein sollte und daß er nicht genügend Möglichkeiten hat, sein Bedürfnis nach Bewegungs-
freiheit abzureagieren. Es gibt in dieser Familie für die einfache Lebensfreude keinen Platz.

*Kommen wir noch einmal auf den Brief zurück. Sie haben
zwar schon eine ganze Reihe von Teilantworten gegeben, trotzdem möchte ich aber noch ein allgemeines Problem aufwerfen,
denn die Ausführungen dieser Lehrerin gehen viele Familien
an. Die Lehrerin schrieb: »Mir scheint, daß wir von diesem*

Kind zuviel verlangen.« Man verlangt von ihm, artig und höflich zu sein und daß es den Erwachsenen kleinere Gefallen tut. Und dann soll es auch noch ausgeglichen sein. Stellt man an diesen Jungen mit dem, was er alles tun soll, nicht ein wenig zu hohe Ansprüche?

Ganz bestimmt, er soll ja ständig dem Wunsch seiner Eltern nachkommen. Tun diese Eltern eigentlich dem Kind ihrerseits irgendwelche Gefallen? Sind sie ihrerseits zu ihm immer höflich? Mögen und können sie mit ihm spielen? Zum Beispiel mit Bildern, die man ordnen muß, mit einem einfachen Kartenspiel oder mit irgendwelchen Postkarten? Ein Kind versteht unter ›artig sein‹ nicht viel mehr als still zu bleiben und den Erwachsenen zu gefallen. Das schränkt aber seine Eigeninitiative ein, nicht wahr? Ich denke mir, daß dieses Kind, so wie alle ersten Kinder in einer Familie, das Leidtragende dieser Konstellation ist und es von seiner Mutter andererseits auch nicht richtig ist, sich so viele Vorwürfe zu machen. Vielleicht hat sie Recht, indem sie sich darüber Gedanken macht, was man mit diesem Kind tun muß, denn mir scheint, daß der Junge wirklich bald mit seinen Nerven am Ende ist. Ich hatte vorhin das Spielen mit Wasser erwähnt. Es gibt auch noch andere Spiele: Steckspiele, Versteckspiele, Spiele, bei denen man laufen und lachen kann. Ein Kind braucht Fröhlichkeit um sich herum. Ein Kind ist dann artig, wenn es beschäftigt ist und über das sprechen kann, was es interessiert, wenn es kleine Spiele mit seinen Bären macht usw. ... Die Mutter könnte ihm sagen: »Was möchtest du heute spielen?«, anstatt mit ihm so zu spielen, daß sie ihn ständig um etwas bittet. Sie sollte ihm auch selbst ab und zu einen Gefallen tun. Zum Beispiel gibt es dreieinhalbjährige Kinder, die darum gebeten werden, ihre Sachen aufzuräumen. In diesem Alter ist das zu früh, man muß dem Kind noch dabei helfen: »Hilfst du mir? Wir räumen gemeinsam dein Zimmer auf.« Man soll die Arbeit gemeinsam tun.

Die Mutter sagt auch: »Wir möchten ein glückliches und ausgeglichenes Kind haben.« Kann nun eigentlich das Bild, das ein

*Erwachsener vor Augen hat, wenn er von Glück und Gleichge-
wicht spricht, der Welt eines kleinen Kindes entsprechen?*

Das ist schwierig zu sagen. Hier handelt es sich um eine Mutter, die in der Schule unterrichtet. Sie hat wohl — ohne es
selbst zu merken — den Hang zum Perfektionismus und zum
›Intellektualismus‹, weil sie in der Schule gewohnt ist, sich mit
Kindern zu beschäftigen, die zusätzlich noch ›ihre‹ Mutter haben, mit der sie lachen und sich amüsieren können. Vielleicht
hat das Problem auch hiermit zu tun.

11. Kapitel

Trennung, Ängste

Ich habe diesmal den Brief eines Vaters vor mir (was bei unserer Post übrigens ziemlich selten vorkommt), der das Problem voneinander getrennter Eltern aufwirft, da er sich selbst in einer ›illegalen‹ Situation (d. h. in ›wilder Ehe‹) befindet. Er fragt Sie, ob sich solche Umstände — Zusammenleben ohne verheiratet bzw. lediger Vater zu sein — auf das Kind neurotisierend auswirken. Wird ein Kind in einer solchen Situation automatisch leiden? Oder liegt, wie er schreibt, »letztlich nicht alles an der Art und Weise, wie sich die Kinder die Probleme in ihrem Kopf, entsprechend ihrem Niveau und ihren eigenen Maßstäben, vorstellen? Könnte man die Gefahr, daß das Kind verletzt wird, nicht dadurch ausräumen, daß man ihm die Situation einfach erklärt?«

Verletzt sein? Leiden? Jeder Mensch hat seine eigenen Schwierigkeiten. Mir scheint das Wichtigste für die Eltern zu sein, daß sie mit ihrer Situation selbst fertig werden, ob sie nun legal oder illegal ist; die Eltern könnten dem Kind sagen, von wem es ist, und daß sein Leben für die Mutter, die es zur Welt gebracht hat, und für den Vater, der es gezeugt hat, einen Sinn hat ... Die Kinder haben manchmal viele Papas, aber sie haben nur einen Vater; sie haben eine Mutter, die sie im Bauch getragen hat, und man muß es ihnen auch sagen, denn sie haben manchmal viele Mamas, von der Betreuerin bis zu der Großmutter. Mutter und Vater bedeuten für das Kind überhaupt nicht *leibliche* Mutter und *leiblicher* Vater. Ich glaube, daß die Kinder zunächst einmal sehr früh wissen sollten, wer ihre Mutter und wer ihr Vater ist; genauso sollten sie wissen, ob dieser oder jener Mann, mit dem ihre Mutter zusammen ist, ihr jetziger ›Vater‹, also wirklich ihr Vater ist oder nicht. Was nun diese ›illegale‹ Situation des unverheirateten Zusammenlebens angeht, warum nicht? Wenn die El-

80

tern mit dieser Situation gut zu Rande kommen, werden sie dem Kind erklären, welchen Sinn ihr und sein Leben hat und warum es gezeugt wurde. Die Eltern leben jetzt zwar getrennt, doch liebt jeder von beiden das Kind wie zuvor und beide fühlen sich für es verantwortlich, solange, bis es für sich selbst sorgen kann. Ich finde, daß ein Kind wissen muß, daß dieses oder jenes Kind sein Halbbruder väterlicherseits oder seine Halbschwester mütterlicherseits ist usw. Seinen Familiennamen kann man ihm damit erklären, daß er vom Gesetz vorgeschrieben ist bzw. daß jeder Bürger einen Nachnamen bekommt; mit den Gefühlen der Familienzusammengehörigkeit oder mit der Zeugung hat er allerdings nicht immer so viel zu tun.

Müssen die Kinder diese Dinge eigentlich sehr früh wissen oder...

Sie sollten darüber früh Bescheid wissen, d. h. man sollte sie ihnen keinesfalls verschweigen. Eines Tages wird die Antwort vielleicht klarer ausfallen, weil das Kind, entweder von sich aus oder weil es zufällig einen Kommentar dazu gehört hat, die Frage direkt stellt. Doch das Wichtigste ist, daß die Eltern niemals dem Wunsch nachgeben, es dem Kind zu verschweigen. Wenn das Kind sagt: »Komisch, warum hat diese Person gesagt, daß es nicht mein Vater ist, wenn er doch mein Vater ist«, sollen die Mutter oder der Vater, die diese Frage gehört haben, sofort die Wahrheit sagen. Wenn die Eltern mit ihrer Situation klarkommen, sollen sie nicht so tun, als würden sie die Frage überhört haben; sobald das Kind die Frage stellt, soll ihm mit der Wahrheit geantwortet werden. Es handelt sich dabei um eine Frage des Vertrauens zwischen dem Kind und seinen Eltern. Ob es die Antwort versteht oder nicht, ist eine andere Sache. Eines Tages wird das Kind dieselbe Frage präziser stellen. »Dieser oder jener hat mir gesagt, daß du mit Vater nicht verheiratet bist.« — »Es ist völlig richtig. Ich hatte nur gewartet, es dir zu erklären, damit du groß genug bist, um solche Dinge zu verstehen. Ich bin dein leiblicher Vater, obwohl du den Mädchennamen deiner Mutter trägst.« Oder: »Ich bin nicht dein leiblicher Vater, aber ich betrachte dich als mein eigenes Kind. Ich lebe mit deiner Mutter, weil wir uns lieben und sie von deinem Vater getrennt ist.« Oder: »Du bist von einem Mann gezeugt, den sie geliebt hat, aber sie haben nicht geheiratet« usw. Einfach die Wahrheit sagen, wie sie ist.

Stellenweise berichtet dieser Herr in seinem Brief auch über sich: »Ich habe mich von meiner Frau getrennt, und wir haben dann, so gut es geht, ein System zur Betreuung der Kinder entworfen, nämlich folgendes: unsere beiden Kinder — das eine ist jetzt sieben Jahre, das andere drei Jahre alt — sollen sowohl mit dem einen Elternteil wie auch mit dem anderen Elternteil leben; sie sollen praktisch in unterschiedlicher Zeitfolge genauso viele Tage bei beiden verbringen und genauso viele Male bei dem einen oder anderen essen. Hinzu kommen dann noch zwei Aufenthalte von jeweils acht Tagen bei den Großeltern, bei denen wir alle gemeinsam zusammen sind. Alle, einschließlich der Psychologen, haben gesagt, daß dieses System schädlich für die Kinder wäre. Sie sollten vielmehr ganz von einem Elternteil übernommen werden, wobei der andere sie dann ab und zu sehen würde.« Er fügt noch hinzu: »Ich bin aber gegen den Strom geschwommen und habe mir gedacht, daß diese Leute spinnen und nicht wissen, was die Liebe eines Mannes oder einer Frau für ihre Kinder bedeutet.« Dann geht er dazu über, das Ergebnis dieser Regelung zu schildern: »Nach drei Jahren scheinen mir die Kinder jetzt nicht weniger anormal als andere zu sein, in der Schule kommen sie eigentlich ganz gut mit. Meine Beziehung hat sich zu ihnen auch um vieles gebessert, und ich bin ihnen gegenüber nicht mehr so aggressionsbeladen, wie es eine Zeitlang der Fall gewesen war. Ich stelle auch fest, daß bei meinem Sohn seit dieser Zeit das Stottern verschwunden ist.«

Das ist ein sehr interessanter Bericht.

Sind Sie erstaunt?

Nein; im allgemeinen verstehen sich die Eltern nach einer Trennung nicht mehr, aber in diesem Fall scheinen sie ganz gut miteinander auszukommen. Sie verstehen sich sogar so gut, daß sie acht Tage mit den Kindern gemeinsam verbringen können. Das ist nur in den seltensten Fällen möglich. In dem Brief wird allerdings nichts davon gesagt, ob es sich bei den beiden Kindern um Jungen oder um einen Jungen und ein Mädchen handelt, bzw. ob die Eltern wieder geheiratet haben. Das Problem wird nämlich dann kompliziert, wenn einer der beiden Ehepartner wieder heiratet und ein Kind bekommt und der andere seinerseits andere Kinder hat. Ich glaube also, daß es hierfür keine Patentlösung gibt; die beste Lösung besteht darin, daß sich die für das Kind verantwortlichen Eltern weiterhin verstehen; dann kann das Kind seine Eltern auch einmal zusammen erleben und mit seiner eigenen Situation klarkommen; es muß wissen, daß seine Eltern, wenn auch geschieden, doch für es verantwortlich sind. Diesem Herrn ist etwas gelungen, wofür ich ihn loben möchte. Man könnte allerdings einwenden, daß die Kinder, die mal hier oder mal dort sind, letztlich nicht mehr wissen, wo ihr ›Zuhause‹ ist. In dem vorliegenden Fall ist der siebenjährige Junge z. B. sowohl bei seinem Vater als auch bei seiner Mutter. Aber er hat ja auch noch nicht so viele Aufgaben für die Schule zu machen. Es ist aber anzunehmen, daß ein Kind besser arbeitet und seine Aufgaben besser erledigen kann, wenn es an einem festen Ort seine eigene Ecke hat und seinen Vater oder seine Mutter ansonsten so oft wie möglich sieht. Doch wenn es auch anders klappt, warum nicht? Wichtig ist, daß es spürt, daß beide Eltern mit der Regelung einverstanden sind, damit es mit seinen Lebensgewohnheiten am besten hinkommt, und zwar entsprechend seinem Alter, dem Schulbesuch und seinen Freunden; es soll für das Kind bloß keine Geheimniskrämereien geben, also Dinge, die man dem einen oder anderen der Eltern nicht sagen darf. Aufgrund der Überempfindlichkeit und der Konkurrenz, die zwischen beiden Elternteilen herrscht, ist das leider nur selten möglich. Denn diese Eltern sind meistens noch an die Zeit gebunden, in der ihre Kinder ›ihnen gehörten‹; hinzu kommen dann noch häufig die Schwierigkeiten, die aufgrund der verschiedenen Lebensweise des geschiedenen Vaters und der geschiedenen Mutter entstehen.

12. KAPITEL

Indirekte Fragen
(Vaterschaft, Geburt, Sexualität)

Hier haben wir einen Brief von einer Frau aus der Schweiz, die ein kleines Mädchen adoptiert hat. Das Mädchen lebte vorher in einem deutschsprachigen Milieu. Die Mutter, die uns geschrieben hat, spricht aber französisch. Da sie sich darüber Sorgen macht, möchte sie wissen, ob sich das Kind durch seinen Wechsel in ein französischsprechendes Milieu vor den Kopf gestoßen fühlt. Genauer gesagt, hat sie das kleine Mädchen mit zwei Monaten adoptiert, und es ist jetzt fünf oder sechs Monate alt. Sie hat seinerzeit aufmerksam zugehört, was Sie über die Sprachentwicklung des Kindes gesagt haben. Sie haben, wenn ich mich recht erinnere, das Gedächtnis mit einer Art Tonband verglichen, das alles aufnimmt.

Das stimmt.

Hier also die genaue Frage der Mutter: »Kann, was das Kind im Mutterleib erlebt hat, eines Tages wieder zum Vorschein kommen? Wie und vor allem wann soll ich dem Mädchen sagen, daß es adoptiert wurde?«

Es wird nicht gesagt, wie alt das Kind jetzt ist.

Sechs Monate.

Hier liegen meiner Ansicht nach mehrere Fragen vor. Fangen wir einmal mit dem Alter an, in dem man einem Kind sagen sollte, daß es adoptiert wurde. Doch so ist die Frage eigentlich schon verkehrt gestellt, denn man sollte die Tatsache der Adoption vor einem Kind sowieso nie zu verbergen versuchen. Wenn die Mutter beispielsweise mit Freunden spricht, wissen diese doch, daß das Kind adoptiert wurde und der Vater — vermutlich gibt es einen Adoptivvater — weiß es natürlich auch. Ich halte es für das Wichtigste, daß die Mutter oft vor sich hin oder zu ihren Freunden sagt: »Welche Freude, daß wir, die wir keine Kinder bekommen konnten, dieses kleine Mädchen haben«, oder auch: »Ich konnte ja kein Kind im Bauch tragen«, so kann man es doch sagen, nicht wahr? Das kleine Mädchen wird diese Worte immer wieder hören. Wenn es dann im Alter von etwa drei Jahren fragen wird: »Wo war ich, bevor ich geboren wurde?«, wird es in diesem Augenblick einfach sein, ihm zu sagen: »Aber du weißt es doch. Ich habe dir immer gesagt, daß ich dich nicht in meinem Bauch getragen habe. Du hast eine Mutter gehabt, die dich mit einem Mann, den sie geliebt hat, gezeugt hat, du bist in ihrem Bauch gewachsen, und sie hat dich auf die Welt gebracht. Sie ist deine leibliche Mutter. Sie hat dich sehr hübsch gemacht, aber sie konnte dich nicht behalten. Da sie dich nicht bei sich behalten konnte, hat sie einen Vater und eine Mutter gesucht, die dich erziehen können, und wir sind gewählt worden.« Oder man kann auch sagen: »Wir haben ein Baby gesucht, das von seinem leiblichen Vater und von seiner leiblichen Mutter nicht behalten werden konnte.« Man soll immer von ›leiblicher Vater‹ und von ›leiblicher Mutter‹ sprechen … »Wir wollten eine Tochter adoptieren, uns wurde gesagt, daß du ohne Eltern wärest, und so haben wir dich geholt.« Das Mädchen wird vielleicht sagen: »Aber wo?« Man wird ihm dann sagen, wo es gewesen war und in welcher Stadt. Es wird diese Frage bestimmt mehrmals in seinem Leben stellen. Jedesmal soll man dem Kind in diesen oder ähnlichen Worten die Wahrheit sagen, die dem Kind mit der Zeit immer bewußter werden wird. Wichtig ist, ihm zu sagen, daß ›seine leibliche Mutter‹ es sehr geliebt hat. Das muß einem Kind immer gesagt werden, gerade, wenn es ein Mädchen ist; für ein Mädchen hat es sonst ziemlich schlimme Konsequenzen, wenn es mit einer Adoptivmutter aufwächst, die sie für steril hält, auch wenn es sich dessen nicht sicher ist, aber doch irgendwie zu ahnen glaubt. Diese Mädchen entwickeln sich unbewußt zu einer sterilen Frau. Die Antwort kommt also ganz von allein: Man soll dem Kind gegenüber niemals die Wahrheit verschweigen. »Ich bin also nicht wie die anderen?«, wird das Kind vielleicht sagen. — »Du bist wie wir. Wir sind deine Adoptiveltern, du bist unser Adoptivkind, das heißt, du bist ein Kind, das wir gewollt haben.«

Bei den Sorgen dieser Mutter geht es noch um folgendes: »Als das Kind aus einer deutschsprachigen Provinz kam, wußten alle Nachbarn Bescheid. Die Kinder, die bald kleine Spielkameraden sein werden ...«

Also alle Leute wissen es.

Alle wissen es, aber sie will die erste sein, die es ihm sagt. Man kann ihm es also Ihrer Meinung nach sehr früh sagen?

Ja, sehr früh. Es wird wahrscheinlich die Worte ›adoptiert‹ oder ›Adoptiv-‹ ständig gehört haben. Es wird nach der Bedeutung dieses Wortes fragen, aber die Eltern können dieser ›Enthüllung‹ zuvorkommen, indem sie es über den Sinn und die Bedeutung dieses Wortes bei passender Gelegenheit aufklären; das kann im Zusammenhang damit geschehen, daß eine Frau in der Nachbarschaft schwanger ist oder irgendwo ein Baby geboren wird. Man wird es ihm dann erklären können. Oder man erläutert dem Kind durch ein anderes Beispiel die Bedeutung des Wortes ›Adoption‹, nämlich mit Hilfe der Geschichte vom Ei und vom Huhn: Ein Huhn legt Eier, die von einem anderen Huhn ausgebrütet werden. Wer ist die wahre Mutter? Es gibt viele wahre Mütter. Es gibt die leibliche Mutter und die Mutter, die das Kind erzieht. Jetzt zu der Frage in bezug auf die deutsche Sprache. Sicherlich hat dieses Kind, das von einer deutschsprachigen Person getragen worden ist und zwei Monate in dieser Sprache gelebt hat, deutsche Laute gehört; und die bleiben im tiefen Unbewußten haften. Das ist aber überhaupt nicht wichtig. Das ist auch nicht schädlich. Es könnte sich später lediglich ergeben, daß das Kind eine gewisse Zuneigung für die deutsche Sprache hat. Man wird ihm dann sagen: »Es ist nicht erstaunlich, da deine leibliche Mutter und vielleicht auch dein leiblicher Vater aus der deutschsprachigen Schweiz waren. Als du noch im Bauch deiner Mutter warst, hast du die deutsche Sprache bis zwei Monate nach deiner Geburt um dich herum gehört.«

Nehmen wir jetzt einen Brief, der, wenn auch über einen Umweg, zum gleichen Problem zurückkehrt, nämlich zu der Frage nach der Herkunft bzw. der Geburt eines Kindes. Es handelt sich um zwei Fragen. Die erste lautet: »Ich habe ein kleines Baby — ein zwei Monate altes Mädchen —, das regelmäßig am späten Nachmittag anfängt zu schreien.« Es wird gefragt, ob Babys das Bedürfnis haben, in bestimmten Augenblicken zu schreien oder zu weinen, ähnlich wie die Erwachsenen sich zu einer bestimmten Zeit mitteilen möchten.

Ich glaube nicht, daß die Babys ein Bedürfnis haben, zu schreien, ich meine, aus Verzweiflung zu schreien. Die Mütter merken im übrigen sehr wohl, um was für ein Schreien es sich bei ihrem Kind handelt. Manchmal hört das Baby schon nach kurzer Zeit wieder auf zu schreien, so als hätte es bloß schlecht geträumt. Schreit das Kind aber immer wieder um die gleiche Uhrzeit, so hat um diese Zeit in seinem Leben irgend etwas stattgefunden. Man weiß aber nicht mehr was, man hat es vergessen. Man muß das Baby dann beruhigen, es in seine Arme nehmen und wiegen … Das Wiegen erinnert das Baby an den Gang der Mutter, wie ich schon gesagt habe, an die Sicherheit, die das Kind genoß, als es in ihrem Bauch war.

Jetzt eine Frage, die ich meinerseits Ihnen stellen möchte: Hat ein Baby (selbst, bevor es zwei Monate alt ist) schon ›Seelenzustände‹?

Bestimmt hat auch schon ein Baby Seelenzustände. Jedes Kind ist verschieden; jede Person ist von Geburt an verschieden. Es ist möglich, daß das Ende des Tages ein Kind ängstlich macht; man kann dann das Licht anmachen und Worte für es finden. Ich denke, die Mutter könnte es dadurch beruhigen, daß sie es zu dieser Zeit in einer Tragetasche oder einem Tragetuch ganz dicht bei sich trägt und mit ihm dabei spricht, ohne ihre jeweilige Tätigkeit aufgeben zu müssen. Entgegen allen Behauptungen, daß man dem Kind keine ›schlechten Gewohnheiten‹ beibringen soll, ist es für ein Baby nicht gut, wenn man es zu lange allein vor sich hinschreien läßt. Und manchmal kommt es auch vor, daß Kinder nach einer Mahlzeit noch nicht satt sind. Das heißt, man muß immer den Grund des Weinens herausfinden und den Kindern dann helfen.

Weiter steht in dem Brief: »Als ich dieses Kind zur Welt gebracht habe, hat mein Mann die Gelegenheit genutzt, um seine Geburt zu filmen ...«

Das stelle ich mir sehr schön vor ...

... und Sie werden gefragt, ob und ab welchem Alter man dem Kind diesen Film zeigen kann.

Nun, warum auch nicht? Das heißt, wenn die Eltern sich den Film ansehen, kann das Kind dabei sein, ohne daß man es dazu zwingt; ebensowenig sollte man es direkt dazu auffordern, hinzuschauen.

Ich möchte weiter aus dem Brief vorlesen: »Soll man die Geburt eines anderen Kindes abwarten, oder kann man ihm diesen Film möglichst bald zeigen?«

Und wenn kein anderes Kind mehr kommt? Wird es dann kein Recht haben, den Film zu sehen? Nein, ich denke, daß sich dieses Kind den Film ruhig anschauen kann, wenn die Eltern es selbst ab und zu tun (ich frage mich allerdings, was diese Eltern dazu bewegt, sich diese Erinnerung an einen bestimmten Tag ihres Lebens so oft anzusehen). Man kann doch dem Kind auch später, wenn es von seiner Geburt spricht: »Wie war ich, als ich klein war ...«, Fotos aus der Zeit zeigen, als es noch ein Baby war. Und die Mutter könnte dann hinzufügen: »Weißt du, dein Vater hat bei deiner Geburt einen Film gedreht; den können wir uns jetzt ansehen, wenn du magst.« Allerdings ist es auch denkbar (die Mutter sollte sich deshalb nicht beleidigt fühlen), daß das Kind ihr antwortet: »Ach so« und weggeht oder: »Das interessiert mich nicht.« Mich persönlich würde eine solche Reaktion überhaupt nicht erstaunen. Dennoch wird das Kind eines Tages für den Film großes Interesse zeigen. Ich denke, daß es den Jugendlichen oder Erwachsenen Freude macht, sich Filme ihrer Kindheit anzuschauen — und warum nicht auch von der Geburt? Doch im allgemeinen sehen sich die Kinder solche Filme nur an, weil ihre Eltern es wollen. Sie interessieren sich eigentlich mehr für ihr Heute und Morgen als für ihre Vergangenheit.

Ich möchte Sie bitten, noch einen weiteren Brief zu beantworten, der, obwohl er eigentlich ein anderes Thema behandelt, doch mit dem letzten Brief einige Gemeinsamkeiten aufweist. Es geht dabei um die kindliche Sexualität. Wie soll man mit den Kindern darüber sprechen? Denn die Fragen, die jenes Mädchen über seine Geburt oder über seine Adoption stellt, kann ein anderes Kind über die Sexualität stellen. In diesem Brief geht es um acht- bis zwölfjährige Kinder. Die Mutter fragt, wie man mit Kindern dieses Alters über das Sexualleben sprechen soll und wo man die Grenze ziehen soll, um die Kinder bei diesem Thema nicht vor den Kopf zu stoßen. Soll man so lange abwarten, bis sie von selbst Fragen stellen oder — im Gegenteil — aus Angst, das Thema könnte unter den Klassenkameraden auf schmutzige Art angesprochen werden, die Fragen selbst provozieren? Und was soll man machen, wenn das Kind von sich aus keine Fragen stellt?

Im allgemeinen stellen Kinder ab drei oder vier Jahren keine direkten Fragen mehr, wenn man unter ›Fragen‹ versteht, daß sich jemand direkt nach etwas erkundigt. Dagegen stellen sie indirekte Fragen, die allerdings auch schon ab dem Tag vorkommen, an dem sie sprechen bzw. die ersten ganzen Sätze bilden können. Ich möchte für eine typisch indirekte Frage ein Beispiel geben: »Wie werden meine Kinder später sein?«

— »Das wird von der Frau abhängen, die du dir später wählst.« — »Ach so? Ach ja?« Mehr wird das Kind vielleicht nicht sagen, und man beläßt es dabei. Dann unternimmt es einen neuen Versuch: »Warum hast du mir gesagt, daß es von der Frau abhängen wird, die ich wählen werde?« — »Du weißt, daß du, wie alle Menschen, einen Vater hast. Manchmal hörst du solche Bemerkungen wie ›hierin sieht er seinem Vater aber ähnlich‹ oder ›er sieht seinem Vater in diesem Punkt aber überhaupt nicht ähnlich‹. Warum sieht ein Kind wohl seinem Vater ähnlich? Einfach deswegen, weil der Vater genauso viel zur Entstehung des Lebens des Kindes beigetragen hat.« Das Kind sagt vielleicht: »Ach so?«, und ich meine, daß diese Antwort der Eltern vorerst genügt. Wenn das Kind keine genaueren Fragen stellt, braucht man das Thema nicht zu vertiefen. Man hat einiges in Richtung auf die Wahrheit gesagt, und das Kind wird eines Tages darauf kommen, weitere Fragen zu stellen. Das gleiche gilt auch für die Frage nach der Zeugung: »Wo war ich, bevor ich geboren wurde?« — »Bevor du geboren wurdest, warst du in meinem Bauch.« Man kann versuchen, einer schwangeren Frau zu begegnen und es dem Kind dann erklären. Man kann auf seinen Kommentar »Ist diese Frau aber dick!« antworten: »Wußtest du nicht, daß die Mütter ihre Babys vor der Geburt in ihrem Bauch tragen? Du wirst sehen, daß diese Mutter in einigen Wochen oder Monaten einen Kinderwagen dabei haben wird und keinen dicken Bauch mehr hat: das Baby wird dann in dem Kinderwagen liegen.« Das ist ein Beispiel, wie man dem Kind erklären kann, daß die Mutter das Kind vor seiner Geburt getragen hat. Für die meisten Mütter bringt diese Erklärung allerdings keine große Schwierigkeit mit sich. Anders verhält es sich schon bei der Frage, wie das Baby aus der Mutter herauskam. Man könnte antworten: »Da unten, zwischen den Beinen seiner Mutter, durch das Geschlecht seiner Mutter. Du weißt ja, daß die Frauen ein Loch da haben. Es öffnet sich, um das Baby herauskommen zu lassen.« Noch schwieriger wird es für die Eltern, dem Kind die Rolle des Vaters verständlich zu machen. Man soll es ihnen aber bei der ersten indirekten oder versteckt formulierten Frage dennoch gleich sagen. Ein

Kind wird dann vielleicht entgegnen: »Dieser oder jener Freund hat aber keinen Vater«, worauf man antworten kann: »Du irrst dich, das ist nicht möglich.« — »Doch, er hat es mir gesagt!« — »Dein Freund irrt sich, er kennt ihn nur nicht, aber natürlich hat er einen leiblichen Vater gehabt (man sollte immer das Wort ›leiblicher Vater‹ verwenden). Vielleicht ist er gestorben. Ich weiß es nicht. Wie dem auch sei, hätte seine Mutter keinen Mann gehabt, so wäre er auch nicht geboren worden. Ich versichere dir, er hat einen leiblichen Vater gehabt, und du kannst es ihm sagen. Seine Mutter hat einen Mann geliebt, der ihr einen ›Lebenskern‹ gab, aus dem dann das Kind entstanden ist.« Darauf wird das Kind sagen: »Aber wie hat er das gemacht?« — »Frage am besten deinen Vater.« Ich glaube nämlich, daß es besser ist, daß die Mutter das Kind in diesem Fall zum Vater schickt bzw. Mutter und Vater mit ihm gemeinsam darüber sprechen, um zu erklären, daß sich die Lebenskerne, aus denen die Kinder entstehen, in beiden Geschlechtern, sowohl beim Jungen als auch beim Mädchen, befinden: »Man braucht einen halben männlichen Lebenskern und einen halben weiblichen Lebenskern im Bauch einer Frau, und wenn sie sich dort zusammentun, entsteht das Leben eines Menschen, eines Jungen oder Mädchens. Weder dein Vater noch ich haben über dein Geschlecht entschieden.«

Die Mutter, deren Brief wir vorhin vorlasen, fügt hinzu, daß sie mit der Meinung ihres Mannes zu diesem Thema nicht einverstanden ist: »Mein Mann behauptet, daß ein Kind alles wissen, ja, sogar alles sehen muß und daß wir das Kind auch über die sexuelle Lust aufklären sollten. Ich bin aber nicht dieser Meinung.«

Die Lust kennt das Kind bereits. Es kennt zwar nicht die Lustempfindung mit jemand anderem, aber doch die Lust, die es an seinen Genitalien empfindet. Der Vater hat recht. Man muß das Kind darüber aufklären, daß das sexuelle Verlangen beim Geschlechtsakt die Erwachsenen Lust empfinden läßt. Wenn man also vom Zeugungsakt zwischen Mann und Frau oder Vater und Mutter spricht, sollte man das Wort ›Verlangen‹ ruhig erwähnen: »Du wirst dieses Verlangen selbst kennenlernen, wenn du groß bist. Nach einem Mädchen, das du sehr lieben wirst, wirst du Verlangen spüren.« So könnte man z. B. von der Liebe sprechen, die eine körperlich-sexuelle Beziehung einschließt. Was nun die Lust betrifft, die das Kind schon sehr früh an seinem eigenen Geschlecht verspürt, soll man ihm sagen, daß es ganz natürlich ist, aber man soll dabei keine aufreizende Situation für das Kind oder für sich selbst provozieren.

Sie haben über das Problem eines kleinen Jungen gesprochen, den man in diesem Fall am besten zu seinem Vater schickt. Aber was tun, wenn es keinen Vater gibt?

Wenn der Junge zu Hause keinen Vater oder Mann hat, an den er sich wenden kann, könnte die Mutter ihm vielleicht sagen: »Wonach du fragst, kann dir am besten ein Mann erklären, der ja früher auch einmal ein kleiner Junge gewesen ist. Ich war es nicht, und deshalb fragst du besser einen Mann.« Oder sie könnte zusammen mit dem Sohn ihren Arzt aufsuchen und ihm sagen: »Mein Sohn hat diese oder jene Frage gestellt. Ich möchte mich zurückziehen, damit Sie mit ihm ›unter Männern‹ sprechen können.« Auf diese Weise könnte man also auch eine Auskunft geben, wenn kein Vater zu Hause ist. Ich selbst bin dagegen, daß solche Erklärungen von den Frauen gegeben werden. Natürlich wird auch eine Ärztin über dieses Thema sprechen können, z. B. wenn der Hausarzt eine Ärztin ist; aber ich finde es trotzdem besser, wenn es ein Mann ist, der mit dem Jungen über dieses Thema spricht. Wenn ein Mann einen Jungen mit der Liebe für ein Mädchen oder eine Frau — die mit sexuellem Verlangen einhergeht — vertrautmacht, sollte er nicht nur von der Lust sprechen, sondern auch von dem Respekt dafür, daß der andere kein Verlangen verspürt. Und dann könnte er hinzufügen: »Mit deiner Mutter und deinen Schwestern ist diese Art von Liebe nicht möglich. Es muß ein Mädchen sein, das nicht aus der Familie ist.« Und wenn der Junge nach dem Grund dafür fragt, sollte man antworten: »Wenn du groß bist, könntest du vielleicht ein Buch darüber schreiben, denn es ist sehr kompliziert. Ich weiß nicht, was ich dir darauf antworten kann. Es handelt sich um ein Gesetz für alle Menschen.« Die Kinder akzeptieren diesen Sachverhalt dann, wenn sie wissen, daß sich auch ihre Eltern dem Gesetz unterwerfen. Man kann auch sagen: »Ich weiß nicht, was ich dir antworten soll, denn das Inzestverbot ist kein einfaches Problem, aber dieses *Gesetz** gilt für alle Menschen; bei den Tieren ist es etwas anderes.« Ich persönlich meine, daß man den Begriff ›Heirat‹ nur für die sexuelle Verbindung von Mann und Frau benutzen sollte, die vor dem Gesetz eine Ehe geschlossen haben; man soll ihn die Kinder nicht verwenden lassen, wenn sie vom Geschlechtsverkehr der Tiere sprechen. Dafür sollte man ihnen den Begriff ›Paarung‹ beibringen. Man könnte auch von Zeugung sprechen, die zwangsläufig durch die sexuelle Verbindung zwischen zwei Partnern verschiedenen Geschlechts stattfindet, ohne daß der Geschlechtsakt immer von einer Zeugung begleitet wird.

Beim Zuhören habe ich mir den Brief noch einmal vergegenwärtigt: »Mein Mann behauptet, daß das Kind auf jeden Fall alles wissen und sogar alles sehen soll.«

Ich glaube, daß sich dieser Mann der Gefahr für das Kind, sich den Geschlechtsverkehr der Eltern auf deren Bitte hin anzugucken, in keinster Weise bewußt ist. Wenn es sie eines Tages dabei ertappen sollte, kann man natürlich nichts ändern. Wenn man merkt, daß es zugeschaut hatte, könnte man

---

* Das Wort *Gesetz* wird von Françoise Dolto in diesem Buch nicht in seinem juristischen Wortsinn gebraucht. Vielmehr wird als *Gesetz* bezeichnet, was als kulturspezifische Schranke für das Triebleben aller Menschen gilt. In diesem Zusammenhang kommt dem *Inzestverbot* eine besondere Bedeutung zu, da seine Aufhebung es dem Kind verunmöglicht, seine Triebe, die anfangs auf Mutter und Vater gerichtet sind, von diesen abzulösen. Ohne diese Ablösung blieben diese Triebe zeitlebens auf Mutter und Vater fixiert. Diese Auffassung von *Gesetz* und *Inzestverbot* geht auf die Lehre des französischen Psychoanalytikers Jacques Lacan zurück. (Anm. der Übers.)

ihm dann sagen: »Weißt du, ich habe dir einmal davon erzählt. Jetzt hast du es gesehen.« Meiner Meinung nach irrt dieser Herr, wenn er der Meinung ist, daß sein Kind dem Geschlechtsverkehr seiner Eltern beiwohnen muß. Ein solcher Vorgang würde sich traumatisierend für das Kind auswirken, denn das Geschlechtsleben eines Menschen wird begleitet von Schamgefühl, Respekt vor dem anderen und manifestiert sich im Anstand der Erwachsenen ihren Kindern gegenüber. Dies gilt erst recht für solche Kinder, deren Empfindungen eng mit einer sich entwickelnden Sensibilität verknüpft sind. Also wirklich keine inzestuösen Praktiken, die die Eltern auch noch begünstigen. Sie verderben das Kind.

13. Kapitel

Gibt es müde Mütter?

Ich schlage vor, jetzt einige Protestschreiben von ...

Gern, das finde ich immer sehr interessant ...

... Leuten vorzulesen, die mit dem, was Sie in dieser Sendung gesagt haben, nicht einverstanden sind.

Ich persönlich bin mit solchen Protesten einverstanden!

Eine Mutter wirft Ihnen vor, von der sozialen Wirklichkeit zu abstrahieren: »Sie vergessen, wenn Sie von den Frauen, den Müttern und ihren kleinen Kindern sprechen, alle diejenigen, die nach zwei oder drei Monaten ausrufen: ›Ich habe die Nase voll, mein Kind hochzupäppeln!‹« Und sie fährt fort, daß die Mutterschaft auch die Hölle bedeuten kann, daß man auf alles in der Welt verzichten müßte, wollte man Ihre Ratschläge befolgen und die meiste Zeit zu Hause bleiben, um das Kind großzuziehen. Dann fragt sie noch, warum Sie so wenig von den Vätern sprechen.

Sehen Sie, man kann nicht jedem gegenüber gerecht werden. Diese Frau hat Kinder bekommen und dennoch nicht Gefallen daran gefunden, Mutter zu sein, als ihre Kinder klein waren ...; natürlich kommt so etwas vor. Vielleicht gibt es das heutzutage etwas seltener, weil man besser vermeiden kann, Mutter zu werden. Das war früher, ohne daß die Frauen ihre Gesundheit ruinierten, noch nicht möglich. Aber was soll ich dieser Frau sagen? Zunächst vielleicht, daß sie unserer Sendung nicht zuhören sollte. Andererseits ist es natürlich richtig, daß die Mütter infolge sozialer Schwierigkeiten, zu kleiner Wohnungen usw. oft mit ihren Nerven am Ende sind. Ich möchte trotzdem sagen, daß diese Frauen mit ihren zu kleinen Wohnungen und ihrer Nervosität ihre Kinder lieben und ihr Bestes versuchen, um sie großzuziehen und um ihnen zu helfen. Dieser Eindruck entsteht bei mir nach der Durchsicht der bei uns eingegangenen Briefe. Diese Sendung dient ja gerade dazu, ihnen bei diesem Vorhaben zu helfen. Natürlich können wir weder die Größe der Wohnung noch die Gesundheit der überarbeiteten Frauen verändern. Wissen Sie, die Kinder ... Ich habe nämlich irgendwie die Vorstellung, daß die Kinder ihre Eltern wählen und sehr wohl wissen, daß ihre Mutter so ist, wie sie nun einmal ist. Da sie vom gleichen Erbgut wie die Mutter stammen, verstehen sie auch ihre Nervosität. Ich glaube, daß man das Problem falsch aufwirft, wenn man die soziale Frage in Hinblick auf die Liebe der Eltern zu ihren Kindern stellt. Ich habe die Trennung der berufstätigen Mütter von ihren Kindern in dieser Sendung schon behandelt: das Wichtigste ist dabei, daß die Mutter mit ihrem Kind darüber spricht. Wenn sie aber bei ihrem Kind bleiben *kann,* sollte sie daraus keine Pflichtübung machen und sich mit ihm auch nicht jeden Tag allein zu Hause einsperren; sie sollte im Gegenteil jeden Tag ausgehen, auf Spielplätzen andere Frauen treffen oder mit ihrem Kind Freunden, die vielleicht auch Kinder haben, einen Besuch abstatten. Ich kenne Mütter, denen es im Grunde nur deswegen schwerfällt, allein mit ihrem Baby zu sein, weil sie sich schlicht und einfach langweilen. Sie sollten sich mit anderen Müttern zusammentun, um sich bei der Betreuung der Kinder abzuwechseln; auf diese Weise kommt man auch zu Tagen, an denen man sich ausruhen kann. Außerdem ist es in jedem Fall besser, daß eine Mutter, die es nicht aushält, zu Hause zu bleiben, arbeiten geht und eine Tagesmutter bezahlt, anstatt deprimiert zu sein.

Die zweite Frage haben wir, glaube ich, noch nicht beantwortet: »*Sie sprechen wenig von den Vätern. Aber diese könnten den Müttern helfen und sich zur Hälfte ebenfalls um die Kinder kümmern. Das wäre keine schlechte Sache.*«

Diese Frau hat recht. Es geht darum, diesen relativ neuen Prozeß des Umdenkens herkömmlicher Rollenaufteilungen zu beschleunigen. Natürlich gibt es eine Reihe von Vätern, bei denen es aufgrund ihrer beruflichen Situation gar nicht möglich ist, sich täglich um die Kinder zu kümmern. Aber den anderen, die es sich bloß nicht zutrauen, muß man es beibringen. Sobald sie in der Lage dazu sind, werden sie dabei viel Freude haben, die sie bisher nicht kannten: ich denke, daß die Mütter ihnen dabei helfen sollten, diese Freuden zu entdecken. Für ein kleines Kind ist es nie zu früh, sich sowohl mit der Mutter als auch mit dem Vater in körperlicher Geborgenheit und in Sicherheit zu fühlen; umgekehrt muß auch der Vater sich mit seinem Kind in Sicherheit fühlen.

Eine andere Mutter schreibt uns etwa im gleichen Sinne: »Sprechen Sie bloß nicht von Liebe!« Zunächst gibt sie uns einen Erfahrungsbericht: »Wenn man sich zu einem Kind unheimlich nett verhält, wenn man zu ihm zärtlich ist, es ein bißchen verhätschelt und küßt, fragt man es selten nach seiner eigenen Meinung. Es geschieht aber häufig eher aus einem eigenen Bedürfnis nach Zärtlichkeit als aus einem anderen Grund.«

Sicher.

Sie fährt dann fort: »Ich frage mich selbst, ob ich meinen Kindern gegenüber — so hart es auch sein mag, es sich zuzugestehen — jemals die geringste Liebesbezeugung gezeigt habe. Denn manchmal denke ich mir, daß ich sie sogar hasse — so schwer fällt es mir, eine nette Geste, einen zustimmenden Blick oder ein wenig Verständnis für sie übrig zu haben.« An dieser Stelle meint sie dann: »Wenn es sich also so verhält, dann erzählen Sie uns bloß nichts von Liebe.« Es ist doch wahr, daß es Eltern gibt, die manchmal einfach so dahinsagen: »Ich würde meine Kinder am liebsten umbringen ...«

Das stimmt. Aber diese Eltern sollten verstehen, daß ihr Kind genauso ist wie sie selbst. Die menschliche Liebe ist immer ambivalent. Für die Mutter ist es eine Freude, ihre Kinder zu küssen, sicherlich ... Aber was mag das Kind eigentlich gern? Es will sich neben seiner Mutter in Sicherheit fühlen. Man sollte also mit dem Kind reden und keine Angst davor haben, Widersprüchliches zu sagen: »Weißt du, ich liebe dich nicht, ich möchte dich nicht mehr sehen.« Das stimmt natürlich nicht. Deshalb sollte man dazu sagen: »Ich liebe dich weiterhin, aber du gehst mir auf die Nerven, ich habe die Nase voll.« Das Kind wird sich dann sagen: »Na gut! Ich verhalte mich Mutter gegenüber auch manchmal so wie sie jetzt mir gegenüber.« Im übrigen sagen eine ganze Reihe von Kindern ihren Müttern: »Ich liebe dich nicht.« Auf diese Weise wird es zwischen ihnen dann ganz menschlich zugehen. Liebe bedeutet etwas anderes, als auf einer rosa Wolke zu schweben und sich ständig schöne Augen zu machen. Liebe bedeutet, natürlich zu sein und zu seinen Widersprüchen zu stehen.

Wenn man also sagt: »Ich liebe dich nicht, ich liebe dich nicht mehr«, ist es auch eine Art, von Liebe zu sprechen?

Genau.

Ich möchte noch eine Frage aus demselben Brief erwähnen. Sie geht auf den Kuß ein, den die Erwachsenen den Kindern geben ... Sie haben davon abgeraten, die Kinder auf den Mund zu küssen.

Ja. Vor allem, wenn die Kinder nicht selbst darum bitten. Es kann sie in eine körperliche Erregung versetzen, mit der sie nicht fertig werden.

Diese Mutter schreibt nun: »Aber wie steht es mit den Russen?« Denn es ist ja bekannt, daß sich die Russen, ich meine die Erwachsenen, einfach ›nur so‹ auf den Mund küssen ... Bringt das für ihre Kinder keine Probleme mit sich ...?«

Eben nicht, da es gesellschaftlich sozusagen gang und gäbe ist. Es geht ihnen dabei nicht darum, etwa sexuelle Vertrautheit auszudrücken. Alles, was ständig in der Gesellschaft vorkommt, wirkt enterotisierend. Bei uns gibt man sich die Hand; in manchen Ländern, wie z. B. in Indien, wäre es unangebracht, sich die Hand zu geben, weil es eine Intimität bedeutet, an welcher der Tastsinn beteiligt ist. In Indien kommt dieser Geste eben einfach deshalb eine besondere Bedeutung zu, weil sie nicht ›sozialisiert‹ ist. Alles hängt also von dem Milieu und dem betreffenden Land ab. Mit dem Kind sollte man vermeiden, Vertraulichkeiten auszutauschen, die im Rahmen unserer Gesellschaft eine erotische Bedeutung haben; wenn es in einer anderen Gesellschaft allgemein üblich ist, sich auf den Mund zu küssen, dann wird der Kuß auf den Mund auch nicht mehr allzuviel bedeuten. Dagegen würde eine andere Geste erotisch wirken … Ich stehe also auf dem Standpunkt, daß die Eltern, was das Küssen betrifft, einen zu nahen körperlichen Kontakt vermeiden sollten.

14. KAPITEL

Der Große ist ein bißchen wie der Kopf, der Kleine wie die Beine

(Brüder unter sich)

Sprechen wir jetzt von einem Problem, das in fast allen Familien vorkommt: das Zusammenleben der Kinder unter sich und die Beziehung manch kleiner ›Teufel‹ zu ihren Eltern. Im ersten Brief, der dieses Problem aufwirft, geht es um eine Mutter, die zwei Kinder hat, eines ist siebeneinhalb Jahre, das andere vier Jahre alt. Beides sind Jungen. Die Mutter schreibt: »Der Große ist ein bißchen wie der Kopf, der Kleine wie die Beine. Ich habe einigen Ihrer Sendungen gut zugehört. Sie haben gesagt, daß es fast unnormal wäre, wenn ein Kind keine Eifersucht gegenüber seinem kleinen Bruder empfinden würde. Nun hat mein siebenjähriger Junge aber keine Anzeichen von Eifersucht seinem jüngeren Bruder gegenüber gezeigt. Dieses Kind scheint mir, wenn Sie so wollen, für sein Alter fast zu reif zu sein.« Sie fragt auch, wann die Sprache der Erwachsenen, die man ja mit diesem Kind zwangsläufig benutzen muß, zu kompliziert für sein Verständnis wird.

Als ich von der Eifersucht sprach, habe ich sie zwischen einem Alter von 18 Monaten und fünf Jahren angesetzt. Nun war dieses Kind, von dem wir jetzt sprechen, schon ungefähr fünf Jahre alt, als sein Bruder geboren wurde. Ich führte das Problem der Eifersucht darauf zurück, daß das Kind zögert, zwischen zwei Möglichkeiten zu wählen. Hat es mehr davon, sich (aufgrund der Bewunderung der Familie dem Baby gegenüber) mit dem Baby zu identifizieren, d. h. in seiner Entwicklung zu regredieren und die Gewohnheiten, die es als kleines Kind hatte, wieder aufzunehmen oder im Gegenteil in seiner Entwicklung fortzuschreiten und sich mit den Erwachsenen zu identifizieren? Mir kommt es so vor, daß dieses

Kind den zweiten Weg gewählt hat. Es hat sich in seinem Umgang mit dem jüngeren Bruder dagegen gewehrt oder ein wenig Angst davor gehabt, in seiner Entwicklung wieder zurückzuschreiten; gleichzeitig konnte es sich, da es schon zur Schule geht und Kontakte zu Gleichaltrigen hat, mit seinem Vater oder Kindern seines Alters identifizieren. Es hat diesen Weg, wie die Mutter berichtet, vielleicht sogar in einer etwas übertriebenen Art gewählt, wenn es sich schon wie ein kleiner Erwachsener verhält oder wie sie spricht. Ich denke mir, daß der Unterschied zwischen den beiden Kindern recht auffällig ist, wenn man sie zusammen sieht. Die Eifersucht nimmt also einen kleinen Umweg und manifestiert sich gerade in diesem unterschiedlichen Verhalten der beiden. Obwohl er noch nicht so weit ist, möchte der Ältere, um nicht mit dem Kleinen verwechselt zu werden, so sein wie die Erwachsenen, denn genau hierzu ist sein kleiner Bruder noch nicht in der Lage. Ich glaube, man sollte sich bei dem älteren Jungen nicht allzu große Sorgen machen, er ist für sein Alter vielleicht ein wenig zu vernünftig, vielleicht etwas gehemmt und nicht verspielt genug. Die Mutter könnte ja bei der nächstbesten Gelegenheit den Ältesten mit Freunden im gleichen Alter oder etwas älteren zusammenbringen und den jüngeren Bruder mit kleinen Freunden zwischen achtzehn Monaten und drei Jahren. Es ist für die Kinder immer von Vorteil, sowohl mit etwas jüngeren als auch mit etwas älteren Kindern zusammen zu sein, und nicht nur mit Gleichaltrigen.

Und was den anderen Teil der Frage betrifft ...

Mit ihm wie mit einem Erwachsenen zu reden?

»Wie kann man wissen, ob er die Erklärungen, die man ihm gibt, nicht mehr versteht ...?« Siebeneinhalb Jahre ist doch noch kein Alter ...

Ich glaube, daß ein siebeneinhalbjähriges Kind bereits alle Erklärungen versteht. Die einzige Gefahr könnte darin liegen, daß das Kind nur noch sprechen und nichts mehr mit seinen Händen oder seinem Körper anfangen kann, d. h. zu sehr in der verbalen Ausdrucksweise verharrt, losgelöst von den Gefühlen, Empfindungen und Wünschen, die seinem Alter gemäß sind. Ohne Hände, Arme und Beine hätte er auch keinen Kontakt mehr zu seinen Freunden. Die Mutter sagt es übrigens selbst: »Der Kleine ist wie die Beine.« Der ältere Sohn sollte also Fußball spielen und Sport treiben; sein Vater sollte mit ihm ins Schwimmbad gehen. Es liegt schon eine Gefahr darin, wenn ein Kind mit seiner Sprache der Gefährte der Erwachsenen sein will und dabei die Gruppe der Gleichaltrigen, deren Spiele und deren Interessen verläßt, um den Erwachsenen zu spielen.

Ein anderer Brief wirft das Problem auf, wie man sich gegenüber vierzehn-, zwölf- und achtjährigen Kindern verhalten soll, die sich ständig miteinander herumprügeln. Die Kinder, um die es geht, würden überhaupt nicht mehr aufhören, sich zu schlagen. Die Mutter schreibt, daß sie deswegen öfters regelrecht die Nerven verliert. Der Vater hat seinerseits den Vorgang genau beobachtet und meint, daß die Kinder ihre Prügeleien mit Absicht veranstalten würden, damit die Mutter außer sich gerät. Die Frage lautet wörtlich: »Stimmt es, daß sich Kinder — wenn sie so wollen — derart pervers verhalten können, nur um sich über den Nervenzusammenbruch ihrer Mutter lustig zu machen?«

Nein. Es hat mit Perversion meiner Meinung nach überhaupt nichts zu tun. Diese Kinder sind keinesfalls pervers. Aber es ist so lustig, an der Strippe zu ziehen und die Glocke läutet bzw. die Erwachsenen wie Hampelmänner zu behandeln! Ich habe den Eindruck, daß die Kinder aus dieser Dame einen Hampelmann machen wollen. Ich bin sicher, daß sich die angesprochenen Schwierigkeiten von selbst legen würden, wenn die Mutter folgenden Entschluß fassen würde, vorausgesetzt, es sind in der Wohnung zwei Zimmer vorhanden: sie sollte die Tür des Zimmers, in dem sie sich gerade befindet, zumachen, sich meinetwegen Watte in die Ohren stopfen und sich dann um nichts mehr kümmern. Sie sollte den Kindern vielleicht nur noch sagen: »Hört mal, wenn jemand zu Schaden kommt, bringe ich euch ins Krankenhaus, aber ich möchte mich nicht mehr um euch kümmern.« Oder sie könnte, wenn es ihr möglich ist, einfach die Wohnung verlassen: alles wird sich in ihrer Abwesenheit beruhigen, auf keinen Fall aber schlimmer werden, und ihr selbst wird es besser gehen. Aber sie sollte aufhören, sich in die Auseinandersetzung zwischen ihren Kindern einzumischen. Natürlich ist es ein Problem, wenn man drei Jungen hat. Ich denke, daß es von Vorteil wäre, wenn der älteste Sohn soviel wie möglich aus dem Hause ginge, um mit älteren Kindern oder Gleichaltrigen zusammen zu sein. Mit 14 Jahren müßte er ja wirklich soweit sein, sein eigenes Leben zu leben, mit Freunden zusammen zu sein; und natürlich wird er auch noch nach Hause kommen, um mit seinen Eltern gemeinsam zu essen oder die Schulaufgaben zu machen. Wenn man Glück hat, ist es sehr gut, ein zusätzliches Zimmer zu haben, in dem die Kinder je nach ihrem Wunsch ruhig arbeiten oder sich von den anderen zurückziehen können. Man sollte auch an die Möglichkeiten einer Art ›passiven Verteidigung‹ denken, die aus einem Schloß an der Tür besteht, so daß sich derjenige, der sich zurückziehen will, einfach einschließen kann. Läßt er dann die Tür offen, möchte er sich anscheinend gern mit den anderen streiten. So könnte es funktionieren. Zumindestens hat man aber demjenigen, der seine Ruhe haben will, die Möglichkeit dazu gegeben, sich zurückzuziehen.

Auf der anderen Seite gibt es Eltern, die von sogenannten ›Wutanfällen‹ ihrer Kinder beunruhigt sind. Hier ist der Brief einer Mutter von drei Jungen, der eine ist siebeneinhalb, der andere viereinhalb und der dritte zweieinhalb Jahre alt. Seitdem der Jüngste laufen kann, ist er anscheinend sehr reizbar und sehr anspruchsvoll geworden; er möchte seine Brüder den ganzen Tag lang ärgern. Diese Mutter fragt Sie, welche Haltung man einem starken Wutanfall gegenüber einnehmen sollte: »Was soll man tun, um einen kindlichen Wutanfall zu beenden? Kann man versuchen, diese Szenen dadurch zu vermeiden, indem man sehr nachgiebig ist? Vielleicht wird man dann aber zu nachgiebig werden ...?«

Man muß hinzufügen, daß es diesem Kind ansonsten sehr gut geht und sich die Mutter bisher keine größeren Fragen gestellt hat; gewarnt wurde sie vielmehr von den Nachbarn, die die Wutanfälle akustisch mitbekamen. Sie sind dann zu der Mutter gegangen und haben ihr gesagt: »Sie sollten aufpassen. Dieses Kind ist bestimmt krank. Es wird Krampfanfälle bekommen.«

Beantworten wir zunächst den letzten Punkt. Krampfanfälle kommen bei Wutausbrüchen von Kindern nicht vor. Wutausbrüche können bei Kindern durchaus dramatisch sein, aber zu Krampfzuständen führen sie nicht. Aber ich denke mir, daß in dieser Familie das zweite Kind, ohne dabei aufzufallen, dem Kleinen auf die Nerven geht bzw. selbst diese Wutanfälle provoziert, da es wahrscheinlich auf den kleinen Bruder immer noch eifersüchtig ist ... Es ist auch nicht einfach, das zweite Kind in der Familie zu sein. Denn dieses wünscht sich einerseits gern ein bevorzugtes Verhältnis zu dem Älteren und will andererseits den Jüngeren von ihm isolieren. Drei Jungen sind auch eine wirklich schwierige Konstellation. Das zweite Kind in der Geschwisterreihe muß, ohne daß man es merkt, dem jüngeren Kind die Rolle des ›Allerkleinsten‹ aufzwingen. Und dieser ist dann ständig in eine minderwertige Position gedrängt, weil ihn die anderen nicht mitspielen lassen. Die Mutter könnte dadurch für einen Ausgleich sorgen, daß sie sich mehr dem Kleinen widmet, nicht um ›nachgiebig‹ zu sein, sondern um ihn in seiner Entwicklung zu bestärken. Und noch etwas. Daß Kinder jähzornig oder sehr nervös sind, kommt häufiger vor. Die Mutter sollte einmal in der Familie nachforschen, ob es dort Verwandte gibt, die auch so waren.

Die Mutter schreibt es auch in ihrem Brief: »Als mein Mann ein Kind war, war er ebenfalls sehr jähzornig.«

Dann sollte man es diesem Kind sagen. Der Vater müßte es tun: »Als ich klein war, war ich so wie du; ich wurde sehr leicht wütend. Ich habe mit der Zeit verstanden, daß ich dadurch keine Freunde bekam und mir große Mühe gegeben, mich zu überwinden. Dir wird es auch gelingen.« Man kann die Tatsache, daß es sich um den Vater handelt, für das Kind nutzen, indem er sich jetzt mehr um diesen Sohn kümmert, ohne ihm dabei die Schuld zu geben, denn er erkennt sich in dem Kind ja selbst wieder. Aber natürlich sind die Wutanfälle auch störend für die Nachbarn.

Wenn ich Sie also recht verstanden habe, sollte man bei einem Wutanfall des Kindes abermals zuerst sprechen, anstatt selbst laut zu schreien oder zu schimpfen.

Am allerwenigsten sollte man sich über es lustig machen. Mit ihm während des Wutanfalls zu sprechen ist quasi unmöglich. Aber man sollte nicht mit ihm schimpfen und auch nicht mit den Größeren, die ihn in Wut versetzt haben. Im Grunde sollte man wie ein Dirigent sein: die Großen ein wenig beruhigen und dann sollten alle schweigen. Und wenn der Vater zu Hause ist, fände ich es nicht schlecht, wenn er das Kind in ein anderes Zimmer bringt und es dort beruhigt. Danach sollten sich alle wieder treffen: »Jetzt ist es vorbei. Wenn er groß ist, wird er seine Wut allein beherrschen können; aber er ist noch zu klein, das ist alles.« Und der Vater könnte zu den anderen sagen: »Es ist weder angenehm noch bequem, solch eine Natur zu haben; ich weiß es, ich bin früher wie er gewesen.«

Um darauf zurückzukommen. Bis in welches Alter wird er diese Wutanfälle haben?

Zum einen fällt es einem Kind bis zum Alter von viereinhalb oder fünf Jahren schwer, sich zu beherrschen; und das ist für seine weitere Entwicklung auch gut, es sei denn, es bekäme ständig eine liebevolle Hilfe. Das jähzornige Kind, das wie eine aufgeladene Batterie ist, muß sich beruhigen. Wasser beruhigt die Kinder sehr, ich habe es schon gesagt. Wenn man so lange mit Wasser spielen darf, wie man will, macht es Spaß und beruhigt auch. Ein Kind, das einen Wutanfall gehabt hat oder im Begriff ist, einen zu bekommen, weil es schon lange

105

mehr keinen gehabt hat (was man spürt), sollte ein ausgedehntes und angenehmes Bad haben; die Erwachsenen können ihm auch Gesicht und Hände mit einem feuchten und frischen Waschlappen waschen. Kinder brauchen Bäder und solche Kinder noch mehr als andere; lange, entspannende Bäder oder angenehme Duschen. Keine kalten Duschen, da sie anregend wirken, sondern warme, beruhigende Duschen.

Das sollte ja auch nicht zum Folterinstrument werden! Man sollte ihm also nicht jedesmal, wenn er quengelt, mit einem Bad oder einer Dusche drohen.

Es muß dem Kind Spaß machen. Und dann könnte man mit dem Jungen auch einfach ins Schwimmbad gehen, er ist ja nicht zu jung dafür. Kinder brauchen Wasser. Und er sollte mit gleichaltrigen Kindern zusammenkommen. Er ärgert seine Brüder, weil er keine anderen Freunde hat.

15. KAPITEL

Was ist wahr?
(Der Weihnachtsmann)

Ich habe hier eine Frage über den Weihnachtsmann. Es handelt sich um eine ganz einfache Frage. Und zwar ist es ein Vater, der Sie nach Ihrer Meinung zu diesem Mythos fragt: »Sollte man das Kind an den Weihnachtsmann, an die kleine Maus bei Verlust der Milchzähne* oder den Osterhasen glauben lassen? Denn wenn das Kind später von Schulkameraden die Wahrheit erfährt, stellt sich doch die Frage, ob die Erklärungen der Eltern über die Symbolträchtigkeit des Weihnachtsmannes ausreichen, um die Enttäuschung des Kindes aufzufangen, wenn es plötzlich merkt, daß seine Eltern es belogen haben.«

Ich finde, daß die Frage so falsch gestellt ist. Kinder, und nicht nur sie, haben ein starkes Bedürfnis nach Poesie; auch die Erwachsenen wünschen sich ja nach wie vor ein schönes Weihnachtsfest, nicht wahr? Was bedeutet also in diesem Zusammenhang, die ›Wahrheit‹ zu sagen? An dem Weihnachtsmann verdient man doch eine Menge Geld, oder nicht? Und wenn man an etwas viel Geld verdient, macht es doch einen wahren Eindruck? Ich glaube, daß dieser Herr sich deswegen um den Glauben seines Kindes an den Weihnachtsmann Sorgen macht, weil er denkt, man würde es auf diese Weise belügen. Aber ein Mythos ist doch eine Poesie; und diese hat ihre eigene Wahrheit. Natürlich sollte man dem Kind weder zu lange etwas vom Weihnachtsmann erzählen noch ihm sagen, daß der Weihnachtsmann dem Kind nichts schenken wird, wenn es seinen Eltern nicht gehorcht, usw.

Wenn die Eltern aber keine ›Staatsaffäre‹ aus dem Weih-

---

* Es ist in Frankreich alter Brauch, daß die Kinder ihre Milchzähne, die sie verlieren, unter das Kopfkissen legen. Die Eltern erzählen den Kindern, daß in der Nacht eine kleine Maus kommt, die die Zähne mitnimmt und dafür eine kleine Überraschung unter dem Kopfkissen liegenläßt. (Anm. d. Übers.)

107

nachtsmann machen und diesen Glauben irgendwie zu ernst nehmen, ernster noch als das Kind, wird das Kind keinen besonderen Anlaß haben zu sagen: »Weißt du, die Schulkameraden haben mir gesagt, daß der Weihnachtsmann nicht existiert.« Wenn es zu Hause davon erzählt, kann man ihm bei dieser Gelegenheit den Unterschied zwischen einem Mythos und einer lebendigen Person erklären, die geboren wurde, Eltern und eine Staatsangehörigkeit hat, die groß geworden ist und auch sterben wird, und die zwangsläufig, wie alle Leute, in einem Haus wohnt und nicht in den Wolken.

Ich möchte noch gleich hinzufügen, daß der Zuhörer, der uns geschrieben hat, absolut gegen die Weihnachtsmänner ist und insbesondere gegen diejenigen, die auf der Straße herumlaufen.

Vielleicht hat er mit Recht empfunden, daß diese netten verkleideten Leute den wahren Weihnachtsmann entmystifizieren, an den er früher selbst geglaubt hat und dem man nicht den ganzen Dezember über auf der Straße begegnete, sondern der nur am Heiligen Abend existierte. Das ärgert ihn. Oder vielleicht ist es im Gegenteil ein Herr, der nicht mehr viel für Poesie übrig hat. Auf jeden Fall — ich weiß nicht, wie es mit Ihnen steht — kann ich für mich sagen, daß ich noch immer an den Weihnachtsmann glaube. Ich möchte Ihnen eine Geschichte von meinem Sohn erzählen. Als Jean im Kindergarten war, hat er eines Tages gesagt: »Wie kommt es eigentlich, daß es so viele Weihnachtsmänner gibt? Es gibt blaue ... lila ... und es gibt rote Weihnachtsmänner!« Wir gingen damals durch die Straßen spazieren und es gab überall diese Weihnachtsmänner. Dann habe ich ihm gesagt: »Aber weißt du, dieser Weihnachtsmann da, den kenne ich, es ist der Herr Sowieso«; es war ein Angestellter eines Spielzeugladens oder einer Konditorei, der sich als Weihnachtsmann verkleidet hatte. »Siehst du, er hat sich als Weihnachtsmann verkleidet, und der andere auch, er ist ein Verkäufer des Geschäftes, der sich als Weihnachtsmann verkleidet hat.« Er hat mich dann gefragt: »Aber der wahre Weihnachtsmann, wo ist der ...?« — »Der wahre Weihnachtsmann, der ist in unserem Herzen. Er ist wie ein riesiges Heinzelmännchen, das wir uns vorstellen. Wenn man klein ist, ist man froh darüber, denken zu können, daß Heinzelmännchen oder Riesen existieren können. Du weißt natürlich, daß es in Wirklichkeit keine Heinzelmännchen gibt und die Riesen aus den Märchen auch nicht. Der Weihnachtsmann ist nicht geboren worden und Vater oder Mutter hat er auch nicht gehabt. Er ist nicht lebendig. Nur um Weihnachten herum lebt er auf, und zwar in den Herzen aller derjenigen, die für die Feier mit ihren kleinen Kindern eine Überraschung haben wollen. Und alle Erwachsenen trauern ihrer Kindheit nach; deshalb mögen sie den Kindern so gern sagen: ›Das ist der Weihnachtsmann.‹ Wenn man klein ist, kann man zwischen den wahren, lebendigen Dingen und den wahren Dingen, die sich im Herzen befinden, keinen Unterschied feststellen.« Er hörte mir gut zu und sagte dann: »Am nächsten Tag nach Weihnachten wird er also nicht in seinen Schlitten mit den Rentieren steigen und wegfahren? Er wird nicht wieder hoch in die Wolken steigen?« — »Nein, weil er in unserem Herzen ist.« — »Wenn ich dann meine Schuhe hinstelle, wird er mir nichts geben?« — »Wer wird dir nichts geben?« — »Wird nichts in meinen Schuhen sein?« — »Aber doch.« — »Aber wer wird es dann hineingetan haben?« Ich lächelte. »Wirst du es sein oder Papa, ihr werdet also etwas hineinlegen?« — »Ja, sicher.« — »Ich kann also dann auch der Weihnachtsmann sein?« — »Sicherlich kannst du auch der Weihnachtsmann sein. Dein Vater, Marie und ich werden auch unsere Schuhe vor die Tür stellen. Du wirst Sachen hineintun. Und dann wirst du wissen, daß du eben der Weihnachtsmann für die anderen gewesen bist. Und ich werde sagen: Vielen Dank, Weihnachtsmann; eigentlich wirst du den Dank bekommen, aber ich werde so tun, als wüßte ich nicht, daß du es warst. Und deinem Vater werde ich es auch nicht sagen, es wird auch für ihn eine Überraschung sein.« Er fand die Vorstellung herrlich und war begeistert; dann sagte er auf dem Rückweg: »… Erst jetzt, wo ich weiß, daß er nicht wirklich existiert, finde ich ihn toll, den Weihnachtsmann.«

Die kindliche Fantasie und ihre Poesie sind weder Gutgläubigkeit noch eine Kinderei, sondern es handelt sich um die Intelligenz auf einer anderen Ebene.

16. Kapitel

Wir sterben, weil wir leben

Wenn wir nicht auf alle Briefe antworten, so einfach deswegen, weil wir so viele bekommen; andererseits berühren einige Briefe dasselbe Problem. Wir antworten dann auf diejenigen, die das betreffende Problem am deutlichsten zum Ausdruck bringen. So hoffe ich, daß die anderen auch eine Antwort auf ihre Fragen erhalten werden. Ich habe schon zu Anfang gesagt, daß man eine Frage nicht durch eine einzige Antwort endgültig erledigen kann, und *eine* Antwort ist auch nicht immer die einzig mögliche. Ich vertrete manchmal auch nur eine Meinung unter vielen und habe wohl insgesamt eine bestimmte Art, mit Kindern umzugehen. Deshalb finde ich es auch gut, wenn uns Protestbriefe erreichen. Eine Mutter schreibt uns zum Beispiel: »Ich mache es anders, und es klappt sehr gut.« Es ist immer sehr interessant, diese Briefe zu lesen, weil es sich dabei meistens um einen anderen Typ von Mutter handelt, die sich bei den gleichen Schwierigkeiten anders zu helfen weiß, als ich es gedacht hätte. Man muß in diesem Zusammenhang bedenken, daß uns die Kinder sehr tiefsinnige Fragen stellen. Wir haben die Tendenz, die Lösung ganz einfach in dem zu finden, was unsere eigenen Eltern für uns getan haben oder vielleicht im genauen Gegenteil. Im allgemeinen spielt es sich so ab, doch wäre es viel besser, jedes Kind für sich zu betrachten, die ihm eigene Natur wahrzunehmen und ihm zu helfen, mit seinen Schwierigkeiten besser fertig zu werden.

Hier ein Brief, dessen Thema alle angeht: der Tod. Wie soll man mit den Kindern darüber sprechen? Die Dame, die den Brief geschrieben hat, wohnt auf dem Land: »Die Kinder, die hier leben, sehen sehr oft die Tiere sterben und werden dadurch veranlaßt, viele Fragen zu stellen.«

In diesem Brief findet sich eine schöne Formel: »Wie soll man ihnen sagen, daß wir sterben?« Aber wir sterben, weil wir leben, und alles, was lebt, stirbt auch. Jedes lebendige Wesen ist vom Tag seiner Geburt an auf einem Weg, der es zum Tod führt. Übrigens haben wir keine anderen Erklärungen für das Leben als den Tod, wie umgekehrt keine anderen Erklärungen für den Tod als das Leben. Das Leben gehört also zum Lebewesen wie der Tod. Der Tod gehört zum Schicksal eines Lebewesens. Und die Kinder wissen es genau: »Sie sehen die Tiere sterben ...« Dennoch ist der Tod der Tiere auf keinen Fall dasselbe wie der Tod der Menschen. Und das sollte man den Kindern sehr schnell sagen, denn die Tiere haben weder eine Sprache noch eine persönliche Geschichte. Die Geschichte der Haustiere ist mit dem Leben der Familie verbunden, aber da die Tiere keine Geschichte haben, haben sie auch keine Nachfahren, die sich an ihr Leben erinnern können, wie die kleinen Menschen sich an das Leben ihrer Eltern erinnern. Wir wissen, daß die ältesten Leute vor dem Sterben zu ihrer Kindheit zurückkehren und noch einmal nach ihrer Mutter rufen. Wir haben eine Geschichte. Unser Körper ist mit den Worten, die wir von unseren Eltern erfahren haben, eng verbunden. Deshalb ist es sehr wichtig, den Kindern auf ihre Frage nach dem Tod eine Antwort zu geben und sich nicht über dieses Thema in Schweigen zu hüllen.

In welchem Alter fangen denn die Kinder an, dieses Problem anzuschneiden?

Sie fragen nach dem Tod in demselben Alter, in dem sie auch die Frage nach dem Unterschied der Geschlechter stellen, und sie formulieren ihre Fragen indirekt: »Wirst du sehr bald sterben?« Oder: »Bist du schon sehr alt?« — »Sehr alt? Nein! Nicht so alt, wie dieser oder jener, aber ich bin ziemlich alt, das ist richtig.« — »Du wirst also bald sterben?« — »Ich weiß es nicht. Wir wissen nicht, wann wir sterben werden.« In diesem Zusammenhang kann man z. B. auf Straßenunfälle hinweisen, von denen die Kinder häufig schon gehört haben: »Diese Leute wußten, als sie in ihren Urlaub fuhren, zum Bei-

111

spiel nicht, daß sie eine Stunde später sterben würden. Siehst du, niemand weiß, wann er sterben wird.« Am Schluß eines solchen Gespräches kann man dann sagen: »Leben wir alle Momente unseres Lebens aus.«

Manchmal wird die Frage nach dem Tod auch in Familien gestellt, die gläubig sind. Es gibt verschiedene Glaubensformen, z. B. den Glauben an das Leben nach dem Tod oder an die Seelenwanderung. Wir wissen nichts darüber. Das sind Antworten aus der Fantasie der Menschen, die den Tod nicht ›denken‹ können. Ein lebendiges Wesen kann seinen eigenen Tod nicht denken. Es weiß, daß es sterben wird, aber sein Tod selbst ist etwas Absurdes, etwas Undenkbares. Was die Geburt betrifft …, wir sind bei unserer Geburt selbst nicht dabei, die anderen nehmen daran teil. Und auch an unserem Tod nehmen die anderen teil. Wir — wenn ich es zu sagen wage — leben unseren Tod, aber wir nehmen nicht daran teil: wir vollenden ihn.

Die Kinder ihrerseits fragen ohne Angst nach dem Tod, bis sie ungefähr sieben Jahre alt sind. Mit drei Jahren fangen sie an, die Frage nach dem Tod zu stellen, aber ohne Angst, wie ich betonen möchte. Dann muß man mit ihnen über den Tod sprechen. Und im übrigen nehmen die Kinder den Tod wahr. Oft sterben in ihrer Umgebung Menschen, auch Kinder. Ich glaube, daß man einem Kind immer antworten kann: »Wir werden sterben, wenn wir zu Ende gelebt haben.« Es hört sich vielleicht komisch an, aber es ist wahr. Sie können sich nicht vorstellen, wie dieses Wort ein Kind beruhigt. Ihm einfach sagen: »Mach dir keine Sorgen. Du wirst erst sterben, wenn zu Ende gelebt hast.« — »Aber ich habe doch noch nicht zu Ende gelebt.« — »Siehst du, du stellst fest, daß du noch nicht zu Ende gelebt hast, also bist du ganz lebendig.« Mein kleiner Sohn — er war ungefähr drei Jahre alt — hatte einmal von der Atombombe gehört. Eines Tages kam er aus dem Kindergarten zurück und fragte: »Gibt es wirklich die Atombombe? Stimmt es, daß ganz Paris verschwinden kann? …« — »Aber ja. Das, was du sagst, stimmt alles.« — »Es kann also vor dem Essen oder auch nach dem Essen passieren?« — »Ja, das wäre schon möglich, wenn wir jetzt Krieg hätten. Aber wir haben jetzt keinen Krieg.« — »Und wenn es doch geschehen würde, auch wenn wir jetzt keinen Krieg haben?« — »In diesem Fall wären wir nicht mehr da.« — »Wenn es so ist, dann finde ich besser, daß es nach dem Essen geschieht.« Ich habe geantwortet: »Du hast ganz recht.« Und damit war das Thema erledigt. Sehen Sie, er war in einem Augenblick ängstlich: »Wird es vor dem Essen geschehen?« Er hatte eben großen Hunger, und wir wollten bald essen. Ein Kind befindet sich immer im Gegenwärtigen. Was es sagt, sagt es für den Augenblick. Wenn jemand aus der Familie stirbt, soll man es ihm unbedingt sagen. Es nimmt nämlich den veränderten Ausdruck der gewohnten Gesichter wahr. Da es diese Person liebte und nun wegen ihrer Abwesenheit beunruhigt ist, wäre es schlimm, wenn es nicht einmal die Frage nach ihrer Abwesenheit stellen dürfte. Gleichzeitig würde die Tatsache, daß man es ihm nicht sagt, bedeuten, daß man es wie eine Katze oder einen Hund behandelt, denn man würde es aus der Gemeinschaft der sprechenden Lebewesen ausschließen.

Oft belügt man die Kinder in bezug auf dieses Thema. Man redet dann von fernen Reisen oder von einer ewig andauernden Krankheit, von der zum Schluß niemand etwas mehr berichtet. Die Situation wird außergewöhnlich und bedrückend.

Ich habe Kinder gekannt bzw. wurden sie mir in meiner Sprechstunde vorgestellt, deren Leistungen in der Schule ab einem bestimmten Datum nachließen … Man versuchte, die Ursachen herauszufinden. Dann kam heraus, daß das Nachlassen der Schulleistungen mit dem Tod des Großvaters oder der Großmutter einsetzte, von dem man diesen Kindern nichts erzählt hatte. Wenn das Kind z. B. die Großmutter unbedingt sehen wollte, wurde ihm gesagt: »Weißt du, sie befindet sich im Krankenhaus und ist sehr krank.« Und das war alles. Man ging dem Thema aus dem Wege und wechselte das Gespräch. Dabei hätte man diesem kleinen Kind einfach erklären sollen, daß seine Großmutter tot ist und mit ihm auf den Friedhof gehen sollen, damit es sieht, wo die Körper der gestorbenen Menschen hinkommen. Man muß ihm von dem Herz erzählen, das nicht tot ist und weiterhin lieben kann, solange es noch Leute gibt, die sich an diejenigen erinnern können, die sie geliebt haben. Es ist die einzige Art und Weise, einem Kind eine Antwort zu diesem Thema zu geben.

Ich fände es auch sehr gut, daß die Familie am Totensonntag einen kleinen Rundgang über die Friedhöfe macht — sie sehen zu dieser Zeit besonders schön aus — und man dann auf alle Fragen der Kinder antwortet, die die Namen und die Daten auf den Grabsteinen zu entziffern versuchen … Das alles wird ihnen sehr weit weg vorkommen, sie werden sehr nachdenklich sein. Anschließend werden sie sehr fröhlich sein; man kann für sie einen schönen Kaffeetisch decken und dann sagen: »Aber wir, wir sind doch noch alle sehr lebendig.«

Sie haben vorhin gesagt, daß man den Tod eines Tieres mit dem eines Menschen nicht vergleichen kann.

Ich meinte damit den Tod eines Tieres, das man schlachtet.

Ich persönlich kann mich, was die Zeit zwischen zwei und drei Lebensjahren bei mir angeht, eigentlich an nichts mehr erinnern; mir ist nur noch ein regelrechtes Drama meiner Kindheit bewußt. Ich besaß eine kleine Ente, die mir jemand, der sie bei der Lotterie gewonnen hatte, geschenkt hatte. Ich spielte mit dieser Ente täglich in unserem Innenhof. Und dann hatte ich beschlossen, ihr aus einer Kiste ein Haus zu bauen. Die Kiste lehnte ich schräg an die Wand. Eines Tages war die Ente wohl zu nah an der Kiste vorbeigekommen, auf jeden Fall ist sie heruntergefallen und die Ente ist gestorben. Dieses Ereignis hat mich tief getroffen. Wie gesagt, es handelt sich um jene Kindheitserinnerung, die am weitesten in meine Vergangenheit zurückreicht. Ich denke also, daß der Tod eines Tieres für ein Kind eine große Bedeutung haben kann.

Natürlich, denn er berührt das Problem des Todes aller derjenigen, die wir lieben. Wenn dieses lebendige Wesen stirbt, so ist es ein ganzes Stück unseres Lebens, unserer Sensibilität, das wir nicht mehr wiederfinden werden. Sie haben unter dem Tod dieser kleinen Ente ja auch deswegen gelitten, weil Sie sich aufgrund Ihrer Unachtsamkeit schuldig gefühlt haben; der Tod läßt Schuldgefühle bei uns entstehen.

Eigentlich ist es erstaunlich, denn es ist doch nichts Schlechtes daran, daß jemand stirbt, da wir alle sterben müssen. Aber wenn wir in irgendeiner Weise daran beteiligt sind, dann werfen wir uns selbst vor, irgendwie verletzt zu haben, was so sanft und so gut, so angenehm und lebendig war in der Verbindung mit dem anderen, die nun abgebrochen ist. Ich finde es sehr wichtig, daß man sich niemals über ein Kind lustig machen soll, das seine Katze, seinen Hund oder seine kleine Ente beweint. Genausowenig soll man sich über ein Kind lustig machen, das die Teile seiner Puppe oder seines zerfledderten Bärchens aufbewahrt ... Das Kind sieht hier keinen Unterschied, denn alles, was es liebt, ist für es lebendig. Natürlich handelt es sich dabei um eine andere Form von Leben. Also sollte man auch keine Teile eines Gegenstandes, den ein Kind geliebt hat, wegwerfen. Wenn eine kleine Ente, ein Kätzchen oder ein kleiner Hund stirbt, mögen die Kinder gern, es zu begraben, d. h. diesem Lebewesen in gewissem Sinne die Trauer zu erweisen. Alle Menschen brauchen diese Zeremonie der Trauer, um mit dem Tod fertig zu werden. Und warum auch nicht? Man soll diese Art des Kindes, das Geheimnis des Todes zu überwinden, respektieren, denn es ist für uns ein Geheimnis — der Tod übrigens nicht mehr als das Leben.

17. Kapitel

Erst mit dem Baby
wird die Frau zur Mutter
(Ernährungsfragen)

Ein anderer Brief spricht das Problem des Stillens an. Diese Frau ist zur Zeit schwanger und bittet Sie darum, von den Vor- und Nachteilen des Stillens zu sprechen. Man muß vielleicht dazu sagen, daß auf manchen Entbindungsstationen ein wahrer Stillterror existiert, d. h. man muß stillen. Viele Frauen haben aber Probleme damit, weil sie schon bald merken, daß die Milch zum Stillen nicht reicht oder ganz ausbleibt.

Natürlich kann es sich auch genau umgekehrt verhalten. In manchen Krankenhäusern wird nämlich den Frauen, die stillen möchten, Angst eingejagt: »Sie werden nie frei sein, wenn Sie stillen«, heißt es dann. Ich glaube, daß die Reaktion jeder Frau davon abhängt, wie sie früher selbst von ihrer Mutter behandelt wurde: ob ihre eigene Mutter sie an der Brust ernährt hat oder es bedauerte, sie nicht gestillt zu haben ... Ich kannte Mütter, die unbedingt stillen wollten, obwohl sie kaum Milch hatten und das Kind offensichtlich nicht die genügende Menge bekam. Die Mütter sollten bei diesem Thema auf vorgefaßte Meinungen verzichten und die Geburt des Kindes abwarten. Es ist letztlich das Baby, das die Frau zur Mutter werden läßt. Vor der Geburt kann sie sich so ziemlich alle Vorsätze machen: »Ich werde das tun, ich werde jenes tun ...« Ist das Baby dann auf der Welt, wirft sie diese Theorien dann alle über einen Haufen. Man sollte sich also vor der Geburt des Kindes nicht allzu viele Fragen stellen. Leben wir Tag für Tag die Freuden und die Sorgen unseres Lebens aus, ohne große Programme zu machen.

116

*Nun sagten Sie vorhin, daß die Stillschwierigkeiten von Proble-
men abhängig sein könnten, die eine Mutter in ihrer eigenen
Kindheit mit ihrer Mutter gehabt hat ... Mir wurde gesagt, daß
Sie zu diesem Thema eine Begebenheit erzählen könnten, die
Sie früher selbst erlebt haben.*

Sie zu erzählen, würde eigentlich ein wenig zu viel Zeit in Anspruch nehmen! ... Sie meinen wohl jene Anekdote von der
Mutter, die während des Krieges entbunden hatte? Die Geschichte klingt wirklich unglaublich. Selbst ich, die ich mich damals in der psychoanalytischen Ausbildung befand, habe sie
kaum für möglich gehalten. Die Sache ereignete sich in dem
Krankenhaus, an dem ich während meiner Ausbildung arbeitete. In dem Wachsaal sagte uns die diensthabende Ärztin:
»Eine Frau hat gerade entbunden. Es geht ihr prächtig, und
sie hat so viel Milch, daß drei Babys davon satt werden können ...« Während des Krieges fehlte es ja an Milch. Am nächsten Tag hieß es dann: »Wissen Sie nicht, was passiert ist?
Diese Frau hat ihr Baby einmal gestillt, und danach bekam sie
keine Milch mehr ...« Damit hatte wirklich keiner von uns gerechnet. Ich habe dann gesagt, daß man mit dieser Frau sprechen müßte. »Es kann sein, daß ihre Mutter sie nicht an der
Brust gestillt hat und daß sie irgendwelche Schuldgefühle bekam, als sie nun ihr eigenes Baby an der Brust spürte.« Natürlich gab es daraufhin im Saal ein allgemeines Gelächter ... So
sind also die Vorstellungen der Psychoanalytiker! Ein paar
Tage waren vergangen — ich arbeitete dort sowieso nur zwei
Tage in der Woche —, als ich eines Tages mit lautem Hallo
empfangen wurde. (Die Leute hatten sich sogar zu meiner
Ehre im Spalier aufgestellt.) Man sagte zu mir: »Wissen Sie,
was geschehen ist?« — »Nein, ich weiß es nicht.« — »Ich habe
die ganze Geschichte und Ihre Vorstellungen der Oberschwester erzählt«, sagte die Ärztin der Entbindungsstation. Die
Oberschwester hat daraufhin mit dieser Mutter gesprochen,
die darauf anfing zu weinen und ihr erzählte, daß sie als kleines Kind im Stich gelassen worden war und ihre Mutter niemals kennengelernt habe. Die Schwester hat dann einen sehr
guten Einfall gehabt, auf den die anderen nicht gekommen

waren ...; sie hat diese junge Mutter bemuttert, ist mit ihr sanft und lieb gewesen und hat ihr gesagt: »Sie haben das Zeug dazu, eine gute Mutter zu sein, und Sie werden Ihr Baby behalten.« Und dann hat sie noch hinzugefügt: »Ich werde Ihnen das Fläschchen geben, das Ihnen Ihre Mutter nicht gegeben hat.« Und nachdem sie den Säugling in die Arme der Mutter gelegt hatte, hat sie der Mutter tatsächlich ein Fläschchen gegeben und sie dabei liebevoll gestreichelt. Die Milch ist kurz danach wieder eingeschossen. Diese Geschichte entspricht tatsächlich der Wahrheit.

Jetzt eine präzise Frage zur Ernährung des Kindes. Die Mutter ist vietnamesischer Abstammung: »Mein Sohn ist sehr schwierig. Mit seinen sieben Jahren ißt er nur Reis, Teigwaren, Rindfleisch, Kartoffeln und kein anderes Gemüse. Er lehnt sämtliches grüne Gemüse ab. Was das Obst betrifft, akzeptiert er nur Orangen, Bananen oder Äpfel. Ich versuche zwar die Mahlzeiten so vielseitig wie möglich zu gestalten, aber das Kind ißt nur das, was es selbst gewählt hat. Wird sein Wachstumsprozeß dadurch nicht beeinträchtigt?« Die Mutter fügt noch hinzu, daß sie praktisch nie vietnamesisch kocht und daß das Kind dieses Essen sowieso ablehnt; als er in der Schule aß, mochte er dort fast alles, was ihm angeboten wurde; trotzdem wollte er lieber wieder bei seinen Eltern essen.

Dieses Kind bekommt eine Nahrung, die völlig ausreicht. Es ißt zwar kein grünes Gemüse, aber dafür Äpfel, Orangen, Bananen ... Ich glaube nicht, daß daran irgend etwas Beunruhigendes sein könnte. Das Beunruhigendste ist eigentlich, daß sich seine Mutter so viele Sorgen macht.

Sie soll sich also keine Sorgen machen?

Nein. Ich denke, daß sich ihr Sohn im Grunde nur in der beschriebenen Art und Weise verhält, um seine Mutter zum Tanzen zu bringen. Sie sollte aufhören, sich über ihn zu ärgern. Sie sollte für sich und ihren Mann kleine Gerichte kochen, die die beiden gern essen. Und dem Sohn soll sie das machen, worauf er Appetit hat, wenn es sein muß, immer das gleiche. Und wenn er sehen wird, daß sich seine Eltern über ihr kleines Gericht freuen, wird er eines Tages auch davon essen, vor allem, wenn seine Mutter sich nicht länger darüber beunruhigt und ihn wirklich das wählen läßt, was er mag.

18. KAPITEL

Noch einen Augenblick zu Hause
(Hier Kindergarten, dort Werbung)

Man sollte nicht alle diejenigen zahlreichen Frauen und Männer vergessen, die uns einfach schreiben, um uns zu ermutigen und sagen: »Bei uns zu Hause ist alles in Ordnung.«

Das stimmt. Hier haben wir zum Beispiel den Brief einer Frau, die zwei Söhne hat — einer ist sechs, der andere sieben Jahre alt — und uns dafür dankt, schwierige Situationen, die häufig vorkommen, zu entdramatisieren, wobei sie uns gleichzeitig schreibt, wie sehr sie am Familienleben Freude hat, trotz der vielen, vielen Probleme, die die Kinder mit sich bringen; letztlich könne man diese Probleme doch lösen, weil man eine große und vereinte Familie ist. Sie schreibt uns auch, daß die Psychologen das Familienleben im Grunde zu kompliziert betrachten.

Wir versuchen ja unsererseits, Klarheit in die Dinge zu bringen, anstatt sie komplizierter zu machen.
Hier ein Plädoyer dafür, zu Hause einen Kindergarten einzurichten. Die Mutter ist Kindergärtnerin und zur Zeit beurlaubt; sie hat zwei Zwillinge zu Hause, die 19 Monate alt sind: »Sobald die Kinder zwischen 15 und 18 Monate alt sind, sagen einem die Leute: ›Sie sollten bald in den Kindergarten kommen und nicht zu lange zu Hause bleiben.‹ Aber ich persönlich hätte eben Lust, sie noch eine Weile zu Hause zu behalten. Und wenn ich mit ihnen dort das machen würde, was man im Kindergarten macht, wäre es so schlimm? Man lebt ungefähr 70 Jahre. Warum sollte man dann nicht versuchen, seine Kinder fünf oder sechs Jahre zu Hause zu behalten? ...« Dann stellt sie noch die folgende Frage: »Wie kann man zu Hause einen Kindergartentag organisieren?«

120

Diese Frau hat vollkommen recht, wenn sie meint, daß die Eltern ihre Kinder bis zum Beginn der Schule zu Hause behalten können. Wenn die Kinder bei der Einschulung dann wirklich ›sozialisiert‹ sind, ist es völlig in Ordnung. Mit ›sozialisiert‹ meine ich, daß sie kleine Freunde kennen, daß sie in der Lage sind, allein und mit anderen zu spielen, von ihren Eltern getrennt zu sein und vor allem mit ihren Händen, ihrem Körper und mit ihrer Sprache geschickt umgehen können, daß sie also in der Lage sind, sich gleichzeitig zu vergnügen, aber dabei auch eine gewisse Stabilität besitzen; denn genau diese Fähigkeiten werden in der Schule verlangt. Nun kommt hier aber noch etwas anderes hinzu, und zwar, daß es sich um Zwillinge handelt. Sie haben gesagt zwei — man sagt ja immer zwei Zwillinge. Es sind Zwillinge, und sie sind noch sehr jung. Ganz bestimmt brauchen sie sehr früh ein soziales Leben. Ich glaube, daß es schädlich ist, wenn die Eltern ihren Kindern kein soziales Leben von zwei oder drei Stunden am Tag geben können; damit meine ich, daß sie mit den Kindern auf Spielplätze gehen oder unter sich eine Kindergruppe einrichten. Und gerade dieser Mangel an Beteiligung am sozialen Leben wird im Kindergarten aufgehoben. Wenn irgendwo mehrere Kinder sind, soll man sie in einer Art von Kindergarten oder Vorschulklasse mit drei oder vier Kleinen zu einer Gruppe zusammenfassen.

Von der gleichen Mutter eine andere Frage: »Wenn es also für meine Kinder gut ist, zu Hause eine Art Kindergarten zu haben, wie soll ich den Tag organisieren? Sollen feste Stundenpläne wie in der Schule festgelegt werden, d. h. soll man die Kinder an einen festen Zeitplan gewöhnen und eine Art Vorschule aufziehen, oder soll man sie eher nach Lust und Laune beschäftigen?«

Es ist ganz gut, die Kinder ab drei oder vier Jahren — das hängt auch von den Kindern ab — daran zu gewöhnen, sich auf eine Aufgabe zu konzentrieren. Man sollte also im Laufe des Vormittags zwanzig Minuten dieses und zwanzig Minuten jenes mit ihnen machen. Zum Beispiel kann man die Kinder

Gegenstände aussuchen lassen, die sie selbst zusammensetzen können. »Du kannst versuchen, sie anzumalen oder du kannst Stickarbeiten machen oder etwas kleben ...« Ich glaube, daß es gut ist, wenn das Kind solche Arbeiten nicht nur spielerisch bewältigt; es soll etwas tun, was es interessiert, aber gelenkt durch einen gewissen Zeitplan oder durch eine gewisse Raumordnung. Nicht irgendwo irgend etwas machen, also nicht an einem Tag in der Küche, am anderen im Zimmer. Möglichst immer am gleichen Ort, an dem man seine Sachen hat und sich auch daran gewöhnt, sie extra in eine Schachtel, sozusagen für ›die Schule‹, einzuräumen.

Am Ende dieses Briefes steht: »Trotz dieses Plädoyers, den Kindergarten nach Hause zu verlegen, würde ich keinen Augenblick zögern, darauf zu verzichten, wenn ich durch mein Vorhaben in irgendeinem Punkt die Entfaltung meiner Kinder aufhalten würde.« Kann man diese Dame also beruhigen?

Ganz bestimmt.

Sie soll also auf ihr Vorhaben nicht verzichten?

Ich finde, sie sollte dieses Projekt trotz der kleinen finanziellen Schwierigkeiten, die es mit sich bringen wird, durchführen.

Ein anderer Brief, der sehr kurz ist. »Wir haben einen drei Monate alten Sohn. Dieses Kind ist sehr lebhaft und fröhlich. Mein Mann und ich haben beschlossen, daß ich mit der Arbeit so lange aufhöre, bis er ungefähr zwei Jahre alt sein wird; denn dann werde ich mich besser um ihn kümmern können und kann ihn auch stillen. Diese Entscheidung wird für uns allerdings einige finanzielle Probleme mit sich bringen. Wir haben uns gedacht, daß wir sie zumindestens teilweise dadurch lösen könnten, daß wir das Baby als Modell für Werbefotos fotografieren lassen.« Sie fragt Sie nach Ihrer Meinung zu diesem Vorhaben und vor allem, ob es für ein Baby schädliche Folgen haben könnte, so früh ›benutzt‹ zu werden, um Geld zu verdie-

nen. Wenn nicht, so fährt die Dame fort, bis zu welchem Alter kann man ein Kind diese Art von Arbeit machen lassen, ohne zu riskieren, daß man es eines Tages zu Hause mit einem eingebildeten Fatzke zu tun hat?

Zum einen: Wenn dieses Kind von klein an ›Ernährer‹ sein soll, d. h. sich und seine Familie ernährt, könnte man dem, von einigen Nachteilen abgesehen, dadurch abhelfen, daß man jedesmal, wenn das Kind etwas verdient hat, einen guten Teil davon — z. B. 10 Prozent oder 15 Prozent, vielleicht sogar *fifty-fifty* — auf ein Sparbuch einzahlt, das dem Kind gehört. Später, wenn man ihm davon erzählt, wird es sehr stolz sein, seiner Familie geholfen und seiner Mutter ermöglicht zu haben, mit ihm zu Hause zu bleiben. Andernfalls wird es vielleicht denken, daß es ein bißchen ›ausgebeutet‹ wurde. Bis zu welchem Alter man es machen sollte? Ich finde, daß die Grenze mit drei Jahren erreicht ist, denn es handelt sich um eine Art Mannequintätigkeit, d. h. um eine Art passiven Exhibitionismus; man sollte also schon aufpassen. Ein Foto ab und zu, einverstanden; aber als regelmäßige Geldquelle sollte man diese Tätigkeit bei Kindern, die älter als zwei oder zweieinhalb Jahre sind, auf keinen Fall fortsetzen.

19. Kapitel

›Sprechen müssen‹ gibt es nicht
(Worte und Küsse)

Hier haben wir eine Mutter, deren achtzehn Monate alte Tochter bisher ein unproblematisches Baby gewesen ist, das gut schlief, gut aß und viel lächelte, in einem Wort ... ein absolut glückliches Kind; seit den Ferien hat sie sich jedoch völlig verändert. Im Juli ist die Mutter drei Wochen lang mit dem Kind durch ganz Frankreich gereist, alle ein oder zwei Tage haben sie eine Pause eingelegt. Fast viertausend Kilometer sind sie in dieser kurzen Zeit herumgekommen. Seit der Rückkehr aus diesen Ferien mag dieses kleine Mädchen nur noch auf dem Arm seines Vaters und seiner Mutter sein und nicht mehr auf dem Arm einer anderen Person. Wegen kleinster Anlässe beginnt es zu weinen. Wenn seine Mutter es beim Staubsaugen darum bittet, einen Stuhl oder einen kleinen Schreibtisch beiseite zu schieben, lehnt das Kind die Bitte ab und fängt sofort an zu brüllen. Die Mutter fragt sich, woher diese Veränderung im Verhalten des Mädchens kommt. Am Ende des Briefes schreibt sie dann noch, daß es bald (im Februar) einen kleinen Bruder geben wird ...

Dieser letzte Satz ist sehr wichtig, denn er bedeutet, daß dieses Baby, welches im Februar auf die Welt kommen soll, bereits im Juli unterwegs war. Nun hat es bei dem Mädchen ausgesprochen zu dieser Zeit eine Wende in seinem Verhalten gegeben. Das kleine Mädchen war damals sechzehn Monate alt und mußte gleichzeitig mit zwei wichtigen Dingen fertig werden: einmal wechselte es seine Umgebung und lernte viele neue Leute kennen, und vor allem fühlte es — denn Babys können es fühlen —, daß seine Mutter schwanger war. Ich habe eine Frau mit vielen Kindern gekannt, und sie sagte mir: »Ich merkte immer aufgrund der Reaktion der letzten Kinder, daß ich schwanger war, denn ich stillte noch, und es gab keine anderen Zeichen für eine Schwangerschaft bei mir. Das letzte Kind regredierte, es wollte immer auf meinem Arm sein und fing sofort an zu plärren, wenn ich es nach irgend etwas fragte ... Ich bin bestimmt wieder schwanger, dachte ich mir, und es stimmte auch.« Also, dieses kleine Mädchen hat wohl gefühlt, daß seine Mutter schwanger war. Andererseits nimmt ein Kind im Alter von 18 Monaten seine Mutter sehr stark in Anspruch. Die Mutter müßte also viel Zeit investieren, dem Kind Gegenstände in die Hand geben, dabei mit ihm sprechen und überhaupt viele Spiele mit ihm machen. Sie sollte auch ihrer kleinen Tochter erklären, daß sie leiden würde, weil ihre Mutter ein Baby kriegt, daß dieses Baby aber nicht dazu da ist, ihr eine Freude zu machen, sondern weil ihr Vater und ihre Mutter beschlossen haben, ein anderes Kind zu bekommen; sie könnte ihr auch erklären, daß sie jetzt vielleicht traurig sei, sich später aber auch über das andere Kind freuen würde.

In einem anderen Brief geht es um einen kleinen Jungen von siebzehn Monaten. Er ist ein Einzelkind, das Schwierigkeiten damit hat, sauber zu sein, vor allem, was das Pinkeln betrifft: »Wir junge Mütter werden durch die zahlreichen Broschüren, Ratschläge und vorgefaßten Meinungen über die Erziehung eines Säuglings oft in die Irre geführt. Mein Kind ist siebzehn Monate alt und spricht noch nicht. Ab welchem Monat muß ein Kind sprechen?«

›Sprechen müssen‹ gibt es nicht. Man kann aber bereits vorher fühlen, ob ein Kind zu einem Zeitpunkt, an dem es die Sprache zur Kommunikation braucht, sprechen wird: es ist lebendig, schaut einen an, wechselt seinen Gesichtsausdruck und sucht seinerseits Kontakte, wenn man es anspricht, d. h., daß es sich bereits verständlich machen will. Hinzu kommt, daß ein Kind nicht so leicht spricht, wenn es der einzige Gesprächspartner seiner Mutter oder seines Vaters ist. Ein Kind erlernt dadurch die gesprochene Sprache, daß es seine Mutter von ihm oder für es sprechen sieht, daß es sieht, wie sich seine Eltern unterhalten und daß es auch in das Gespräch mit einbezogen wird. Das Kind sollte aber auch mit anderen Leuten sprechen. Sprechen heißt für ein Kind im übrigen auch, Spielzeuge und ähnliche Dinge heranzuschleppen. Man soll ihm dann nicht sagen: »Du störst uns«, sondern: »Du kannst ruhig zuhören, was wir sagen.«

Ich glaube, daß diese Dame mit dem Ausdruck Sprache aber die gesprochene Sprache meinte.

Sicher, aber die gesprochene Sprache entwickelt sich auf gesunde Art und Weise nur, wenn das Kind etwas zu sagen hat. Nun sagt das Kind bereits viele Dinge und macht bereits viele Wünsche verständlich, ehe es sprechen kann. Diese Mutter soll sich wegen der Worte keine Gedanken machen. Ein Junge spricht häufig etwas später als ein Mädchen. Die Mädchen haben eine lockere Zunge, weil sie kein Schwänzchen haben. So müssen sie eben auf andere Weise auffallen.

Darauf wäre ich nicht gekommen.

Es ist aber so. Die Jungen sprechen später. Manchmal sprechen die ersten Kinder früher, weil sie große Lust haben, sich in die Gespräche zwischen Vater und Mutter einzumischen. Aber das zweite Kind hat es nicht so eilig, da das erste immer an seiner Stelle spricht, wenn es gerade etwas sagen will. Für einen Jungen ist es im Alter von 17 Monaten noch sehr früh, um mit dem Sprechen zu beginnen. Ich finde, daß die Mutter eher versuchen sollte, mit ihrem Sohn anders zu kommunizieren, z. B. mit Berührungen der Hand, gemeinsamen Beobachtungen von Gegenständen, mit denen man dann auch zusammen spielt, mit Sprachspielen oder mit seinen Stofftieren. Ich glaube, sie denkt zu viel daran, daß er sauber werden soll. Siebzehn Monate ist nämlich noch viel zu früh, um auf den Topf zu gehen. Aber es ist im Gegenteil nicht zu früh für die Geschicklichkeit der Hände, das Aufstellen von Bauklötzen, das Ballspielen und für Spiele mit dem Mund: Seifenblasen machen, singen, einen Haufen Geräusche erzeugen, wie *bimbimbim* oder *bumbumbum* usw. Die Mutter soll diese Geräusche im Spiel machen und Lieder singen; es ist die beste Methode, einem Kind das Sprechen beizubringen.

Die Mutter fügt hinzu, daß dieses Baby sehr zärtlich ist und viel Aufmerksamkeit von ihr und ihrem Mann erhält. Von daher, daß es diese Zärtlichkeit in der Familie gewohnt sei, bestünde die Tendenz, mit anderen Kindern, sich selbst oder mit Tieren sehr zärtlich umzugehen. Dann fährt sie fort: »Eine meiner Freundinnen, die ein Baby im Alter von vierzehneinhalb Monaten hat, wirft meinem Sohn vor, lästig zu sein und wie eine Klette an ihrem Kind zu hängen, weil es von ihm geküßt und gestreichelt wird. Kann man etwas dagegen machen?«

Vielleicht hat die Freundin recht, ich weiß es nicht. Es würde zu der Tatsache passen, daß der Junge noch nicht spricht. Wenn Kinder noch nicht sprechen, haben sie die Tendenz, mit den Armen und mit dem Mund körperliche Kontakte zu suchen, d. h. auch zu küssen. Wahrscheinlich ist dieses Kind schon ein wenig zu viel geküßt und liebkost worden. Bei dieser Gelegenheit möchte ich den Müttern sagen, daß es für sie zwar ganz angenehm ist, die Haut des Babys zu küssen — sie ist so zart —, daß aber die kleinen Kinder mit zwei oder zweieinhalb Jahren das Küssen damit verwechseln, aufgefressen zu werden. Und anstatt ihre Liebe dadurch zu zeigen, daß sie mit dem Kind sprechen, mit ihm zusammen spielen und mit Gegenständen gemeinsam umgehen, zeigen sie ihre Zuneigung durch körperliche Kontakte. Ich glaube, daß sich dieser Kleine zur Zeit in einer solchen Phase befindet. Wenn das andere Kind da ist, müßte man ihm vielleicht sagen: »Du weißt, daß es klein ist. Es wird glauben, daß du es essen willst. Vielleicht denkst du auch, deine Großmutter, deine Tante oder ich wollen dich essen, wenn wir dich küssen … Wehre dich dagegen. Siehst du, der Kleine will sich auch wehren, und seine Mutter verteidigt ihn, weil er es nicht mag.« Er sollte es also nicht weitermachen, denn es ist weder für ihn noch für den Kleinen gut, immer mit diesen ›Küssereien‹ zu tun zu haben, als wären sie Bonbonlutscher. Mit siebzehn Monaten befindet man sich in einem Alter, in dem die Motorik eine große Rolle spielt; die Kinder turnen und toben gern herum, spielen Ball und wollen alles anfassen — das ist doch in diesem Alter viel interessanter als sich mit den Personen abzugeben.

Kurz und gut, ich glaube, daß dieser Kleine mit einem noch Kleineren wahrscheinlich genau dasselbe tut, was man mit ihm gemacht hat und noch immer tut. Man hat an ihm herumgemacht, ihn geküßt und liebkost, anstatt ihn in das Leben der Erwachsenen durch Mitsprechen und Mithandeln einzubeziehen. Wenn man Kinder als Bärchen oder Hündchen erzieht, verhalten sie sich auch entsprechend. Wenn sie dann groß werden, gehen sie zum Angriff über.

20. KAPITEL

Er wird ein Künstler

Wenn man ein Kind hat, wünscht man sich vielleicht, daß es dieses Kind — wie man so sagt — später ›einmal möglichst weit bringt‹ und, warum auch nicht, ein Künstler wird. Eine Mutter von drei Töchtern (neun, sieben und sechs Jahre alt) schreibt uns, daß die Älteste und die Jüngste eine außergewöhnliche Begabung für das Zeichnen zeigen würden. Die Älteste, sagt sie, zeichnete schon von ganz klein auf (bereits mit 18 Monaten) sehr gerne. Das ist übrigens neben ihrer Puppe fast zur einzigen Beschäftigung geworden. Ihren Bildern liegt immer der gleiche Einfall zugrunde: sie malt Prinzessinnen, Feen mit ganz langen Kleidern voller Stickereien und mit sehr geometrisch und akkurat gezeichneten Motiven — ein bißchen erstaunlich für ein Kind in diesem Alter. In der Schule dagegen ist sie mittelmäßig, sie hat dort sogar einige Schwierigkeiten. Die Kleinste, die sechs Jahre alt ist und sehr ausgeglichen, versteht sich sehr gut mit den anderen beiden Kindern. Ihre Bilder zeichnen sich durch kräftige Farben aus, die oft, so die Mutter, mit der Wirklichkeit nichts zu tun haben: das Mädchen scheint die Gegenstände in den Farben zu sehen, die sie ihnen gibt. »Zum Beispiel eine riesige Sonne mit schönen roten und orangen Strahlen, in kräftigen Farben gemalt.« Die Mutter hat nun folgende Frage: »Kann man diesen Bildern irgend etwas entnehmen?« In anderen Worten lautet die Frage, ob man den Bildern der Kinder immer eine Erklärung abgewinnen muß.

Auf keinen Fall. Aber ich meine, daß es das Kind interessieren könnte, seine Bilder in Worten auszudrücken. Wenn ein Kind seine Bilder jedoch von sich aus nicht vorzeigt, sollte man es in Ruhe lassen. Zeigt es sie aber der Mutter, dann sollte man auch nicht selig schwärmen: »Oh, ist das aber schön« und ansonsten nichts mehr sagen. Die Mutter sollte das Kind über das Gemalte zum Sprechen bringen, über die

Geschichte, die in dem Bild steckt: »Und dann? ... Und da? ... Zum Beispiel hier? ... Und da ... Was ist das? ... Ach so! Ich hätte es nicht gesehen, daß es das sein soll.« Man sollte also mit dem Kind über die Bilder sprechen. Das ist für das Kind interessant, und nicht, daß es bewundert wird. Das Kind, dessen Bilder man immer wieder nur bewundert, kann dadurch dazu gebracht werden, sich zu wiederholen, so wie es bei der Ältesten der Fall zu sein scheint. Vielleicht wollte die älteste Tochter ihre Mutter bei der Geburt der zwei anderen Kinder mit ihren Bildern ganz besonders interessieren. Das ist vielleicht auch der Grund dafür, daß sie in der Schule weniger gut zurechtkommt. Sie hat es schwer, denn sie muß durch ihre Handlungen immer dafür sorgen, das Interesse ihrer Mutter auf sich zu lenken. Ich glaube, daß es jetzt ganz gut wäre, wenn sich ihre Mutter ein Spiel ausdenkt, bei dem man Bilder ausschneidet, natürlich nur, wenn das Kind mitmachen will; ihre Feen, ihre Prinzessinnen und all das könnte in eine bestimmte Umgebung gestellt werden: in Schlösser, auf Straßen usw. Und dann sollten sich zwischen diesen Figuren Geschichten abspielen. Das wird das Kind lebendiger werden lassen und ihm helfen, in der Schule besser eigene Aktivitäten zu entfalten.

Was die Kleinste betrifft, die einen ausgeprägten Sinn für kräftige Farben hat ... Man sieht immer mehr Kinder, die einen Sinn dafür haben. Ich frage mich, ob es nicht auf das Farbfernsehen oder die bunten Zeitschriften zurückzuführen ist; als wir Kinder waren, gab es das alles nicht.

Alle Kinder machen eine ›künstlerische‹ Phase durch, in der sie viel malen; ähnlich machen alle eine ›musische‹ Phase durch. In jedem Fall sollten die Erwachsenen nicht versuchen, die Bilder zu deuten, sondern das Kind dazu bewegen, über das Gemalte selbst zu sprechen.

Ich könnte mir vorstellen, daß diese Frage gestellt wurde, weil man weiß, daß Sie Psychoanalytikerin sind. Die Psychoanalytiker sind ja dafür bekannt, daß sie manchmal ziemlich erstaunliche Deutungen aus Bildern herauslesen können ...

Ich finde nicht, daß es sich dabei um Deutungen von seiten des Psychoanalytikers handelt, sondern eher darum, daß sich das Kind in seinen Bildern *ausdrückt;* und irgendwann wird das Kind selbst sein Bild in Worte fassen.

Es lohnt sich also auf keinen Fall, die Bilder sozusagen ›auseinanderzunehmen‹.

Nein, das sollte man nicht tun. Das ist übrigens auch der Grund, warum ich nie über die Bilder der Kinder und deren Interpretation geschrieben habe. Ein Kind, das sich verbal nicht auszudrücken vermag, kann sich durch Bilder ausdrükken. Und dann kommt es auch vor, daß Kinder einfach deswegen aufhören zu malen, weil ihre Eltern ständig dahinter her sind und wissen wollen, was auf dem Bild zu sehen ist. Wenn sich Kinder einem Psychoanalytiker über ein Bild mitteilen können, nur deshalb, weil dieses Bild ihr *Geheimnis* ist, das sie im Grunde für sich behalten wollen. Es gibt aber auch noch andere künstlerische Tätigkeiten als nur das Malen: man kann Marionetten basteln, man kann mit der Sprache und mit Stimmlauten spielen oder etwas Modellieren. Ein Kind, das nur noch Bilder malt, sieht die Welt leicht in zwei Dimensionen; in dem Fall, den wir vorhin besprachen, tut es die älteste Tochter bereits. Beim Modellieren hingegen, selbst wenn es nicht gut gemacht wird, eröffnet sich dem Kind eine lebendige Welt, denn es schafft Figuren, die unter sich spielen können. Das ist genau das, was man in der Schule nicht mehr spielen kann. Ab dem Zeitpunkt, ab dem man Schriftzeichen deutet, schreibt oder Bilder für die Schule malt, wird alles zu einer ›schulischen‹ Beschäftigung, während das, was man zu Hause macht, eine *Selbstdarstellung* ist und — sofern die Mutter zur Verfügung stehen kann — eine Kommunikation zwischen Mutter und Tochter beginnen lassen könnte; genau das ist mit einer Lehrerin, die viele Kinder zu beaufsichtigen hat, nicht möglich. Die Mutter könnte ihren kleinen Töchtern (auch der zweiten, von der sie im übrigen nicht viel sagt) helfen, beim Musikhören zu modellieren oder zu malen; sie wird feststellen, daß das Kind entsprechend bestimmter Musikarten bestimmte Farbkombinationen wählt. Begabte Kinder mögen dieses Spiel sehr gern; sie mögen auch Träume malen, Geschichten malen oder von der Mutter vorgelesene oder erfundene Geschichten nachmalen. Man sollte auch nicht vergessen, daß Kinder, die in der frühen Kindheit nie gemalt haben, nach der Pubertätszeit Kunstmaler oder Zeichner werden können; umgekehrt ist es ebenso möglich: Kinder, die früher besonders begabt gewesen waren, bringen nach der Pubertätszeit nichts mehr zustande.

Hier haben wir einen Brief von einer Mutter, die vier Kinder hat: eine fünfeinhalbjährige Tochter, ›zweieiige‹ Zwillinge, die fast vier Jahre alt sind, und dann noch ein kleines, einjähriges Mädchen. Ihre Frage bezieht sich auf die eine Zwillingsschwester, die Claire heißt; sie ist sehr verschmust und sensibel und scheint ein sogenanntes Künstlertemperament zu haben. Die Mutter schreibt: »Die Musik übt eine sehr große Anziehungskraft auf sie aus. Sie ist manchmal traurig oder weint sogar, wenn ein Musikstück zu Ende ist, das sie gern hört. Andererseits ist sie oft sehr zerstreut. Wir beide, mein Mann und ich, sind der Meinung, daß man das alles nicht so wichtig nehmen darf und wollen ihr deswegen keine Probleme einreden.« Die Mutter fragt Sie dennoch, welche Aktivitäten man bei dem Kind unterstützen sollte, damit es diese Begabung fortentwikkelt: »Kann man bei einem so jungen Kind eigentlich schon sagen, ob es eines Tages ein Künstler werden wird?«

Wenn dieses Kind ein gutes Gehör hat und gern Musik hört, warum sollte man nicht schon jetzt eine musikalische Ausbildung beginnen; natürlich sollte es ein guter Musiklehrer sein, der sich auf die Besonderheit eines jeden Kindes einstellt und keiner, der es Tonleitern und Übungen spielen läßt, die es langweilen werden. Es gibt auch Schallplatten — nicht irgendwelchen Singsang —, die sehr gut gemacht sind und die dem Kind die Werke der großen Komponisten erklären. Das Kind könnte auch selbst einmal zu einer Musikvorstellung gehen, damit es nicht nur Unterhaltungsmusik oder Musik von der Cassette hört. Zum Beispiel könnte die Mutter ihr Kind, wenn es sich dafür interessiert, mit in eine Kirche nehmen, in der es ein Harmonium oder eine Orgel gibt.

Die Musik ist eine äußerst nützliche Ausdrucksmöglichkeit für viele sensible Kinder. Es gibt aber auch noch das Tanzen; es reicht nämlich nicht aus, der Musik nur zuzuhören und dabei passiv zu bleiben. Die Musik spricht die Gefühle an, aber auch die Muskeln und es ist wichtig, daß dieses kleine Mädchen mit seinem ganzen Körper seine Gefühle zum Ausdruck zu bringen weiß. Der Sinn für Musik entwickelt sich sehr früh. Wenn dieses Kind musikalisch ist, soll man nicht länger warten, ihm eine musikalische Erziehung zu geben. Ich möchte in diesem Zusammenhang auch sagen, daß ich es bedauere, daß es so kleine Spielklaviere gibt, die mal zu hoch und mal zu tief klingen und die nie richtig gestimmt sind. Das Gehör ist aber so wichtig, daß man es nicht deformieren sollte. Es ist besser, überhaupt keine Musikinstrumente als ein verstimmtes Spielzeugklavier zu haben — das bedeutet wirklich einen Hohn für das Ohr, ein Organ, das beim Kind so empfindlich ist. Ein Liederbuch wäre viel besser; oder diese kleinen Instrumente, die man Melodica nennt und die richtig gestimmt sind; ich glaube, daß man mit diesem Instrument die Musikerziehung schon ab zwei Jahren beginnen kann. Man kann sie mit einer höheren oder tieferen Tonlage bekommen, und das Kind kann auswählen, was ihm besser gefällt. Wenn ein Klavier zu Hause ist, muß man darauf achten, daß es richtig gestimmt ist. Die Kinder sollten nicht auf verstimmten Klavieren herumklimpern, und sie sollten auch lernen, die Noten zu kennen. Die Noten sind wie die Menschen: man soll sie durch ihre Namen kennen und erkennen.

Brauchen diese künstlerisch begabten Kinder mehr Hilfe als andere, weil sie sensibler sind?

Sie brauchen wohl eher Respekt. Man sollte jedes Kind respektieren; ein ›künstlerisch‹ begabtes Kind hat wahre Antennen und spürt die Dinge ganz genau. Wenn es auf irgend etwas eine ungewöhnliche Reaktion zeigt, sollte man ihm nicht sagen: »Spinnst du …?«, z. B. wenn es sich zurückzieht oder im Gegenteil besonders überschwenglich auf etwas reagiert. Ich denke, daß es sehr wichtig ist, daß die ›künstlerisch begabten‹ Kinder die Möglichkeit haben, sich auszudrücken und in der ihnen eigenen Art, sich auszudrücken, respektiert werden. Sie sollten auch in dem Instrument, das sie besonders mögen, von jemandem unterrichtet werden, der wirklich etwas von Kunst versteht. Musik hören, nicht zu viel auf einmal, ins Museum gehen oder sich Malereien ansehen kann man, wie gesagt, schon sehr früh mit den Kindern.

21. KAPITEL

Stumme Fragen
(Noch einmal Sexualität)

Eine junge, 23jährige Frau ist seit drei Jahren verheiratet und — im weitesten Sinne — eine ›zukünftige‹ Mutter. Sie hat aber noch kein Kind und ist auch nicht schwanger...

Sie befaßt sich aber früh mit solchen Fragen!

Sie fragt Sie, ob sich die Eltern vor ihren Kindern ohne weiteres nackt zeigen sollen oder ob dies auf das Kind traumatisierend wirken könnte.

Es wirkt sich immer traumatisierend aus. Die Eltern sollten ihr Kind immer wie einen Ehrengast respektieren. Und vor einem Ehrengast würden sie ja auch nicht nackt herumspazieren! Für ein Kind ist der nackte Körper seiner Eltern so schön und so anziehend, daß es sich selbst armselig daneben vorkommt. Diese Kinder entwickeln dann Minderwertigkeitsgefühle oder schlimmer noch, sie nehmen ihren eigenen Körper nicht mehr wahr und fühlen sich so, als hätten sie kein Recht, einen eigenen Körper zu haben. Die Mutter und der Vater sollten bei sich zu Hause immer dezent sein.

Eine andere Frau fragt, ob man einem drei- oder vierjährigen Kind erklären soll, warum sich seine Eltern auf den Mund küssen, mit ihm es aber nicht machen. Eine weitere Frage steht mit dieser in engem Zusammenhang: »Soll man ein Kind zu Hause auf den Mund küssen, es aber in der Öffentlichkeit vermeiden?«

Man sollte es weder da noch dort tun. Es übt noch mehr Anziehungskraft aus, wenn es in der heimischen Vertrautheit ge-

135

schieht. Ich glaube, daß die Kinder sehr früh verstehen, daß ihre Eltern eine gewisse Vertraulichkeit unter sich haben, die sie selbst nicht haben dürfen. Darin besteht ja nun gerade der Unterschied zwischen dem Erwachsensein und dem Kindsein. Man kann ihnen doch sagen: »Wenn du später einen Mann oder eine Frau haben wirst, wirst du es auch tun.« Es versteht sich, daß es vollkommen unnötig ist, ein Kind mit diesem Anblick absichtlich zu konfrontieren. Es gibt Eltern, die das Kind zum Spaß gern eifersüchtig machen. Das ist ganz und gar unnötig. Das Kind ist nicht dazu da, ein Voyeur zu werden.

Nach diesen Worten müßte man also kleinen Jungen oder kleinen Mädchen, die ihre Eltern sich auf den Mund küssen sehen, wenn sie sich Guten Tag oder Auf Wiedersehen sagen, dasselbe verweigern, wenn sie auch einen Kuß auf den Mund bekommen wollen?

Man kann sie doch auf die Wange küssen und sagen: »Nein, dich habe ich gern. Ihn liebe ich und er ist mein Mann, oder, siehst du, sie ist meine Frau. Eine Mutter küßt nicht ihre Kinder auf den Mund.« Und wenn es noch einen Großvater oder eine Großmutter gibt, kann man sagen: »Siehst du, ich küsse weder meinen Vater noch meine Mutter so, wie ich es mit deinem Vater tue. Und er tut es umgekehrt auch nicht.«

Eine Mutter hat unserer Sendung irgendwann einmal zugehört, als Sie von körperlichen Strafen bei Kindern sprachen. Ich erinnere mich daran, daß Sie damals sagten, es sei schädlich, wenn man sein Kind in der Öffentlichkeit schlägt.

Man soll es niemals demütigen …

Sie schreibt uns nun folgendes: »Ich bin 27 Jahre alt und habe einen sechsjährigen Sohn. Ich bin Sekretärin in einem Verwaltungsbüro und nehme meinen Sohn manchmal dorthin mit. Vor einigen Wochen hatte mein Sohn in der Schule ein ›besonders schlaues‹ Spiel entdeckt, das darin bestand, die Röcke der

136

*Mädchen hochzuheben.« Die Mutter hat es nicht so ernst ge-
nommen und ihm nur gesagt, er solle damit aufhören, weil
man es nicht macht. Aber eines Tages hat dieses Spiel unge-
ahnte Ausmaße angenommen, da der Junge, den sie zu ihrer
Arbeit mitgenommen hatte, vor allen Sekretärinnen den Rock
eines jungen Mädchens hochgehoben hat, das daraufhin anscheinend vor Verlegenheit ganz rot wurde. Die Mutter hat sich
darüber geärgert, dem Sohn die Hose heruntergelassen und
ihm den Hintern versohlt… »wie ich es noch nie in meinem
Leben getan habe und wie ich es auch nie wieder tun werde. Er
wurde zwar gedemütigt, aber wenigstens hat er verstanden.«*

Was geschehen ist, ist geschehen!

Aber was ist richtiger, zu demütigen oder zu heilen?

Wie immer, sollte man zuerst versuchen zu verstehen, was eigentlich geschehen ist. Durch seine Geste hat dieses Kind im
Grunde nur die stumme Frage nach dem Geschlecht der
Frauen gestellt. Man hat ihm wohl darauf nicht rechtzeitig eine Antwort gegeben. Deshalb setzte er sein Spiel fort. Wenn
ein Kind solche Gesten macht, dann braucht es offensichtlich
irgendwelche Erklärungen von einem Mann oder einer Frau,
von seinem Vater oder seiner Mutter. »Du hast gesehen, daß
die kleinen Mädchen kein Schwänzchen wie die Jungen haben und willst nun nicht glauben, daß deine Mutter und die
Frauen auch keines haben. Es ist aber so, daß sie keines haben. Und nun bist du darüber erstaunt, daß dein Vater eine
Frau gern mag, die nicht so gebaut ist wie er? So ist eben das
Leben.« Hätte man dem Kind so eine oder eine ähnliche Antwort gegeben, hätte es in der Öffentlichkeit diese Geste nicht
gemacht. Selbstverständlich bedauere ich, daß die Mutter beleidigt und gestört worden ist, außer sich vor Wut geriet und
mit Gewalt reagiert hat … Das Kind ist jetzt zwar auf der Hut,
aber es hat die Frage nach dem Geschlecht der Frauen und
seine Wißbegierde darüber verdrängt, ehe es sich über diesen
Punkt im klaren war. Ich bedauere es.

Sie bedauert es auch.

Wie ich gesagt habe, was geschehen ist, ist nun mal geschehen ... Aber man soll wissen, daß ein Kind, das diese Art von Gesten macht, einfach Erklärungen braucht; die Jungen, vor allem, wenn sie kleine Schwestern haben, trauen ihren Augen nicht, wenn sie zum erstenmal merken — besonders im Kindergarten —, daß die Mädchen kein Schwänzchen so wie sie haben. Sie bleiben lange Zeit der Überzeugung, daß ihre Mutter, wie die erwachsenen Frauen im allgemeinen, einen Penis wie die Männer haben. Und darüber, daß es nicht so ist, sollte man sie informieren und sie aufklären. Ihre Gesten sind nur stumme Fragen.

Ein anderes Problem: »Ist es ratsam, ein vierjähriges Mädchen bei der Entbindung seiner Mutter zuschauen zu lassen?« Die Frau, die uns schreibt, ist schwanger und wird bald entbinden.

Wenn die Mutter bei sich zu Hause — etwa, wenn sie auf einem Bauernhof lebt — entbindet, ist es nicht notwendig, das Kind wegzuschicken; aber es ist auch nicht notwendig, es unbedingt zuschauen zu lassen. Es sollte ein- und ausgehen dürfen. Auf jeden Fall bin ich eher dafür, daß man darauf verzichtet, dem Kind die Geburt zu zeigen, vor allem, wenn die Geburt nicht zu Hause stattfindet. Das könnte nämlich traumatisierende Folgen haben. Ich weiß, daß solche Dinge zur Zeit in Mode kommen, bin aber von ihrem erzieherischen Wert nicht so sehr überzeugt. Es dürfte für ein kleines Mädchen auch recht frustrierend sein, daß es das gleiche in absehbarer Zeit nicht wird tun können. Diese Beteiligung eines älteren Kindes bei der Entbindung ist also sicherlich nicht notwendig und vielleicht auch schädlich; und im Zweifelsfall sollte man es lassen. Für das Baby, das geboren wird, ist diese Beteiligung natürlich vollkommen sinnlos. Die Anwesenheit seines Vaters braucht es schon, genauso wie die seiner Mutter. Für manche Frau und manchen Mann ist es völlig selbstverständlich zusammenzusein, um dieses Neugeborene zu empfangen, das ihren vereinten Wunsch und ihre vereinte Liebe verkörpert.

22. KAPITEL

Was geschehen ist, ist geschehen
(Ängste)

Im folgenden Brief werden einige Ihrer Äußerungen wieder aufgenommen. Eine Mutter schreibt: »Es stimmt, was Sie gesagt haben. Es ist immer das älteste Kind, das in einer Familie das Leidtragende ist.« Sie hat eine dreieinhalbjährige Tochter und einen Sohn, der zweieinhalb Jahre alt ist. Sie schreibt, daß sie sich erst nach der Geburt des Sohnes wirklich als Mutter gefühlt hat; als die ältere Tochter auf die Welt kam, hatten sich sie und ihr Mann gerade von ihrem Zuhause befreit, und das erste Kind kam ihr ein wenig fremd vor: »Wahrscheinlich habe ich für meine kleine Tochter eine Reihe von traumatischen Situationen in ihren ersten drei Lebensjahren geschaffen. Kann man die Scherben wieder zusammenkitten?« Sie hat nämlich gehört, daß in den ersten drei Lebensjahren die Würfel sozusagen ›gefallen‹ sind, und daß man ab diesem Zeitpunkt nichts mehr rückgängig machen kann. Stimmt das eigentlich? Und wenn ja, kann man dennoch wieder zusammenkitten, was kaputtgegangen ist?

Sie sagt ja nicht, ob es wirklich Scherben gab. Sie hat Schuldgefühle, das ist erst einmal alles. Es ist ja nicht gesagt, ob sich das Kind inmitten des Durcheinanders nicht doch zurechtgefunden hat. Wir wissen es nicht genau …

Man muß sagen, daß es schon einige ganz schöne Krisen gegeben hat.

Einige ganz schöne Krisen? … Um noch einmal auf das Argument mit den drei Jahren zurückzukommen, tatsächlich sind die Würfel erst mit sechs Jahren gefallen, und nicht mit drei Jahren. Im gewissen Sinn hat die Mutter allerdings recht.

Das Kind hat sich mit sechs Jahren und mit all seinen Erfahrungen, die es bis dahin gemacht hat, schon eine ihm eigene Persönlichkeit aufgebaut. Das liegt daran, daß das Kind ja zu Beginn seines Lebens ohne jeden Bezug zu seiner Umwelt gelebt hat. Wäre es chinesisch erzogen worden, würde es chinesisch sprechen. Es trifft sich aber, daß es französisch spricht, und zwar nicht nur die Sprache; es ›spricht‹ auch das Verhalten seiner Eltern; es hat sich belehren lassen und gelernt, daß man, um ein Erwachsener zu werden, wie sein Vater oder seine Mutter sein müßte. Dieses Kind wird eine Persönlichkeit entwickeln, die durch die Art von den Beziehungen geprägt ist, die es bisher gehabt hat; das heißt aber keineswegs, daß es nun einen ganz schlimmen Charakter haben oder neurotisch sein wird. Was geschehen ist, ist geschehen. Jetzt kommt es darauf an, mit dem Kind, das älter wird, zu sprechen, und wenn es eines Tages sagen wird: »Ich finde, du hast mich gar nicht lieb«, sollte man ihm antworten: »Doch, ich habe dich lieb, aber stell dir vor, als du geboren wurdest, wußte ich überhaupt nicht, was es heißt, Mutter zu sein. Und vielleicht hast du es mir beigebracht … Dank deiner Hilfe habe ich es dann für deinen Bruder gelernt.« Das wird für dieses Mädchen eine ungeheure Entdeckung sein, nämlich zu hören, daß seine Mutter zugibt, mit ihr ungeschickt gewesen zu sein und jetzt sagt, daß sie dank seiner Hilfe beim zweiten oder dritten Kind weniger ungeschickt sein wird. Es ist wichtig, es dem Kind zu sagen und ihm nicht zu verbergen, daß seine frühe Kindheit wirklich schwierig war und die Mutter häufig Wutanfälle gehabt hat. Das Verhältnis zwischen Eltern und Kindern soll offen sein; andererseits sollte man nun nicht versuchen, irgend etwas ›nachholen‹ zu wollen. Wenn man seinem Kind vom dritten Monat bis zum sechzehnten Monat nicht genügend die Flasche gegeben hat und es aus diesem Grund eine Rachitis bekam, wird man ihm nicht mit neun Jahren die Flaschen zurückgeben können, die ihm damals gefehlt haben. Das kleine Mädchen ist also zu dem geworden, was es ist: vielleicht wird sie einen schwierigeren Charakter haben als ihr Bruder — und selbst das ist nicht hundertprozentig sicher; vielleicht wird es über mehr Abwehrmechanis-

140

men verfügen, ich weiß es nicht. Die Persönlichkeitsstruktur, d. h. die Basis, auf der alles Spätere sich aufbaut, ist schon mit drei Jahren angelegt ... Es kommt darauf an, den Charakter des Kindes zu verstehen, weil es eben schon einen kleinen Charakter hat, nicht wahr? Vor allem muß man seine Art mögen. Es muß auch selbst seinen Charakter mögen, d. h. man muß ihm helfen, sich selbst zu verstehen; z. B. könnte man mit ihm darüber reden, was es gern tun möchte ... Es sollte das Kind selbst sein, was sagt, was es tun möchte. Wenn es ein Junge ist, ist die Rolle des Vaters — oder eines Großvaters bzw. überhaupt eines Mannes — am wichtigsten. Die Mutter kann, wenn das Kind sich bereits ein bißchen von ihr zurückgezogen hat, nicht alles allein in Angriff nehmen. Einem Mann gegenüber kann es sich besser öffnen. Und dazu sollte der Vater da sein. Wenn man drei Jahre alt ist, mag man es gern, den gleichgeschlechtlichen Elternteil nachzuahmen, um den anderen zu interessieren. Man braucht auch gleichaltrige Freunde.

Eine andere Mutter schreibt uns etwas Amüsantes: »Wenn ich Sie höre, sage ich mir, daß ich — wenn ich auch keine perfekte Mutter gewesen bin — wenigstens den Kindern meiner Kinder eine vorbildliche Großmutter abgeben werde.« Ihre Kinder sind nun 11, 12 und 13 Jahre alt, und sie denkt, daß sie in deren früher Kindheit kleine Erziehungsfehler gemacht hat: »Ich habe den Eindruck, daß die Probleme, die ich mit meinen Kindern gehabt habe, von deren Sensibilität herrühren. Ich denke mir, daß die Kinder letztlich ausgeglichener und fröhlicher sind, wenn sie weniger sensibel sind.«

Das ist wahr.

Aber sollte man solche sensiblen Kinder dann nicht auch anders behandeln und sie, sagen wir mal, mit Samthandschuhen anfassen?

Nein. Zunächst einmal muß man ihre Sensibilität anerkennen. Sicherlich empfindet ein sensibleres Kind sowohl intensivere Freuden als auch intensiveren Kummer als andere. Man sollte mit ihm seine Freuden teilen. Und man muß seine Sensibilität in Worte kleiden, sie also weder als gut noch als schlecht hinstellen, sondern als eine Tatsache, die man ihm zuerkennt, die er ertragen und später beherrschen muß. Man sollte weder Bedauern noch Schamgefühle bei dem Kind hervorrufen.

Hier ein Brief über ein sehr unruhiges und aggressives vierjähriges Kind. Bei ihm sind zusätzlich unverkennbare Anzeichen für Anpassungsschwierigkeiten im Kindergarten sichtbar, es ist schwierig, verbal und motorisch sehr hastig, unruhig und kann sich schlecht konzentrieren, was es daran hindert, sich an den Aktivitäten seiner Gruppe zu beteiligen. Zu Hause ist es sehr aggressiv, »rebelliert permanent gegen alles, was man von ihm verlangt, ißt schlecht und macht noch ins Bett. Es ist ein sehr ängstliches Kind.«

Das scheint etwas Ernsthafteres zu sein. Ich glaube, daß diese Frau zu einer Beratungsstelle gehen sollte … Es handelt sich hierbei um den Fall eines — wie man sagt — äußerst labilen, d. h. ängstlichen Kindes. Trotzdem schon an dieser Stelle einige Ratschläge, wie man zu Hause mit dem Kind umgehen sollte: die Mutter sollte sich über es niemals ärgern, wenn es selbst schon genug nervös ist; im Gegenteil, sie sollte ruhig sein und versuchen, ihm etwas zu trinken zu geben. Sie sollte ihm Wasser zu trinken geben und Wasser zum Spielen. Ich habe schon gesagt, daß es nervösen Kindern sehr hilft, mit Wasser zu spielen oder täglich zu baden. Musik hilft ihnen auch, natürlich nicht irgendwelche lauten Unterhaltungsplatten, sondern Musik von Mozart, Bach usw. … Aber ich finde, daß sich das Kind im vorliegenden Fall einer ärztlichen und psychologischen Untersuchung unterziehen müßte.

Andererseits schreibt die Mutter: »Es ißt schlecht.« Das ist nicht wahr. Würde sie ihn wirklich in Ruhe und ihn essen lassen, was er will, ohne ihn mit irgendwelchen Mahlzeiten zu plagen, würde es für das Kind schon viel besser sein; es ist schädlich, es zum Essen zu zwingen, wenn es keinen Hunger hat. Unter solchen Bedingungen ißt es dann nur noch aus Angst.

23. KAPITEL

Eine andere Sprache verstehen, seine Eltern adoptieren

Sprechen wir jetzt ein wenig von den adoptierten Kindern und deren Adoptiveltern. Eine Frau, die uns geschrieben hat, hat zwei Kinder adoptiert. Das eine ist jetzt neun Jahre alt; das andere Kind, um das sich die Frage dreht, ist ein kleiner Vietnamese, der im Alter von sechseinhalb Monaten in Frankreich angekommen ist. Er hat seine Adoptivmutter durch die Krampf- und Ohnmachtsanfälle, die er bei den kleinsten Anlässen bekam, sehr überrascht. Das geschah im Alter zwischen sechseinhalb und neun Monaten, z. B. wenn das Fläschchen bald leer war. Wissen Sie dafür eine Erklärung?

Ja. Es handelt sich um ein Kind, das gerade aus dem Umstand heraus, der zu seiner Adoption führte, traumatisiert worden ist. Mitten im Krieg wurde es zu einem Zeitpunkt, als es noch gestillt wurde, von seiner Mutter getrennt. Um ihn herum wurde gekämpft, und das wird dieser Junge alles noch in seinem Gedächtnis haben. Ein sechs Monate altes Kind ist bereits ein großes Baby, das den Geruch seiner Mutter, den Klang ihrer Stimme und die Worte auf vietnamesisch sehr gut kennt. Diese ganze Welt wurde nun in Stücke gerissen, vielleicht durch den Tod der Mutter, auf jeden Fall durch seine Abreise nach Frankreich. Natürlich hat es nun wieder eine sichere Existenz gefunden, aber nur für seinen Körper; denn seine innere Persönlichkeit hat sich am Anfang anders entwickelt, ein Prozeß, der mit einem Bruch endete. Es hat, indem es mit dem Flugzeug hierher kam, eine zweite Geburt ›über sich ergehen lassen‹ müssen. Man könnte sagen, daß ihm so etwas wie die Erinnerung an ein ›verlängertes vorgeburtliches Leben‹ geblieben ist, an eine Trennung, die zu einer zweiten, sehr traumatischen Geburt führte. Es würde

143

mich auch nicht wundern, wenn es in seiner Entwicklung ein wenig zurückgeblieben ist. Es wurde wie eine Pflanze in einen anderen Boden verpflanzt. Jetzt ist es notwendig, daß der Junge seiner Wut freien Lauf läßt, es ist absolut notwendig. Diese Wutanfälle und Krämpfe sind seine Art und Weise, die Spuren der dramatischen Ereignisse, die er durchgemacht hat, wieder ins Leben zu rufen, um sie zu verarbeiten.

Jetzt ist er zwei Jahre alt und will nicht sauber werden. Wenn seine Mutter ihn trockenlegt, will er nicht, daß man seine schmutzigen Windeln von ihm entfernt, so als ob ihm bewußt wäre, daß das alles zu ihm gehört und er es nicht verlieren will, als ob es ihn an das Zusammenleben mit seinen vietnamesischen Eltern erinnern würde, bevor er ihnen entrissen wurde.

In seinen rein körperlichen Bedürfnissen überlebt eben die Erinnerung an das Begehren nach seiner ersten Mutter, die er im Alter bis zu sechs Monaten gehabt hat. Dieses Begehren bezieht sich in erster Linie auf die körperlichen Vorgänge. In seinen Gedanken, die er in Frankreich entwickelte und die über das Körperempfinden hinausgehen, hat er das Alter von zwei Jahren eigentlich noch gar nicht erreicht. Man könnte sagen, daß er noch nicht einmal 18 Monate alt ist, denn er brauchte eine gewisse Zeit, um eine andere Sprache zu verstehen, sich an seine neue Umgebung anzupassen und sich *selbst seine neuen Eltern zu adoptieren;* dazu hat er mindestens drei, vier oder fünf Monate gebraucht. Deshalb sollte man dieses zweijährige Kind so behandeln, als wäre es neun Monate, wenn nicht ein ganzes Jahr jünger, obwohl sein Körper schon ›älter‹ ist … Was die Sprache betrifft — und wenn ich ›Sprache‹ sage, so meine ich nicht nur ›Worte‹, sondern auch die Art und Weise, emotional zu reagieren — ist er ganz sicher um mindestens neun Monate jünger.

Jetzt zu der Frage nach den Wutanfällen … Dieser Kleine wurde die ersten Monate seines Lebens von seiner Mutter in einer Situation im Bauch getragen, in der sich um ihn herum lärmende, beängstigende und dramatische Ereignisse abspielten. Es kann auch vorgekommen sein, daß er an manchen Tagen gar nicht ernährt wurde. Nun trägt er den Krieg in sich und die Wutanfälle sind für ihn eine Möglichkeit, aus jener Zeit, in der er mit seiner leiblichen Mutter zusammen war, wieder zu sich selbst zu finden. Wie könnte ihm seine Adoptivmutter dabei helfen? Indem sie ihm erklärt, daß er jetzt groß genug ist, um Französisch zu verstehen, daß seine leibliche Mutter und sein leiblicher Vater im Krieg waren, als er noch ganz klein war, daß sie tot oder vermißt sind und er damals allein war. Aus diesem Grund kam er nach Frankreich und hat dann hier wieder eine Familie gefunden. Selbst wenn er diese Sätze nicht zu verstehen scheint, wird er sie doch hören, wenn man sie ihm mehrere Male wiederholt, und das wird den Wutanfällen — Ausdruck seines seelischen Leidens — einen Sinn geben. Auf keinen Fall sollte man sich darüber ärgern, wenn er wütend ist. Statt dessen sagt man ihm: »Ja, ich verstehe dich, es war Krieg, als du klein warst, und du hast den Krieg noch in dir. Du mußt ihn zum Ausdruck bringen.«

Wenn man sich über diesen kleinen Jungen ärgert oder ihn schlagen will, zeigt er ein recht merkwürdiges Verhalten: er lacht. Man hat »den Eindruck, daß die Strafen an ihm abgleiten«.

Das stimmt nicht. Die Eltern interpretieren dieses Lachen nur so, als ob ›alles an ihm abgleiten würde‹. Aber so verhält es sich nicht. Der kleine Junge lebt in einer starken nervösen Anspannung: Lachen und Weinen können einfach das gleiche sein. In diesem Fall ist beides Ausdruck seiner Anspannung. Er steht unter Druck und bringt ihn, wahrscheinlich deshalb, weil er zu stolz ist, durch dieses Lachen zum Ausdruck. Auf keinen Fall darf man ihn demütigen. Für seine Erregungszustände ist es meiner Meinung nach besser, wenn man ihn in ein anderes Zimmer führt und mit ihm leise und ganz ruhig spricht. Und wenn seine Wut abgeklungen ist, kann man ihm alles, was ich vorhin sagte, erzählen.

Was soll man in solchen Fällen also genau machen? Soll man mit den Kindern sprechen? Ihnen immer ihre frühere Situation erklären?

Ja, immer. Und ihnen solche Worte sagen wie ›leiblicher Vater‹ oder ›leibliche Mutter‹, ein *anderes* Land, ein *anderer* Ort oder ein *anderes* Haus. Noch etwas: Wenn es sich um Kinder handelt, die in eine Kinderkrippe gehen oder von einigen Erwachsenen betreut werden, die sich gleichzeitig um mehrere kleine Kinder kümmern müssen, suchen sie nicht so engen Kontakt zu den Erwachsenen, wodurch viele Adoptivfamilien sehr erstaunt sind; diese Kinder sind dagegen glücklich, wenn sie fünf oder sechs Kinder um sich herum haben, die sich bewegen und herumspringen ... Sie haben nicht so viel Sinn für die Zärtlichkeit mit den Erwachsenen. Man kann sagen, das sei Gewohnheitssache, aber vielleicht sind die Erlebnisse in den ersten Lebensmonaten wie ein Engramm zurückgeblieben, d. h. wie eine bekannte und beruhigende Lebensweise, die im Gedächtnis in der Art einer Tonbandaufnahme aufgezeichnet ist. Diese Aufzeichnungen aus einer sehr frühen Kindheit kommen mit angenehmen oder unangenehmen Verhaltensweisen wieder zum Vorschein, teilweise auch durch ein ganz außergewöhnliches Verhalten. Ich glaube, daß die Kinder dafür selbst viel leichter eine Erklärung finden, wenn die Eltern sie ihnen mit Worten geben. Aber diese Probleme, die sich aus der Vorgeschichte ergeben, lösen sich mit der Zeit, denn ein Adoptivkind adoptiert auch seine Eltern, genauso, wie es von seinen Eltern adoptiert wird.

Kommen wir noch auf ein anderes Thema zu sprechen, und zwar auf das Problem verschiedensprachiger Eltern. Hier haben wir eine deutsche Mutter, die mit einem Franzosen verheiratet ist. Sie, die mit ihrem Mann zur Zeit in Frankreich lebt, fragt, ob es für das Kind ein Risiko bedeuten kann, in einer Familie aufzuwachsen, in der zwei Sprachen gesprochen werden. Soll man nun eher die Sprache der Mutter oder die des Vaters benutzen? Sie fragt auch, ob es bestimmte Phasen der Entwicklung des Kindes gibt, bei denen es vorzuziehen wäre, entweder die Sprache der Mutter oder die des Vaters zu sprechen. Leider gibt sie uns das Alter ihres Kindes nicht an, aber ich habe den Eindruck, daß es noch sehr jung ist.

Sagt sie etwas über sein Geschlecht?

Nein, aber ich denke, daß es sich um einen Jungen handelt, da sie in ihrem Brief immer von ›ihm‹ spricht.

Wir wissen, daß das Kind im Mutterleib den Klang der Wörter und die Stimmen seiner Eltern schon hören kann; wahrscheinlich sprachen und sprechen diese Eltern abwechselnd deutsch und französisch miteinander. Sie können es weiter so machen. Es wird jedoch besser sein, daß das Kind in der Vorschule und Schule immer die gleiche Sprache spricht, bis es gut lesen und schreiben kann. Dann wird die Mutter oder der Vater ihm in dieser Schulsprache, also entweder Deutsch oder Französisch, helfen. Aber da die Mutter Deutsche ist, wird es für sie nicht möglich sein, ›mütterlich‹ zu sein, ohne ihre eigene Sprache zu sprechen; wenn sie ihre natürliche Sprechweise verkleiden muß, d. h. sie in eine Sprache, die nicht ihre Muttersprache ist, hineinfließen läßt, wird sie die unmittelbaren und intuitiven Gefühle nicht mehr ausleben können, die eine Mutter von Natur aus für ihr Kind empfindet.

Verschiedensprachige Eltern bedeuten also kein Risiko für das Kind, ein Trauma davonzutragen. Wenn ich Sie über dieses Thema sprechen höre, denke ich an ein mit mir befreundetes Ehepaar unterschiedlicher Nationalität. Die kleine Tochter konnte sich in beiden Sprachen perfekt ausdrücken. Am Anfang sprach sie ein komisches Kauderwelsch, aber später hat sie sich regelrecht zwei verschiedene Welten geschaffen. D. h., es gab für sie solche, die der deutschen, und solche, die der französischen Welt angehörten; niemals antwortete sie einem in der Sprache, zu deren Welt man nicht gehörte.

Warum auch? Sie war schlau, und was sie tat, war ganz natürlich. Aber ich möchte noch etwas hinzufügen. Einem Kind, das im Alter von zwei Jahren — also in einer Zeit, in der es in seiner Sprachentwicklung große Fortschritte macht — in ein anderes Land kommt, muß unbedingt geholfen werden. Man sollte die Sprache, die es zuerst gehört und gesprochen hat, auch wenn man sie an dem neuen Ort nicht mehr spricht, mit ihm sprechen, ihm Lieder vorsingen, die es als ganz kleines Kind gehört hat und es gleichzeitig durch einfache Mittel, etwa Gegenstände benennen usw., in die neue Sprache einführen: »Hier sagt man das so und so.« Das Kind sollte aber mit seinen Eltern weiterhin so wie früher sprechen. Die andere Sprache wird es mit Kindern und seinen kleinen Freunden erlernen.

24. Kapitel

Kinder brauchen Leben um sich
(Freizeitbeschäftigungen)

Sprechen wir jetzt über die Freizeitbeschäftigungen von Kindern. Der folgende Brief wirft dieses Problem in bezug auf ein sehr kleines Kind auf: »Ich habe einen kleinen Jungen, der 15 Monate alt ist. Ich bin zwar viel zu Hause, aber kann mich nur schwer um mein Kind kümmern; zum einen fällt viel Arbeit im Haushalt an, und zudem arbeite ich auch noch für die Universität.« Die Mutter hat seit einigen Wochen den Eindruck, daß sich dieser kleine Junge langweilt: »Er marschiert mit seinem Daumen im Mund ziellos herum und möchte immer auf meinen Schoß.« Sie möchte nun wissen, ob es bereits für dieses Alter Spiele gibt, die man sich ausdenken könnte. Wenn nicht, ob es dann Bücher gibt, die man empfehlen kann.

Nein, ein Kind ist im Alter von 15 Monaten noch zu klein für die Beschäftigung mit Büchern und derlei Dingen. In diesem Alter finden die Beschäftigungen des Kindes immer in Gegenwart mit anderen Personen statt. Es braucht dazu auch andere Kinder. Ich denke, daß sich diese Mutter, wenn sie sehr beschäftigt ist, ein Kindermädchen nehmen sollte, das ihren Sohn z. B. zweimal in der Woche mit anderen Kindern betreut. Und dann könnte sie außerdem zweimal am Tag mit ihm eine halbe Stunde lang spielen. Sie könnten mit Bauklötzen spielen, hintereinander herrennen, auf eine Leiter klettern oder mit Wasser spielen (davon habe ich schon mehrmals gesprochen). Sie könnte ihm also zeigen, wie man mit der Spüle in der Küche spielt: man läßt Wasser einlaufen und Schiffchen fahren, spielt mit einem Schwamm oder anderen Dingen … Die Mutter hat schon recht, wenn sie schreibt, daß sich ihr Kind langweilt. Sie sollte mit ihm auch ab und zu sprechen, denn sonst besteht die Gefahr, daß das Kind an-

149

fängt, verschlossen zu werden. Ich glaube, daß sie sich zu Recht angesichts der bestehenden Situation beunruhigt und nach einer Lösung sucht.

Eine andere Mutter — von fünf Mädchen und einem Jungen — hat ihre letzte Tochter, die jetzt vier Jahre alt ist, mit einundvierzig Jahren bekommen. Diese Tochter kam in den Kindergarten und hat dort, wie alle Kinder, kleinere Probleme gehabt, weil sie den Kindergarten im Grunde ablehnte. Es hat ihr dort am Anfang keinen Spaß gemacht, doch sie scheint ihn jetzt so einigermaßen zu akzeptieren. Seit sie dort ist, stellt ihre Mutter jedoch fest, daß sie keine Lust mehr hat zu malen, was sie vorher gern tat. Welche Haltung sollte man nun einnehmen? Soll man, wie es die Erzieherin empfohlen hat, einfach warten, bis sie von selbst wieder zu ihrer alten Beschäftigung zurückfindet?

Ich halte die Angelegenheit eigentlich nicht für sehr dramatisch. Ist dieses Mädchen von den fünf Kindern das letzte Geschwister?

Ja, es ist das letzte Kind, die anderen sind schon viel älter, 25, 23, 17, 15 und 14 Jahre alt.

Im Grunde ist sie also ein Einzelkind, denn zwischen ihr und dem nächsten Geschwister liegen immerhin zehn Jahre. Wahrscheinlich hat ihr Verhalten damit etwas zu tun. Sie spielte in der Familie eine ganz besondere Rolle und war von vielen Erwachsenen umgeben. Man muß ihr also erklären, daß es schwierig ist, jetzt in den Kindergarten zu gehen, weil sie vorher immer nur mit Erwachsenen zusammen war; aber daß sie sehen wird, daß die Kinder viel lustiger als die Erwachsenen sind.

Das Mädchen will übrigens nur für eine kleine Kusine malen, die ihre Freundin ist.

Indem sie das tut, identifiziert sie sich wieder mit den Erwachsenen, deren Rolle sie gegenüber der kleineren Kusine annimmt; der Vater könnte sich vielleicht ein wenig mehr um dieses Kind kümmern, denn er besitzt sozusagen den Schlüssel, um seiner kleinen Tochter den Übergang vom Dasein als Baby zum Dasein eines großen Mädchens zu erleichtern ... Ich habe ein wenig das Gefühl, daß in dieser Familie alle ein Elternstatut haben, d. h. alle sind Vater und Mutter.

Was das Malen betrifft, scheint mir die Mutter einfach enttäuscht zu sein, denn ihre Tochter malte früher schöne Bilder und nun gar nicht mehr. Aber diese Tochter hat wohl bessere Dinge zu tun, die auch mehr von ihr verlangen. Denn ein Kind, das überhaupt nicht gewohnt ist, mit Gleichaltrigen zusammen zu sein, braucht ungefähr drei Monate, in denen es die Umwelt um sich beobachtet, um sich im Kindergarten heimisch zu fühlen. Das kommt also noch. Die Mutter sollte sich keine Sorgen darüber machen.

Hier ein sehr lustiger Brief, in dem Ihnen Fragen darüber gestellt werden, ob man sich in der Familie einen kleinen Hund anschaffen sollte. Die Mutter hat zwei Töchter, die eine ist elf Jahre, die andere sieben Jahre alt. Im großen und ganzen hat sie keine Probleme mit ihnen. Sie werden tagsüber von einer Dame beaufsichtigt, die seit fünfeinhalb Jahren zu ihnen nach Hause kommt; die ältere Tochter bittet seit einigen Monaten ständig darum, daß man ihr einen kleinen Hund kauft. Hier die Frage: »Wir wohnen in einer Sozialbauwohnung, was einige Probleme mit sich bringt. Wir haben uns auch genau überlegt, was an Unannehmlichkeiten auf uns zukommt, wenn wir uns einen Hund zulegen. Aber unsere Tochter bedrängt uns immer wieder mit diesem Wunsch. Was meinen Sie? Sollten wir ihr zu Weihnachten diesen Wunsch erfüllen, obwohl wir davon keineswegs begeistert sind, oder vergeht unserer Tochter dieser Wunsch nach einem Hund irgendwann einmal?«

Es fällt mir schwer, diese Frage zu beantworten, denn in der Wohnung scheint es, wie die Mutter schreibt, wirklich zu eng zu sein. Der Hund würde sich dort nicht wohl fühlen. Andererseits trifft zu, daß die Kinder Leben um sich herum brauchen, und davon gibt es in den modernen Häusern nicht mehr allzuviel. Vielleicht könnte man ein Tier wählen, das weniger Platz einnimmt und das man nicht spazieren zu führen braucht, einen Hamster z. B. ...

Ich habe Ihnen mit Absicht noch nicht das Postscriptum des Briefes vorgelesen. Dort heißt es: »Wir haben zum Beispiel in der Küche ein vier Wochen altes Küken, das wir bei einer Lotterie gewonnen haben. Es gehört unserer jüngsten Tochter, die sich aber sehr wenig um es kümmert. Dagegen kümmert sich die ältere — also diejenige, die so gern den Hund haben will — sehr um dieses Tier und spielt viel mit ihm; trotzdem mußten wir ihr zu verstehen geben, daß wir das Küken, an dem sie so stark hängt, mit zwei Monaten auf dem Land aussetzen müssen.« Soweit zu diesem Postscriptum. Das eigentliche Problem besteht aber darin, ob man einem Kind einen Wunsch ablehnen kann, der sehr stark ist und auf dem es besteht.

Natürlich kann man das, nur muß die Ablehnung gerechtfertigt sein; hier ist sie durch das Wohlbefinden des Kükens, das zum Hahn oder zur Henne wird, gerechtfertigt, in dem anderen Fall durch das Wohlbefinden des Hundes. Ein Tier sollte immer so glücklich sein wie der, der es hält. Wenn aber das Herrchen mit dem Hund glücklich ist, der Hund aber unglücklich, sollte man dies vermeiden und den Kindern die Ablehnung der Eltern erklären.

Und wenn man dem Kind etwas anderes ablehnt, z. B. einen Spaziergang, den Kauf eines Buches oder einen Kinobesuch?

Die Wünsche sind zunächst nur Vorstellungen, die ihre Grenzen im Möglichen finden, in der ›Realität‹.

Allerdings kann ich nicht verstehen, warum man einem Kind etwas ablehnen sollte, das die Eltern nicht stört, dem Kind nicht schadet und das alles in allem keine Nachteile mit sich bringt ... Doch jetzt wieder zurück zu diesem Mädchen. Vielleicht würde es sich doch freuen, einen Hamster zu bekommen. Ein Hamster ist doch ein nettes Tier und stinkt auch nicht so sehr in der Wohnung. Er ist lustig und leicht zu pflegen. Mit das Wichtigste ist doch, daß ein Kind sein Tier pflegen kann. Die ältere Tochter ist im Gegensatz zu der jüngeren auch in der Lage, das Küken zu pflegen. Hat man ihr übrigens Goldfische vorgeschlagen oder eine Schildkröte? Vielleicht noch ein anderes Tier? Auf jeden Fall sollte man mit dem Kind alles genau besprechen, bevor man ein anderes Tier kauft, für das es dann die Verantwortung zu tragen hat.

Man sollte also vor allen Dingen viel Fantasie haben ...

Genau. Die Kinder mögen auch gern Pflanzen haben und sie wachsen sehen. *Sie brauchen also vor allem Leben um sich.* Ich glaube, daß das Kind, von dem wir sprachen, verstehen wird, warum es keinen Hund haben kann. Vielleicht möchte es auch einen Hund haben, weil eine kleine Freundin von ihr einen besitzt, der aber im Garten herumlaufen kann. Man könnte ihr auch die Geschichte eines unglücklichen Hundes erzählen, der in einem Haus von Bekannten wohnt; *man muß mit ihr reden.* Sie soll nicht glauben, daß die Eltern ihren Wunsch nur deshalb ablehnen, um sie zu schikanieren.

Eine andere Mutter schreibt uns folgendes: »Wenn man eine Tochter hat, soll man sie auf ihre Mädchenrolle beschränken und ihr nur typisch weibliche Dinge schenken?«

Wir haben immer wieder betont, daß man die Wünsche der Kinder respektieren sollte. Wenn ein Kind nun allein ist, identifiziert es sich im allgemeinen mit den Kindern, die es sieht — ob Jungen oder Mädchen. Wenn z. B. ein Junge ganz allein eine kleine Nachbarin besuchen geht, wird er sich mit ihr identifizieren und umgekehrt, sie mit ihm. Deshalb gibt es für Jungen die Spiele mit den ›Puppen‹ und für Mädchen die Spiele mit den ›Autos‹. Doch wächst das Kind allein auf, so wird es, wenn es ein Junge ist, seinen Vater nachahmen, und wenn es ein Mädchen ist, seine Mutter ... Dennoch brauchen die Jungen ganz bestimmt Puppen, Puppengeschirr ...

Sie meinen die Mädchen?

Nein, die Jungen! Die Jungen ebenso wie die Mädchen. Häufig grenzen sich allerdings Jungen und Mädchen, wenn sie zusammen sind, voneinander ab und wollen sich unterscheiden. Dagegen kann man nicht viel machen. Die Kinder sind so, wenn sie klein sind. Sie grenzen sich gern voneinander ab, so daß die Jungen im allgemeinen eine Vorliebe für motorische Spiele, die Mädchen eher für ruhige oder ›traditionelle‹ Spiele haben. Das gehört zur natürlichen Art von jedem Geschlecht. Ab drei oder vier Jahren spielen die Kinder gern mit denjenigen und wie diejenigen, die sie mögen: wenn es ein bestimmendes Kind gibt — ob Mädchen oder Junge —, das die Spiele auswählt, wird das andere Kind auch mitspielen, weil es einfach dessen Gegenwart mag. Im übrigen spielen die Jungen, wenn sie mit Puppen spielen, anders als die Mädchen und die Mädchen spielen mit den Autos auch anders als die Jungen.

25. KAPITEL

Wenn man an den Körper des Kindes rührt
(Operationen)

Hier habe ich eine Reihe von Briefen vor mir liegen, in denen von Kindern die Rede ist, die entweder bald operiert oder wegen einer ernsteren Sache ins Krankenhaus eingewiesen werden müssen. Ein zweieinhalbjähriges Mädchen muß z. B. demnächst ins Krankenhaus, weil es ein offenes Herz hat, das operiert werden muß. Dafür wird ein Krankenhausaufenthalt von zwei Monaten notwendig sein, hinzu kommen noch einige Tage für die Wiederbelebung, was bedeutet, daß die Besuchsmöglichkeiten begrenzt sein werden. Die Eltern sagen andererseits, daß ihr Kind halbtags zu einer Tagesmutter geht und sich dort sehr wohl fühlt, daß es gern mit anderen Kindern spielt und im übrigen schon an das Krankenhaus gewöhnt ist, da es zur Behandlung oft dorthin gegangen ist. Sie fragen nun, wie man ihre Tochter, die ja noch sehr jung ist, auf die bevorstehende Operation vorbereiten kann.

Das Wichtigste ist, daß die Eltern nicht ängstlich sind. Die für dieses Kind notwendige Operation wird heutzutage laufend durchgeführt und ist nicht gefährlich. Nur die ›psychologische‹ Seite spielt dabei eine ganz entscheidende Rolle. Wenn man diese Operation durchführen muß, macht man es ja deshalb, damit das Kind, das jetzt auch schon gut zu Rande kommt, sich nachher noch besser fühlt. Dieser Gedanke sollte im Vordergrund stehen. Eine Operation ist immer etwas Unangenehmes, aber ihr Ziel ist die Heilung von Störungen, die das Kind jetzt hat und die sich verschlimmern würden, wenn man es nicht sofort operieren würde.

Wie man dem Kind helfen kann? Zum einen besteht vielleicht die Möglichkeit, daß sich die Mutter so oft wie möglich am Bett des Kindes aufhält; das sollte sie mit der Oberschwester vorher klären. Sie könnte um Erlaubnis bitten, ihrem Kind möglichst viel Gesellschaft leisten zu dürfen. Das wäre gut und ist auch in zahlreichen Krankenhäusern erlaubt. Falls sie keine derartige ›Sondergenehmigung‹ bekommt, könnte sie für ihr Kind im voraus Puppen vorbereiten: sie könnte vier Puppen kaufen. Zwei davon wird sie einkleiden, eine als Krankenschwester, die andere als Arzt und sie ihrem Kind im Krankenhaus schenken. In der Regel darf man ja Spielzeug aus dem Krankenhaus nicht wieder mit nach Hause nehmen. Deshalb sollte sie die gleichen Kostüme für die anderen beiden Puppen vorbereitet haben, die zu Hause bleiben und die das Kind dort vorfindet, wenn es aus der Klinik entlassen wird. Die Mutter wird auf diese Weise die Verbindung zwischen Krankenhaus und dem Zuhause aufrechterhalten, denn — und das steht im Gegensatz zur Meinung der Mutter — es ist gerade die *Rückkehr* vom Krankenhaus nach Hause, die besonders schwierig ist. Das Kind wird zwei Monate im Krankenhaus leben; in diesem Alter werden zwei Monate als sehr lang empfunden, so wie acht oder zwölf Monate für uns. Das Mädchen sollte also zu Hause dasselbe Spielzeug wiederfinden, das ihm im Krankenhaus Gesellschaft geleistet hat.

Ich vermute aber, daß die Angst der Eltern um ihre Tochter auch noch einen anderen Grund haben könnte; sie könnte aus Worten wie ›offenes Herz‹ resultieren. Dieser Ausdruck ›offenes Herz‹ ängstigt die Leute, obwohl die Operation, wie schon gesagt, nicht gefährlich ist. Bei ›Herz‹ handelt es sich um ein Wort, das symbolisch für den Ort der Liebe steht. Aber die Mutter soll wissen, daß man das Herz ihres Kindes in *dieser* Bedeutung des Wortes nicht verändert. Sie sollte es ihm auch erklären: »Das Herz, das der Doktor operieren wird, ist das Herz deines Körpers, aber an deinem Herz, das liebt, kann niemand rühren und niemand kann es aufmachen.«

Eine andere Frage, die in diesem Zusammenhang häufig von Eltern zwei-, drei- oder vierjähriger Kinder gestellt wird, bezieht sich auf die Phimose oder Hypospadie. Ich gebrauche jetzt die wissenschaftlichen Begriffe, und vielleicht sollte man sie zunächst schnell erläutern.

Es geht dabei um kleine Anomalien des männlichen Gliedes. Bei der Phimose ist die Vorhaut zu eng, so daß das Kind beim Wasserlassen, aber vor allem, wenn es eine Erektion hat, gestört wird. Die Erektion empfindet das Kind als schmerzhaft. Im Winter kann die Vorhaut auch rissig werden. Beides stört viele Kinder, und es ist deshalb absolut nicht von Vorteil, eine Phimose zu behalten. Der Kinderarzt sollte es beurteilen. Natürlich haben die Kinder dann vor einer Operation der Phimose Angst. Man muß ihnen also erklären, warum man die Operation machen läßt, daß ihr Glied nachher schöner ist, so wie das Glied des Vaters und daß sie ein Glied haben werden, das Erektionen haben kann, ohne daß sie darunter leiden. Man sollte auch wissen, daß die Operation selbst nicht schmerzhaft ist.

Hier der Brief einer Mutter, deren Sohn eine Phimose hat, die in einem oder anderthalb Jahren operiert werden muß: »Können Sie mit mir einmal darüber nachdenken? Man kann doch davon ausgehen, daß diese Operation für das Kind nicht erfreulich ist und für diesen vierjährigen Jungen sogar traumatisierend sein kann. Ich finde, daß diese Aussichten doch ungeheuer viel Angst machen können. Auch wage ich nicht, mit meinem Kind darüber zu sprechen, weil ich befürchte, daß ich es mit meinen eigenen Ängsten anstecken werde. Auch mein Mann und ich sprechen nicht darüber, so als ob wir auf diese Weise unsere Ängste verdrängen können.« Ihre Ängste scheinen manchmal ganz schöne Ausmaße anzunehmen!

Ich verstehe schon, aber geht es wirklich um eine Phimose?

Nein, entschuldigen Sie, es handelt sich um eine ausgeprägte Hypospadie, wie sie sagt.

Das ist natürlich etwas anderes. Bei einer Hypospadie befindet sich die Öffnung des Gliedes statt in der Mitte der Eichel unter dem Glied, manchmal dicht bei der Eichel, manchmal aber auch fest an der Wurzel des Gliedes. Im übrigen litt Ludwig der Sechzehnte auch darunter; er wurde im Erwachsenenalter operiert, weil er ohne die Operation nicht hätte Vater werden können. Ein Kind mit einer Hypospadie hat immer etwas nasse Unterhosen, wofür es nichts kann. Es ist für einen Jungen recht störend, eine Hypospadie zu haben. Wie dem auch sei, ich verstehe die Angst der Eltern nicht ganz, da das Kind nach der Operation doch viel glücklicher sein wird. Es ist tatsächlich eine unangenehme Operation, doch das ist nichts neben dem Vorteil, nachher ein normales Glied wie die anderen Jungen zu haben. Das muß man ihnen sagen. Die Eltern sind immer ängstlich, wenn man an den Körper ihres Kindes rührt. Aber in diesem Fall sind die Ängste nicht berechtigt, denn das Kind — und das möchte ich noch einmal ausdrücklich betonen — wird nachher viel glücklicher sein.

Alle diese Fragen werfen im großen und ganzen die Problematik eines Krankenhausaufenthaltes bei Kindern auf. Kann man aus dem Gesagten vielleicht die Schlußfolgerung ziehen, daß man eine solche Situation nicht dramatisieren sollte?

Ja, zumal meistens die Kinder im Krankenhaus glücklich sind; sobald es ihnen etwas besser geht, haben sie ja Gesellschaft. Man soll einem Kind übrigens niemals einen versprochenen Besuch im Krankenhaus vorenthalten. Das ist sehr wichtig. Wenn die Mutter im voraus weiß, daß sie an dem oder dem Tag nicht vorbeikommen kann, soll sie das Kind nicht das Gegenteil glauben lassen. Im Krankenhaus kann das Kind seine Eltern häufig nur hinter einer Glasscheibe sehen. Und dann fangen die Eltern an zu weinen, weil ihr Kind weint; sie sind ängstlich. Jedoch ist es völlig normal, daß das Kind weint. In solchen Augenblicken müssen die Eltern den Mut haben, sein Weinen zu ertragen. Beim Weggehen sollten sie nicht denken: »Da es weint, wenn es mich sieht, werde ich nicht mehr wiederkommen.« Es ist besser, daß das Kind weint und traurig ist, seine Mutter gesehen zu haben, ohne auf ihrem Arm sein zu dürfen, anstatt dieser Traurigkeit aus dem Wege zu gehen, weil sie beide — die Mutter und das Kind — innerlich zu stark bewegt sind. Das macht nichts! Die Mutter muß den Mut haben, innerlich stark bewegt zu sein, ohne es sich nach außen zu sehr anmerken zu lassen. Für das Kind ist es gut (selbst, wenn es weint), seine Mutter zu sehen und auch dann, wenn sie weint. Es wäre viel schlimmer, sie nicht zu sehen und zu glauben, sie hätte einen vergessen.

26. Kapitel

Ein Baby muß getragen werden
(Beruhigen)

Hier ist eine Mutter, deren 18 Monate alter Sohn praktisch von Geburt an ständig gebrochen hat und dabei die ›gewöhnlichen‹ nervösen Symptome des Neugeborenen zeigte. Im Alter von elf Monaten wurde er ungefähr zehn Tage seinen Großeltern anvertraut; ab dann fing er an, mit dem Kopf gegen sein Bett zu schlagen. Das hat inzwischen starke Ausmaße angenommen, denn hinzu kommt, daß er diese ›Geste‹ jetzt als ein Erpressungsmittel einsetzt; er weiß, daß seine Eltern sofort kommen, wenn er mit dem Kopf gegen das Bett schlägt. Die Mutter erwähnt noch, daß das Kind im Alter von neun Monaten wegen einer Phimose beschnitten worden ist und daß es bestimmt eine schmerzhafte Erinnerung an diese Operation zurückbehalten hat: »Ich möchte verstehen, was die Handlungsweise meines Kindes bedeutet. Sucht das Kind vielleicht eine Antwort auf irgendeine Frage? Wie kann man diese Störung seines Verhaltens erklären? Sonst ist es ein glückliches Kind, das viel spielt . . .«

Die Schwierigkeiten haben also nach seinem Aufenthalt im Haus seiner Großeltern begonnen, wobei dieser Aufenthalt kurz nach der Operation erfolgt ist … Ich denke, daß es sich um einen kleinen Jungen handelt, dem in bezug auf seine Operation zu wenig im voraus erklärt wurde. Wissen Sie, ich habe schon gesagt, daß man einem Baby gar nicht früh genug die Wahrheit sagen soll.

Man hat ihn weder auf diese Operation vorbereitet noch auf seinen Aufenthalt bei den Großeltern. In solchen Augenblicken, in denen er seinen Kopf gegen das Bett schlägt und im Halbschlaf oder sogar im Schlaf ist, sollte der Vater, und zwar öfter als die Mutter, ihm den Kopf von hinten nach vor-

ne streicheln und ihm sagen: »Weißt du, als du klein warst, haben wir dich bei deinen Großeltern gelassen, und du wußtest nicht, daß wir dich wieder dort abholen würden. Wir hatten es dir nicht erklärt, und du hast geglaubt, du wärest im Gefängnis. Du hast dich für einen Gefangenen gehalten. Und jetzt schlägst du gegen das Gitter wie ein Gefangener. Aber du bist kein Gefangener. Wir haben dich lieb. Und Papa und Mama sind bei dir, im Zimmer drüben. Ich bin da, ganz nah.«
Dieses Kind ist in seiner Entwicklung schon weit vorangeschritten; was die Mutter uns über das Erbrechen zu einer Zeit, als es noch ein Baby war, erzählt, zeigt an, daß es schon damals jemanden brauchte, der ihm Gesellschaft leistet — nicht irgend jemanden, sondern eine bestimmte Person.

Bei dieser Gelegenheit möchte ich einmal sagen, daß Kinder, die häufig erbrechen, besonders viel auf den Arm genommen werden müssen. Es gibt in der Kindererziehung eine Art ›Therapie‹ (und manche Kinderärzte vertreten sie), wonach man den Kindern durch zu viel Zuwendung keine ›schlechten Gewohnheiten‹ beibringen soll. Angeblich soll man sie nicht hin- und herwiegen oder zu dicht am Körper tragen. Aber das ist falsch, *denn genau das muß man tun.* Natürlich nicht bis ins Alter von 25 Jahren. Man wird seinen Umgang mit dem Kind nach und nach ändern. Aber es ist absolut notwendig, daß das Baby fühlt, daß es hundertprozentig in Sicherheit ist. Diese Sicherheit hat es nur, wenn es sozusagen ständig gegen seine Mutter stößt. Schon in seiner Wiege versucht es, sich gegen seine Mutter zu stoßen, aber stößt doch nur gegen die Wiege. Das erste ist in solch einem Fall, die Wiege mit vielen Kissen auszupolstern …

Das haben die Eltern auch gemacht. Seitdem würden sie im übrigen die Angelegenheit nicht mehr so wichtig nehmen.

Das ist verständlich. Vielleicht sollte man auch die Gitterstäbchen des Bettes entfernen … Und man sollte diesem kleinen Jungen über die Operation im Zusammenhang mit der Phimose erzählen und warum er damals operiert wurde. Das sollte möglichst der Vater tun, da diese Dinge die zukünftige

Männlichkeit des Jungen berühren. Das Kind wurde sozusagen von Anfang an verletzt, denn man darf schließlich nicht vergessen, daß der Junge monatelang darunter gelitten hat, wenn er Wasser lassen mußte oder eine Erektion hatte, d. h. er spürte es sieben- bis zehnmal am Tag. Er fühlte sich in seiner Haut nicht wohl, und deshalb war die Operation auch notwendig. Man sollte mit ihm darüber sprechen, und dazu ist es — auch im Alter von 18 Monaten — nie zu früh. Selbst wenn ein Kind zwei Monate oder meinetwegen sechs Tage alt ist, ist es nicht zu früh, ihm von seiner Sensibilität und von seinen schmerzhaften Erfahrungen zu erzählen; ihm sagen, daß man sein Bestes tun wird, um ihm zu helfen, aber auch, daß man manche schmerzhafte Erfahrung, die es macht, nicht vermeiden kann.

Sie erwähnten vorhin die Kinderärzte ... Nun haben wir hier den Brief von einer Kinderärztin, stellen Sie sich einmal vor! Sie bittet Sie, einmal von den sogenannten ›Säuglingsbauchschmerzen‹ zu sprechen. Die Kinder, die darunter leiden, sind ansonsten gesund, schreien aber unaufhörlich — manchmal sechs oder acht Stunden am Tag.

Ich glaube, daß ein Baby, das so stark weint, eine traumatische Geburt gehabt haben muß, empfindlich auf die plötzliche Trennung von der Mutter reagierte oder eine ängstliche Mutter gehabt hat, als es noch in ihrem Bauch war. Man muß die Mütter ermutigen, ihr Kind so oft wie möglich dicht an ihrem Körper zu tragen. Wenn sie es nicht tun können, sollten sie mit ihm sprechen und versuchen, es so nahe wie möglich an dem Ort, an dem sie arbeiten, bei sich zu haben. Wenn es weint, sollten sie es hin- und herwiegen. Man sollte das Kind nicht einfach weinen lassen, nur weil es Bauchschmerzen hat, die irgendwann von allein weggehen werden. Das Baby empfindet die Welt und seine Welt ist die Mutter. Natürlich ist Schreien allemal besser als stillzuhalten und zu leiden. Man sollte es aber nicht allein vor sich hinschreien lassen. Es muß eine Stimme hören, die es versteht. Aufgrund der heutigen Sitten ist das Kind ja nicht mehr umgeben von Großmüttern oder einer großen Familie. Das Baby müßte eigentlich auf dem Arm sein, wenn es schläft. Es gibt viele Kinder, die weinen und dann nur auf den Arm genommen und hin- und hergewiegt werden müssen. Mit ihnen soll man sprechen, und die Mutter braucht keine Angst zu haben. Es gibt auch Babys, die Schwierigkeiten haben, die Milch zu verdauen, und denen man helfen muß. Früher gab es hierfür viele, ganz einfache Hausmittelchen, die ich schon bei meinen eigenen Kindern verwendet habe, wenn sie weinten. Noch etwas: man kann den Bauch des Kindes oberhalb der Windeln ganz lieb massieren; dadurch ist es ihm am Bauch nicht kalt. Und wenn es durchnäßt ist, sollte man ihm eine Wärmflasche geben. Alle diese kleinen Dinge sind wichtig. Man sollte allerdings nicht außer acht lassen, daß es Babys gibt, die Bauchschmerzen haben, weil sich wirklich etwas Ernsthaftes ankündigt.

Ich möchte noch einmal wiederholen, daß man mit dem Baby in solch einem Fall immer in einem netten und ruhigen Ton sprechen und es nie anschreien soll. Das Kind wird dann zwar aufhören zu weinen, aber noch mehr Angst bekommen, weil es sich nicht ausdrücken darf, und dies nur deswegen, damit es sich dem Wunsch der Mutter unterwirft.

Es wird sich also erschrecken und dann nichts mehr nach außen zeigen.

Genau, und das ist viel schlimmer. Dagegen ist es besser, ihm zu sagen: »Ja, du hast Bauchschmerzen, mein Kleiner.« Solche Dinge, Dinge, die ganz einfach sind; und dabei kann man ja auch seinen Haushalt weitermachen, in der Küche arbeiten usw. Und sobald die Mutter eine freie Minute hat, geht sie zu dem Baby hin, um es ein wenig hin- und herzuwiegen, ihm dem Bauch zu massieren und mit ihm zu sprechen. So kann man verfahren, aber natürlich ist es nicht immer ganz einfach. Im übrigen haben wir einen Brief bekommen, der im gleichen Zusammenhang steht. Das war ein Brief von einer Mutter mit Zwillingen, der mich sehr interessiert hat …

Hier habe ich ihn. Cathy und David sind frühgeborene Zwillinge. Sie kamen mit siebeneinhalb Monaten auf die Welt und

163

mußten deshalb eineinhalb Monate auf der Station für Frühge-
borene liegen. »Als sie ungefähr fünf oder sechs Monate alt wa-
ren, mußte ich sie mehrmals einer Kinderkrippe anvertrauen,
und ...«

Es handelt sich um eine Krippe, in der die Kinder nur einen
halben Tag sind, glaube ich. Ich finde es sehr interessant, daß
es solche Einrichtungen gibt, in denen die Kinder nicht verpflichtet sind, ganztags zu bleiben.

»... dort blieben sie jedesmal drei oder vier Stunden am Tag.
Die Betreuungsbedingungen waren ausgezeichnet. Aber zur
Mittagszeit und wenn die Kinder saubergemacht wurden, ge-
schah folgendes: die Erzieherinnen zogen sich zu diesem
Zweck einen weißen Kittel an und nahmen dann die Kinder;
meine fingen dabei sofort an zu brüllen; das Brüllen setzte ein,
sobald die weißen Kittel sichtbar wurden, und hielt so lange
an, bis die Kinder fertig versorgt waren ... Ich habe daran ge-
dacht, daß die Kinder ihre Betreuerinnen in den weißen Kitteln
den Krankenschwestern gleichstellten, die sie auf der Station
für Frühgeborene gesehen hatten. Um den Zwillingen wieder
Vertrauen zu geben und um ihnen zu zeigen, daß die weißen
Kittel keine Trennung von mir anzeigten, habe ich mir zu Hau-
se selbst einen weißen Kittel angezogen, wenn ich sie badete
oder ihnen ihr Fläschchen gab. Ab diesem Zeitpunkt war keine
Angstreaktion oder ähnliches mehr festzustellen.« Nachdem ei-
nige Tage vergangen waren und sie die Kinder wieder in die
Kinderkrippe brachte, gab es keine Reaktion mehr auf die wei-
ßen Kittel der Betreuerinnen.

Dieses Beispiel zeigt, wie sehr die Kinder bei allem Neuen,
was auf sie zukommt, der Vermittlung durch die Mutter be-
dürfen. Hier geht es nicht um eine neue Erfahrung, sondern
um die Vergangenheit, die für die Kinder beängstigende Situationen geschaffen hatte und in die sie nicht zurückversetzt
werden wollten; diese Mutter hat sich intuitiv genauso verhalten, wie eine Mutter es tun sollte, und Intelligenz bewiesen.
Sie verdient mein Kompliment.

27. Kapitel

Aneinanderhängende Babys, eifersüchtige Zwillinge

Nehmen wir denselben Brief wieder auf, um auf die Frage zu sprechen zu kommen, die Ihnen die Mutter stellte. Der Junge und das Mädchen — beide jetzt fünfeinhalb Jahre alt — sind bisher gemeinsam aufgewachsen, ohne daß einer den anderen dominierte. Sie waren sehr verschieden voneinander und hatten auch unterschiedliche Interessengebiete. Bis sie fünf Jahre alt waren und in den Vorschulkindergarten kamen, herrschte allerdings eine starke Rivalität zwischen beiden und ein gegenseitiges Wetteifern. Damals hatte man den Eindruck, daß das Mädchen weiter war als sein Bruder: »Man fühlte, daß das Mädchen den Jungen dominierte, vor allem durch seine Selbständigkeit.« *Um die fünf Jahre hat der Junge insbesondere in der Vorschule einen Riesenschritt nach vorn gemacht. Sie gehörten der gleichen Gruppe an, und die Erzieherin hat wahrscheinlich den Jungen in bezug auf die Fortschritte, die er machte, sehr viel gelobt. Die Mutter betont, daß weder sie noch ihr Mann die beiden Kinder miteinander verglichen und entsprechende Kommentare abgegeben hätten.* »Ab diesem Zeitpunkt«, *so die Mutter,* »habe ich den Eindruck gehabt, daß das Mädchen sich von seinem Bruder unterdrücken ließ. Sie hatte sogar die Tendenz, in ihrer Entwicklung zurückzufallen: ihre Sprache wurde schlechter, sie hatte Gedächtnisstörungen usw.« *Diese Situation hält jetzt schon gute sechs Monate an. Die Mutter bat darum, daß die beiden Kinder in zwei verschiedene Gruppen kommen, was die Kinder übrigens mit großer Freude akzeptierten. Ihre Frage aber lautet:* »Wie kann man dem kleinen Mädchen aus diesem Engpaß heraushelfen, und was soll man tun, damit es sein Selbstvertrauen wieder zurückgewinnt?«

Ich habe den Eindruck, daß dieses Mädchen gerade seine Weiblichkeit entdeckt hat, also genau das, was es von ihrem

165

Bruder unterscheidet. Lange Zeit war zwischen ihnen alles ganz selbstverständlich, da sie Zwillinge waren. Die Frage nach Unterschiedlichem stellte sich nicht einmal. Ich könnte mir denken, daß die Eltern den beiden nicht genügend den Unterschied zwischen ihnen erklärt haben und ihnen solche einfachen Dinge sagten wie: »Du wirst ein Mann werden, du wirst eine Frau werden«, und zwar in einem Alter, als sie noch ganz klein waren. Ich glaube auch, daß es für das Mädchen von Nachteil war, daß es in der Vorschule eine Erzieherin bekommen hat. Bei einem Erzieher hätte sie *ihre* Möglichkeiten ins Spiel bringen können, denn die kleinen Mädchen haben eine freche Zunge, was bei ihnen ganz normal ist. Der Junge hätte sich dann gesagt: »Auch hier hat sie die Oberhand.« Doch in der Vorschule traf der Junge andere Jungen. Er hat sich gesagt: »Die sind wie ich, und sie, sie ist nicht wie ich.« Vielleicht haben die Eltern also zu wenig über den Geschlechtsunterschied gesprochen. Deshalb fühlen die Kinder sich jetzt erleichtert, getrennt zu sein. Denn Zwillinge verschiedenen Geschlechts wie diese können nicht ineinander verliebt sein, wie es zwischen Jungen und Mädchen ab drei Jahre normalerweise der Fall ist: alle Kinder, die in diesem Alter im Kindergarten oder in der Vorschule sind, haben — ob sie es nun zugeben oder nicht — unter ihren Freunden einen kleinen Verlobten oder eine kleine Verlobte. Und ein kleines Mädchen hat immer ein Auge auf seinen kleinen Bruder, denn bis dahin wurde es ja von ihm bevorzugt. Jetzt aber hat er Jungen als Freunde und vielleicht auch noch ein kleines Mädchen, das ihn anzieht. Das Mädchen hat sich also von seinem privilegierten Platz als einziger — noch dazu weiblicher — Partner fortgejagt gefühlt. Das kann man leicht verstehen. Seine Eltern sollten es dem Mädchen genauso erklären. Man muß diesen Kindern schon jetzt sagen, daß sie immer die Freundschaft zwischen sich haben werden, sich aber, da sie Geschwister sind, doch werden trennen müssen. Später werden sie jeweils andere Partner haben, das Mädchen einen Jungen, der ihr Verlobter und dann ihr Mann sein wird, und er ein anderes Mädchen, das später seine Frau sein wird.

Und wenn es sich um ›richtige‹, d. h. eineiige Zwillinge, zwei Mädchen oder zwei Jungen handelt? …

In diesem Fall verhält es sich ganz anders, weil die Konkurrenz zwischen beiden viel größer ist. Bis ins Pubertätsalter hält sie sich verborgen, bis dahin sind beide gewöhnlich untrennbar wie eine zweistellige Zahl. Eigentlich muß es nicht so sein. Die Eltern, die es feststellen, sollten sie schon von klein auf an verschieden kleiden und ihnen verschiedenes Spielzeug geben, selbst wenn sie es dann untereinander austauschen. Sie sollten sie, sofern es möglich ist, von verschiedenen Freunden einladen lassen und sie in verschiedene Klassen schicken. Aber es kommt vor, daß Zwillinge tatsächlich untrennbar sind. Wenn sie sich alles in allem gut entwickeln und sich in einer gleichen Kindergartengruppe oder Vorschulklasse durch eine zu starke Abhängigkeit auch nicht schaden und beide in die gleiche Gruppe oder Klasse gehen wollen, kann man sie durchaus zusammen lassen.

Allgemein gesprochen ist es immer schädlich, zwei nahe aufeinanderfolgende Kinder gleich zu erziehen; dasselbe trifft natürlich auch auf Zwillinge zu.

Dieser Standpunkt scheint aber noch nicht sehr verbreitet zu sein, denn man sieht sehr viele kleine Brüder oder kleine Schwestern, die die gleichen Kleider anhaben …

Eben. Dabei sollten Zwillinge schon von klein auf als Individuen erzogen werden, denn sonst hängen sie zu stark aneinander. Meistens gibt es dann einen, der den Ton angibt, und der andere wird dominiert, was für beide schlecht ist. Wie gesagt, es wäre besser, sie von Anfang an verschieden aufwachsen zu lassen. Was den Kindergarten angeht, sollte man sie, soweit es machbar ist, in verschiedene Gruppen aufnehmen lassen. Man sollte so früh wie möglich in diesem Sinne handeln, denn wenn sie es erst einmal gewöhnt sind, ständig aneinanderzuhängen, kann man sie nicht mehr trennen. In der Pubertätszeit kommt es dann zu einem fürchterlichen Kleinkrieg, denn keiner von beiden kann akzeptieren, daß ein vom anderen ausgesuchter Dritter auftaucht. Der eine nimmt dem anderen gegenüber also sofort die Stellung eines Rivalen ein, sobald dieser beginnt, irgendeinem kleinen Freund seine Achtung zu schenken. Es wäre also besser, wenn sie sich nicht von Anfang an ständig beobachten. Sie sollten von ihren Eltern, egal, ob Zwillinge oder nicht, als vollkommen verschiedene Personen betrachtet werden. Das ist immer sehr wichtig, auch dann, wenn sich die Kinder sehr ähnlich sehen.

Ich habe oft um mich herum sagen hören: »Zwillinge darf man nicht trennen.« Aber auch wenn sie vor der Geburt zusammen gewesen sind, gibt es doch später keinen Grund, den einen fortan als den Schatten des anderen zu betrachten. Sonst schreibt man sie doch in ihrer Entwicklung fest wie einen Gegenstand und bezieht sie immer nur auf ihre Vergangenheit ... Man sollte sie jedoch vielmehr aus dem heraus beurteilen, was sie *heute* sind, und *heute* sind sie verschieden. Im allgemeinen haben sie einen verschiedenen Patenonkel oder eine verschiedene Patentante; mit denen sollten sie getrennt ausgehen. Sehen Sie, man soll sie ständig voneinander unterscheiden, ihnen die Möglichkeit geben, Persönlichkeiten zu entwickeln, die so verschieden wie möglich sind.

Und auch mit ihnen sollte man sprechen, ihnen Erklärungen anbieten ...

Natürlich.

28. KAPITEL

Nein sagen und doch das Richtige tun
(Gehorsam)

*Dieser Brief wirft das Problem der Autorität in der Familie auf:
»Ich möchte gern wissen, ab welchem Alter man von einem
Kind Gehorsam verlangen kann, z. B. sein Spielzeug aufzuräumen, am Tisch sitzen zu bleiben, ins Bett zu gehen, aufhören
zu spielen, eine Tür zu schließen usw.« Die Frau, die uns diesen Brief schreibt, hat ein zweijähriges Kind. Sie fügt hinzu:
»Ich muß den ganzen Tag irgendwelche Tricks anwenden, damit mir mein Kind gehorcht, denn seit einigen Monaten befindet es sich in einer Phase, in der es systematisch ›nein‹ sagt,
eine Angewohnheit, die ein immer stärkeres Ausmaß annimmt.«*

Dieses Kind ist dabei, seine psychologische Struktur, die es
als Baby hatte, zu verändern. Als Baby kam es nicht umhin,
das zu tun, was seine Mutter von ihm verlangte; es handelte
also stets nach dem Willen seiner Mutter, weil es mit ihr eine
Einheit bildete. Jetzt kann es zwischen ›Ich-Ich‹ und ›Ich-Du‹
unterscheiden und wird genauso zum ›Ich‹ wie seine Mutter.
Parallel dazu gerät es in eine Phase, in der es ständig ›nein‹
sagt, die übrigens sehr positiv für die psychische Entwicklung
des Kindes ist, wenn die Mutter richtig damit umgeht. Das
Kind *sagt* ›nein‹ und *handelt* doch, als würde es ›ja‹ gesagt haben. Das bedeutet folgendes: ›Nein‹, weil du mich darum bit-
test, und ›ja‹, weil das Kind im gleichen Augenblick denkt,
daß »*Ich* es doch gern tun würde«. Die Mutter könnte dem
Kind in solchen Situationen viel helfen, wenn sie sagen würde: »Weißt du, wenn dein Vater da wäre, würde er dir wahrscheinlich genau dasselbe sagen wie ich.« Doch sie sollte auch
nicht zu sehr auf ihrem Wunsch bestehen. Einige Minuten
später wird das Kind schon tun, was sie von ihm verlangte. Es

169

wird es von sich aus tun, um, wie in diesem Fall, ein ›Mann‹ zu werden und kein Kind zu bleiben, das man wie einen Hund, wie einen ›Kleinen‹, der einen Herrn braucht, herumkommandiert. Es ist gerade dabei, zu lernen, von dem auszugehen, was *sein Ich* will. Diese Zeit ist für die Mutter zwar nicht so bequem, aber es handelt sich um einen sehr wichtigen Augenblick im Leben des Kindes.

Die Mutter spricht auch vom ›Aufräumen‹. Ein Kind kann eigentlich, ohne seine psychische Entwicklung zu gefährden, bis zum Alter von dreieinhalb bis vier Jahren nicht aufräumen. Ein Kind, das zu früh aufräumt, kann zwanghaft werden ...

Was verstehen Sie unter ›zwanghaft‹?

Zwanghaft ist derjenige, der später nur Dinge tun wird, weil sie getan werden müssen, und nicht, weil sie einen Sinn haben, er handelt also nach einer Art von Ritual. Er bewegt sich nicht mehr unter Lebenden, er ist wie ein Ding den anderen Dingen unterworfen. Während die Eltern gut wissen, daß es nützlich ist, wenn man aufräumt, weiß das Kind davon noch nichts: je mehr Unordnung um es herum ist, desto stärker fühlt es sein eigenes Lebendigsein. Ein Kind macht, wenn es spielt, immer Unordnung. Es hat noch nicht *seine eigene Ordnung. Seine eigene Ordnung* wird es haben, wenn es sieben Jahre alt sein wird. Sicherlich kann es schon mit vier Jahren beginnen aufzuräumen, vor allem, wenn seine Mutter ihm sagt: »Wir räumen, bevor wir etwas anderes machen, jetzt erst einmal auf. Vielleicht magst du mir dabei helfen.« Sie übernimmt dreiviertel der Arbeit, das Kind den Rest, zwar ungern, aber es macht trotzdem mit. Nach einer gewissen Zeit räumt es auch auf, weil es seinen Vater aufräumen sieht. Hier ist allerdings Vorsicht geboten! Den Jungen, deren Väter selbst nie aufgeräumt haben, fällt es später sehr schwer, ›ordentlich‹ zu werden. In diesem Fall sollte der Vater aber auch eingreifen, indem er z. B. zu seinem Sohn sagt: »Siehst du, als ich klein war, habe ich nicht gelernt, aufzuräumen. Heute stört es mich, weil ich meine Sachen nicht wiederfinde. Deine

Mutter hat recht. Versuche also, *ordentlicher* als ich zu werden.« Es ist eine bekannte Tatsache, daß die Jungen deshalb nicht ›ordentlich‹ werden, weil immer nur die Mutter, als sie klein waren, von ihnen verlangte, aufzuräumen bzw. der Vater nicht mithalf, sei es, durch ein vorbildliches Verhalten oder durch Worte, die ihnen hätten verständlich machen können, wie störend die Unordnung für das alltägliche Leben sein kann.

Und in bezug auf die anderen Probleme, wie am Tisch sitzen zu bleiben oder ins Bett zu gehen? Wenn ein Kind einfach ›nein‹ sagt und nicht tut, was man von ihm verlangt?

Es ist ja auch nicht ›richtig‹, ins Bett zu gehen, wenn man nicht müde ist. Für die Eltern ist doch entscheidend, daß sie ab einer bestimmten Uhrzeit am Abend ihre Ruhe haben. Und dann sollten sie es dem Kind auch sagen: »Nun ist es Zeit, *uns* in Ruhe zu lassen; *wir* wollen unsere Ruhe haben, geh in dein Zimmer und leg dich hin, wenn du dich müde fühlst.« Mehr braucht man nicht zu sagen. Das Kind wird sich schon irgendwann hinlegen, und zwar nicht, weil man es dazu gezwungen hat, sondern weil es müde ist. Vielleicht wird es auch irgendwo auf dem Teppich einschlafen oder dort, wo es ihm nicht so kalt ist; ein oder zwei Stunden später werden die Eltern das Kind dann ins Bett legen. Das Kind soll seine Lebensgewohnheiten selbständig lernen. Wenn die Mutter immer den Ton angibt und alles entscheidet, wird es am Ende seinen eigenen Körper nicht mehr spüren, und dieser wird immer noch dem Erwachsenen gehören. Hier besteht die Gefahr, daß das Kind unselbständig bleibt.

Ein anderer Brief spricht nun jene kleinen Probleme an, die sich abends in der Familie ereignen. Eine Mutter schreibt: »Ich habe einen kleinen Teufel, der 18 Monate alt ist. Schon mit acht Monaten hatte er die Gitterstäbchen seines Bettes kaputtgemacht, um aus dem Bett auszusteigen und an die Tür klopfen zu können, wenn er nicht mehr schlafen wollte. Mit 14 Monaten hat er sich etwas Neues einfallen lassen. Er schläft sehr

171

*oft vor einer Fenstertür der Wohnung auf dem Fußboden ein.
Wir wollten ihn nicht stören und haben ihm einfach einen dik-
keren Teppich hingelegt, damit er nicht friert. Und komischer-
weise legte er sich danach dort nicht mehr so oft hin.« Ihre Frage lautet: »Wieso kann die Ecke einer Wohnung für ein Kind so
anziehend werden? Sind es die Landschaft hinter der Fenstertür oder die Lichter auf der Straße? Vielleicht liegt es aber auch
daran, daß es dort kühler ist, denn unser Kind mag die Bett-
tücher überhaupt nicht und strampelt sie immer von sich weg.
Warum aber geht er jetzt weniger dorthin, seitdem der Teppich
da ist?«*

Das Problem ist ein wenig kompliziert. Ich vermute, daß das
Kind auch ohne den Teppich nach einer gewissen Zeit ähnlich gehandelt hätte. Am Anfang fühlt sich das Kind durch
den Ausgang, den diese Ecke durch die Fenstertür anzeigt, zu
diesem Platz hingezogen; es möchte z. B. gern auf der Straße
spazierengehen. Warum eigentlich auch nicht, wo es doch
noch gar nicht müde ist? Also geht es dorthin, wo irgend etwas passiert. Es lenkt sich ab. Es kann ja weder lesen noch
sich allein irgendwelche Bilder ansehen. Also geht es jetzt
dorthin, wo sich etwas bewegt, wo Leben ist ... Wenn die Kinder ins Bett gehen, sollte man übrigens nicht ihr Spielzeug
aufräumen, bevor sie einschlafen. Zuerst soll man sie ins Bett
bringen und dann ihr Spielzeug aufräumen. Denn das Spielzeug ist wie ein Teil ihrer selbst ..., es geht schlafen, weil sie
schlafen gehen. Und dieses Kind sieht, daß das Leben weiter-
geht. Nach und nach wird es sich an seinen eigenen Rhythmus
und an sein eigenes Bedürfnis nach Ruhe und Schlaf gewöhnen. Bald wird es auch allein in sein Bett klettern können.
Jetzt hat es die Stäbchen kaputtgemacht, was gut ist, denn es
braucht sie anscheinend nicht mehr.

Mit acht Monaten eine ganz respektable Leistung!

Ja, es zeigt, wie stark es schon ist. Sobald ein Kind anfängt
herumzuklettern, sollte man neben sein Bett eine Art Treppe,
einen Stuhl oder einen kleinen Hocker stellen, damit es nicht

von der Bettkante herunterfällt bzw. über die Gitterstäbchen leicht aus seinem Bett steigen kann. Für ein Kind, das noch nicht eingeschlafen ist, gibt es nämlich nichts Schlimmeres, als sich wie in einem Käfig eingesperrt zu fühlen. Ganz besonders schlimm ist es bei einem Einzelkind ... Wenn Kinder dagegen zu zweit oder dritt im Zimmer sind, amüsieren sie sich so lange, bis das erste Kind eingeschlafen ist.

Könnten Sie noch etwas in bezug auf die Phase sagen, in der die Kinder ständig ›nein‹ sagen?

Sie findet bei jenen Jungen, die schon recht weit in ihrer Entwicklung sind, um die 18 Monate statt, ansonsten um die 21 Monate ... Es ist ein Augenblick in der Entwicklung des Kindes, den man akzeptieren muß und den man dem Kind nicht verübeln darf. Am besten, man geht gar nicht auf das ›nein‹ ein. Das Kind wird später schon tun, was die Mutter von ihm verlangte.

Ich komme jetzt auf die Situation am Eßtisch bei den Familienmahlzeiten zu sprechen. Eine Mutter schreibt Ihnen, daß sie eine fünfjährige Tochter hat, die die Älteste von noch zwei anderen Kindern ist. Sie ist mit der Art und Weise, wie ihr Mann ihrer noch recht jungen Tochter die Eßmanieren beibringt, nicht einverstanden: »Meiner Meinung nach verlangt mein Mann zu viel von einem Kind dieses Alters; so besteht er darauf, daß sich dieses kleine Mädchen beim Essen gerade hält — mit den Ellenbogen am Körper — oder daß es mit geschlossenem Mund und ohne Geräusche ißt. Ich dagegen meine, daß man ihr dies alles Schritt für Schritt beibringen kann und warten sollte, bis es das eine gelernt hat, um danach das nächstfolgende zu lernen. In der Woche nehmen die Kinder ihre Mahlzeiten in der Küche ein, am Sonntag aber nicht. Und diese Mahlzeiten werden wegen der ständigen Bemerkungen meines Mannes gegenüber unserer Tochter zur wahren Hölle. Wie könnte man ein Gleichgewicht in dem Sinne herstellen, daß man die Kinder beim Essen einerseits erzieht, andererseits aber auch eine gemütliche Atmosphäre schafft? Was kann man von einem fünfjährigen Kind eigentlich verlangen? Sollte man in diesem Fall nicht doch noch ein wenig warten?« Einen weiteren, wohl wichtigen Aspekt erwähnt sie in ihrem Brief auch noch: »Mein Mann gibt unserer Tochter — natürlich kleine — Schläge mit einer Gabel.« Die Dame beeilt sich dann zu sagen, daß der Vater ansonsten vorbildlich sei, viel mit den Kindern spielt, er sie gern hat, ihre Schulaufgaben verfolgt und ihnen vorliest ... Aber bei Tisch grenze sein Verhalten an Hysterie ...

Es ist eigentlich ärgerlich, daß uns nur die Mutter geschrieben hat, ohne daß der Vater seine Meinung geäußert hat. Ich muß sagen, daß dieses Mädchen mit fünfeinhalb Jahren an sich schon wie ein Erwachsener essen müßte. Es ist möglich, daß die Mutter ihren Kindern nicht beigebracht hat, wie man sauber ißt, weil sie sie oft allein in der Küche essen ließ. Ein Kind kann ab drei Jahren problemlos sauber essen. Genauso wie ein Erwachsener. Ich denke mir, daß sich der Vater quasi wünscht, seine Tochter so makellos zu sehen, daß man sie mit den Augen essen könnte; er behandelt sie ja auch ein wenig wie etwas Eßbares, indem er mit der Gabel nach ihr sticht! Er möchte seine Tochter perfekt haben — weil er sie wahrscheinlich über alles liebt —, und sie spürt es. Ich frage mich, ob die Probleme nicht daraus entstehen, daß die Mutter vor den Mahlzeiten Angst hat und die Kleine ein wenig darauf spekuliert, daß es zur gewohnten Auseinandersetzung zwischen ihren Eltern kommt. Das fühlt sie meiner Ansicht nach genau. Die Mutter sollte einmal ihre Tochter, wenn der Vater nicht da ist, beiseite nehmen und nicht immer völlig außer sich geraten. Sie könnte ihr dann sagen: »Hör mal zu, wir werden uns jetzt irgendwie einigen, damit du sauber essen kannst; dein Vater hat recht, denn du mußt schon sauber essen. Vielleicht gefällt es dir, daß sich dein Vater am Tisch nur um dich kümmert. Ich finde es aber nicht so lustig. Es wäre mir viel lieber, wenn wir am Tisch über etwas anderes sprechen könnten.«
Es ist für die Mutter sehr schlecht, daß sich während der Mahlzeiten ein ständiger Kleinkrieg zwischen den Familienmitgliedern abspielt. Für das Mädchen ist es weder gut noch

schlecht. Für sie ist es deswegen kein so großes Problem, weil sie die Vertraulichkeit ihres Vaters genießt und sich dabei als triumphierende Rivalin ihrer Mutter fühlt. Das Ärgerliche ist, daß es zu keinen wirklich gemeinsamen Essen mehr kommt. Die Mutter sollte sich also ihrer Tochter gegenüber bemühen. Ich glaube, daß sie in weniger als einer Woche sauber essen könnte.

Erlauben Sie mir eine persönliche Bemerkung? Ich finde, daß es doch einen gewissen Spielraum gibt, ob man nun sauber ißt oder am Tisch wie bei der Armee dazu gedrillt wird ... Kann man denn wirklich von einem fünfjährigen Kind darüber hinaus, daß es sauber ißt, noch verlangen, daß es seinen Mund hält bzw. mit geschlossenem Mund essen soll? Ist das für seine Erziehung denn wirklich so wichtig?

Es ist in diesem Fall wichtig, weil ihr Vater darauf besteht ...

Wäre es nicht umgekehrt besser, wenn er die Angelegenheit nicht so wichtig nehmen würde?

Wenn er nur in dem Maße darauf achten würde, wie es notwendig wäre, würde die Kleine ganz bestimmt sauber essen, davon bin ich überzeugt. Sie provoziert ihren Vater, damit es zu den Auseinandersetzungen am Tisch kommt; ein fünfjähriges Kind kann es durchaus lustig finden, wenn es mit ansieht, wie sich seine Mutter und sein Vater seinetwegen vor ihm in die Haare kriegen. Und selbst wenn die Mutter des Kindes, von dem wir gerade sprechen, am Tisch gar nichts sagen würde, würde die Tochter genau spüren, was los ist und am Ende die Königin beim Essen sein, da der Vater sich nur noch um sie kümmert. Ich frage mich auch, ob die Mutter nicht einmal mit dem Vater allein sprechen könnte, also außerhalb von den Mahlzeiten. Sie könnte ihm dann sagen: »Was hältst du davon, wenn die Kinder auch am Wochenende vor uns essen, und zwar so lange, bis sie es perfekt können?« Es könnte ja sein, daß ihm diese Auseinandersetzungen am Tisch selbst gefallen? Ich weiß es nicht. Das ist die andere Seite des Problems, daß der Vater von sich aus keinen Brief geschrieben hat und sich über nichts beklagt, obwohl sich doch bei allen Mahlzeiten die gleiche Szene von neuem abspielt; es ist gerade so, als ob er und seine Tochter zwei Clowns wären, die sich beim Essen gegenseitig einen gelungenen Sketch vorspielen.

Noch eine weitere Frage wollte ich Ihnen stellen. Gibt es eigentlich einen bestimmten Zeitabschnitt, in dessen Verlauf sich die Kinder besonders gerne Schimpfworte sagen? Hier geht es um folgendes: Eine Mutter von drei Kindern, zwei Jungen von sieben und vier und ein Mädchen von drei Jahren, schreibt uns: »Mir persönlich machen Schimpfworte nicht so viel aus. Aber trotzdem ist es in Gesellschaft anderer, wenn also Leute bei uns sind, ziemlich peinlich zu hören, wie die Kinder in der Wohnung herumziehen und dabei wie die Kutscher herumfluchen. In unserer Familie ist es eigentlich nicht üblich, Schimpfworte zu gebrauchen. Das haben sie aus dem Kindergarten oder der Schule.« Sie fügt dann noch hinzu: »Das letzte Schimpfwort, das sie gelernt haben, war ›Arschloch‹. Davor war ›Kackwurst‹ an der Reihe gewesen, und das Nächste läßt auch nicht gerade Gutes erwarten. Was soll ich tun? Soll ich so tun, als würde ich nichts hören?«

Schimpfworte zu gebrauchen bedeutet für das Kind soviel wie so groß wie ein Erwachsener zu sein. Es ist ja ganz toll, denn man fühlt sich wirklich wie ein Erwachsener. Und es bringt auch besonderen Spaß, sie — wenn man erst einmal dazu in der Lage ist — auf Wände zu kritzeln. Man kann ihnen z. B. sagen: »Und jetzt? Was kennt ihr denn noch für Schimpfworte?« Und dann wird diese Phase recht schnell vorbei sein. Es gibt ja nicht mehr als vier oder fünf, die sie kennen … Der Vater z. B. könnte sagen: »Was, du kennst nur vier oder fünf? Hör mir mal zu, du solltest noch andere lernen, damit du im Kindergarten oder in der Schule genügend auf Lager hast.« Und dann kann der Vater welche erfinden, auch irgendwelchen Unsinn, wenn ihm keine anderen mehr einfallen. Es sollte sagen: »Das alles ist für den Kindergarten oder die Schule. Hier mußt du leben wie deine Eltern. Aber kennen solltest du sie alle. Und wenn du sie nicht schreiben kannst, werde ich es dir zeigen.« Das Kind wird dann sehr froh sein. Man darf dann Schimpfworte unter den Kameraden gebrauchen und fühlt sich dabei wie ein Erwachsener; zu Hause lebt man, wie es dem Lebensstil, der dort jeweils herrscht, entspricht.

Wenn die Kinder in ihrem Zimmer sind und ihre Tür zugemacht haben, sollte die Mutter nicht an der Tür lauschen. Es ist dann schließlich ihre eigene Welt. Und wenn sie zufällig — das kommt immer wieder vor — vor allen Leuten Schimpfworte sagen, sollte man ihnen sagen: »Hier sind wir in Gesellschaft oder unter Leuten. Handele so, als wärest du ein Erwachsener ..., sonst wirst du ja wie ein Baby aussehen.« Wenn es sich um Kinder handelt, die *ein wirkliches Bedürfnis empfinden,* ein Schimpfwort auszusprechen, könnte ihnen die Mutter sagen: »Das kannst du auf der Toilette machen. Alles Schmutzige macht man auf dem Klo. Also geh doch hin! Bitte, erleichtere dich dort.« Und die Mütter werden sich wundern, daß die Kinder auf dem Klo alle Schimpfworte aus sich herausbrüllen und sie nachher zufrieden sehen. Weil sie eben ein *Bedürfnis* hatten, sich auszusprechen. Es gibt auch Kinder, die auf alles eine Antwort haben wollen. Die Mutter kann dann ruhig einmal sagen: »Weißt du, ich habe nichts gehört, ich habe mir Watte in die Ohren gesteckt.« Das Kind wird nicht dumm sein und verstehen, daß diese Antwort nur bedeuten kann, daß es nicht richtig war, nach allem zu fragen. Und es wird der Mutter letztlich dankbar sein, daß sie es ihm über eine List verständlich gemacht hat.

177

29. KAPITEL

Nackt, vor wem?

Wir hatten schon einmal das Problem erwähnt, ob sich die Eltern nackt vor ihren Kindern zeigen sollen; Sie waren seinerzeit nur flüchtig auf die Fragestellung eingegangen, weil Ihnen das Problem nicht allzu wichtig erschien ... Doch Ihre kurze Antwort führte zu einer Flut von Protestbriefen, insbesondere von Nudisten ...

Dann wäre es interessant, länger darüber zu sprechen.

Zunächst die Stellungnahme der Nudisten: »Wir bringen unsere Kinder regelmäßig in Nudistenzentren. Dort schämen sie sich weder ihres eigenen Körpers noch des ihrer Eltern.« Sie betrachten den Aufenthalt in den Nudistencamps im übrigen auch als einen sehr guten Beginn der Sexualerziehung ihrer Kinder. Eine andere Mutter, die auch nicht mit dem einverstanden war, was Sie gesagt haben, schreibt: »Man muß in allem natürlich sein.« Sie wirft Ihnen vor, in bezug auf das Nacktsein zu rigide zu urteilen. Andere wiederum haben nicht genau verstanden, was Sie gesagt haben. Sie meinten, daß nach Ihrer Ansicht die Eltern vor ihren Kindern keine Zärtlichkeiten austauschen sollten. Hier handelt es sich aber um ein anderes Problem, glaube ich. Man sollte wohl nicht alles durcheinanderbringen ...

Zum einen habe ich niemals von Scham gesprochen. Gerade das Gegenteil ist doch der Fall, denn die Kinder sind sehr stolz auf den Körper ihrer Eltern. Für sie sind ihre Eltern perfekt, wenn sie nackt sind (d. h. sie sind für die Kinder überhaupt perfekt). Doch gibt es Phasen im Leben eines Kindes, in denen es nicht alles sieht. Wenn es noch sehr klein ist, sieht es z. B. nicht die Sexualorgane. Erst wenn es den geschlechtlichen Unterschied, d. h. überhaupt die Formunterschiede wahrnehmen kann, fängt es an, wirklich zu ›sehen‹

und die Körper zu betrachten. Die Erwachsenen werden feststellen, daß ein Kind zwischen 18 Monaten und zweieinhalb Jahren noch keine Vorstellung für das Volumen von etwas oder in bezug auf den Unterschied verschiedener Körper oder Dinge hat. Der Augenblick, in dem es Unterschiede feststellt, ist in der Entwicklung des Kindes sehr wichtig, da damit die Strukturierung der Realität für das Kind beginnt. Und in diesem Alter ist z. B. der Unterschied im Volumen von etwas ein Unterschied in der Schönheit: *Das Große ist besser als das Kleine.* Das Kind fühlt sich deshalb den Erwachsenen gegenüber minderwertig, obwohl es gerade in diesem Augenblick in die Lage kommt, sich ebensogut wie die Erwachsenen sprachlich zu artikulieren. Seinen ›Wert‹ auf der sexuellen und körperlichen Ebene aber relativiert es an diesem ›wunderbaren‹ Vater und dieser ›wunderbaren‹ Mutter. Und genau das hatte ich damals gesagt.

Anders verhält es sich bei Erwachsenen, die nackt am Strand herumlaufen. Denn in diesem Fall wird es ja von allen praktiziert, ist also gesellschaftlich anerkannt und interessiert die Kinder nicht mehr oder weniger als alles andere, was sie sonst in der Welt entdecken. Sie wissen dann, daß ihre Eltern so wie alle anderen gebaut sind, warum auch nicht. Aber die Eltern sind für die Kinder in einem ganz anderen Sinn wichtig. Dadurch, daß sie ihre Eltern tagtäglich nackt vor ihren Augen sehen, nehmen sie sie in diesem nackten Zustand nicht richtig wahr. Im Grunde stellen sie sich deren Körper nun wie zugedeckt vor — decken ihn in ihrer Fantasie zu —, weil das Nacktsein ihrer Eltern und deren Schönheit sie verletzt. Oft verstehen das die Eltern nicht.

Aber mit fünfeinhalb, sechs oder sieben Jahren — das hängt von den Kindern ab — verhält es sich genau umgekehrt, denn die Kinder achten nun auf nichts anderes als auf sich selbst und ihre Freunde. Ab diesem Zeitpunkt können die Eltern also tun und lassen, was sie wollen, unter der Voraussetzung allerdings, daß sie ihre Kinder nicht zwingen, das zu tun, was sie selbst tun. Später dann, in der Vorpubertät, geraten die Kinder wieder in eine Phase, in der sie sich minderwertig vorkommen. Ich selbst habe bei kleinen Mädchen, die zum erstenmal mit ihren Eltern die Ferien auf einem FKK-Gelände verbrachten oder verbringen mußten, einige psychologische Prozesse beobachten können. Die Eltern hatten gedacht, daß ihre Töchter nun groß genug dafür seien, und die Kinder freuten sich auch, mit ihren Eltern zusammen irgendwohin zu fahren. Bei der Rückkehr verstanden die Eltern dann nicht mehr, warum die jungen Mädchen — ich selbst habe mindestens sechs solcher Fälle gesehen — ihren Glanz verlieren und sehr schüchtern werden. Als ich die Gelegenheit hatte, sie im Krankenhaus bei der Psychotherapie zu sehen, war es so, als würden sie die Realität versteckt halten wollen: *Sie wollten nichts mehr sehen.* Sie versteckten sich auch sich selbst gegenüber:»Ich bin so häßlich! Ich sehe so mies aus! Die anderen Mädchen sind so hübsch!« In Wirklichkeit waren diese Mädchen besonders gut gebaut. Und das stimmt einen nachdenklich. Es ist seltsam, daß die jungen Mädchen oder jungen Männer, je schöner sie sind, desto eher glauben, schlecht auszusehen. Warum? Sie fragen sich, was von ihrem *Wert* übrig bleibt, wenn alles, was sie haben, gesehen wird ... In der Pubertätszeit fühlen sie sich regelrecht davon bedroht, von den anderen ständig angestarrt zu werden.

Aus diesem Grund habe ich gesagt, daß es nicht ungefährlich ist, wenn sich die Eltern vor ihren Kindern nackt zeigen; und nicht, daß ich einen nackten Körper an sich für etwas Schlechtes halten würde. Es gibt in der Entwicklung der Sensibilität der Kinder ganz bestimmte Merkwürdigkeiten. Wenn es nur darum ginge, daß sich Kinder im gleichen Alter voreinander nackt zeigen, würden keine Minderwertigkeitsgefühle entstehen.

Das kann ich also denjenigen sagen, die mich nach meiner Meinung zu diesem Thema gefragt haben ... Die anderen, d. h. diejenigen, die genau wissen, was sie tun, sollen so weitermachen. Man sollte sie nicht beunruhigen.

Könnten sich eigentlich FKK-Anhänger, die nach ihrem Urlaub in einem Nudistencamp wieder nach Hause zurückkehren, dann nur noch angezogen vor ihren Kindern zeigen? Wäre es nicht irgendwie unlogisch?

Was die Eltern in diesem Falle tun, ist eigentlich gar nicht so interessant. Wichtig erscheint mir, zuerst die Kinder nach ihrer Meinung zu fragen und ihnen den Standpunkt der Erwachsenen nicht aufzuzwingen. Im Grunde gibt es zwischen Eltern und Kindern immer dann Schwierigkeiten, wenn das Kind nicht die Freiheit besaß, was ihm vorgeschlagen wurde, auch ablehnen zu können. Oder es kommt vor, daß ein Kind zwar mit dem Kopf zustimmt, seine Meinung aber aus Erfahrung heraus ändert, diese Ablehnung dann aber nicht mehr akzeptiert wird.

Manche Briefe sprechen von einer Art ›Rückkehr zur Natur‹. Eine Mutter sagt uns: »Man versteckt sich weder, um zu essen, noch, um zu schlafen. Warum sollte man sich also verstecken, wenn man z. B. badet oder sich auszieht?« Andere Eltern denken auch, daß es für die spätere Sexualerziehung ganz gut ist, wenn man nackt vor seinen Kindern herumspaziert.

Ich glaube nicht daran. Die Eltern, die sich bei jeder Gelegenheit nackt zeigen, erlauben es ihren Kindern trotzdem nicht, ihren Körper oder ihr Geschlecht zu berühren. Bis zu welchem Punkt soll man dann eigentlich gehen? Es ist für einen Menschen sehr verwirrend, wenn er nicht mit dem Inzestverbot bekannt gemacht wird. Der Wert des Subjekts baut auf dem Inzestverbot auf: Es *darf* nicht vom Standpunkt der Energie seiner Libido aus (d. h. von den mannigfaltigen Formen, die seine sexuelle Energie annehmen kann) zu seiner Mutter (wenn es ein Junge ist) oder zu seinem Vater (wenn es ein Mädchen ist) zurückkehren.

Die Libido oder sexuelle Energie möchte ich einmal bildlich darstellen. Sie ist mit einem Fluß zu vergleichen, der seiner Quelle entspringt und in den Ozean mündet. Wenn ein Fluß nun unterwegs haltmacht, wird er zu einem Teich, der keine Kraft mehr hat. Und wohin wird der Fluß fließen, wenn er zu seiner Quelle zurückkehrt? Er wird immer mehr Wasser aufstauen. Es ist nun dieser Stau von Energie, der die Spannung bei dem Kind erzeugt.

Das Inzestverbot wird je nach Kind nicht vor sieben, acht

181

oder neun Jahren verarbeitet. Davor will das Kind, das sexuell erregt ist, auch das berühren, was seine Erregung verursacht; in diesem Moment nimmt es an sich einen sexuellen Spannungszustand wahr, der bei den Jungen an der Erektion sichtbar wird; bei den Mädchen kann man diesen Zustand zwar nicht sehen, er ist aber genauso vorhanden und wird auch ebenso empfunden, und zwar als Erregung und Wunsch nach körperlichen Kontakten.

Die Sexualerziehung hat nun mit der Form und dem Aussehen der Genitalien so gut wie nichts zu tun. Denn es geht vor allem um die Erziehung der Sensibilität, die gerade mit dem Verbot einhergeht, sein Leben lang seiner Mutter an der Brust zu saugen, sich sein Leben lang von seiner Mutter abputzen zu lassen oder mit ihr sexuelle Vertraulichkeiten haben zu dürfen. Diese Mutter schreibt uns nun: »Wir essen vor allen Leuten ...« Gut, vielleicht zeigt sie alle ihre Bedürfnisse öffentlich, d. h. vor den Augen ihrer Familie! Aber es würde mich trotzdem erstaunen, daß sie so weit geht, ihre Kinder aufzufordern, ihren sexuellen Beziehungen beizuwohnen ...

Nein. Sie sagt auch, daß es ihr nicht darum ginge, irgendwelche exhibitionistischen Verhaltensweisen zu praktizieren. Sie holt auch nicht das Kind, wenn sie sich auszieht. Aber sie sagt dennoch: »Wir schließen unseren Kindern gegenüber keine Türen zu.«

Dann muß sie ihren Kindern aber auch erlauben, daß sie ihre Türen zuschließen dürfen, wenn sie es wollen. Denn es gibt Kinder, die im Alter von sieben oder acht Jahren von ihren Eltern nicht nackt gesehen werden wollen. Es ist zwar komisch, aber es ist so. Und man sieht auch Eltern, die deswegen mit ihren Kindern schimpfen: »Du sollst beim Waschen die Tür auflassen«, während das Kind die Tür gerade abschließen will. Man soll also immer den Wunsch des Kindes respektieren, wenn sich daraus nichts Schädliches ergibt. Wenn man sich aber zu stark durchsetzt, will sich das Kind schließlich verteidigen, leidet aber darunter, daß es dazu letztlich nicht in der Lage ist. Im übrigen glaube ich, daß die meisten Eltern, die diesen Wunsch nach dem ›Natürlichen‹ oder dem Nacktsein haben, früher selbst sehr rigide Eltern hatten. Diejenigen, deren Eltern FKK-Anhänger gewesen sind, wissen sehr wohl, daß es sie in manchen Zeitabschnitten gestört hat; das Nacktsein stimulierte bei ihnen eine sexuelle Reaktionsbereitschaft, die ihren Körper vibrieren ließ, anstatt daß ihre Sexualität über die Sensibilität stimuliert worden wäre. Der Körper und die Gefühle sollen aber zusammengehören. Das Erwachsenenalter zu erreichen erfordert viel Selbstbeherrschung, erfordert, daß sich die Wünsche gleichzeitig entfalten und beherrschen lassen und zu guter Letzt die Verantwortung für sein Tun. Warum verstecken die Erwachsenen aus Schamgefühl ihre sexuelle Sensibilität? Eben deshalb, weil sie nicht jedem beliebigen Menschen ausgeliefert sein wollen. Sonst könnten sie von jemandem ausgenutzt werden, der ihren Körper einfach als Zeichen ihres Beziehungswunsches, und zwar eines rein körperlichen Beziehungswunsches ansieht, obwohl der andere ihrer Sensibilität, ihrer Ethik oder Intelligenz gar nicht entspricht. Wenn sie ihren Wunsch für jeden sichtbar mit sich herumtragen würden, würden sie vor jedem wehrlos dastehen: »Du begehrst mich, dann los, komm!« Auf der Ebene der Sexualität unterscheiden sich die Menschen von den Tieren ja gerade dadurch, daß mit dem sexuellen Wunsch die Liebe des *anderen* einhergeht; die menschliche Ethik verabscheut die Vergewaltigung als Angriff auf die Freiheit des anderen und als ein nicht durch die Sprache vereinbarter Wunsch zwischen zwei Menschen.

Bei den inzestuösen ödipalen Trieben können die sexuellen Impulse in der Pubertätszeit die Grenzen der bewußten Moralvorstellungen überschreiten und bei den Individuen existentielle Konflikte erzeugen. Es handelt sich um besonders empfindliche Momente, bei denen die Rolle der Erwachsenen gegenüber den Jugendlichen, denen dabei geholfen werden muß, ihre sexuellen Wünsche zu erkennen und beherrschen zu lernen, nicht darin besteht, die Verwirrung einer unerfahrenen Sexualität auszunutzen. Kurzfristig würde ein solches Verhalten zu Verführung und Abhängigkeit führen, d. h. zu dem genauen Gegenteil von Selbständigkeit und

Zugang zu verantwortungsvollem Handeln. Langfristig ergeben sich Verdrängungsmechanismen oder sexuelle Störungen mit Konsequenzen nicht nur für das Geschlechtsleben im Erwachsenenalter, sondern auch für das Ausgeglichensein der Persönlichkeit bzw. für das Selbstvertrauen infolge von kulturellen Mißerfolgen, die sich daraus ergeben.

Aus diesem Grund erscheint mir sowohl die vorgefaßte Meinung von FKK-Anhängern als auch die vorgefaßte Meinung derer, die alles, was mit dem Körper zu tun hat, verschweigen und ihre Kinder nicht genügend aufklären, gleichermaßen gefährlich im Rahmen der Erziehung von Kindern und Jugendlichen. Ich sage dies, um spätere Neurosen zu verhindern.

30. Kapitel

»Stell dir vor, sie wäre tot«
(Aggressivität)

Hier ist wieder eine Mutter, die nicht weiß, was sie tun soll. Sie hat mit großer Aufmerksamkeit Ihren Ausführungen über das Problem des Todes zugehört ... »Ich habe noch eine Frage an Sie, die eine Seite des Problems berührt, die Sie noch nicht angesprochen haben. Es geht mir um den Wunsch des Kindes, seinen Vater oder seine Mutter — je nachdem, ob es ein Junge oder Mädchen ist — zu töten. Insbesondere handelt es sich um den Wunsch meiner Tochter, daß ich tot wäre. Zwar versuche ich diese Problematik zu verstehen, muß aber gestehen, daß es mir schwerfällt. Ihr größter Spaß ist, mit uns ›Vater und Mutter‹ zu spielen. Dabei erzählt sie sich folgendes: »Du wärest jetzt der Vater — das sagt sie dem Vater —, du wärest das Baby — das sagt sie ihrer Mutter —, und ich wäre die Mutter...« Oft machen wir ihr Spielchen mit, doch es kommt auch vor, daß wir gerade keine Lust dazu haben. Dann sagt die Kleine: »Also gut! Ich bin der Vater, und ihr seid die Kinder.« Und wenn man sie fragt, wo die Mutter ist, sagt sie: »Sie ist tot.« Vor kurzem spielte sie zusammen mit einer Freundin, die sechs Jahre alt ist, und keine von beiden wollte die Mutter sein: »Stelle dir vor, sie wäre tot ...«

Sehen Sie, die Kinder benutzen den Konjunktiv; die Bedingungsform ist sehr wichtig, damit sie in die Einbildungs- oder Fantasiewelt eintreten können. Denn was sie sagen, spielt sich in einer Fantasiewelt ab, in einer von der Realität völlig verschiedenen Welt. Man sieht z. B. kleine Jungen mit einem Gewehr oder einer Pistole spielen und alle Leute ›töten‹ ... Sie sind begeistert, wenn man ihnen sagt: »Jetzt bin ich tot!« und dabei trotzdem seinen Beschäftigungen weiter nachgeht. Die Kinder brauchen diese eingebildeten Vorstellungen, weil sie ihnen ermöglichen, die schreckliche Abhängigkeit von den Eltern, die in der Realität ja existiert, von sich abzuschütteln. Sie stellen sich dann vor, in einer ganz anderen Welt zu sein, in der sie die Erwachsenen sind: *wenn* man in dieser Welt sein könnte ... Man ist aber nicht dort, und die Eltern sollten sich in diese Spiele der Kinder nicht einmischen. Es ist besser, daß sie sich da heraushalten. Die Dame schreibt uns noch: »Ich kann mir schon denken, daß es mit dem Ödipuskomplex zu tun hat ...« Das stimmt. Auf diese Art und Weise leben ihn die Kinder aus, und die Eltern sollten deswegen kein trauriges Gesicht machen. Im Gegenteil, sie sollten verbal akzeptieren, daß sie tot sind, müssen aber nicht den Toten spielen, da sie ja nur tot *wären,* wenn man sich in einer anderen Welt aufhielte. Für das Kind sind diese Vorstellungen auf jeden Fall positiv.

Sie sprachen gerade von Kindern, die mit Gewehren oder Pistolen spielen. Es gibt viele Eltern, die sich gegen die Industrie, die Kriegsspielzeug herstellt, auflehnen. Schockiert sie das? Soll man Kindern solches Spielzeug verbieten?

Wenn man es ihnen nicht schenkt, basteln sie es sich selbst aus Karton oder irgend etwas anderem. Sie brauchen diese Fantasien, daß sie das Leben und den Tod beherrschen. Das gehört zu der Existenz des Menschen, der es fertigbringen muß, die Geheimnisse des Lebens zu ..., mir fehlt das passende Wort, man könnte vielleicht sagen zu ›zähmen‹. Das Kind versetzt sich hierzu in eine Welt von Vorstellungen. Dank dieser Spiele erträgt es anschließend die Realität, die Einschränkungen der Freiheit, die allen Menschen zwangsläufig auferlegt sind, und zwar durch Leidsituationen, durch soziale Gesetze und schließlich durch den Tod. Wenn die Kinder diese Spiele nicht hätten, würden sie dieser grauenhaften Töterei, die in der Welt existiert, wehrlos gegenüberstehen. Die Fantasiewelt dient dazu, sich vor der Tragik der Realität zu schützen. Aber die Eltern sollten aus dem Spiel herausbleiben; sie brauchen auch nicht viel Geld für dieses Kriegsspielzeug auszugeben. Sie sollen nur wissen, daß die Kinder es nötig haben, damit zu spielen ...

Kommen wir auf das Problem der Aggressivität zurück ... Eine Mutter, die uns schreibt, hat vier Kinder: eine siebenjährige Tochter, einen fünfjährigen Sohn, eine Tochter von 22 Monaten und schließlich einen Sohn, der gerade zwei Monate alt ist. Der fünfjährige Sohn ist sehr aggressiv. Er scheint auch oft ›über den Wolken zu schweben‹ und ist dann schlecht gelaunt, wenn man ihn aus seinen Tagträumen wieder auf den Boden der Tatsachen zurückholt ...

Es handelt sich um ein zweites Kind, das nach einem Mädchen auf die Welt gekommen ist; das ist für einen Jungen in der Geschwisterreihe eine schwierige Stellung; wahrscheinlich will er so alt wie seine Schwester sein, um mit der Realität fertig zu werden. Man muß ihm aus der schwierigen Lage heraushelfen, die zum einen darin besteht, daß er nach dem Vorbild seines Geschwisters aufwächst, und zum anderen, daß er doch seinen eigenen Weg finden muß; beides zusammenzubringen fällt ihm noch schwer, und hier liegt auch eine gewisse Gefahr. Er möchte einerseits alles tun, was seine Schwester kann; andererseits will er aber auch seine Schwester *sein.* Letzteres deswegen, weil er einfach groß sein will, und nicht, weil er das gleiche Geschlecht wie ein Mädchen haben will. Eigentlich möchte er ja so werden wie sein Vater, aber seine größere Schwester scheint ihm den Weg dazu zu versperren. Ich glaube, der Vater müßte sich in dieser Familie mehr um seinen Sohn kümmern, er könnte mit ihm hin und wieder einmal allein spielen und sich dabei allein mit ihm unterhalten. Ein Sohn soll früher als eine Tochter vom Vater erzogen werden. Wenn der Vater manchmal mit seinem Sohn zusammen ist, könnte er ihm z. B. sagen: »Ja, die Mädchen denken anders als *wir.* Du bist der Älteste der Söhne, und sie ist die Älteste der Töchter. Vom Alter her kommst du zwar an zweiter Stelle, aber du bist der erste Sohn.« Auf diese Weise zeigt er dem Mädchen und dem Jungen, wie sie sich voneinander abgrenzen können. Ab einem Alter von dreieinhalb Jahren werden sie sich — entsprechend ihres Körpers unterschiedlichen Geschlechts — auch recht verschieden entwickeln: das Mädchen identifiziert sich dann mit der Mutter und der Junge mit

187

dem Vater, und das dauert so lange, bis sie völlig selbständig geworden sind, also frühestens im sogenannten ›Vernunftalter‹ mit acht oder neun Jahren, wenn sie auch ihre Milchzähne verloren haben ...

Kommen wir auf die Aggressivität des Jungen zurück. In der Schule äußert sie sich beispielsweise durch Streitereien, die so schnell keiner vergißt ...

Er möchte eben zeigen, *daß* er ein Junge ist.

Die Mutter schreibt: »Ich weiß nicht recht, was ich machen soll. Ich möchte, daß er es schafft, die spontan bei ihm auftretende Aggressivität zu beherrschen.« Und in Klammern fügt sie hinzu: »Bei uns wird nur wenig ferngesehen!« Ich könnte mir also denken, daß sie an den schädlichen Einfluß von irgendwelchen Filmen denkt ...

Damit könnte es auch zu tun haben ... Aber hier geht es hauptsächlich um den mangelnden Einfluß eines erwachsenen Mannes, was das Leben seiner Kinder betrifft, insbesondere das seines Jungen. Die Mutter sollte es irgendwie arrangieren, daß er mit anderen Jungen zusammen ist und ihm sagen: »Du bist ein Junge, und deine Schwester ist ein Mädchen. Du bist der erste Junge, deshalb bist du so. Dein Vater wird dir helfen, denn du kannst nicht länger so aggressiv bleiben. Die ganze Kraft, die du in dir hast, ist etwas sehr Gutes, aber du solltest sie für etwas anderes gebrauchen.« Der Vater soll ihm Spiele zeigen, die für Jungen typisch sind, Gesellschaftsspiele, bei denen man seine Kraft einsetzt und sich trotzdem selber beherrschen lernt, Geschicklichkeitsspiele, all das ... Die Mutter kann sich dann um so mehr um ihre Tochter kümmern. Die Kampfeslust ist im übrigen eine soziale Eigenschaft, ein Zeichen von anerzogener Männlichkeit (aber auch Weiblichkeit).

Tritt diese Form der Aggressivität eigentlich generell auf?

Dieser Junge befindet sich in einem Altersabschnitt, in dem die Aggressivität einen wichtigen Platz einnimmt; die Jungen sind zwischen dreieinhalb und sieben Jahren am aggressivsten, d. h. bis sie entdecken, daß Männlichkeit weder Aggressivität an sich noch spektakuläre Kraft bedeutet; der Umgang mit der eigenen Aggressivität richtet sich an den Gesetzen einer Gesellschaft aus, am intelligenten Nachdenken über das eigene Verhalten und seine Ziele, er beruht auf der Achtung und der Toleranz den anderen gegenüber, auf der Bereitschaft, zusammen mit anderen etwas zu tun, auf freundschaftlichen Gefühlen, die man für jemanden empfindet, auf der Liebe, auf Verantwortung. Ein solches Verständnis der eigenen aggressiven Regungen zu bekommen, verlangt bei dem kleinen wilden Kerl die Liebe und Aufmerksamkeit eines Vaters, der diese Qualitäten bei seinem Sohn anerkennt und ihn dazu bewegt, sie zu entwickeln, indem er ihm sein Vertrauen schenkt. All das läßt sich nicht in einigen Wochen bewerkstelligen. Mir kommt die Mutter ein wenig zu ängstlich vor, und ich glaube, daß der Sohn Sehnsucht nach einem Vater empfindet. Vielleicht hat sie früher selbst keinen Bruder gehabt? Mütter, die das einzige Mädchen in der Familie waren, sind der Erziehung von Jungen oft hilflos ausgeliefert, und bei Vätern, die als einziger Junge in der Familie waren, verhält es sich in ihrer Beziehung zu einer Tochter ebenso.

31. KAPITEL

Wer ist ›man‹?
(Vater und Mutter)

Eine Mutter stellt Ihnen zwei Fragen. Sie hat ein dreijähriges Mädchen, das ganz niedlich ist, aber sofort weint, wenn man es um etwas bittet, ohne zu sagen warum ...

Wer ist ›man‹? Die Mutter sagt, daß ›man‹ es um etwas bittet. Ist es die Mutter oder wer?

Sie oder der Vater ...

Ich frage, weil sich dieses Mädchen vielleicht in jener Phase befindet, von der ich schon gesprochen habe und in der es zu allem erst einmal ›nein‹ sagt. So will sich das Mädchen vielleicht gegen die Mutter auflehnen, die ihren Willen durchsetzen will, oder gegen ihren Vater oder gegen ihre große Schwester ... Es gibt kein ›man‹ für ein Kind. Niemals. Es ist immer die eine oder die andere Person. Vielleicht hat aber dieses Kind auch Angst und fühlt sich den Aufgaben nicht gewachsen, die seine Eltern an es stellen. (Es würde sich dann um ein ›gehemmtes‹ Kind handeln, wie es bei uns in der Fachsprache heißt, ein Kind, das sich nicht traut zu handeln.) Vielleicht hat sie sich auch zwei- oder dreimal ungeschickt angestellt und hält sich jetzt für völlig unfähig. Ich kann auf diese Frage nicht antworten, sie ist zu vage gestellt.

Im gleichen Brief wird aber noch eine präzisere Frage formuliert. Die Dame hat einen Artikel von Gordon, einem amerikanischen Psychologen, gelesen, der von dem ausgeht, was die meisten Handbücher Eltern empfehlen, die Meinungsverschiedenheiten mit ihrem Kind haben, nämlich dem Kind gegenüber einen gemeinsamen Standpunkt zu vertreten.

Meiner Meinung nach steht diese Auffassung für einen grundsätzlichen Irrtum. Zwei verschiedene Individuen können nicht immer der gleichen Meinung sein ...

Natürlich. Aber wird sich das Kind dessen nicht sowieso sehr schnell bewußt?

Es geht dabei im Grunde um die Frage der eigenen Meinung, die jeder haben und aufrechterhalten darf. Man setzt sich auseinander und stellt dann fest, daß man unterschiedlicher Auffassung ist. Der Vater und die Mutter oder die Großmutter oder die Mutter, d. h. zwei Erwachsene, die zwei verschiedene Standpunkte vertreten. Das Kind bekommt es mit. Ich finde, daß die Eltern anläßlich solcher Auseinandersetzungen das Kind, sofern es anwesend ist, darauf aufmerksam machen sollten: »Siehst du, wir verstehen uns gut, und trotzdem denken wir manchmal anders. Das ist so.« Wenn es dann darum geht, eine Entscheidung zu treffen — bei manchen Eltern schimpft der eine mit dem Kind, und der andere findet, daß der erste übertreibt —, ist es besser, daß die Eltern das Problem in Abwesenheit des Kindes zusammen durchsprechen. Denn häufig wollen die Eltern dem Kind das gleiche sagen, aber es klappt nur unter der Voraussetzung, daß der eine die entsprechende Bemerkung nicht vor dem anderen macht. Sobald dieser Fall eintritt, sind sie dazu geneigt, sich das Gegenteil zu sagen, als ob es um sie selbst ginge und der eine dem anderen indirekt vorwerfen würde: »Du erziehst dein Kind nicht richtig ...« Es handelt sich dabei um eine Art Widerspruchsgeist, einen Diskussionsstil, der auf Kosten des Kindes geht.

In Wirklichkeit rechnen also die Erwachsenen untereinander ab?

Genau. Es handelt sich um ein Gezänk, hinter dem sich oft sexuelle Frustration verbirgt. Natürlich ist es nicht gut, aber wer kann es verhindern? Ich glaube, daß es allemal besser ist, natürlich zu sein und dem Kind zu sagen: »Siehst du, selbst wenn wir uns gut verstehen und dich gern haben, sind wir in vielen Punkten nicht miteinander einverstanden.« Es gibt allerdings Kinder im Alter zwischen vier und sieben Jahren, die solche Auseinandersetzungen zwischen den Eltern für sich ausnutzen. Zum Beispiel bitten sie die Mutter um Erlaubnis für etwas, das sie auch bekommen, während der Vater es bereits abgelehnt hat: »Aber Mutter sagt ...!« Sie spielen auf diese Weise ständig die Eltern gegeneinander aus. In diesem Falle sollten die Eltern, die diese Machenschaften ihrer Kinder durchschauen, genau aufpassen und sich sagen, daß ihr Kind im Moment Spaß daran hat, wenn sie sich in die Haare kriegen. Gerade um die Zeit des Ödipuskomplexes tritt dieses Spielchen zu dritt bei den Kindern auf. Wenn man nicht aufpaßt, ergeben sich daraus auch perverse Praktiken. Zum Beispiel pflegt das Kind ein gutes Verhältnis mit einem der beiden Eltern, um gegen den anderen ständig querzuschießen, damit eben der andere und nicht es selbst der ausgeschlossene Dritte ist. Für das Kind ist dies eine besonders schwierige Phase.

Und wenn z. B. ein Vater seinem Sohn etwas erklären will und dabei nicht den Begriff ›meine Frau‹ sondern ›deine Mutter‹ verwendet. Ist das von Belang? Sie haben es, glaube ich, irgendwann einmal gesagt; stimmt es, daß das Kind diesen Begriffsunterschied versteht?

Ob es stimmt? Sicherlich. Es ist sehr wichtig, vor allem ab dem Zeitpunkt, an dem das Kind sieben oder acht Jahre alt ist. Wenn das Mädchen oder der Junge zum Beispiel häßlich und frech mit der Mutter umgeht, könnte der Vater, wenn er es mitbekommt, ihnen sagen: »Ich erlaube es niemandem, in meinem Haus häßlich und respektlos zu meiner Frau zu sein.« Die Mutter sollte genauso handeln, wenn sich der Sohn vor ihr in abfälliger oder beleidigender Art über den Vater äußert. Es kommt auch vor, daß das Kind in Abwesenheit der Mutter oder des Vaters mit dem anwesenden Elternteil über den anderen herzieht und diesen regelrecht angreift. Dabei sucht sich das Kind meistens solche Vorwürfe heraus, von de-

192

nen es vermutet, daß sie unter Umständen auf Zustimmung stoßen könnten. Der Vater oder die Mutter müssen dann unbedingt den Mut haben, dem Kind Einhalt zu gebieten und sagen: »Hör zu, es ist mein Mann (und nicht dein Vater) oder es ist meine Frau (und nicht deine Mutter). Wenn er (oder sie) dir nicht gefällt, dann kannst du dir jemanden woanders suchen. Und mir brauchst du es schon gar nicht zu erzählen. Wenn du deinem Vater (oder deiner Mutter) irgend etwas zu sagen hast, dann sag es ihm (ihr) selbst. Ich habe absolut kein Bedürfnis zu wissen, was zwischen euch los ist.«

Es ist wichtig, daß die Eltern auf diese Weise in der Lage sind, mit ihren Kindern zu sprechen. Das Kind soll spüren, daß sie sich untereinander respektieren und sich nicht andauernd beobachten.

Man sollte aber auch bedenken, daß es dem Kind einfach nur darum gehen kann, unter dem Vorwand, sich über den anderen Elternteil zu beklagen, mit dem anwesenden Vater oder der Mutter ein Gespräch unter vier Augen zu führen. Gibt man dem Kind dann eine Antwort etwa in der Art, wie ich es gerade vorgeschlagen habe, kann es sehr gut laufen. Man kann auch sagen: »Eigentlich haben wir zwei nicht so oft die Gelegenheit, miteinander zu sprechen. Es wäre schön, wenn du mir von dir erzählen würdest.« Oder: »Wir könnten vielleicht einmal zusammen sprechen?« Ich spreche diesen Fall an, weil die Kinder oft nicht wissen, wie sie ein Gespräch beginnen sollen und der Meinung sind, daß ihnen von einem Elternteil besser zugehört wird, wenn sie sich über den anderen beklagen. Im Grunde suchen sie aber nur ein Einzelgespräch.

Wie kann man mit einem Kind von Gott sprechen? Und in welchem Augenblick? Die Frage wird uns in einer auf eine ganz bestimmte Person zugeschnittenen Form gestellt, so daß wir im Grunde wieder bei den Unstimmigkeiten unter den Eltern sind. Es geht um die Mutter einer achtjährigen Tochter; sie ist geschieden und hat vor zwei Jahren wieder geheiratet. Von ihrem neuen Mann hat sie ein Baby von vier Monaten. Ihr früherer Mann ist bei den Zeugen Jehovas, und ihre achtjährige

193

Tochter vertritt jetzt die gleichen Ideen wie ihr Vater. Die Mutter fragt, was man diesem Kind antworten soll, das alles in die Kategorien von Gut und Böse einteilt, oder ihr sagt: »Du wirst zerstört werden, wenn du nicht zu den Zeugen Jehovas kommst.« Die Mutter schreibt uns: »Ich bin ein wenig bestürzt, weil ich viel Zeit dazu verwendet habe, meinem Kind ein Denken beizubringen, das für alles Neue offen ist, mit ihm darüber gesprochen habe, daß jeder seine eigene Meinung vertreten darf, d. h. ihm eine Erziehung zu tolerantem Verhalten gegeben habe, statt alles in Schwarz und Weiß zu malen.«

Zunächst will ich auf die Frage antworten: »Wie kann man von Gott sprechen?« Wenn die Eltern an Gott glauben, sollten sie ganz einfach, auch wenn ihr Kind noch klein ist, darüber sprechen, und zwar so, wie sie es auch einem Freund gegenüber tun würden; d. h. einfach sagen, was sie denken, und es dem Kind nicht in einer gekünstelten Sprache verständlich machen. Einfach so, daß das Kind es mitbekommt. Und eines Tages wird es ein Gefühl dafür entwickeln, was Gott für seine Eltern, die von ihm sprechen, bedeutet. Alles weitere wird sich dann schon von allein ergeben ... So sollte man im übrigen mit allem, was einem wichtig erscheint, verfahren. Ohne das Kind direkt anzusprechen vor dem Kind sprechen, was einem als Erwachsener von Bedeutung erscheint.

Aber man spricht beim Kind doch immer vom sogenannten ›Vernunftalter‹? ...

Die Frage nach Gott stellt sich weit vor Eintritt in das Vernunftalter, denn es handelt sich um keine Frage, die mit dem Verstand oder der Logik zu tun hätte. Von Gott zu sprechen hat etwas mit Liebe zu tun. Für das Kind ist er der Hauptgarant der Liebe der Eltern, die an ihn glauben. Allerdings ist es wichtig, Gott niemals in einen Zusammenhang mit Strafen für das Kind zu stellen. Einen strafenden Gott kann es nicht geben, weil Gott für die Gläubigen doch allseitig gut und verständig ist.

Zu welchem Zeitpunkt soll man dem Kind von Gott erzählen?
Ist es egal? Und wie soll man von ihm erzählen?

So, wie man will, d. h., wie die Mutter immer darüber spricht.
Fühlt sie sich glücklich, spricht sie auf eine bestimmte Art von
Gott. Anders, wenn sie sich unglücklich fühlt: sie betet zu
ihm, sie lobt ihn. Sie soll wirklich so handeln, wie sie es immer tut; ihr Kind wird es akzeptieren oder eben nicht. Das ist
nicht so wichtig. Hauptsache, die Mutter bleibt dabei sie
selbst.

Kehren wir jetzt zu dem Brief jener Mutter zurück, die bestürzt
war, weil ihre kleine Tochter alles in den Kategorien von Gut
und Böse beurteilt...

Sie könnte dem Kind doch sagen: »Du verwirrst mich. Aber
irgendwo verstehe ich, daß du mit deinem Vater, der nun einmal in diesen Kategorien denkt, einverstanden bist. Du bist
seine Tochter, und du kannst auch so denken wie er.« Und
wenn das Kind nun sagt: »Du wirst zerstört werden«, sollte
die Mutter sich darüber keine grauen Haare wachsen lassen,
denn ein Kind dieses Alters ist sowieso von der Idee ganz angetan, seiner Mutter einige kleine Gemeinheiten sagen zu
können. Mit sieben oder acht Jahren hat man das Bedürfnis
zu sagen: »Mutter, du zählst im Leben nicht so viel wie ich.«
Das ist ganz normal. Die Mutter könnte antworten: »Ich verstehe, daß du über meine Haltung traurig bist, aber ich bin
trotzdem zuversichtlich, weil ich mein Möglichstes tue. Du
kannst für mich an deinen Jehova beten.« Sie könnte also
ganz freundlich zu dem Kind sprechen, ohne den Glauben
des Vaters zu kritisieren. Das Kind wird sich dann im Recht
fühlen, den Glauben des Vaters angenommen zu haben, und
wird nach und nach seine Mutter respektieren, weil sich diese
tolerant verhält.

Ich möchte Sie aber daran erinnern, daß die Mutter seit zwei
Jahren wieder verheiratet ist. Ihre Tochter ist jetzt acht Jahre

195

alt, d. h. sie war sechs Jahre, als sich ihre Eltern getrennt haben. Könnte dies nicht auch eine Rolle spielen?

Natürlich. Das Mädchen ist natürlich sehr froh, den Schatten ihres Vaters auch in ihr neues Zuhause fallen zu lassen, und dies insbesondere deswegen, weil schließlich noch ein zweites Kind da ist. Es verfährt nach dem Motto: »Ich habe meinen *eigenen* Vater.« Sie benutzt den Glauben ihres Vaters als Stütze in ihrer Rivalität gegenüber dem kleineren Kind, sie will sich von ihm abgrenzen, weil sie eben einen anderen Vater hat. Sie läßt sozusagen einen Versuchsballon steigen, um ihre ambivalente Liebe zu ihrer Mutter (und ihrem Stiefvater) zum Ausdruck zu bringen. Warum auch nicht?

32. Kapitel

Den Ödipus spielen ...

Nun sind wir also beim berühmten Ödipuskomplex. Was sich in der frühen Kindheit in seinem Zusammenhang abspielt, betrifft ja jeden, der ein Kind hat. Und häufig wird gefragt: Befindet sich mein Sohn oder meine Tochter jetzt mitten in der Zeit des Ödipuskomplexes? Hierzu möchte ich auf zwei Briefe näher eingehen. Eine Mutter, die seit sechs Jahren von ihrem Mann getrennt ist, hat einen sechsjährigen Sohn, der einen Monat nach der Trennung geboren wurde. Sie schreibt: »Ich habe vom Ödipuskomplex gehört, und mir wurde gesagt, daß das Kind, um ihn überwinden zu können, die Anwesenheit des Vaters braucht. Nun hat aber mein Sohn seinen Vater noch nie gesehen. Wie soll man dem Kind helfen, dieses Problem zu lösen?« Ich möchte einmal von mir aus hinzufügen: sein ›mögliches‹ Problem, denn es ist doch gar nicht sicher, daß dieses Kind überhaupt ein Problem in dieser Beziehung hat.

Sagt sie sonst nichts über das Verhalten dieses Jungen, ob er z. B. Besitzansprüche und Eifersucht gegenüber seiner Mutter zeigt oder ob sie außer ihm keine anderen Menschen sieht? ...

Sie sagt, daß sie bei ihren Eltern wohnt, daß sie 28 Jahre alt ist und nie ausgeht. Sie hat auch keinen Liebhaber. Ich möchte zu dem anderen Brief übergehen, bevor Sie antworten. Er stammt von einer Mutter mit zwei Kindern, einem vierjährigen Mädchen und einem einjährigen Jungen. Seitdem der kleine Junge in der Familie ist, befindet sich das Mädchen ständig mit jedem im Streit, hauptsächlich aber mit seinem Vater. Der Mutter gegenüber ist sie fordernd und sehr tyrannisch. Ständig reißt sie den kleinen Bruder an sich und hält seine Hand über ihn. In die Schule geht sie gern und lernt dort mit Ausdauer. So gewinnt man den Eindruck, daß sie sich zu Hause abreagiert. »Nun«, so die Mutter, »sollte ein Mädchen in der ödipalen Si-

tuation, wie man sagt, doch eine Zuneigung zum Vater und eine eifersüchtige Beziehung zur Mutter entwickeln. Könnte man sagen, daß sich meine Tochter außerhalb dieser Normen bewegt?«

Es scheint, daß sich dieses Mädchen mitten im Ödipuskomplex befindet und sehr eifersüchtig ist, daß der Vater ihrer Mutter und nicht ihr selbst ein Kind gegeben hat. Sie reißt den Kleinen wie die Mutter an sich und will damit so tun, als sei sie selbst die Mutter des Babys. In ihrem Spiel nimmt sie sich also das Baby, weil sie es nicht als gerecht empfindet, daß der Vater, den sie so liebt, ihr nicht die Freude gemacht hat, selbst Mutter zu sein!

Man kann also diese Mutter beruhigen ... Das Verhalten ihrer Tochter entspricht vollkommen den Normen! Jetzt zu dem anderen Brief ...

Diese junge Frau scheint ab dem Zeitpunkt der Geburt ihres Kindes in ihrer Entwicklung ein wenig stehengeblieben zu sein, indem sie in den Schoß ihrer Familie zurückkehrte und nun dort lebt. Sie hat sich damit abgefunden, ihr Kind bei den eigenen Eltern großzuziehen. Es gibt dort anscheinend einen Mann, nämlich den Großvater, so daß sich das Kind als Junge ganz gut entwickelt hat, weil er die Gelegenheit hat, sich mit ihm zu identifizieren. Vielleicht hat der Junge aber auch starke Besitzansprüche gegenüber seiner Mutter entwickelt oder betrachtet sie wie eine große Schwester, da er bei ihren Eltern lebt. Genaueres kann ich nicht sagen. Im übrigen erwähnt sie auch keine besonderen Probleme des Jungen. Er sollte aber den Namen des Vaters annehmen, da die Mutter, wie aus ihrem Brief hervorzugehen scheint, mit diesem Mann verheiratet war. Das Kind weiß also schon sehr wohl, daß es einen Vater hat und daß sein Großvater diesen nur abgelöst hat.

Die Situation ist für diesen Jungen im übrigen sehr vielschichtig. Auf jeden Fall wird er eine Identität als Junge erlangen. Was die Mutter angeht, besitzt sie sicherlich die Identität eines Mädchens, nur bin ich mir nicht so sicher, ob sie im Moment auch die Freiheit und Identität einer Frau besitzt.

Vielleicht wird der Junge erst dann, wenn diese Frau sich ein Leben als Frau zugesteht, dem Mann gegenüber Eifersucht zeigen, der in bezug auf seine Mutter dann über mehr Rechte verfügen würde als wie jetzt deren eigener Vater und ihr Sohn. Auf jeden Fall findet dieses Kind in seinem Großvater ein wesentliches Element beim Beginn des Ödipuskomplexes; beim Ödipuskomplex geht es ja darum, daß sich das Kind mit einem Erwachsenen identifiziert, indem es in ihm das fertige Bild und Modell seiner selbst erblickt, um selbst erwachsen zu werden. Im Augenblick macht er wohl keine großen Fortschritte in diesem Prozeß und wird, was die Sexualität angeht, ein wenig ›unwissend‹ sein …

Wie sollen die Eltern reagieren, wenn sich der Ödipuskomplex bei ihren Kindern bemerkbar macht?

Sie sollen im Grunde das tun, was sie selbst als richtig empfinden. Zunächst müssen sie wissen, daß es ein ganz normales Stadium in der Entwicklung des Kindes ist und können dem Kind sagen: »Wenn du groß sein wirst, wirst du tun können, was du willst. Im Augenblick kannst du aber noch keine eigene Frau (wenn es ein Junge ist), oder keinen eigenen Mann (wenn es ein Mädchen ist) haben. Du hättest große Lust, schon jetzt ein Erwachsener zu sein und all das zu tun, was sie machen. Vielleicht möchtest du, wie ganz viele kleine Jungen (bzw. Mädchen), der Mann deiner Mutter werden (oder die Frau deines Vaters). Aber in der Wirklichkeit geht es nicht. So ist das Leben nun einmal.

Man sollte also immer wieder nicht zögern, mit dem Kind zu sprechen.

Genau. Und dann könnte man dem Jungen noch sagen, daß sein Vater früher unter den gleichen Dingen gelitten hat wie er; und daß seine Mutter, als sie klein war, unter den gleichen Verboten wie heute ihre Tochter gelitten hat, usw.

In bezug auf den Ödipuskomplex stellen die Leute viele Fragen, seitdem er in der Öffentlichkeit so breit diskutiert wurde; existiert hat er aber schon immer, und zwar schon lange, bevor man über ihn sprach. Diejenigen, die ihn fürchten, merken vor allem nicht, daß sich der Komplex anders bemerkbar macht, als man es eigentlich erwartet hätte. Ich möchte ein Beispiel dafür geben. In einer Familie mit drei Kindern (darunter waren zwei Jungen, und beide waren die Ältesten), ging die Mutter an drei Abenden nacheinander mit dem Vater aus. Die Jungen sind dann zur Mutter gekommen und haben ihr gesagt: »Warum gehst du immer mit dem da aus und nie mit uns?« ›Mit uns‹ lautete also das Kommando der Jungen. Die Mutter antwortete ein wenig verwirrt: »Aber er ist doch mein Mann, und es ist mein gutes Recht, mit ihm auszugehen.« Darauf sagte eines der Kinder: »Wir wollen aber auch dein Mann sein.« Die Mutter wußte nichts darauf zu antworten. Daraufhin antwortete der andere Junge dem ersten folgendes: »Hör doch mal, er ist ihr Mann, um mit ihr Kinder zu machen, und wir, wir wären ihr Mann einfach nur so.« Die Mutter folgte seinen Argumenten und sagte: »Er hat recht, das stimmt.« Damit war der Fall erledigt, und die Jungen schwiegen ein wenig mißmutig, weil die Mutter schon einen Mann hatte. Der Komplex kann sich auch auf eine andere Weise bemerkbar machen: der Junge liebt seinen Vater, möchte sich mit ihm identifizieren, möchte, daß er immer recht hat; gleichzeitig liebt er seine Mutter und möchte, daß sie mit ihm Zärtlichkeiten austauscht... Das Kind sagt: »Weißt du, vielleicht wird er (der Vater) heute abend nicht nach Hause kommen oder spät, dann könnte ich mich doch in der Zeit an seinen Platz setzen, ja? Denn es ist ja schade, einen Platz so leerstehen zu lassen.« Gegenüber solchen Äußerungen muß die Mutter in jedem Fall einen klaren Kopf behalten, denn sie stellen eine Herausforderung an sie dar. Sie sollte antworten: »Dieser Platz steht nie leer; ob dein Vater da ist oder nicht, es ist der Platz deines Vaters. Er ist immer da, auch wenn er abwesend ist, weil ich an ihn denke.« Es ist also nicht gut, wenn die Mutter ihren Sohn den Platz des Vaters einnehmen läßt, nur weil dieser gerade nicht anwesend ist; denn in seiner Fantasie nimmt der Sohn ja das Recht für sich in Anspruch, sich für den Mann seiner Mutter zu halten. Noch schlimmer ist es, wenn sich diese Szene im Bett ab-

200

spielt, etwa nur, weil die Mutter es warm haben will: »Warum soll sich mein Sohn nicht zu mir ins Bett legen, mein Mann ist ja nicht da.« Das wäre für die Kinder ausgesprochen schädlich.

Sehen Sie, auf diese Weise macht sich der Ödipuskomplex im Alltagsleben bemerkbar. Die Mutter sollte auf der Hut sein. Daß ein Sohn ihr gegenüber die Rolle ihres Ehepartners oder den kleineren Geschwistern gegenüber die Rolle eines Vaters annimmt, sollte man gar nicht erst einreißen lassen. Dieses Privileg ihnen einzuräumen, bedeutet in der Fantasie der Kinder, daß ihnen die Mutter (die ja nichts dagegen hat) ein Recht einräumt, den Wunsch bei sich zu verspüren, den Vater direkt zu ersetzen. Das führt bei den Kindern zu Schuldgefühlen, die sie in ihrer weiteren Entwicklung behindern. Genau dasselbe gilt für die Mädchen. An eines kann ich mich erinnern. Es war damals drei Jahre alt und befand sich mitten in einer Phase feuriger Liebe für ihren Vater. Nachdem dieser eines Morgens laut Auf Wiedersehen gesagt hatte, sie ihn bis an die Tür begleitete und er dann weggegangen war, flüchtete sie sich in die Arme ihrer Mutter und sagte: »Ich hasse meinen Papi!« »Und warum haßt du ihn?« fragte die Mutter. Nach einer Weile antwortete das Mädchen mit verzweifelter Stimme und versteckte sich dabei in den Armen der Mutter: »Weil er zu nett ist.«

Jetzt möchte ich eine Frage vortragen, die auf den ersten Blick mit unserem Thema nichts zu tun zu haben scheint: »Wie kann man einem sehr lebenslustigen und wißbegierigen Jungen verständlich machen, daß es trotzdem Momente gibt, in denen er die Erwachsenen sprechen lassen muß und selbst einmal schweigen, auch wenn es nur für einige Minuten am Tag ist? Er ist ein intelligentes und sehr sensibles Kind, aber er schwätzt die ganze Zeit. Ich halte es nämlich für mein gutes Recht, in seiner Anwesenheit wenigstens ein bißchen mit meinem Mann reden zu können oder Radio hören zu dürfen, ohne daß er einen ständig unterbricht. Was ist Ihre Meinung dazu?«

Das Kind unterhält eine Liebe zu seiner Mutter, die mit Besitzansprüchen und Eifersucht einhergeht; es möchte von dieser Liebe möglichst wenig abgeben, deshalb nimmt es sie ständig in Anspruch. Wahrscheinlich ist der Junge ein Einzelkind oder vom Alter her von seinen anderen Geschwistern sehr weit entfernt.

Er hat einen kleinen Bruder von zehn Monaten, also noch sehr jung...

Sehen Sie, er war also doch lange Zeit ein Einzelkind. In seinem kleinen Bruder sieht er keinen geeigneten Gesprächspartner, so daß er sich lieber mit den Großen, in diesem Fall seinem Vater, identifizieren will. Das Kind befindet sich mitten in der Zeit des Ödipuskomplexes. Es möchte die Mutter für sich behalten, weswegen es sie daran hindert, mit ihrem Mann zu sprechen. Sie sollte diesen Jungen aber nicht zurückstoßen. Andererseits könnte ihm auch der Vater helfen und sagen: »Jetzt will ich mit deiner Mutter sprechen, sei bitte still. Wenn du uns nicht zuhören willst, kannst du ja gehen.« Und dann könnte der Vater, wenn er wirklich einmal mit seiner Frau reden will und der Junge ihn mit seinem ständigen Dazwischenreden daran hindert, ganz lieb zu ihm sein und ihm z. B. ein Kaugummi oder ein Kaubonbon geben. Wenn das Kind dann aufgegessen hat, kann er ihm sagen: »Siehst du, wir lassen dich nicht im Stich, weil wir zusammen miteinander reden. Du wirst dich schon daran gewöhnen ...« Man sollte derartige Situationen mit Humor nehmen. Offensichtlich verteidigt dieses Kind seine Position als Ältester. Vielleicht kümmert sich der Vater in seiner Freizeit auch zu wenig um den Jungen und fördert ihn in seinem Bestreben, groß zu werden, nicht genug. Es ist nicht ganz einfach, zwischen einem kleinen Bruder, der noch nicht spricht, aber eine immer wichtigere Rolle einnimmt, und einem Vater zu stehen, der als Konkurrent im Verhältnis zur Mutter auf der ganzen Linie siegreich ist. Der Junge denkt sich ja: Mir gehört sie, für mich allein ist sie da, ich will sie!

Man muß wissen, daß das Kind, das mit dem Ödipuskomplex ringt, dabei leidet. Es verdient das Mitgefühl der Eltern. Es braucht die dezente Liebe von seiten der Eltern und ehrliche Worte in bezug auf die verbotenen Wünsche, die zwischen den Zeugern und dem Gezeugten oder den Kindern einer gleichen Familie bestehen. Die Eltern sollten sich hüten, das Kind zu sticheln oder zu tadeln. Man sollte auch absehen von zweideutigen Liebesäußerungen oder ambivalenten Zärtlichkeiten, z. B. unter dem Deckmantel stürmischen Streichelns. Ebenso von einer Art spielerischen Konkurrenzwettkampfes, durch den das Kind Hoffnung schöpft, in seinem inzestuösen Kampf doch noch zu siegen. All dies würde die psychosexuelle Entwicklung des Kindes hemmen.

Wenn das Inzestverbot von den Kindern spätestens bis zum Alter von sieben bis neun Jahren nicht begriffen und akzeptiert wird, tauchen die Konflikte in der Pubertät wieder auf. Die Probleme in der Adoleszenz werden dann schwieriger, und zwar sowohl für den Jugendlichen als auch für dessen Eltern. Sie strahlen auch auf die jüngeren Geschwister aus, da sie den ältesten Kindern für die Unruhe zu Hause und die Szenen zwischen den Eltern die Schuld geben werden. Es gibt viele Familien, die darunter leiden, daß sich die Eltern in die Ödipusfalle ihrer ältesten Kinder haben einfangen lassen. Jeder Elternteil hat sein Lieblingskind für sich behalten und diesem auf diese Art und Weise die Möglichkeit entzogen, von sieben bis neun Jahre die Freundschaft zu Kindern außerhalb der Familie zu entwickeln. Sie haben diesen Kindern nicht dabei geholfen, sich rechtzeitig von einer freundschaftlichen Beziehung zu den Eltern, zu einem Bruder oder einer Schwester zu distanzieren, die unbewußt eine Liebesbeziehung bzw. eine homosexuelle oder heterosexuelle Beziehung war. Und in der Pubertätszeit solcher Kinder stürzt dann alles zusammen und mündet in Gewalttätigkeit oder in Depression, wenn es nicht sogar zu Jugendkriminalität kommt oder die Ehe der Eltern zersetzt wird ... Es geht hierbei wohlgemerkt weder um Schuld noch ›richtiges‹ Verhalten. Es handelt sich einfach um die Konsequenz des inzestuösen Wunsches und seiner Fallen, in die man geraten kann, wenn man sie nicht rechtzeitig erkennt und vereitelt. Wenn es trotzdem soweit kommt, sollte man ohne zu zögern auf eine psychoanalytische Therapie zurückgreifen, die zum Glück sehr wirksam ist.

33. Kapitel

Immer wiederkehrende Fragen

(Trennung; Zwillinge)

Es gibt Fragen, die wirklich immer wiederkehren; zunächst das Problem der langen Abwesenheit der Mutter von ihren Kindern. Die Mutter, die uns den folgenden Brief geschrieben hat, hat drei Kinder: einen vierzehnjährigen Jungen, ein siebenjähriges und noch ein vierjähriges Mädchen. Dieses letzte Kind macht der Mutter ganz besonders zu schaffen: »Als ich mit der Kleinen schwanger war, habe ich aufgehört zu arbeiten. Sie wurde also unter den besten Bedingungen erzogen, da ich immer für sie da war. Mit der Zeit ist sie aber immer schwieriger geworden, und jetzt macht sie uns allen das Leben unerträglich. Ich versuche, es zu verstehen und Geduld zu haben, doch dieses Kind deprimiert mich, es bringt mich aus meiner Ruhe, es erschöpft mich ... Seit einiger Zeit schlägt sie ihre Schwester und beißt sich anschließend selbst zur Strafe. Allein mit mir oder ihrer Schwester ist sie sehr lieb. Das kann Tage anhalten, aber sobald eine andere Person hinzukommt, wird sie unerträglich. Ich führe dieses Verhalten darauf zurück, daß sie im Grunde nur will, daß man sich um sie kümmert. Ich traue mich schon nicht mehr, ihre kleinen Freundinnen nach Hause einzuladen, weil es immer Streit und Ärger gibt. Und wenn ich versuche, mit ihr ganz ruhig über ihr Verhalten zu sprechen, antwortet sie: ›Also gut, man wird sich bemühen, lieb zu sein.‹ Leider hält dieses Versprechen nie sehr lange. Ich bin ein wenig darüber verzweifelt, daß es mir so schlecht gelungen ist, sie richtig zu erziehen.«

Ich glaube, daß die Mutter schon vor einem Jahr ihre Arbeit hätte wieder aufnehmen müssen und verstehe auch nicht, warum sie es nicht getan hat. Wenn das Kind sagt: »Man wird sich bemühen, lieb zu sein«, fühlt es wohl, daß es nicht nur um es allein, sondern um ein Trio geht, das sich bemühen soll, lieb zu sein. Anscheinend fühlt es sich nur wohl, wenn es mindestens zu zweit mit jemandem ist ... Der Vater hingegen wird in dem Brief überhaupt nicht erwähnt. Es wird auch nicht erwähnt, ob die Schwester, nach der das Mädchen schlägt und auf die es böse ist, ihrerseits aggressiv ist oder nicht. Ich habe Schwierigkeiten zu verstehen, was sich da eigentlich abspielt. Warum verteidigt sich die siebenjährige Schwester nicht, wenn sie von der Kleineren geschlagen wird? Wahrscheinlich beißt diese sich doch nur selbst, weil sie eine Mutter hat, die sich durch ihr Verhalten entmutigen läßt und eine Schwester, mit der man machen kann, was man will. Ich denke, daß es gar nicht diese Kleinste ist, die in der Familie die größten Schwierigkeiten hat. Ich habe den Eindruck, daß die Mutter viel zuviel für sie tun wollte und dies über einen langen Zeitraum hinweg. Schließlich ist sie ja die einzige gewesen, um die sie sich die ganze Zeit so intensiv gekümmert hat, denn bei ihren anderen Kindern hatte sie ja weitergearbeitet. Wenn man so will, ist die Kleine ein ›verwöhntes‹ Kind. Die große Schwester denkt wahrscheinlich, sie hätte in bezug auf die Liebe ihrer Mutter weniger Rechte als ihre kleine Schwester. Es könnte auch sein, daß sie sich von der Kleinen schlagen läßt, um die Liebe ihrer Mutter wiederzugewinnen.

Dann würde ja eine gute Absicht dahinterstecken ...

Ja, aber auch mit guten Absichten kann man ins Verderben geraten ... Die Mutter sollte jetzt wieder ein eigenes Leben beginnen, d. h. vielleicht ihre Arbeit wieder aufnehmen und von diesem Abhängigkeitsverhältnis zu ihrer kleinen Tochter wegkommen. Dieses Kind und seine siebenjährige Schwester scheinen einen schlechten Start erwischt zu haben. Man muß sich schließlich auch die Frage stellen, welche Rolle dabei der Vater und der Sohn spielen. Wenn eine Mutter deprimiert ist, gibt es für sie immer ein Kind in der Familie — meist ist es das lebenslustigste —, das ihr unerträglich wird. Man könnte es mit einer Elektroschockbehandlung für arme Leute vergleichen, denn dieses Kind dient als Instrument zur Verhinderung einer Depression bei der Mutter. Man gewinnt den Eindruck, daß sich das Kind dagegen wehrt, mit einer depressiven Person zusammenzusein und dieses ganze Spektakel um seine Person nur inszeniert, damit es Leben um sich spürt; bei Verzicht auf dieses Spektakel würde es nicht genug Leben für sich empfinden.

Für die Mutter wäre es wohl ratsam, selbst zu einem Psychoanalytiker zu gehen. Sie müßte versuchen, den Sinn ihrer Depression zu durchschauen. Denn ich denke schon, daß das Problem in erster Linie von der Mutter herrührt, allerdings auch von der großen Schwester, die über keine ausreichenden Abwehrmöglichkeiten gegenüber einem kleinen Mädchen verfügt, das sehr heftig zu sein scheint. Dieses wurde mit viel Rücksicht auf seine Person erzogen, und jetzt hat es genug davon. Im Grunde hat man schon zu viel für es getan. Um sich herum hat sie nun Menschen, die ihrer Aggressivität nicht gewachsen sind. Die Mutter müßte sich erholen und dann wieder arbeiten gehen. Außerdem sollte sie der größeren Schwester sagen, daß sie der Kleinen gegenüber weder zu nachgiebig noch zu mütterlich sein sollte. Die bestehenden Schwierigkeiten werden sich durchaus beheben lassen; hier sollten sich auch der Vater und der Großvater um die Kleine kümmern und sie bei dem, was sie tut, nicht immer gewähren lassen. Dieses Mädchen sagt ›man‹ statt ›ich‹, weil in ihm ein Bedürfnis die Oberhand gewonnen hat, das weder für ein Mädchen noch für einen Jungen typisch ist. Es leidet selbst und läßt andere leiden. Es fühlt sich schuldig. Es ruft nach Hilfe, und ›man‹ lamentiert darüber.

In bezug auf die Wiederaufnahme der Arbeit taucht immer wieder die Forderung nach einem ›Hausfrauengehalt‹ auf. Denn bei vielen Frauen besteht die Möglichkeit, zu Hause zu bleiben und sich um die Kinder zu kümmern, ja schlicht und ergreifend aus dem Grunde nicht, weil sie aus existentiellen Gründen auf das Geld angewiesen sind. Ist die Zeit, in der man ein Kind pflegen muß, eigentlich begrenzt?

Ja, wenn man darunter jene Zeit versteht, in der eine Person die ganze Zeit über zu Hause bleiben muß. Ich halte diese ständige Anwesenheit zu Hause so lange für notwendig, bis ein Kind vollkommen selbständig gehen kann, richtig spricht und sich auch körperlich zu helfen weiß, d. h. bis zu einem Alter zwischen 24 und 30 Monaten, spätestens bis zu drei Jahren. Ich persönlich wäre mit der Einführung eines Lohnes bzw. einer finanziellen Hilfestellung für die Mutter — warum nicht auch für den Vater — bis zu diesem Alter eines Kindes voll und ganz einverstanden. Für besonders labile Kinder sollte man sogar noch zusätzliche Zeit in Anspruch nehmen dürfen. Ab einem bestimmten Alter, das für jedes Kind individuell festzulegen wäre, könnte das Kind dann morgens und nachmittags in eine Kindertagesstätte gehen; denn sobald es sich selbst zu helfen weiß und mit anderen Kindern zurechtkommt, braucht es nicht mehr ständig mit seiner Mutter zu sein. Ein Kind großzuziehen heißt ja nicht, sich ausschließlich dem Kind widmen und dabei sich selbst zu vernachlässigen; und noch weniger, seinen Partner, seine anderen Kinder oder sein soziales Leben hintanzustellen.

Jetzt noch zwei Einwände in bezug auf unser Gespräch über die Zwillingsproblematik ... Mir liegen zwei völlig verschiedene Briefe zu diesem Thema vor. Einen hat eine eineiige Zwillingsschwester geschrieben: »Ich frage mich, wieso eigentlich alle Ärzte, Psychiater oder Soziologen so hartnäckig die Meinung vertreten, daß man Zwillinge unbedingt trennen soll. Ich bin da absolut anderer Meinung.« Ich denke, daß sie es schließlich beurteilen kann, weil sie ja selbst Zwillingsschwester ist. Sie spricht in diesem Zusammenhang von einer Art brüderlicher Liebe: »Ich sage Ihnen das alles, weil es meiner Ansicht nach nichts Schöneres und Angenehmeres gibt, als die tiefe, brüderliche Liebe. Ich glaube, daß diese Art von Liebe nur bei echten Zwillingen möglich ist. Wann wollen Sie denn Zwillinge trennen? Warum soll man riskieren, ihnen eine solch wunderbare Beziehung zueinander zu entziehen? Ich habe übrigens jetzt zwei Söhne, die vierzehn und fünfzehn Jahre alt sind und sich von morgens bis abends streiten. Ich bin ganz verzweifelt darüber. Da sie vom Alter her ja nicht so weit auseinander sind, habe ich sie praktisch wie Zwillinge erzogen.« Über diese Reaktionen wundert sie sich also ...

Es stimmt, daß es eine ›schwesterliche‹ Liebe gibt. Ob diese Frau nun die Zwillingsschwester ihrer Schwester war oder nicht, hätte sie ihre Schwester geliebt und ihre Schwester sie. Viele Schwestern lieben sich. Man braucht deshalb also keineswegs Zwillingsschwester zu sein. Vielleicht hat in diesem Fall allerdings ihre Ähnlichkeit zu dieser Liebe beigetragen. Wie dem auch sei, andererseits ist es ratsam, zwei Kinder, die ein Jahr auseinander sind, nicht wie Zwillinge zu erziehen ... Übrigens möchte ich noch anmerken, daß diese Frau ihre eheliche Liebe mit keinem Wort erwähnt ...

Sie haben — ich greife Ihre Worte wieder auf — das Wort ›schwesterlich‹ verwendet.

Ja, ›schwesterliche‹ Liebe! Ich meinte damit die Liebe zwischen zwei Schwestern! Ist das etwa falsch? Schließlich kann man, wenn es um Schwestern geht, nicht ›brüderlich‹ sagen. Die Mädchen mögen gern wie Doubletten sein und sich in der Familie gut verstehen. Das geht so lange gut, bis sie anfangen, sich ab einem gewissen Alter um denselben Mann zu streiten ... Die Jungen, die sich nahestehen, Zwillinge oder Freunde sind, pflegen keine so enge Beziehung zueinander. Hinzuzufügen wäre noch, daß auch die Liebe zwischen Bruder und Schwester das ganze Leben authentisch und unzweideutig sein kann.

Gehen wir jetzt zu dem anderen Brief über. Eine Mutter schreibt: »Ich habe Ihnen zugehört, als Sie zum Thema ›Zwillinge‹ sprachen. Sie haben in dieser Sendung gesagt, daß man sie verschieden anziehen sollte. Ich selbst habe dagegen die Erfahrung gemacht, daß sich genau das Gegenteil bewährt. Ich habe Zwillinge, einen Jungen und ein Mädchen, und habe sie immer auseinandergehalten. Als sie im gleichen Ställchen waren, hat das Mädchen immer seinen Bruder gebissen. Daraufhin habe ich sie getrennt und einzeln in ein Ställchen getan. Aber das Mädchen hat es immer wieder geschafft, sich mit ihrem Ställchen dem des Bruders zu nähern und ihn zu beißen.« Diese Dame hat später dann noch ein Kind bekommen. Doch das kleine Mädchen hat seinen Bruder weiter gebissen. »Eines

*Tages habe ich diesen Kindern die gleichen Kleider angezogen,
zum Schluß habe ich alle gleich angezogen. Ich habe sie also
ganz typisch wie Zwillinge behandelt, und die Schwierigkeiten
sind verschwunden, alles hat sich wieder beruhigt (...). Ich finde, daß nur die Eltern wissen, was man in einer gegebenen Situation machen muß. Ich halte es nicht für richtig, sich im
Kopf einen ganz bestimmten Typ von Kind auszudenken und
die Kinder dann in diese Schablone eines idealen Kindes zu
pressen. Zur Zeit gibt es so eine Tendenz, seine Kenntnisse nur
aus Büchern, aus Filmen oder etwas anderem zu schöpfen ...«*

Ja. Und auch, Françoise Dolto zuzuhören! Die Dame, die uns
diesen Brief geschrieben hat, hat schon recht; jeder soll sich
die Antworten auf seine eigenen Fragen selbst geben. Das ist
also richtig. Richtig ist auch, daß es keinen bestimmten ›Kin-
dertyp‹ gibt. Hier wurde allerdings das Mädchen, das seinen
Bruder biß, getäuscht, indem die Mutter alle Kinder, obwohl
sie verschiedenen Geschlechts waren, uniform anzog.

In diesen beiden Briefen wurde Ihnen widersprochen ...

Das finde ich nicht, aber es wurden zwei besondere Fälle aufgeführt, in denen andere Lösungsversuche gefruchtet haben ...
   Ich habe schon betont, daß ich mich bei jenen bedanken
möchte, die sich die Zeit genommen haben, meinen Antworten
zu widersprechen. Ich möchte, daß die Mütter und Väter
die Überlegungen, die hinter meinen Antworten stecken, verstehen. Ich selbst denke über die kleinsten Details, die in den
Briefen angeführt werden, nach und versuche mir mit Hilfe
aller in ihnen enthaltenen Elemente zusammen mit den Eltern, und nicht an ihrer Stelle, ein Urteil zu bilden. Wenn Eltern bei Schwierigkeiten, die ähnlich gelagert waren wie die,
die wir besprochen haben, sich anders zu helfen wußten, als
ich es empfohlen habe, bin ich froh, ihre Aussagen mit in Betracht ziehen zu können. Das kann dann wieder anderen Eltern weiterhelfen. Und das ist schließlich das Ziel, das wir
verfolgen.

34. Kapitel

Aggressive oder aggressiv behandelte Kinder?

(Rückkehr aus dem Kindergarten)

Wir wollen in unseren Fragen fortfahren. Jetzt geht es um eine Mutter, die ein fünfeinhalbjähriges Mädchen, einen viereinhalbjährigen Jungen und ein weiteres zweijähriges Mädchen hat. Bald wird sie noch ein viertes Kind bekommen. Ihre Frage bezieht sich auf das fünfeinhalbjährige Mädchen, welches das älteste Kind ist. Es geht in den Vorschulkindergarten, ist für sein Alter schon ziemlich groß und ein wenig pummelig und sieht übrigens seiner Mutter recht ähnlich. Eines Tages kam es sehr traurig vom Kindergarten zurück. Seine Eltern haben nach den Gründen dafür gefragt, und es hat dann erzählt, daß die anderen Kinder sie eine ›dicke verfaulte Kartoffel‹ genannt hätten, was sie anscheinend total fertiggemacht hat. In diesem Zusammenhang ergibt sich folgendes Problem: Wie kann man einem Kind helfen, in einem Milieu, das nicht den familiären Rahmen widerspiegelt, eine Strategie zu entwickeln, um sich verteidigen zu können und um die eigene Unabhängigkeit zu wahren?

Ich vermute, daß die Mutter selbst deprimiert war, als ihr Kind die Begebenheit aus dem Kindergarten erzählt hat. Man könnte mit dem Mädchen sprechen und ihr z. B. sagen: »Überleg mal, was du selbst darauf hättest antworten können. Ich glaube, daß das Mädchen, das so zu dir gesprochen hat, auf dich eifersüchtig ist. Ich weiß zwar nicht worauf, aber es muß eifersüchtig sein.« Daß andere ein Kind beschimpfen, auf das sie eifersüchtig sind, kommt nämlich häufig vor. Natürlich gibt es auch Kinder, die wegen eines ausgesprochen ›sadistischen‹ Kindes im Kindergarten zu leiden haben. In einem solchen Fall sollten sich die Eltern weder an die Erzieherinnen noch an die Eltern dieses Kindes, das ihr Kind beschimpft hat, wenden, sondern ihrem eigenen Kind dadurch helfen, daß sie mit dem Kind, das ihr Kind verletzt hat, selbst sprechen: »Also, was hast du meiner Tochter gesagt? Es ist sehr schlecht, was du da gemacht hast ...« usw. Sie sollten diesem Kind eine Lektion erteilen, mit ihm schimpfen, da es Ihrem Kind moralisch weh getan hat. Diese verständliche Warnung genügt, danach muß man ihm helfen: »Dabei siehst du so niedlich aus, warum bist du denn so böse auf meine Tochter? Was hat sie dir getan? Nichts? Warum hast du denn so gehandelt? Du hast ihr weh getan. Kommt, schließt jetzt Frieden miteinander.« Sehen Sie, ein Kind beschimpft ein anderes oft nur deshalb, weil es selbst leidet und weil es auf das andere Kind böse ist, von dem es glaubt, es sei glücklicher und würde mehr geliebt als es selbst. Es beneidet es und möchte im Grunde sein Freund sein. Es gibt allerdings auch viele Kinder, die auf irgendwelche platte Dummheiten nichts zu antworten wissen und daraus dann ein großes Drama machen. In diesem Fall kann man zu Hause über mögliche Antworten gemeinsam nachdenken. Zum Beispiel gibt es ja eine Menge Dinge, die man auf ›verfaulte Kartoffel‹ antworten könnte. Man kann sich in der Familie eine Reihe von lustigen Ausdrücken dazu einfallen lassen, die das Kind dann lernen und im Kindergarten sagen könnte. Verbale Gefechte und der Sinn für Sticheleien sind sehr wichtig.

Es gibt auch jene Kinder, die ständig von anderen verprügelt werden. Hier liegt der Fall anders. Wenn es ernst wird, muß der Vater sich einmischen. Oft ist es ein Kleinerer, der einen Großen angreift. Der Größere hat Angst vor seiner eigenen Kraft und möchte den Kleineren nicht schlagen, weil man es in seiner Familie nicht tut. Es gibt auch Kinder, die sich schlagen lassen — man weiß nicht warum — und sogar andere provozieren, sie zu schlagen. Das geschieht nicht nur im Kindergarten oder in der Schule. Wir können an dieser Stelle nicht detailliert darauf eingehen, aber bei diesen zukünftigen Masochisten, die sehr ängstlich sind, gibt es ein Mittel, das häufig weiterhilft. Man sollte ihnen nämlich sagen: »Ich glaube, daß du gar nicht auf die Art und Weise achtest, wie die anderen dich schlagen. Du suchst sofort Schutz und versteckst dich; so wirst du dich aber nie verteidigen können. Paß lieber gut auf! Du mußt dir genau die Schläge merken, die weh tun und die, die dir *besser* weh tun.« Man muß ›besser‹ sagen, auch wenn es nicht ganz korrekt ist. Durch die Erlaubnis, Schläge zu bekommen und durch die Anweisung, auf die Art und Weise zu achten, wie man sie bekommt, wird das Kind im allgemeinen nach ein paar Tagen seine Schwierigkeiten überwinden, es wird dann diesen Schlägen seine Antwort geben und von den anderen nicht länger belästigt werden.

Oft handelt es sich dabei um ein Einzelkind, dem man zu Hause eingebleut hat, bloß nicht streitsüchtig zu sein, weil es nicht schön ist. Dann erzählt es bei seiner Rückkehr aus dem Kindergarten: »Die anderen schlagen mich, sie sind böse, alle schlagen mich ...«, und die Eltern antworten: »Aber wehre dich doch!« Aber es hat nicht gelernt, sich zu wehren, weil man ihm davor nicht die Gelegenheit gab, aggressiv zu sein. Noch einmal: Ein Kind, das man ermutigt, auf die Art und Weise zu achten, wie es angegriffen wird, weiß nach einer gewissen Zeit sehr wohl, wie man Schläge zurückgibt und sich Respekt verschaffen kann. Es handelt sich dabei um einen Lernprozeß.

In der Vorschule laufen auch noch andere Dinge ab. Oft haben Kinder unter sich folgendes klassisches Gespräch: »Mein Vater ist aber viel stärker als deiner. Mein Vater ist aber viel schlauer als deiner. Mein Vater ist aber viel reicher als deiner« usw. Was soll man also tun, wenn die Kinder nach Hause kommen und von solch einem ›Gespräch‹ berichten? Sollen sie mit diesen Problemen selbst fertig werden, oder soll man ihnen helfen, eine Antwort zu finden?

Zunächst muß man wissen, an wen sich das Kind zu Hause wendet. Stellen wir uns vor, das Kind würde seinen Vater darauf ansprechen. Wenn der Vater genügend Vertrauen in seine eigene Person hat und ein sicheres Selbstwertgefühl, wird er antworten: »Dein Schulkamerad ist vielleicht ein Idiot. Wenn er sagt, daß sein Vater deswegen so toll ist, weil er reich ist, so nur deshalb, weil er sich gar nicht so sicher ist, ob ihn sein Vater genauso liebt wie ich dich. Ob jemand nett ist oder nicht, erkennt man nicht daran, was für ein Auto er fährt oder was für Kleider er anhat.« In dieser Art und Weise sollte man auf das Problem eingehen. Jedes Kind liebt seinen Vater, und wenn es solche Mittel benutzt, um seinem Vater das zu sagen, was ein anderer über ihn gesagt hat, dann um sicher zu sein, daß sein Vater stark ist und sich nicht demütigen läßt. Der Vater kann aus solch einer Situation sogar gestärkt hervorgehen. Das trifft auch zu, wenn er zu antworten weiß: »Ich finde mich schwer in Ordnung. Ich habe es auch nicht nötig, mir so etwas von anderen sagen zu lassen. Du kannst ihm im übrigen antworten: ›Mein Vater ist schwer in Ordnung. Und ich, sein Sohn, bin auch schwer in Ordnung.‹«

Es ist unvermeidlich, daß Kinder mit ihrem Vater angeben. Ich erinnere mich an ein Gespräch, das ich vor drei oder vier Jahren mitbekommen habe — die Kinder wußten nicht, daß ich ihnen zuhörte: »Mein Vater hat aber ein Motorrad. Es fährt sehr schnell.« Daraufhin sagte der andere: »Mein Vater hat ein Motorrad, das fährt sehr schnell, sehr schnell, sehr schnell.« Dann wurden diese ›sehr schnell, sehr schnell‹ angehäuft, und das hat immerhin fünf Minuten gedauert; daraufhin sagte der eine: »Also, mein Vater hat ein Motorrad, das überhaupt nicht anhält.« Zum Schluß hat der andere ihn daraufhin angespuckt, und sie haben sich getrennt. Was soll es also? Solche Geschichten laufen eben unter Kindern ab.

Zum Schluß möchte ich noch aus einem Brief vorlesen, in dem es heißt: »Es stimmt wirklich, daß ein Kind ein Leben völlig verändert, die Menschen anders werden läßt und sie dazu veranlaßt, das Beste von sich herzugeben. Eltern zu sein, ist nichts, was einem angeboren ist, sondern etwas, was gelernt sein will.«

Man könnte sogar sagen, daß das Kind in einem doppelten Sinn Vater des Menschen ist.

35. KAPITEL

Das Baby ›zivilisiert‹ empfangen
(Geburt)

Vielleicht haben Sie von dem Kongreß über Kinderheilkunde gehört, der seinerzeit in New York stattfand und auf dem sich amerikanische Ärzte — unter ihnen einige in einflußreichen Positionen — für die Rückkehr zur Hausgeburt ausgesprochen haben. Sie meinten, daß die Ärzte, insbesondere in den USA, die Schwangerschaft als eine Art Krankheit mit neunmonatiger Krankheitsdauer betrachten würden. Ebenfalls wandten sie sich entschieden gegen die künstliche Einleitung einer Geburt. Sie fanden also, daß nichts dagegen sprechen würde, daß die Frauen ihre Kinder wieder zu Hause gebären. Diese Ansicht wird mittlerweile ziemlich breit vertreten, und wir möchten Sie über Ihre Meinung dazu fragen.

Die Geburt ist ein völlig normaler Vorgang und hat mit einer Krankheit nichts zu tun. Aber so, wie die Wohnungen jetzt aussehen — sie sind meistens klein, und man hat Schwierigkeiten, sich in ihnen zu bewegen, wenn mehrere Menschen darin wohnen —, wäre es für eine Frau, die schon mehrere Kinder hat, nicht ganz einfach. Eine Frau, die zwei oder drei Kinder problemlos geboren hat, könnte natürlich zu Hause gebären, allerdings unter der Voraussetzung, daß ihr geholfen wird. Nur sollte man, nur weil die Geburt ein im Grunde normaler körperlicher Vorgang ist, nicht verlangen, daß die Mutter sofort, nachdem sie das Baby auf die Welt gebracht hat, ihren Beschäftigungen wieder nachgeht. Es war zwar früher auf dem Land üblich, hatte aber häufig Gebärmuttersenkungen bei der Frau zur Folge. Es braucht Zeit, bis die Muskeln wieder ihre ursprüngliche Form angenommen haben und der Bauch der Frau wieder straff geworden ist. Und die Frau braucht viel Ruhe nach einer Geburt. Aber wenn alles gutgegangen ist, ist es tatsächlich überflüssig, länger als 24 Stunden im Krankenhaus zu bleiben, und es ist sowohl für das Baby als auch für die Mutter besser, möglichst bald wieder zu Hause zu sein, weil sich beide dort besser fühlen. Vor allem für die anderen Kinder, sofern sie vorhanden sind, ist es besser, die Mutter und das Baby sofort wieder zu Hause zu sehen. Und schließlich ist der Vater ja auch zu Hause. Es ist doch schrecklich, wenn ein Mann Vater geworden ist und trotzdem seine Frau nicht bei sich haben kann, um mit ihr über das für beide doch so wichtige Ereignis zu sprechen. Und das Baby, das bereits im Bauch der Mutter die Stimme des Vaters zusammen mit der der Mutter gehört hat, ist plötzlich dieser männlichen Stimme, d. h. der Stimme des Vaters beraubt; und da es im Krankenhaus von seiner Mutter ebenfalls getrennt ist, hört es nur noch das Geschrei der anderen Säuglinge um sich herum. Es wird zwar von jemandem gepflegt, doch trotzdem lebt es für einige Tage wie in einer Wüste — und einige Tage bedeuten für den Säugling so viel, wie vier oder fünf Monate für uns.

Ich bin also ganz und gar der Meinung, daß die Geburt auf die einfachste Art und Weise stattfinden sollte. Trotzdem halte ich es für besser, beim ersten oder zweiten Kind, vor allem, wenn die Geburten kompliziert sind, ins Krankenhaus zu gehen. Denn ein Krankenhaus verfügt in den meisten Fällen über die technischen Voraussetzungen, die für die Mutter und das Kind lebenswichtig werden können.

Im übrigen könnte der Mutter auch eine Art Haushaltshilfe beistehen. Einer jungen Wöchnerin zu helfen, ist nicht besonders kompliziert; solche Helferinnen könnten vielleicht kleine Praktika in Krankenhäusern oder privaten Entbindungskliniken machen, um dort zu lernen, wie man Wöchnerinnen und Babys pflegt. Eine solche Hilfe könnte durchaus im Mutterschaftsgeld inbegriffen sein, denn schließlich würden dadurch auch die Krankenhauskosten gesenkt. Sie könnte der Mutter etwa vierzehn Tage helfen, damit sie sich wirklich ausruhen kann. Da auf die Geburt immer ein schwacher, physiologisch bedingter depressiver Zustand folgt, könnten diese Helfer auch mit der Mutter sprechen und ihr auf diese Weise moralischen Beistand leisten; den hat eine Mutter einfach nötig, vor allem, weil die vorigen Kinder ein wenig eifersüchtig sein werden und an ihre Mutter, wenn sie wieder zu Hause ist, auch mehr Erwartungen stellen.

Bei dem Kongreß über Kinderheilkunde, von dem vorhin die Rede war, ging es auch um die künstliche Einleitung einer Geburt. Die dort versammelten amerikanischen Ärzte waren strikt dagegen.

Das freut mich. Ich finde es auch erfreulich, daß dieser Standpunkt ausgerechnet in Amerika vertreten wird! Denn diese künstliche Einleitung wurde im Grunde nur deswegen eingeführt, damit der Geburtsvorgang für das Personal bequemer abläuft.

Damit es schneller geht?

Die Frauen sollen auf diese Weise wie Maschinen gebären, damit es schneller geht und das Personal seine Ruhe hat. Geburten sind aber etwas Menschliches. Manche Frauen gebären langsam, andere gebären schneller. Manche Frauen beginnen mit der Eröffnungsphase einer Geburt und ruhen sich dann wieder aus; bei ihnen muß man geduldig und ohne Angst abwarten, bis die Eröffnungsphase von neuem einsetzt; dieses Kind, was da auf die Welt kommt, ist eben so, und die Dyade, die Einheit von Mutter und Kind, läßt sich nur schwer trennen. Man muß der Mutter helfen, damit sie sich völlig sicher fühlt, damit sie ihre Empfindungen zum Ausdruck bringen und andererseits auch dem Kind helfen kann, auf die Welt zu kommen. Niemals sollte es zur Anwendung von Gewalt kommen, weder in Bewegungen noch in Worten. Wenn eine bei ihren Schmerzen unzureichend unterstützte Gebärende Gewalt erleidet und ängstlich wird, entsteht dadurch ein Zustand psychischer Anspannung, die die Mutter-Kind-Beziehung am Anfang des Lebens eines Neugeborenen prägt. Dies kann später ernste Folgen haben.

Es wird heute viel von schmerzloser, aber auch immer mehr von gewaltfreier Geburt gesprochen. Zu diesem Themenkomplex stellt Ihnen eine Mutter folgende Frage: »Was für positive und negative Konsequenzen könnte jene Methode, die die Schmerzlosigkeit der Mutter beim Geburtsvorgang postuliert, auf der körperlichen und psychischen Ebene haben?«

Es geht darum, wie ein Baby ohne Trauma bzw. unter möglichst geringen traumatischen Bedingungen geboren werden kann — stellt doch die Verwandlung eines Fötus in ein Neugeborenes ein natürliches Trauma dar; immerhin stellen sich bei dieser Verwandlung ja auch körperliche Veränderungen ein: der Kreislauf verändert sich, das Atemvolumen, plötzlich taucht eine Sinneswelt auf, die von der Welt, in der das Kind bisher gelebt hat, völlig verschieden ist, etwa was die Temperatur, das Licht, die Geräusche, die Tastempfindungen usw. angeht.

Bei der Geburtsmethode, die die Mutter in ihrem Brief anspricht, bezieht sie sich anscheinend auf ein Buch von Leboyer. Dieser propagiert eine Geburt unter folgenden Bedingungen: möglichst wenig Geräusche, kein starkes Licht und möglichst große Nähe zur Mutter während der ersten Stunde nach der Geburt. Diese Geburtsmethode ist im Grunde nur die Fortsetzung der ›schmerzlosen Geburt‹. Ich hoffe, daß in einigen Jahrzehnten — denn von heute auf morgen lassen sich derartige Veränderungen kaum durchführen — viele Kinder unter derartigen Bedingungen geboren werden. Im Kommen ist diese Methode aber auf jeden Fall.

Bisher hat man vor allem darauf geachtet, ob das Kind wirklich alles hatte, was es braucht, und man hat nicht bedacht, daß es schon eine Person ist, die — wie soll ich mich ausdrücken —›zivilisiert‹ empfangen werden muß. Bisher wurde es eigentlich immer wie ein kleines Säugetier empfangen, und nicht einmal das, denn ein kleines Säugetier wird von der Mutter gestützt, die es ableckt, ihm hilft und es bei sich hält. Die Menschen hatten sich solche Überlegungen zum Geburtsvorgang eben noch nicht gemacht. Wir fangen erst jetzt an, den Geburtsvorgang in einem anderen Licht zu

217

sehen. Vielleicht liegt es daran, daß wir uns durch unsere Zivilisation so ›gestreßt‹ fühlen, daß wir uns plötzlich bewußt werden, daß unsere Kinder diesem Streß bei der Geburt eigentlich grundlos ausgesetzt werden.

Nun, die Briefschreiberin wohnt in der Provinz, und ich weiß nicht, ob es in ihrer Region Kliniken gibt, die diese Art von Geburten durchführen. Wenn es keine gibt, sollte sie sich aber keine Sorgen machen. Da sie das Buch von Leboyer gelesen hat, hat sie schon verstanden, daß man die Traumata, die ihr Kind haben könnte, auf ein Minimum reduzieren muß. Sie muß versuchen, das Baby wenigstens tagsüber bei sich zu behalten, damit es sehr schnell mit ihrem Geruch vertraut ist. Wenn es bei der Geburt gelitten hat, muß sie mit ihm darüber schon ganz früh sprechen. (Sie wissen, daß ich oft sage, man soll mit Babys, die einige schlimme Erfahrungen durchzumachen hatten, sprechen. Die Schwingungen der zärtlichen Stimme einer Mutter sind der beste Trost, dem Baby über seine Schwierigkeiten hinwegzuhelfen.) Die Mutter könnte dem Baby sagen: »Aber du bist jetzt stark. Du bist groß. Dir geht es gut« usw. Ich glaube, daß auf diese Weise alles gutgehen wird. Was die Methode der gewaltfreien Geburt angeht, nach der die Mutter auch fragt, kenne ich Untersuchungen an Kindern, die auf diese Weise geboren worden sind. (Diese Methode wurde schon vor etwa 30 Jahren eingeführt.) Es stellte sich deutlich heraus, daß bei Familien mit mehreren Kindern dasjenige, das als einziges auf diese Art und Weise geboren wurde, tatsächlich keine Ängste kennt, weder vor der Dunkelheit noch vor Geräuschen oder dem Alleinsein — im Gegensatz zu den anderen. Auf jeden Fall finde ich es bemerkenswert, daß man diesen Unterschied feststellen konnte. (Es ist auch der einzige Unterschied, den man wirklich anführen kann, denn man kann ein Kind, das auf bestimmte Art geboren wurde, nicht mit einem Kind, das auf andere Art geboren wurde, einfach vergleichen. Im Grunde kann man nur in kinderreichen Familien solche Beobachtungen anstellen oder die Statistiken zu Rate ziehen. Es steht jedoch fest, daß diese Kinder in Situationen, die ein Kind normalerweise ängstigen, weit mehr Selbstvertrauen und weniger Ängste haben.)

36. KAPITEL

Du hast einen leiblichen Vater gehabt
(Ledige Mütter)

Ich schlage Ihnen vor, das Problem der ledigen Mütter zu erör-
tern. Eine von ihnen schreibt uns: »Ich habe einen kleinen Jun-
gen, der sieben Monate alt ist. Mich beunruhigt die Frage, wel-
che Auswirkungen die Abwesenheit des Vaters wohl haben
wird. Soll man in Zukunft den Vater ersetzen? Zu welchem
Zeitpunkt läuft das Kind Gefahr, sich frustriert zu fühlen, kei-
nen Vater gehabt zu haben? Soll man ihm von diesem unbe-
kannten Vater erzählen, damit es sich nicht von anderen Kin-
dern zu verschieden fühlt, selbst dann, wenn es von sich aus
keine Fragen stellt? Wird es in seiner Entwicklung nicht da-
durch gestört sein, daß es sich als Mann mit niemandem identi-
fizieren kann, weil es hauptsächlich von Frauen umgeben war?«

Sowohl ein Mädchen wie auch ein Junge braucht die Anwesenheit eines Mannes, um sich positiv zu entwickeln. Hat diese Frau überhaupt keine männlichen Verwandten?

Darüber sagt sie nichts, sie schreibt nur: »... aufgrund dessen,
daß er gewöhnlich keine männliche Bezugsperson als Vorbild
für sein Handeln haben wird.«

Mich erstaunt sehr, daß eine Frau ohne jeden freundschaftlichen Kontakt mit Männern oder Ehepaaren leben kann.

Nun, sie stellt ja ihre Frage hauptsächlich in bezug auf die Tat-
sache, daß kein Mann bei ihr zu Hause ist.

Vielleicht ist keiner zu Hause, aber der Junge kennt doch
Männer, er sieht andere Leute, Kinder, die Väter und Geschwister haben. Und später wird dann für ihn im Kindergar-

219

ten und in der Schule die Gesellschaft von Kindern und Erwachsenen die Sexualität in ihrer zweifachen, der männlichen und weiblichen, Form darstellen. Auf jeden Fall darf sich ein Kind — weil der sexuelle Partner seiner Mutter fehlt — unmöglich in dem Glauben entwickeln, daß es, im Fall eines Jungen, später eine Frau sein wird, oder daß es, wenn es ein Mädchen ist, das sich vor allem mit seiner ledigen Mutter identifizieren will, gegenüber dem anderen Geschlecht keine Wünsche haben darf. Das sind nur zwei Beispiele, hinter denen ein viel größeres Problem steckt: nämlich die Notwendigkeit, einem Kind von seiner Zeugung zu erzählen; wer ein Kind lieb hat und erziehen will, soll ihm sagen, wo sein Wissen über sich selbst und sein Wert Wurzeln schlagen.

Aber viele fragen sich, und ich finde mit Recht, über welche Umwege sie diese Wahrheit ansprechen können.

Bei einem Kind, das unter diesen Umständen von seiner Mutter großgezogen wird, sollen sich diese Ausführungen darüber, wer in Wahrheit der leibliche Vater ist, auf den *Familiennamen* beziehen, d. h. auf den gesetzlichen Familiennamen, mit dem das Kind eingeschult wird (und den es bis dahin vielleicht ignoriert hat). (›Erzeuger‹ wäre eigentlich der richtige Begriff, aber ich spreche vom ›leiblichen‹ Vater, denn die Kinder sprechen meist von ihrem ›leiblichen Vater‹ oder von ihrer ›leiblichen Mutter‹.) Der Familienname kann von einem Vater stammen, den das Kind nicht kennt; von einem Vater, den es zunächst gekannt hat und der dann gestorben ist oder es im Stich ließ. Wichtig erscheint mir dieser Name besonders dann, wenn in der Familie keine Großeltern oder väterliche Onkel existieren, die den Vater ersetzen könnten; vielleicht hat die Mutter sich aber auch scheiden lassen, als das Kind noch sehr jung war und hat wieder geheiratet oder trägt ihren Mädchennamen wieder. In einem anderen Fall kann das Kind auch den Namen seiner Mutter, die ledig geblieben ist bzw. mit einem Mann zusammenlebt, den es ›Papi‹ nennt, weitertragen. Wie dem auch sei, in bezug auf seinen beim Standesamt eingetragenen Namen sollte dem Kind —

ob Junge oder Mädchen — alles über seinen Erzeuger gesagt werden.

Entstehen besondere Probleme, wenn das Kind den Namen der Mutter trägt?

Wenn das Kind den Mädchennamen seiner Mutter trägt, ist nicht auszuschließen, daß es sich früher oder später die Frage stellt, ob seine Mutter nicht zu seinem Großvater mütterlicherseits oder einem Onkel mütterlicherseits eine inzestuöse Beziehung gehabt hat; dies kann insbesondere dann geschehen, wenn der eine oder der andere als Vormund dient. Man muß das Kind über seinen Namen und das Gesetz informieren, auf dessen Grundlage es bei seiner Geburt, und entsprechend der Umstände seiner Geburt und Beziehung seiner leiblichen Mutter zum leiblichen Vater, seinen Namen bekommen hat. Bietet man dem Kind hierfür keine Erklärungen an, wird es früher oder später in seiner Sprachfähigkeit, seinem Gefühlsleben oder sozialen Leben beeinträchtigt. Diese Erklärungen müssen für das Kind klar verständlich sein und im Verlauf der Entwicklung des Kindes mehrere Male wiederholt werden, am besten von der Mutter oder ihr nahestehenden Personen. Kurz und gut, das Kind muß also die gesetzliche Grundlage, auf der es seinen Namen erhalten hat, kennen. Wenn das Mädchen oder der Junge nun den Namen der ledigen Mutter trägt und zusätzlich in einer Familie aufwächst, in der es keine männlichen Bezugspersonen gibt, vielleicht sogar bis in die weitere Verwandtschaft hinein, besteht die Gefahr, daß das Kind sich wie ein Attribut seiner Mutter begreift; es fühlt sich dann als pathogenetisches Kind, d. h. als Kind, das von einer Frau allein, ohne Zutun eines Mannes geboren wurde. Da dies aber nicht den Tatsachen entspricht, würde dem Kind durch eine solche Lüge ein völlig irreales Verständnis seiner selbst eingeflößt. Hinzu kommt, daß es sich ganz besonders ängstlich und unsicher in bezug auf den möglichen Tod seiner Mutter fühlt, ohne die seine Existenz ja gesetzlich nicht gesichert ist. Jede ledige Mutter sollte von daher im voraus festlegen, wer die Betreuung ihres Kindes für den Fall gewährleistet, daß sie nicht mehr da sein sollte. Und sie sollte dies dem Kind dann auch mitteilen. Über die existentielle Unsicherheit eines Kindes, das weder eine Familie mütterlicherseits noch väterlicherseits hat, ist zu wenig bekannt. Ab dem Alter von fünf Jahren kann man das Problem des Todes der Eltern mit seinen Kindern nicht mehr umgehen, und ich habe Kinder gesehen, die aus der von mir erwähnten existentiellen Unsicherheit einem ängstlichen und neurotische Hinfälligkeit erzeugenden Zustand verfallen waren. Diese Kinder hatten keine Antworten auf ihre stumme Frage bekommen, die sie ihrer Mutter nicht zu stellen wagten, da diese allein für sie verantwortlich war. Die Mutter hatte zwar die Möglichkeit einer Antwort ins Auge gefaßt, jedoch nie mit ihrem Kind darüber gesprochen. Dieses verfiel dann vor lauter Ängstlichkeit in eine neurotische Regression.

Doch zurück zu dem Namensproblem. In unserem konkreten Fall einer ledigen Mutter, die in einem Milieu mit lauter Frauen lebt, muß dem Jungen die Wahrheit über seine Zeugung gesagt werden. Sie muß gesagt werden, aber ohne negative Bemerkungen in bezug auf seinen Erzeuger, und zwar egal, wie die Umstände der sexuellen Beziehung, aus der heraus das Kind entstanden ist, auch immer gewesen sein mögen. Auch sollte man dem Jungen diese Erklärungen ohne großes Pathos geben, und die Mutter sollte auf das Erwähnen von Schuldgefühlen bei sich ebenso verzichten wie in die Rolle einer sich aufopfernden Frau schlüpfen. Egal, wie ihre Schwierigkeiten, der ihr auferlegten Verantwortung nachzukommen, auch immer sein mögen, sie hat doch die Freude gehabt, ihr Kind auf die Welt zu bringen und es jetzt lieb zu haben; und diese Freude verdankt sie letztlich dem Mann, der sie zur Mutter gemacht hat. Alles in allem tut sie gut daran, mit ihrem Kind zu sprechen. Ihm sollte man erklären: »Du hast einen leiblichen Vater gehabt. Aber du kennst ihn nicht, weil ich ihn nicht geheiratet habe.« Nun kann die Mutter ja auch mit einem Mann zusammenleben, der für das Kind wirklich wie ein Ehepartner und zudem der Vormund ist. Daß er nicht der leibliche Vater ist, sollte man aber dem Kind möglichst früh mitteilen, spätestens vor dem Schulalter und auch dann, wenn das Kind diese Frage von sich aus nicht anspricht.

Soweit also in bezug auf den Vater und den Namen des Kindes. Aber wie reagieren die Kinder — und hier spreche ich Sie als die Spezialistin an, die Sie sind — im allgemeinen auf die Abwesenheit des Vaters?

Sie meinen wohl die Kinder von ledigen Müttern? ... ›Im allgemeinen‹ gibt es nicht. Alles hängt von der Art und Weise ab, wie die Mutter dem Kind von seinem Erzeuger erzählt, wie lieb sie das Kind hat und wie sie in ihrem emotionalen Verhalten oder seelischen Beziehungen die Anwesenheit von Männern um sich herum aufnimmt. Schließlich spielt natürlich noch die emotionale Beziehung des Kindes zu seiner Mutter eine entscheidende Rolle. Im Fall der Frau, auf deren Brief wir uns beziehen, und die von sich aus den Erzeuger ihres Kindes nicht hat heiraten wollen, würde ich folgenden Rat geben: sie sollte ihrem Kind Bilder ihres Mannes aus jener Zeit zeigen, als sie noch mit ihm zusammen war und ihm dadurch klarmachen, daß er für sie existiert hat; und durch Bilder von sich selbst könnte sie dem Kind zeigen, daß sie auch einen Vater gehabt hat, nämlich seinen Großvater mütterlicherseits usw. Und wenn der Junge nun eines Tages beim Anblick irgendeines Mannes sagt: »Ich möchte gern, daß dieser Mann mein Vater wäre«, könnte ihm die Mutter darauf antworten: »Siehst du, du trägst ein Bild deines Vaters im Herzen.« Da ihr Kind ein Junge ist, könnte sie noch hinzufügen: »Es liegt jetzt nur noch an dir, so zu werden wie er«; wenn er ihr nun einen Schwarzen zeigt, er aber selbst von weißer Hautfarbe ist, kann sie ihm sagen: »Nein, du wirst nie eine schwarze Hautfarbe bekommen, denn dein Vater war Weißer«; und wenn er ihr einen sehr kleinen Mann zeigt, er selbst aber für sein Alter schon recht groß ist, könnte sie sagen: »Nein, wahrscheinlich wirst du einmal groß werden, denn dein leiblicher Vater war groß, und du bist es für dein Alter auch schon.« Auf diese Weise, bezugnehmend auf das Körperliche, wird sie dem Kind Vorbilder anführen können und braucht dabei niemals die Existenz des Erzeugers zu leugnen. Schließlich gibt es genügend Vorbilder der Jungen unter Sportlern, irgendwelchen Leuten, die im Fernsehen auftreten, usw. Das Kind wird sich bestimmt für so etwas interessieren. Natürlich muß sie ihm erklären, daß er sich insofern von anderen unterscheidet, daß sie nicht mit jemandem zusammenlebt, den er ›Papi‹ nennen kann; aber sie sollte ihm auch sagen, daß er sich für den Fall, daß sie auf seine Fragen keine Antwort weiß, bestimmte Männer suchen kann, die ihn beraten und seine Fragen beantworten können. Eine ledige Mutter muß nämlich wissen, daß es viele Dinge gibt, die sie ihrem Sohn nicht erklären kann. Sie kann ihm dann sagen: »Siehst du, ich bin eben eine Frau. Ich war nie ein Junge. Ich kann dir nicht antworten.« Im übrigen handelt es sich hierbei um eine Antwort, die jede Mutter ihrem Sohn einmal geben muß — selbst in den ›normalsten‹ Familien; hier gewöhnen sich die Söhne oftmals viel zu sehr daran, sich immer nur an die Mutter zu wenden, und zwar leider recht häufig mit der Zustimmung des Vaters, der die Dinge einfach so laufen läßt.

Die Mutter sollte also den Vater nicht ersetzen?

Es geht nicht darum, daß sie es nicht sollte, sondern daß sie es nicht *kann*. Männliche Bezugspersonen, denen man sein Vertrauen schenkt und die einen Vater ersetzen, sind für Mädchen und Jungen gleichermaßen notwendig. Eine Mutter allein ist eben eine Frau. Bestenfalls wirkt sie wie ein ›Neutrum‹. Vielleicht ist sie auf der juristischen Ebene oder für die Werte, die eine Erziehung vermitteln soll, verantwortlich, aber sie kann nicht für alles zuständig sein, vor allem, was — gerade bei Jungen — mit der Gefühlssphäre, der Sensibilität oder den Emotionen zu tun hat. Fühlt sie sich ständig dafür zuständig, mischt sie sich viel zu viel in seine Sensibilität ein. Sie sollte ihm besser sagen: »Ich finde, das ist die Angelegenheit eines Jungen«, und ihm raten, sich an diesen oder jenen Freund von ihr zu wenden oder an diesen oder jenen Onkel, der verheiratet ist. Spricht er eine Tante an, die verheiratet ist, könnte diese ihm den Rat geben, mit ihrem Mann zu sprechen. Sie braucht dabei ihre Hilfe nicht grundsätzlich abzulehnen, könnte aber sagen: »Er wird dir bestimmt besser antworten können als ich, weil ich ja wie deine Mutter eine Frau bin; ich habe einfach nicht dieselben Erfahrungen wie ein Mann gemacht, der, wie du, erst ein kleiner Junge und dann ein Jugendlicher gewesen ist und sich deshalb mit den Fragen, die Kinder deines Geschlechts stellen, auch besser auskennt.« Genausowenig kann natürlich ein Mädchen, das seine Mutter nie zusammen mit einem Mann erlebt hat, mit ihr ein vertrautes Gespräch darüber führen, daß sie Jungen gegenüber starke Gefühle empfindet. Das Mädchen spürt, daß die Mutter irgendwie frustriert ist. Kommt ein Gespräch dennoch zustande, nimmt es wieder die Rolle eines kleinen Mädchens an, das unter einer es beschützenden Abhängigkeit der Mutter steht, die es eher für eine große, verwaiste Schwester hält.

Es ist also sehr schwierig, ein Kind ohne den Vater großzuziehen.

Ja, sicherlich, aber manche überwinden diese Schwierigkeiten auch ganz gut. Sie sagen ihren Kindern die Wahrheit und leben ihr Leben als Frau auf der gefühlsmäßigen und sexuellen Ebene so gut, wie sie können, weiter. Etwa, indem sie arbeiten, sich am sozialen Leben um sie herum aktiv beteiligen und sich nicht in ihrer Einsamkeit von allem Leben abkapseln. Sie ermuntern ihre Kinder zudem, Kontakte zu Kindern im gleichen Alter zu haben, und zwar ohne ihnen die möglichen Hindernisse zu verschweigen, aber auch ohne sie mit einer angstbesetzten und mit Besitzansprüchen verknüpften Liebe bei sich gefangen zu halten.

Dieses ›Programm‹ ist aber für eine alleinstehende Frau nicht gerade leicht zu verwirklichen.

Vielleicht. Aber wissen Sie, die psychosexuelle und seelische Entwicklung eines Kindes, das ohne den Vater von einer ledigen Mutter erzogen wird, ist zwar schwierig, aber auch nicht schwieriger als in vielen anderen Fällen auch. Ich denke etwa an Einzelkinder oder Zuletztgeborene von Müttern, die sehr früh verwitwet sind und der weder die Familie väterlicherseits oder die Familie mütterlicherseits helfen kann oder will.

Wenn eine Mutter z. B. den verstorbenen Vater idealisiert, so ist es für das Kind, das diesen kaum oder überhaupt nicht gekannt hat, genauso schädlich, wie wenn es in bezug auf seinen Erzeuger völlig in Unkenntnis ist; ich meine damit, daß es nicht weiß, welche Beziehung seine Mutter und sein Vater in Wirklichkeit gehabt haben, kurzum, daß es nicht weiß, was seiner Existenz eigentlich einen Sinn verliehen hat. Es ist für den Sohn einer stets leidenden und verwitweten Mutter furchtbar erdrückend, wenn diese den Vater idealisiert, da er sich dann in der ödipalen Phase verpflichtet fühlt, in seinem sozialen und sexuellen Verhalten den Toten zu spielen, um mit dem Vater zu rivalisieren. Es gibt auch solche Witwen, die vor lauter eigener Trostlosigkeit bei ihrem Kind eine Neurose bewirken oder im Stich gelassene Frauen mit einem Kind, die sich gegenüber allen Männern verschließen und damit gegenüber dem Leben, das sie in sich tragen.

Auch hier sind wir wieder mit dem Problem der Worte konfrontiert. Die Mutter hat zunächst in ihrer Schwangerschaft und in dem Verantwortungsgefühl, die sie mit sich bringt, existiert. Dann existiert sie durch ihre Gesten und ihre Worte, die ja alle Ebenen der Erziehung ihres Kindes betreffen. Der abwesende Vater existiert hingegen nur symbolisch durch die Worte der Mutter und all derer, die ihn zu seinen Lebzeiten gekannt und gemocht haben und die ihn deshalb so, wie er war, dem Kind beschreiben können. Man kann nämlich jedem Kind unter der Bedingung, daß sich die Mutter nicht über den Mann, der sie zur Mutter gemacht hat, in Schweigen hüllt, den Kontakt zu jenen ermöglichen, die seinen Vater gekannt und geschätzt haben; und diese Personen kann er dann von seinem Vater sprechen hören. Und sofern dies möglich ist, sollte die Mutter ihre Enttäuschung hinunterschlucken und dem Kind diese Begegnung mit jemandem erlauben, der nicht die gleichen Gründe hat zu leiden wie sie, daß etwas, was begonnen hat, sich nicht mehr fortsetzen läßt. Ich möchte aber noch einmal betonen, daß die beste Art für eine alleinstehende Mutter, ihre Kinder zu erziehen, darin besteht, ihnen zunächst die Wahrheit über ihre Zeugung zu sagen: denn der Sinn ihres Lebens findet hier seine Wurzeln.

Und dann sollten sie ihre Kinder, wenn sie noch ganz jung sind, sich auf Erwachsene beiderlei Geschlechts beziehen lassen, denen gegenüber sie ihre eigene Art zu leben abgrenzt; sie sollte ihre Söhne und Töchter dazu anregen, bei den Menschen, denen sie begegnen, sich für diejenigen zu entscheiden, bei denen sie am stärksten eine Art von natürlicher Ähnlichkeit verspüren. Denn es ist wichtig, daß sie Vorbilder außerhalb des Kreises der Familie haben, der sich ja so eng geschlossen hat, wenn kein Vater mehr da ist. Im Falle, daß es sich umgekehrt verhält, also die Mutter weggegangen ist oder starb, ist es genau dasselbe.

Hier habe ich einen anderen Brief von einer ledigen Mutter, die ein Baby adoptiert hat, als es zehn Monate alt war. Die Mutter des Babys war eine Vietnamesin und der Vater ein schwarzer amerikanischer Soldat. Beide sind tot. Diese Dame schreibt, daß das Kind sehr nett ist und ansonsten keine Probleme bestehen, außer daß es sehr nachgiebig und zu wenig aggressiv sei: »Es hat auch schon unter sehr unangenehmen Bemerkungen über seine Hautfarbe zu leiden gehabt.«

Zunächst einmal, was heißt hier ›aggressiv‹, und worauf soll sich diese Problematik, die die Mutter anspricht, beziehen? Und warum spricht sie von ›unangenehmen Bemerkungen‹? Hat man ihm gesagt: »Bist du nicht ein Chinese?« Warum erklärt sie ihm nicht die Geschichte seines Vaters und seiner Mutter? Ich glaube, sie täte gut daran und könnte ihm auch sagen, daß sie — vermutlich dank des Roten Kreuzes — die Möglichkeit bekommen hat, sich um es zu kümmern, weil sie es konnte und wollte, und daß seine leiblichen Eltern sehr froh wären, wenn sie wüßten, daß sie von ihr, die es sich leisten kann, nun in Frankreich erzogen wird. Sie muß dieses Kind in die Lage versetzen, auf Fragen nach seinem Vater eine Antwort geben zu können. Wenn sie ihm deren, für es symbolische, Existenz vermittelt hat, wird es nicht frustriert reagieren. Es wird genau wie die anderen Kinder über seine Herkunft erzählen können und sagen: »Mein Vater ist im Vietnamkrieg gestorben. Er war ein amerikanischer Soldat.«

Unter den amerikanischen Soldaten gab es viele Schwarze. Sie könnte ihm Fotos aus Zeitungen dieser Zeit zeigen. Ich denke, daß man diesem Kind unbedingt die Wahrheit sagen soll. Man soll ihm auch seinen asiatischen Mischlingstyp erklären und mit ihm über seine vietnamesische Mutter sprechen, die aufgrund des Krieges aus seinem Leben verschwunden ist.

Die Mutter schreibt: »Ich habe Angst, daß es leidet oder sich wie eine Klette an mich hängt. Dies um so mehr, weil es auch keinen Großvater mehr hat.«

Aber nein, es wird nicht leiden, wenn sie mit ihm spricht. Und im übrigen ist diese Frau auch nicht ganz allein auf der Welt. Um sie herum sind andere Frauen und Männer. Das Kind wird sich bestimmte Vorbilder aussuchen und verstehen, was es heißt, mit ihnen zu leben. Ich glaube, daß sie sich auf diese Weise gut helfen kann. Aber die Tatsache, daß sich manche ledige Mütter viele Fragen stellen, verstehe ich. Es ist auch gut so, daß sich diese Mutter Fragen stellt. Und wenn dann später einige Probleme auftauchen, wird sie einen männlichen Psychologen bitten können, sich mit ihrem Sohn zu beschäftigen; er sollte ihm die gleichen Dinge, die sie ihm mit ihrer Frauenstimme schon einmal gesagt hat, noch einmal wiederholen, damit ihm seine Geschichte durch eine männliche Stimme erzählt wird, was ihm helfen wird, sein Schicksal auf sich zu nehmen.

Ich möchte eine dritte Situation schildern: Eine Frau hat im Einverständnis mit ihrem Freund, von dem sie ein Kind hat, beschlossen, ledig zu bleiben und das Kind allein zu versorgen und zu erziehen. Sie war katholisch und fragt sich nun, ob sie, obwohl sie selbst nicht mehr gläubig ist, ihr Kind taufen lassen soll. Wörtlich fügt sie dann hinzu: »Wäre es nicht dennoch angebracht, meinem Kind einen Taufpaten oder eine Taufpatin zu geben? Ist es für ein Kind — insbesondere, wenn es keinen Vater hat — nicht besser, so viele Bezugspersonen wie möglich zu haben, denn Männer sehen wir so gut wie keine.«

Ich weiß nicht, ob es so gut ist, ›so viele Bezugspersonen wie möglich‹ für das Kind zu suchen, bevor es selbst Kontakte zu Menschen knüpft. Aber auf jeden Fall kann man Freunde habe, die das Kind versorgen, wenn der Mutter irgend etwas zustoßen sollte. Es würde den beiden eine Sicherheit bieten, wenn das Kind als Pate oder Patin einen Erwachsenen bzw. eine vertraute Person haben könnte, die sich für seine Erziehung und für alle jene Fälle verbürgen könnte, Hilfe zu leisten, wenn der Mutter, die ja mit dem Kind allein dasteht, etwas passiert. Ich glaube, das wäre sehr wichtig. Wenn sie unbedingt einen Paten oder eine Patin für ihr Kind haben will, wie sie sagt, wäre es gut, wenn sie ein Ehepaar findet, das mit ihr gut befreundet ist und ihre Sicht der Dinge akzeptiert; es sollte auch damit einverstanden sein, daß man diese Patenschaft mit einem kleinen Fest beschließt. Ich glaube, daß man aber so lange warten sollte, bis das Kind etwas älter ist. Die Mutter kann ihm ja schon von denjenigen erzählen, die diese Verantwortung übernehmen wollen. Zum Beispiel könnte es an seinem ersten Geburtstag sein: man veranstaltet eine kleine Feier, bei der die Patin und der Pate anwesend sind; das Kind wird dann erfahren, warum es diese beiden Erwachsenen, die sich ja von den anderen unterscheiden, ›Pate‹ und ›Patin‹ nennt und warum es ihnen vertrauen kann.

Sie fragt auch, ob man die Paten aus dem Familienkreis, dem Kreis der nahen Verwandten oder anderswo suchen sollte.

Es ist oft üblich, einen Paten oder eine Patin aus dem Kreis der Familie zu benennen. Ich finde es eigentlich schade, vor allem, wenn das Kind keine Familie väterlicherseits hat, eine Familienbeziehung zu verdoppeln; denn im Falle von nahen Verwandten mütterlicherseits besteht ohnehin eine gesetzliche Mitverantwortung für das Kind. Wenn diese Verwandten für das Kind Onkel oder Tanten sind, reicht das doch aus. Es ist besser, einen Paten oder eine Patin unter fremden Leuten zu wählen; sie sollten nur nicht zu jung sein. Es ist auch manchmal üblich, ein älteres Geschwister auszuwählen. Ich halte es jedoch für besser, Erwachsene auszuwählen, die möglichst im gleichen Alter oder etwas jünger als die Mutter sind und die ihre Rolle auch ernstnehmen. Es ist schließlich für die Mutter bitterer Ernst, sich klarzumachen: »Wenn mir irgend etwas zustoßen sollte, müßte jemand die Erziehung meines Kindes an meiner Stelle weiterführen.«

Wieso soll sie es, um auf die andere Frage zu kommen, taufen lassen, wenn der Glaube in ihr nicht mehr lebendig ist? Es wäre besser, wenn sie ihr Kind später darin unterstützen würde, eine eigene Entscheidung zu treffen. In diesem Zusammenhang möchte ich anmerken, daß viele getaufte Kinder von der ›kirchlichen Verantwortung‹ ihres Paten oder ihrer Patin nichts wissen. Und ob das Kind nun einen Paten oder eine Patin vor dem Taufbecken hat oder nicht, sagt noch lange nichts darüber aus, ob es später einen Mann oder eine Frau für es gibt, die bereit sind, die Verantwortung für es zu übernehmen und zu tragen. Das aber ist bei der Entscheidung für oder gegen einen Paten das Wichtigste. Und wenn das Kind dann Paten hat, sollte es über deren Bedeutung auch Bescheid wissen. Natürlich nicht im Alter von einem Jahr; aber man wird diese Frage um das Alter von drei, fünf oder sechs Jahren unbedingt wieder aufgreifen müssen: »Warum wurde diese Patin gewählt?« Weil sie eben eine wichtige Rolle zu spielen hat, denn sie soll die Mutter ersetzen, wenn ihr etwas zustößt. Und der Pate soll für das Kind die Rolle des fehlenden Vaters übernehmen. Er hat sich ja dazu verpflichtet, immer für das Kind da zu sein, wenn es Rat braucht, und er wird ihm auch bei seinen Schwierigkeiten bis ins Erwachsenenalter hinein beiseite stehen und es unterstützen.

37. Kapitel

Das Kind, das alles berühren will
(Herumlaufen und alles untersuchen)

Hier geht es um ein Thema, auf das wir immer wieder ange-sprochen werden. Wir wollen über jene Kinder sprechen, die, sobald sie gehen können, alles berühren wollen und die manchmal wie ein Wirbelsturm in der Wohnung herumziehen. Ich habe hier zwei Briefe, die ich Ihnen hintereinander vorle-sen möchte. Zunächst eine Mutter, die die Situation nicht so ernst nimmt und uns schreibt: »Ich habe einen Jungen, der drei-zehn Monate alt ist. Seitdem er gehen kann — das ist jetzt zwei Monate her —, ist er sehr lebendig, und wir sind davon regel-recht erschöpft. Kaum ist er aufgewacht, klettert er überall hin. Wenn er in der Küche ist, nimmt er die Kochtöpfe oder die Deckel und veranstaltet damit einen fürchterlichen Lärm, in-dem er mit ihnen auf den Kühlschrank oder auf den Fußboden schlägt. Ist er im Bad, drückt er die Zahnpasta ins Waschbek-ken aus. Im Wohnzimmer dreht er an den Knöpfen des Fernse-hers herum usw. Was soll ich tun? Ihn im Haus alles kaputt-machen lassen? Oder alles, was er nicht berühren soll, außer seine Reichweite stellen? Oder soll ich ihm andauernd alles verbieten?«

Im zweiten Brief handelt es sich um ein Mädchen, das elf Monate alt ist, das im Krabbeln die ganze Wohnung durch-forscht und alles in den Mund steckt. Auch diese Mutter fragt danach, wie sie in das Geschehen eingreifen sollte. Soll sie das Kind gewähren lassen und dabei nur aufpassen, daß nichts ka-puttgeht? Soll sie das Kind allein spielen lassen oder ständig mit ihm spielen, um zu verhindern, daß es alles in den Mund steckt?

Hier handelt es sich um zwei Probleme, die eng miteinander verbunden sind: das Kind läuft oder krabbelt überall herum und will alles untersuchen. Und es ist normal, daß ein Kind alles in den Mund steckt und dies um so mehr, wenn es für das, was es berührt, noch keinen sprachlichen Ausdruck zur Verfügung hat. Ich habe schon über dieses ›Alles-berühren-Wollen‹ gesprochen. Das Kind scheint mit seinen elf Monaten in seiner Entwicklung etwas zu weit voraus zu sein; trotzdem sollte man vermeiden, ihm zu sagen: »Faß es nicht an!« Natürlich soll die Mutter alles, was wirklich gefährlich für ein Kind ist, außer seine Reichweite stellen. Und sie sollte zu jeder sich ihr bietenden Gelegenheit dem Kind mit ihrem Blick und mit ihrer Sprache beiseite stehen. Wenn das Kind Dinge in den Mund steckt, soll sie es ansehen und sagen: »Das ist dieser oder jener Gegenstand, spürst du den Geschmack? Das ist Leder, Karton, Stoff, Tuch, Samt, Stickarbeit ...« Dann kann sie die Gegenstände wieder einräumen. Auf diese Art und Weise könnte vom Kind das ganze Haus untersucht werden; die Mutter würde ihm — sofern sie anwesend ist — auf diese Weise den Wortschatz für alles liefern, was es berührt, abtastet, sich nimmt und in den Mund steckt.

Die übrige Zeit, in der die Mutter ihrem Kind nicht mit den Augen folgen und alles, was es tut, kommentieren kann, könnte sie es in einem Raum spielen lassen, den sie für das Kind durch ein kleines Gitter, etwa in Augenhöhe, abgrenzt. (Ihr Mann könnte es ja bauen.) In diesen Raum kann sie Kartonschachteln, kleine Möbelstücke und Spielzeug, kurz, den ganzen Krimskrams, den Kinder brauchen, hineinlegen. Das Kind muß alles berühren und in den Mund stecken dürfen, d. h. man muß nur darauf achten, daß nichts Gefährliches dabei ist. Draußen ist es für das Kind natürlich nicht so gut, wenn es Erde, Schlamm oder jeden Dreck ißt. Deshalb ist es besser, wenn es Spielsachen dabei hat. Diese werden aber für das Kind erst dann interessant, wenn sie einen Namen haben und durch die Worte der Mutter in die Beziehung des Kindes zur Mutter einbezogen werden.

Aber nun zurück zu dem Jungen, der dreizehn Monate alt ist und seit zwei Monaten läuft. Er hat, so wie das kleine Mädchen, das Bedürfnis, alles kennenlernen zu wollen, zu wissen, wie man etwas berührt und wozu das, was er berührt, dient. Man soll sich nicht damit begnügen, ihm zu sagen: »Das ist ein Topfdeckel«, sondern vielmehr: »Siehst du, dieser Deckel ist größer als dieser da.« Und dann kann man ihm einen anderen zeigen: »Siehst du, der paßt auf diesen Topf.« Das Kind könnte sich dann zwischen zwei oder drei Töpfen den aussuchen, auf den der betreffende Deckel paßt — »Paßt dieser darauf? Nein, auf diesen paßt er nicht, sondern auf den anderen, der dort liegt.« Das könnte man jeweils eine halbe Stunde morgens und eine halbe Stunde abends mit dem Kind machen. Es würde sich um eine Art ›Sachunterricht‹ für ein Kind handeln, das alles berühren will. Was nun den Lärm angeht, den dieses Kind veranstaltet, könnte die Mutter mit ihm, um es zu beruhigen, ab und zu rhythmische Spiele machen, die die Kinder sehr gern mögen; also dem Kind Lieder oder irgendwelche selbsterfundenen Reime vorsingen. Solche motorischen Klang- und Sprachübungen sind für ein Baby ausgezeichnet. Und dann sollte die Mutter natürlich nicht die Haushaltsleiter vergessen, damit das Kind das Hinauf- und wieder Herunterklettern üben kann. Vor allem aber sollte sie mit ihm ein oder zwei Stunden am Tag (natürlich nicht hintereinander) spazierengehen, laufen und Ball spielen, weil dieses Kind Spiele braucht, bei denen es sich bewegt. Es könnte auch Spielzeug haben, auf dem es sitzen kann, sich vorwärtsbewegen und dabei »tut tut« ruft, z. B. Stühle, die es allein überall hinschieben kann.

Die Spiele, die mit den Sinnen des Kindes zu tun haben und die durch die Worte der Mutter und des Vaters gelenkt werden, fangen schon sehr früh, bereits in der Wiege des Kindes, an: Sehen, Hören, Tasten, Greifen; Nehmen, Loslassen, Geben, Werfen, Auffangen. Auf die Phase, in der das Kind dann in der ganzen Wohnung herumgeht, folgt die Beherrschung der Dinge von ihrem räumlichen Aspekt her; ferner die Untersuchung und Erfahrung des Körpers nach dem Modell, das die Erwachsenen und die vertrauten Personen dem Kind liefern. Hier entwickelt sich die Intelligenz in ihren frühesten Formen, das Kind erlernt ferner durch Gestik und Nachahmen eine Sprache, die sich verbal ausdifferenziert, denn es verspürt die Lust, die Welt kennenzulernen, sie zu beherrschen und mit anderen zu kommunizieren.

Ich habe zu diesem Thema noch einen dritten, interessanten Brief. Ich halte ihn von daher interessant, weil die Schwierigkeiten unter Umständen paradoxerweise gerade von daher rühren, daß diese Mutter sehr danach bestrebt ist, alles richtig zu machen. Zunächst stellt sie Ihnen eine sehr allgemeine Frage: »Ich weiß, daß Sie dafür eintreten, daß man mit kleinen Kindern unbedingt sanft umgehen soll (also nie die Stimme erheben und alles ganz ruhig erklären). Dennoch möchte ich wissen, wie man einem Baby, das zwölf Monate alt ist, zu laufen beginnt und alles berühren will, die ersten Strafen verpassen soll? Wie kann man ihm allmählich beibringen, auf eine wichtigere Aufforderung hin zu gehorchen? Meiner Meinung nach besteht doch eine Kluft zwischen dem sanften Umgang mit einem Baby und Verständnis einerseits und einem totalen Gewährenlassen andererseits, wozu manche junge Eltern tendieren, die sich in dem Milieu der modernen Psychologie und Pädagogik bewegen.«

Man braucht ja nicht zu bestrafen, wenn man etwas verbieten will. Und sanft zu sein, schließt weder Standhaftigkeit noch bestimmte durch Vorsichtsmaßnahmen bedingte Verbote aus. Wenn ein Kind nun anfängt, alles zu berühren, muß man bei einem elf Monate alten Baby die gefährlichen Dinge wegnehmen. Das habe ich vorhin schon gesagt. Man soll es aber experimentieren lassen, und zwar nicht auf eine Art und Weise, wie es die Dame in ihrem Brief beschreibt (sie stellt es in ein Ställchen), sondern indem man ihm im Gegenteil Kartonkisten gibt, damit es damit spielt und sich darin verstecken kann; man kann ihm auch kleine Hocker geben, kleine Hindernisse, über die es dann springen kann, usw.

Ja, aber ich möchte Sie doch kurz unterbrechen, um diesen Brief zu Ende zu lesen, denn es geht hier auch um eine ganz konkrete Erfahrung, die diese Mutter gemacht hat ...

Nach ihren Worten zu urteilen, scheint sie eine sklavisch abhängige Mutter zu sein; abhängig in dem Sinne, daß sie alles hundertprozentig richtig machen will.

Sie schreibt: »Ich mache es so: Ich setze mich mit meinem Sohn in das Ställchen hinein und zeige ihm dann, wie man Ringe auf einen Stock steckt. Oder ich stelle Würfel aufeinander. Das Kind reagiert aber sehr komisch. Ich möchte Sie bitten, daß Sie mir seine Reaktion erklären und mir sagen, ob sie bei Kindern üblich ist. Er zerstört nämlich den Turm, den ich aus Würfeln gebaut habe, mit den Füßen und versucht auch nicht, ihn wieder aufzubauen. Es gelingt ihm vielleicht nach einem oder zwei Versuchen, die Ringe auf den Stock zu stecken, wobei ich ihm jedoch helfe. Doch plötzlich fängt er dann an, sich zu ärgern, wird wütend, weint, wird unruhig und schmeißt alles aus dem Ställchen heraus; offensichtlich ist er an diesen Spielen überhaupt nicht interessiert, obwohl sie doch für sein Alter sind.«

Eben noch nicht. Sein Ärger ist doch der beste Beweis dafür. Und warum setzt sich diese Frau eigentlich zusammen mit ihm in sein Ställchen? Wenn sie zu Hause ist, könnte sie ihn doch überall in der Wohnung herumkrabbeln lassen.

In diesem Zusammenhang möchte ich noch sagen, daß wir viele Fragen bekommen, die das Problem ›Welche Spiele sind für welches Alter geeignet?‹ betreffen. Täuscht sich diese Dame also vollständig?

Ja. Bei dem, was sie ihrem Kind beizubringen versucht, handelt es sich um Spiele, die ein Kind, das 18 Monate alt ist, allein mit Lust und Laune entdecken wird. Ihr Kind befindet sich hingegen in einem Alter, in dem es alles tasten und berühren will. Die Mutter sollte ihm eher beibringen, die Dinge zu betasten, anstatt es in ein Ställchen zu sperren; sie könnte dem Kind z. B. eine Menge von kleinen Gegenständen in eine Kiste hineintun, d. h. alles, was ich so ›Krimskrams‹ nennen würde: Spulen, Teppichstücke, Wollknäuel, eine alte Klingel, Schlüssel, ein altes Schloß, also alles, was zu berühren reizvoll ist. Dazu könnte man auch Spielzeug tun (Tierchen, Püppchen, einen Holzlastwagen, farbiges Papier, eine Tasche, ein Köfferchen, Stoffhunde oder Stoffkatzen, Gummitierchen, eine Trompete, eine kleine Trommel usw.). Und die Mutter sollte das Kind mit diesen Gegenständen umgehen lassen, sie dabei benennen und gleichzeitig mit ihm sprechen. Das wäre für sein jetziges Alter adäquat und nicht das, was sie ihm partout beibringen will und was nicht der Initiative ihres Kindes entspringt.

In einem anderen Absatz schreibt sie, daß sie mit dem Kind in der Wohnung spazierengeht und ihm dabei die Hand gibt, ›weil es dies lieber hat‹; sie schreibt, daß sie dann natürlich nichts anderes machen kann.

Diese Mutter erträgt eben nicht, wenn ihr Kind einmal verärgert ist. Aber wie lange will sie das noch mitmachen? Das geht doch überhaupt nicht! Dieses Kind möchte sich im Grunde allein beschäftigen, und man soll es ihm auch so, wie ich es vorhin sagte, ermöglichen. Und die Mutter sollte als Frau ihren eigenen Beschäftigungen nachgehen.

Und wenn sie es schon in sein Ställchen hineintut, ist es dann eigentlich nötig, daß sie selbst auch hineingeht?

Das Ställchen sollte eigentlich nicht den ganzen Tag über gebraucht werden, sondern nur, wenn die Mutter das Kind nicht beaufsichtigen kann. Und vor allem ist es völlig überflüssig, daß sie selbst hineingeht! Im Moment befindet sich das Kind in einem Alter, in dem es gern vor sich hinspielt und dabei auch gern Gegenstände hochwirft. Sie sollte es von daher möglichst wenig in sein Ställchen setzen und es statt dessen im Haus hinter ihr herlaufen lassen. Und wenn es dann 13 oder 14 Monate alt ist — oder schon jetzt, wenn sie merkt, daß es geschickt genug ist —, sollte sie ihm die Haushaltsleiter hinstellen, damit es zu klettern lernt. Ein Kind, das z. B. auf Tische klettert, d. h. natürlich nur dorthin, wo es nicht gefährlich ist, ist ein von der Entwicklung seines Muskelsystems her intelligentes Kind. Gerade das soll ihr Kind doch werden. Und sobald es Interesse zeigt, mit dem Wasser zu spielen, sollte sie es ihm erlauben, etwa im Waschbecken.

Es ist auch wichtig zu wissen, wie man einem Kind den Unterschied zwischen Dingen, die zu berühren erlaubt sind und Dingen, bei denen es gefährlich ist, erklären kann. Man kann z. B. mit dem Kugelschreiber von Mutter oder Vater oder mit dem Nähkasten der Mutter anfangen: man schaut diese Gegenstände gut an, man beobachtet sie, aber man berührt sie nicht. Es gibt daneben noch viele andere Dinge — oder einige Dinge —, die das Kind nur mit Hilfe der Erwachsenen berühren darf. Zusammen (um die 18 Monate herum) lernt man sie kennen und damit umzugehen. Aber man sollte langsam damit anfangen, d. h. nicht länger als eine halbe Stunde am Tag; die Mutter sollte dabei dem Kind alles, was es sieht und berührt, mit Worten erklären, natürlich nur, wenn es das Kind interessiert, andernfalls ist es nicht nötig. (Aber der Umgang mit den Dingen interessiert die Kinder meistens sehr.)

Vielleicht befindet sich das eine oder andere Kind auch in einem Alter, in dem es gern hat, daß man ihm Kinderreime vorsingt oder etwas erzählt. Mit elf Monaten mag das Kind sich dann gern kleine Bilderbücher ansehen und wissen, was auf jeder Seite abgebildet ist.

Sie könnte auch ein Spiel machen, bei dem es andere Leute wiedererkennt, mit ihm spazierengehen, es Arbeitern bei ihrer Arbeit zuschauen lassen und ihm dabei erklären, was sie machen — natürlich immer unter der Bedingung, daß sich das Kind auch dafür interessiert, oder vor ihm mit anderen Leuten sprechen. Und vor allem sollte es mit anderen Kindern zusammen sein. Es wäre gut, wenn sie eine Freundin finden könnte, die ein gleichaltriges Kind hat. Sie könnten — wenn die Mütter beschäftigt sind — zusammen im Ställchen spielen oder um das Ställchen herum, wenn die Mütter gerade nichts zu tun haben. Sie könnte es auch auf einem Bett herumhüpfen, daraufklettern und wieder herunterpurzeln lassen. Alle diese Dinge sind seinem Alter gemäß. Aber bloß nicht diese ganzen klugen Spiele, die sie ihm partout beibringen will, und die es langweilen.

38. Kapitel

Eine bessere Hand gibt es nicht
(Linkshändige Kinder)

Einige Eltern haben Ihnen in bezug auf linkshändige Kinder geschrieben. Zunächst möchte ich den Brief einer Mutter anführen, deren dreieinhalbjährige Tochter tatsächlich linkshändig ist. Sie hat immer an ihrem linken Daumen gelutscht und die Gegenstände mit der linken Hand angefaßt. Auch zum Essen benutzt sie ihre linke Hand. Ebenso spielt sie mit der linken Hand Ball...

Mit der linken Hand oder mit dem linken Fuß?

Mit dem linken Fuß. Mit der linken Hand fängt sie ihn.

Dann ist sie wirklich linkshändig.

Sie malt auch mit der linken Hand und schreibt von ›rechts nach links‹. Ihre Mutter will ihr nicht zu sehr in die Quere kommen: »Wir versuchen zwar ab und zu, ihr den Gebrauch der rechten Hand beizubringen, aber wir merken schnell, daß sie damit doch sehr ungeschickt ist. Auf der anderen Seite fängt sie an, ›vorn‹ und ›hinten‹, ›oben‹ und ›unten‹, ›morgens‹ und ›abends‹ oder ›morgen‹ und ›gestern‹ zu verwechseln. Dieses Kind hat an und für sich schon sehr früh sprechen und sich auch gut ausdrücken können; aber ich frage mich, ob diese Art der Verwechslungen sowohl in der Sprech- wie auch in der Schreibweise nicht von daher rühren, daß ich sie früher immer angetrieben habe, weil sie so langsam war.« *Die Mutter möchte wissen, ob ihr Verhalten zu einer Lese- oder Rechtschreibschwäche führen kann.*

In diesem Fall werden mehrere Probleme auf einmal angesprochen. Dieses Mädchen scheint in Opposition zu der Schreibrichtung zu stehen. Nun hat das mit der ›Linkshändigkeit‹ eigentlich nichts zu tun, denn dieselben Schwierigkeiten treten auch unter rechtshändigen Kindern auf. Das Mädchen scheint auch widersprechen zu wollen, daß ›oben‹ oben oder ›unten‹ unten ist … Es möchte, daß morgen gestern sein würde. Wir haben es bei ihr anscheinend mit einer Haltung zu tun, die von einer Art innerlicher Opposition geprägt zu sein scheint; natürlich hat eine solche Haltung viele Aspekte, aber vielleicht hat man das Mädchen tatsächlich ›aus ihrem Rhythmus‹ gebracht, indem es die Mutter dauernd angetrieben hat.

Die Mutter schreibt auch noch: »Wir stehen in der Familie dem Leben sehr offen gegenüber, aber führen auch ein unruhiges Leben. Wir müssen sehen, daß wir alles schaffen, was wir uns vornehmen …« Und der langsame Rhythmus dieses Kindes war wahrscheinlich ein Hindernis, mit allem fertig zu werden.

Das ist durchaus möglich. Aber hier scheint mir das Problem wirklich anders geartet zu sein als bei gewöhnlichen Linkshändern. Im allgemeinen kann man den Eltern sagen, daß die Kinder ihre linke Hand genauso oft benutzen wie ihre rechte Hand, abgesehen von solchen Kindern, die schon sehr früh nur alles mit der rechten Hand machen, was aber sehr selten vorkommt. Im allgemeinen benutzen die Kinder beide Hände und beide Füße. Je länger sie bei allen ihren motorischen Bewegungen beide Seiten des Körpers benutzen, um ihre Geschicklichkeit zu benutzen, desto besser ist es. Deshalb sollte man den Kindern nicht von einer ›guten Hand‹ und von einer ›schlechten Hand‹ erzählen.

Man kann ihnen z. B. ohne weiteres beibringen, daß man sich beim Verabschieden die rechte Hand gibt. Gibt aber das Kind seine linke Hand, sollte man ihm nicht sagen: »Gib deine gute Hand.« Es ist ganz einfach so, daß man eben die rechte Hand zum Abschied gibt und das Kind aus diesem Grund auch seine rechte Hand geben sollte. Hätte man uns beigebracht, die linke Hand zu geben, würden wir uns auch damit abgefunden haben; hier handelt es sich also um eine Frage der Konvention, und diese hat wiederum nichts damit zu tun, daß eine Hand ›gut‹ oder ›schlecht‹ ist.

Das Wichtigste ist eigentlich, daß man einem Kind in der Ausdifferenzierung seiner neurologischen Struktur, die sich im Verlauf seiner Entwicklung erst langsam stabilisiert und die dazu führt, die Geschicklichkeit des Schreibens zu erlangen oder mit den Gegenständen sorgfältig umzugehen, nicht widerspricht. Man sollte genauso glücklich sein, ob man nun ein linkshändiges oder ein rechtshändiges Kind hat. In diesem Zusammenhang sei auch erwähnt, daß man in den USA manche Werkzeuge speziell für Rechts- bzw. Linkshänder herstellt, wobei letztere immerhin 36 Prozent der Verbraucher darstellen.

In bezug auf Frankreich kommt mir diese Zahl sehr hoch vor.

Das kann sein, denn in Frankreich sind die Leute ja gezwungen, Rechtshänder zu sein, um manche Werkzeuge gebrauchen zu können, ansonsten wäre es nicht sehr bequem. Die Kinder müßte man eigentlich in ihrer ›Doppelhändigkeit‹ respektieren, d. h. sie müßten mit beiden Händen arbeiten dürfen, und zwar so lange, wie sie wollen. Nur sollte man ihnen, egal, welche Hand sie bevorzugen, nicht erlauben, verkehrtherum zu schreiben: auch jene Sprachen, die man von rechts nach links schreibt, werden von einem Rechtshänder so geschrieben. Die Schreibrichtung hat demnach mit dem Phänomen des ›Linkshänders‹ nichts zu tun.

Im Zusammenhang mit dem Kind, von dem wir gerade sprechen, sind zwei Fragen relevant: die rechte Hand jemandem hinzustrecken, ist für alle eine Pflicht. Also soll es dies auch tun, denn sonst wird es von einigen Leuten in Zukunft schief angesehen werden. Es ist zwar irgendwo idiotisch, aber es ist so. Es ist besser, eine Situation zu vermeiden, in der man von irgend jemandem mitgeteilt bekommt, das Kind habe schlechte Manieren. Die Konvention, bei uns von links nach rechts zu schreiben, ist dagegen so wichtig, daß es für ein Kind zukünftig von Nachteil wäre, wenn es die Gewohnheit hätte, von rechts nach links zu schreiben, unabhängig davon, ob es nun Rechts- oder Linkshänder ist. Insofern ist es besser, den Kindern zu sagen: »Du hast nicht geschrieben, sondern gemalt. Ich bin damit einverstanden. Aber wenn du schreibst, dann von links nach rechts.« Ich glaube also, daß diese Mutter doch irgend jemanden um Rat bitten sollte. Dieses Kind versteckt hinter einer scheinbaren linkshändigen Dominanz wohl eine andere Schwierigkeit, die damit unmittelbar nichts zu tun hat. Es muß mit irgend etwas anderem zu tun haben. Vielleicht will es durch irgendeine Besonderheit auffallen? Ich weiß es nicht. Aber auf jeden Fall sollte sich die Mutter über ihre Tochter fachmännischen Rat einholen ... Außerdem sollte sie das Schreiben von rechts nach links sofort stoppen, weil das Mädchen ansonsten später dadurch benachteiligt sein würde.

Ein anderer Brief zum Problem der ›Linkshändigkeit‹ stammt von einer Lehrerin. Ihre Tochter ist fünfeinhalb Jahre alt und benutzt lieber ihre linke als ihre rechte Hand. Die Mutter ist ihr deshalb noch nie in die Quere gekommen. Sie schreibt: »Neulich habe ich mit der Psychologin, die an meiner Schule arbeitet, gesprochen. Sie hat meine Tochter getestet und mir nach dem Test gesagt, daß sie eigentlich doppelhändig, der Gebrauch der linken Hand jedoch vorherrschend sei.« Die Psychologin hat ihr den Rat gegeben, ihre Tochter — zwar sanft — darum zu bitten, so viel wie möglich die rechte Hand zu benutzen. Das hat die Mutter dann auch getan. Jetzt mußte das Kind die Schule wechseln, und die neue Lehrerin vertritt eine ganz andere Meinung. Ihrer Meinung nach sollte man die Kinder gewähren lassen. Die Mutter weiß nun nicht mehr, welchen Standpunkt sie eigentlich vertreten soll. »Erst gerate ich zu Hause mit meiner Tochter leicht aneinander, weil ich sie darum bitte, so viel wie möglich ihre rechte Hand zu benutzen, und jetzt wird man in ihrer neuen Schule nicht darauf achten.«

Auch in diesem Fall scheint man dem Problem meiner Meinung nach nicht gründlich genug nachgegangen zu sein. Man müßte wissen, was die Psychologin der Mutter genau empfohlen hat, ob sie ihr etwa geraten hat, für alles die rechte Hand zu benutzen. Wenn sie diese Meinung vertreten hat, würde ich sie gar nicht teilen; aber wenn es sich nur um man-

che Gesten wie das Schreiben oder eine bestimmte Begrü-
ßungsform gehandelt hat, ... ich habe es vorhin schon gesagt.

Das Auge spielt bei diesen Problemen eine gewisse Rolle.
Auch wenn sie nicht kurzsichtig sind, schreiben die Kinder
anfangs mit der Nase fast auf dem Papier; sie schreiben oder
gucken sich Bilder ganz aus der Nähe an, nur etwa 10 cm
vom Auge entfernt. Sie nehmen die Gegenstände ganz dicht
an ihr Gesicht heran, obwohl sie sie von weitem sehr gut erkennen können. Man muß wissen, daß die einen bevorzugt
mit dem rechten, die anderen mit dem linken Auge sehen;
ebenso ist es bei den Ohren. Wenn man mit dem rechten Auge, der rechten Hand und dem rechten Fuß geschickter ist,
handelt es sich um eine vollständige Rechtsdominanz. Nun
hat die Psychologin für den Fall recht, daß das Mädchen eigentlich doppelhändig mit leichter Dominanz der linken
Hand ist, aber mit dem rechten Auge besser sieht. Sieht das
Kind allerdings mit dem linken Auge besser, sollte es mit der
linken Hand schreiben, bis es vielleicht irgendwann einmal
von sich selbst darauf verzichtet. Kinder, die mit dem rechten
Auge besser sehen und linkshändig sind, korrigieren sich
meistens von allein, wenn sie ungefähr acht oder neun Jahre
alt sind. Vorher ist es nicht möglich. Wenn sie es früher tun
würden, würden sie vom Schreiben einen steifen Hals bekommen; denn mit der Nase so dicht am Papier, wie sie die kleineren Kinder haben, würden sie sich den Hals verrenken. Mit
neun oder zehn Jahren schreiben die Kinder hingegen viel
weiter weg vom Gesicht und diejenigen, die wirklich doppelhändig sind, gewöhnen sich dann von allein irgendwann um.
Ich habe Kinder — fünf- oder sechsjährige — erlebt, die sich
mit zehn Jahren von allein umgestellt haben, weil sie feststell-
ten, daß sie mit der rechten Hand genausogut schreiben
konnten und daß es letztlich doch besser wäre, wie alle zu
sein und die Schrift außerdem schöner aussehen würde.

*Zusammenfassend läßt sich also sagen, daß man einem Links-
händer nicht ständig in die Quere kommen soll.*

Nein, das wäre nicht vernünftig und kann auch schädlich sein.
Denn schließlich handelt es sich um eine neurologische

Struktur. Kommt man einem echten Linkshänder ständig in die Quere, kann eine Hemmung seiner Ausdrucksmöglichkeiten eintreten; dies wiederum führt häufig zu einer Ungeschicklichkeit seiner ganzen Motorik oder zum Stottern bzw. zu einer tief verwurzelten Ängstlichkeit.

Hier endlich ein Brief von einem Vater: »Ich habe einen Jungen, der viereinhalb Monate alt ist, und ein kleines Mädchen von zwei Jahren und sieben Monaten. Beide benutzen offenkundig mehr ihre linke als ihre rechte Hand. Das Baby kann natürlich noch nicht alles genau verstehen, aber dem Mädchen gegenüber machen wir, d. h. seine Mutter und ich, doch viele Bemerkungen. Wir sagen ihm, wenn es gerade irgend etwas machen will, daß man seine rechte Hand benutzt.« Doch scheint das Mädchen mit seiner rechten Hand wirklich große motorische Schwierigkeiten zu haben. Es kann z. B. mit der rechten Hand einen Gegenstand nicht in eine bestimmte Richtung schieben: »Das macht mir Sorgen«, schreibt der Vater, »da ich keine historische Person, zumindestens keine aus der Gegenwart kenne, die linkshändig gewesen wäre. Meine Frau berichtete mir allerdings, daß sie schon einmal eine Ärztin gesehen habe, die ihre linke Hand benutzte ... Ich hoffe, daß sie sich nicht täuscht ...« Dieser Herr scheint also einen recht engen Zusammenhang zwischen Linkshändigkeit und Intelligenz zu sehen ...

... und sozialem Erfolg.

Ich weiß nicht, ob es eine Frage des sozialen Erfolges ist ...

Als ob es anormal wäre, linkshändig zu sein! Nein, überhaupt nicht; ich habe schon gesagt, daß es absolut nicht ungewöhnlich ist. Es wäre gefährlich, ein Kind zu korrigieren, das spontan rechtshändig ist, damit es linkshändig wird — genauso ist es umgekehrt der Fall. Ich verstehe nicht, wieso dieser Vater so beunruhigt ist. Vielleicht liegt die Hauptschwierigkeit darin, daß die Eltern ihren Kindern nicht unmittelbar die Gesten und Bewegungen zeigen können, wie sie selbst sie ausführen.

Das Kind soll sich mit der Geschicklichkeit der Eltern identifizieren und dies ausgerechnet mit der Hand, die bei ihm am schwächsten ist; die Eltern können es dann nicht dazu bringen, alles genauso zu machen wie sie selbst. Vielleicht liegt es daran. Auf jeden Fall sollte man sich immer darüber freuen, Kinder zu haben, die — ob rechts- oder linkshändig — so sind, wie sie sind, und die nicht versuchen, so zu tun, als würden sie alles den Eltern nachmachen. Das Nachmachen ist affig; die Identifizierung hingegen ist ein symbolischer und sprachlicher Prozeß, der dazu führt, Initiativen zu ergreifen und deren Umsetzung auf eine Art und Weise zu Ende zu führen, daß man dabei den anderen oder sich selbst nicht zu Schaden bringt und insbesondere nicht der eigenen Natur in die Quere kommt.

Der Vater fragt Sie noch, ob es zu spät oder noch zu früh ist, um einzugreifen.

Es ist weder das eine noch das andere. Die Kinder sind so, wie sie sind bzw. wie es ihnen entspricht. Jetzt, mit zweieinhalb Jahren, kann man noch gar keine Aussagen darüber treffen, ob dieses Kind nicht irgendwann einmal mit der rechten Hand geschickt sein wird. Im Moment ist es halt mit der linken Hand geschickter, d. h. zur Zeit ist dieses kleine Mädchen eindeutig linkshändig. Es ist auch gut möglich, daß es mit vier oder fünf Jahren für manche Dinge mit der linken Hand geschickter und trotzdem auch mit der rechten Hand ziemlich geschickt ist; es wäre dann in der Lage, beide Hände mit viel Geschick zu benutzen. Denn ein Rechtshänder, der ausschließlich mit der rechten Hand und nicht auch mit seiner linken Hand geschickt ist, ist ja oft auch sehr eingeschränkt.

Daß wir uns in unseren Gesten und Bewegungen wohl fühlen, daß wir sie flink und harmonisch ausführen können, daß wir sie wirksam einsetzen — das alles beruht auf einem physiologischen Gleichgewicht aller unserer Körperfunktionen, die mit den Anstrengungen, die die Beherrschung unserer Motorik verlangt, in Einklang gebracht werden müssen. Es handelt sich schließlich um einen ganzen Komplex (von Ner-

244

ven, Knochen, Muskeln, Kreislauf und inneren Organen). Nun haben wir meistens symmetrisch angeordnete innere Organe und Sinnesorgane (und es geht nicht nur um unsere höheren und niederen Sinnesorgane): diese Art von Symmetrie trägt zu der Harmonie unserer Bewegungen bei, von den mehr oder weniger unbewußten Bewegungen, wie den Gesichtsmimiken, den Bewegungen des Kehlkopfes, des Mundes und der Zunge, die den Ausdruck unserer Stimme und Sprache leiten bis zu den bewußteren Bewegungen, die wir beherrschen und ausüben können. Man muß hinzufügen, daß natürlich bei allen Menschen eine Seite stärker als die andere ist. Und die Genauigkeit ist auch nicht immer auf der gleichen Seite angesiedelt wie etwa die Kraft, die man zu etwas braucht. Man nennt eben diejenigen Menschen links- oder rechtshändig, bei denen sich die Kraft, die Genauigkeit und die Geschicklichkeit auf derselben Seite befinden. Dieser Vater sollte einmal die Sportler bei ihren Wettkämpfen im Fernsehen beobachten. Er wird sehen, daß viele von den international bekanntesten und besten Sportlern, ob es nun Boxer, Fechter, Tennis- oder Fußballspieler sind, linkshändig sind. Vielleicht wird das ihn beruhigen!

39. Kapitel

Die Gegenstände sind für uns da – und nicht umgekehrt, wir für sie

(Ordnung oder Unordnung)

Ich habe zunächst zwei Briefe vor mir liegen. In dem einen werden Sie gebeten, etwas in bezug auf ›Ordnung‹, in dem anderen, etwas in bezug auf ›Unordnung‹ zu sagen. Ich habe mir gedacht, daß wir uns über diese zwei Briefe hinaus allgemein mit diesem Thema beschäftigen könnten, da sich viele Eltern ja tatsächlich ein aufgeräumtes Haus wünschen — vor allem die Mütter, die den ganzen Tag zu Hause sind und Unordnung ziemlich schlecht vertragen können. Aber zuerst möchte ich aus dem Brief eines Arztes zitieren. Dieser sagt zwar nicht genau, um was für ein Kind es sich handelt, aber seine Fragen sind direkt und einfach: »Könnten Sie uns einige Ratschläge geben, wie man einem Kind beibringen kann, ordentlich zu sein, ohne daß es gleich zwanghaft wird? In anderen Worten, wie kann man ihm beibringen, seine Sachen aufzuräumen, ohne daß man dabei seine Spontaneität tötet und ihm gegenüber trotzdem respektvoll bleibt?«

Man kann ein Kind, das begabt und lebendig ist und eine gute Beziehung zu der Außenwelt hat, nicht vor einem Alter von vier Jahren dazu bringen, daß es aufräumt. Aber vorher soll das Kind unbedingt sehen, daß seine Eltern aufräumen. Man könnte ihm z. B. sagen: »Hör zu, ich finde meine Sachen nicht wieder, weil du sie wahrscheinlich irgendwohin getan hast.« Und nachdem man mit ihm zusammen gesucht hat, könnte man sagen: »Siehst du, du trägst sie überall hin.« Man soll es darauf aufmerksam machen, daß es aufgrund seiner Lebendigkeit die Dinge ganz unbewußt nimmt und sie dann irgendwo liegen läßt, wenn sie nicht mehr interessieren, um sich etwas anderem zuzuwenden. So ist eben ein Kind. Vor dem Alter von vier Jahren kann man ihm keinen Ordnungssinn beibringen, aber man kann mit ihm über dieses Thema sprechen.

Und ab vier Jahren?

Wenn man einem Kind das Aufräumen beibringen will, soll man es nicht den ganzen Tag über dazu auffordern (wenn es in irgendeine Aktivität vertieft ist, ist es sowieso unmöglich). Man kann dies tun, nachdem ein halber Tag vergangen ist, etwa zur Mittagszeit, wenn man das Zimmer aufräumt, um darin zu Mittag zu essen. Man kann das Kind dann fragen: »Kannst du mir helfen? Diese Dinge dort gehören alle in dein Zimmer, hier ist mein Zimmer ...«, wenn mehrere Zimmer vorhanden sind. »Das gehört in diesen Schrank, dieses in jenen Schrank« usw. Ist das Kinderzimmer abends unordentlich, ist es unmöglich, alles aufzuräumen, bevor das Kind in seinem Bett ist bzw. kurz davor, sich hinzulegen. Erst in dem Moment, wenn das Kind sozusagen ›mit sich selbst‹ aufräumt, d. h. seinen Körper in sein Bett legt, um zu schlafen, versteht es, daß auch die Dinge aufgeräumt werden müssen; auf jeden Fall erscheint es ihm nicht so ›widernatürlich‹, d. h. unangenehm. Aufräumen muß nicht bedeuten, zwanghaft ordentlich zu sein. Sondern es bedeutet, alle Sachen zu einem extra für das Kind reservierten Platz zu bringen, z. B. in eine bestimmte Ecke im Zimmer, einen Korb, eine Spielzeugkiste oder einen Schrank. Man soll nicht damit anfangen, das eine hier, das andere dort hinzulegen. Wenn die Kinder klein sind, brauchen sie ihren persönlichen Kram um sich herum. Mit vier Jahren versteht ein Kind schon, daß es aufräumen muß. Und die Mutter kann ihm — aber nicht vor fünf Jahren — sagen: »Wenn deine Sachen nicht in deinem Zimmer, sondern woanders herumliegen, dann tut es mir leid, aber ich nehme sie dir weg. Du stellst sie immer dorthin, wo sie nichts zu suchen haben; dein Spielzeug soll aber weder in unserem Zimmer noch im Eßzimmer noch in der Küche herumliegen.« Im Kinderzimmer hingegen kann man keine richtige Ordnung machen, außer vielleicht einmal in der Woche, wenn man sowieso die Wohnung putzt. Erst mit acht Jahren räumen die

Kinder von sich aus auf. Vorher räumen sie manchmal ihre Schulsachen auf, vor allem, wenn sie zu mehreren in der Familie sind. Sie schützen ja ihre Sachen vor den kleineren oder größeren Geschwistern, die sie ihnen gerne wegnehmen, vorausgesetzt, daß sie über eine eigene Ecke verfügen, die möglichst abschließbar ist.

Es ist wichtig, daß jedes Kind ein eigenes Fach für sich hat — das gilt vor allem für kinderreiche Familien —, in das es seine ihm wertvollen Sachen hineintun kann; dieses sollte für die anderen nicht erreichbar sein, weil es mit einem Hängeschloß, einem Schlüssel oder Zahlenschloß verschließbar ist. (Das Kind soll den anderen natürlich nicht sagen, wo es seinen Schlüssel versteckt hält, andernfalls würde es bedeuten, daß es es gern hat, daß man ihm etwas wegnimmt.) Man kann dem Kind das Aufräumen nur dadurch beibringen, daß man selbst als Vorbild fungiert. Das trifft im übrigen auf alles zu, was man dem Kind beibringen will.

Nun gehen Sie ja in Ihrer Beschreibung ein wenig vom Idealfall aus. Wenn man aber beschlossen hat, einem Kind schon vor dem Alter von vier Jahren einen Ordnungssinn einzuschärfen, besteht nicht die Gefahr, daß man, wie dieser Arzt schreibt, seine Spontaneität tötet?

Ja, das Kind läuft dann tatsächlich Gefahr, zwanghaft zu werden, wie dieser Arzt schreibt. Das kleine Kind hat dann nicht die Freiheit, wie ein anderes Kind zu spielen, es ist, was die Ordnung betrifft, vor seiner Zeit gealtert; es empfindet dann so etwas wie ein ›Bedürfnis‹, daß alles an seinem Platz zu sein hat, so, als ob etwas mit seinem Körper nicht stimmen würde; d. h., es fühlt sich unwohl in seiner Haut, sowie die Dinge nicht aufgeräumt sind. Und das ist ein Zeichen für zwanghaftes Verhalten.

Ein Kind fühlt sich aber wohl in seiner Haut, wenn es alle seine Spielsachen, Bücher, Kleider durcheinander um sich herum hat. Dies natürlich unter der Voraussetzung, daß weder der Vater noch die Mutter selbst zwanghaft ordentlich

248

sind und deswegen andauernd mit ihm schimpfen bzw. dem Kind ihren zwanghaften Tick, daß alles ordentlich zu sein hat, aufzwingen. Eine zwanghafte Ordnungssucht schadet nur, weil sich die Menschen, die völlig darauf fixiert sind, daß immer alles ordentlich ist, gegenüber allen Überraschungen und Veränderungen in ihrem Leben intolerant zeigen und in ihren sozialen Beziehungen, die ja ständigen Wechsel mit sich bringen, sehr unwohl fühlen. Die Beziehung zu etwas ist aber das Wichtigste. Die Gegenstände gewinnen doch ihre Eigenschaften dadurch, daß man mit ihnen spielt, daß sie bei einem Interesse wecken und daß sie eine Beziehung zum Menschen bilden. Sie beherrschen nicht uns, sondern wir bedienen uns ihrer für unsere Zwecke.

Nachdem wir über das Problem der ›Ordnung‹ gesprochen haben, wollen wir uns jetzt dem der ›Unordnung‹ zuwenden. Eine Frau fragt Sie in ihrem Brief, ob die Unordentlichkeit eine Verhaltensweise ist, die man bei sich, sofern man will, in den Griff kriegen kann oder eine echte Persönlichkeitseigenschaft. Im letzeren Fall, wenn sie als Eigenschaft tief in der Persönlichkeit von jemandem verwurzelt ist, könne man sie doch nur schlecht beheben. Sie schreibt auch, daß sie drei Kinder hat (eines ist drei Jahre, das andere neun Jahre alt), von denen sie behauptet, sie seien in bezug auf Ordnung ›ziemlich perfekt‹; außerdem habe sie aber einen zehneinhalbjährigen Sohn, der sehr unordentlich ist. Ihr Mann ist übrigens auch sehr unordentlich. Dazu schreibt sie: »Er ist ein wunderbarer Mann. Er ist in seinem Beruf sehr sorgfältig, aber zu Hause ist es furchtbar. Ich bin eigentlich überhaupt kein Putzteufel. Aber ich möchte ganz einfach die Dinge, die ich bei mir suche, wiederfinden. Und ich traue mich andererseits auch wieder nicht, von den anderen zu viel zu verlangen.« Eines Tages sagte ihr zehneinhalbjähriger Sohn, nachdem er zusammen mit seiner Mutter sein Zimmer aufgeräumt hatte: »Weißt du, so mag ich mein Zimmer nicht. Wenn es aufgeräumt ist, fühle ich mich darin ganz allein, wie von allem abgeschnitten. Die Spielsachen sind für mich, wenn sie auf dem Boden ausgebreitet sind, ein wenig wie meine Freunde.«

Der älteste Sohn will sich ganz bestimmt mit seinem Vater identifizieren. Letzterer bietet mit seiner Unordnung ja ein Vorbild, und diese ist für den Sohn Bestandteil der Art, wie sein Vater eben ist. Vermutlich hat er den Vater schon einmal sagen hören: »Ich kann nicht haben, wenn alles so aufgeräumt ist. Ich habe dann nicht das Gefühl, mitten im Leben zu stehen, usw.« Er verhält sich also wie sein Vater, was auch nicht erstaunlich ist. Vielleicht ist er einfach von der gleichen Art wie sein Vater. Wenn die Mutter mehr aufräumen würde, würde es das Kind vielleicht auch mehr tun, denn auch den Vater wird seine Unordnung manchmal stören. Es gibt schließlich Leute, die wegen ihrer eigenen Unordentlichkeit täglich bis zu eine Stunde verlieren ... Und es gibt wieder andere, die täglich mindestens eine Stunde dafür brauchen, sinnlos Dinge aufzuräumen, die sie eigentlich ruhig weiter um sich herum haben könnten.

Was mich an dem, was der Junge sagt, interessiert, war seine Äußerung, daß er es gern habe, wenn die Sachen auf dem Boden liegen. Ich habe schon häufig beobachtet, daß Kinder es gern haben, wenn ihre kleinen persönlichen Dinge überall verstreut auf dem Fußboden liegen. Ich war persönlich erstaunt, weil ich selbst die Sachen eigentlich nicht auf dem Boden, sondern gern in meiner Reichweite, etwa auf einem Stuhl, liegen habe. So sind meine Stühle häufig vollbepackt, wenn ich keine Zeit habe, aufzuräumen; aber ich lasse nichts auf dem Boden liegen, es sei denn, ich habe keinen Platz mehr auf den Stühlen! Die Kinder sind in dieser Beziehung wahrscheinlich anders. Vielleicht ist aber ein Stuhl für einen Erwachsenen auch einfach wie der Boden für ein Kind. Ich weiß es nicht.

Auf jeden Fall muß man die Kinder gut erziehen, und das geht nur, indem man ihnen Beispiele gibt. Dieses Kind, von dem wir sprechen, befindet sich sozusagen zwischen zwei Stühlen, zwischen einer Mutter, die — zwar nicht zu viel — aber eben aufräumt und einem Vater, der sehr unordentlich ist. Es wird schon lernen, die für ihn wertvolleren Sachen aufzuräumen, wenn er sie vor dem Zugriff seiner Geschwister sicherstellen will. Damit kommen wir auf das vorhin schon angesprochene Thema zurück: er könnte einen bestimmten Platz haben, den man abschließen kann. Die Mutter kann ihm sagen: »Die Dinge, die du wiederfinden willst, mußt du selbst so aufbewahren, daß du sie wiederfindest.« Und was die restlichen Dinge angeht, kann die Mutter ihn meinetwegen einmal in der Woche ausschimpfen, damit ein bißchen aufgeräumt wird.

Es ist zwar komisch, aber erst mit 15 Jahren herum wird das Verhältnis zur Ordnung eigentlich so, wie es einem Erwachsenen entsprechen sollte: erst jetzt lernen die Jugendlichen, wie man am besten aufräumt — nämlich auf eine Art und Weise, die weder übertrieben noch zwanghaft ist, sondern der Erleichterung des täglichen Lebens dient. Übrigens jeder auf seine Weise, da jeder seine eigene Ordnung hat. Deshalb kann auch eine Mutter ihrem Kind nicht die *ihr* eigene Ordnung aufzwingen. Aber jeder findet erst mit 14 oder 15 Jahren seine eigene Ordnung.

Was ist dann also die Unordnung, nur ein ganz bestimmter Charakterzug oder eine tief in der Gesamtpersönlichkeit verwurzelte Eigenschaft?

Weder noch. Ein Lebensstil. Wie steht es mit den eigenen Gedanken? Es gibt Menschen, die in ihren Gedanken sehr ordentlich, aber im praktischen Leben sehr unordentlich sind. Bei anderen ist das Gegenteil der Fall. Ich kann keine genaue Antwort geben. Ich weiß es nicht.

Hier ist ein dritter Brief in bezug auf das Problem von Ordnung und Unordnung. Es handelt sich eher um einige allgemeine Überlegungen. Sie haben auf die Schrift einen Blick geworfen und gesagt, daß der Autor wahrscheinlich geistig noch sehr jung wäre. Nun handelt es sich aber um eine ehemalige Mitarbeiterin eines Kindergartens. Und sie schreibt Ihnen eine Art Bericht …

…, ja, es ist ein ausgezeichneter Bericht.

251

..., der es wert ist, daß man sich, so wie ich meine, etwas länger mit ihm beschäftigen sollte. Zunächst schreibt sie: »Es gibt zwei Arten von Unordnung. Die Unordnung im wortwörtlichen Sinn: man sucht etwas und weiß nicht mehr, wo es ist. Man findet nur die Hälfte ...« Sie schreibt, daß diese Unordnung mit falscher Planung, Faulheit oder intellektueller Dummheit zu tun hätte.

Ja, es handelt sich um eine innere Unordnung, die sich nach außen hin bemerkbar macht und unter der die Betroffenen leiden.

... und dann gibt es noch eine andere Art von Unordnung, die wir Erwachsenen bei Kindern kennen, die aber in Wirklichkeit gar keine ist. Und sie erzählt eine Anekdote aus einer Zeit, als sie als junge Erzieherin Vertretung gemacht hat: »Ich übernehme in einem Kindergarten für kurze Zeit die Vertretung. Man gibt mir die Gruppe der Babys ...«

Die Allerjüngsten.

Die Kinder zwischen zwei und drei Jahren. »... Die Leiterin des Kindergartens sagte zu mir: »Wie Sie sehen, haben wir hier Fächer. Sie räumen abends die Bären und Eimer der Kinder wie folgt auf: ein Fach pro Kind, ein Bär und ein Eimer pro Fach.« Am Abend — die Kinder hatten einen unwahrscheinlich guten Riecher und haben bestimmt etwas geahnt — bitte ich sie dann, ihre Sachen aufzuräumen. Sie stellen alle ihre Bären jeweils zu zweit auf die eine Seite und die Holzeimer auf die andere Seite. Ich greife ein: »Normalerweise räumt ihr doch nicht so auf?« Und sie antworten: »Aber sie langweilen sich heute!«

Die Bärchen?

Ja.

Ah ja, natürlich!

»Das erschien mir ganz logisch«, fährt sie fort, »ich habe sie so gewähren lassen. Alle Bären saßen sich also zu zweit gegenüber. Um vier Uhr kommt die Leiterin wieder zurück und sagt mir: ›Was soll denn das? Und was wird aus den guten Gewohnheiten? Und mit der Ordnung?‹ Ich erkläre es ihr: ›Die Kinder denken nämlich, daß sich die Bären sonst langweilen.‹ Ich muß sagen, daß mich die Leiterin ziemlich unruhig angesehen hat. Dann hat sie gesagt: ›Na los, räumen Sie jetzt so auf, wie es sich gehört.‹« Und unsere Erzieherin zieht dann den Schluß: *»Um so schlimmer für die Babys, die jeden Abend das Opfer von Aggressionen und Gefühlskälte wurden, weil man sie zwang, zu ihren Bären nicht lieb zu sein.«*

Letztlich waren dieser Leiterin die Dinge wichtiger als die Kinder. Aber für die Kinder gibt es eben keine ›Dinge‹. Ich habe das den Müttern immer wieder gesagt: Man soll nicht abends alles aufräumen, bevor das Kind eingeschlafen ist bzw. gerade am Einschlafen ist. Für das Kind sind die Dinge, die auf dem Boden herumliegen, lebendig, und sie gehören zu seiner Atmosphäre. In unserem Fall waren diese Bärchen für die Kinder diejenigen, die im Kindergarten zurückblieben. Man geht in den Kindergarten, um zusammenzusein, und nicht, um in einem Fach zu liegen. »Trennt euch! Keine Unterhaltung!«, wie oft hat man diesen Satz schon im Kindergarten oder in der Schule gehört! Macht ein Kind gerade seine Hausaufgaben, darf es seinem Nachbarn nicht mitteilen, was es schreibt. Die Kindergartengruppe oder Schulklasse sollte aber gerade dazu da sein, damit die Kinder untereinander Kontakt haben. Und die Bären, ja sogar die Bären durften keinen Kontakt miteinander haben. Es ist furchtbar!

Das störte ja nun auch wirklich niemanden, oder?

Im Gegenteil, die Kinder hatten sie doch ganz gut alle miteinander aufgeräumt. Nun wirklich!

Hier die Fortsetzung des Briefes: »Die Erwachsenen (z. B. eine Mutter) denken häufig genauso über einen Gegenstand: ›Der liegt hier nur so herum.‹ Das Kind denkt aber: ›So sieht man ihn wenigstens.‹ Wenn man etwas gern hat, mag man es ja auch sehen ...«

Aber ja.

»... und das Schlimmste, was eintreten kann, ist, wenn die Spielsachen verschwunden sind, denn es bedeutet, daß nichts mehr existiert. Ein Spielzeug, das vom Kind herausgeholt wird, ist lebendig (das sagten Sie vorhin auch) bzw. am Leben des Kindes beteiligt, selbst wenn es das Spielzeug im Moment gar nicht benutzt. Wissen Sie, ich rege mich ziemlich auf, wenn ich etwa in irgendwelchen Zeitschriften Ideen für die Einrichtung von Kinderzimmern lese.«

Hatte ich nicht auch einmal in diesem Sinn etwas in bezug auf die sogenannten ›Kindermöbel‹ gesagt? Man hat mir damals geantwortet: »Ja, aber die Möbelfabrikanten werden keinen Käufer mehr finden, wenn alle Ihre Ratschläge befolgen.« Aber es ist wahr, daß man mit vom Vater dekorierten Kisten viel besser kleine Häuser oder Garagen für seine Autos bauen kann. Es ist gerade die Aufgabe der Väter, lebendige Dinge für ihre Kinder zu basteln, in die sie ihre Spielsachen dann hineinräumen können. Natürlich müssen sie kindgerecht sein, d. h. nicht zu hoch, sie sollen geeignet sein, um darin Spielzeug aufzubewahren, und man sollte die Spielsachen auch leicht darin finden können.

Der Brief fährt weiter fort — ich finde ihn wirklich sehr interessant: »Man muß diesen Leuten, die den Kindern diese Art von zwanghafter Ordnung aufoktroyieren, auch erklären, daß wir durch unsere Haut von der Außenwelt nicht einfach abgeschnitten sind. Ich z. B. betrachte meinen Bücherschrank ein wenig wie die Fortsetzung meines Gehirns. Ich komme immer wieder auf diese Problematik zurück, weil mir in meiner Jugend so oft gesagt wurde: ›Wirf diesen ganzen Dreck weg!‹ Hätte ich damals darauf gehört, hätte ich heute nicht diese wunderschöne Sammlung von historischen Zeitungen, in die ich mich jetzt, da ich älter bin, vertiefen kann. Ich habe den Eltern immer vorgeworfen, keinen Sinn für Wertmaßstäbe zu besitzen.

Der Haushalt hat nicht immer Vorrang, zumindestens aber kann man hierüber wohl streiten.« Sie führt dann das Beispiel eines Kindes an, das gerade von einem Urlaub zusammen mit Klassenkameraden zurückgekommen ist: *»Das erste, was die Eltern registrierten, war, daß sein Koffer viel schwerer war als vor seiner Abreise: ›Was hast du denn da zurückgebracht?‹ (Das Kind hatte sich Steine mitgebracht, denn der Leiter der Reisegruppe war ein Geologiestudent gewesen, der bei den Kindern das Interesse für Steine geweckt hatte.) — ›Du kannst einen oder zwei davon als Erinnerung behalten. Wir können mit den Steinen schließlich nichts anfangen.‹ Der Rest der Steine landete schließlich im Abfalleimer.«*

Das bedeutet, gegenüber einer sich beim Kind entwickelnden Persönlichkeit keinen Respekt zu haben.

Sie bemerkt auch noch, daß die Eltern manchmal Ordnung nur deshalb verlangen, weil sie selbst nicht genügend Fantasie haben: »Wenn es zu viele Autos im Zimmer gibt, können die Eltern doch eine Garage kaufen.«

Oder der Vater kann selbst eine basteln, etwa mit einer Kartonkiste, die er dekoriert und anmalt. Das wird dem Kind Spaß machen und es wird glücklich sein, daß sein Vater für seine Autos eine Garage gebaut hat. Es lohnt sich nicht, extra eine Garage zu kaufen.

In dem Brief geht es dann weiter: »Warum beklagen sich die Eltern eigentlich, daß die Kinder auf dem Boden spielen? Der Boden bietet schließlich die größtmögliche Spielfläche. Es ist doch völlig normal, daß ein Kind auf dem Boden herumkriecht. Der Tisch der Erwachsenen ist den Kindern zu hoch. Ein Kindertisch ist zu klein, sieht nach nichts aus und ist für das Kind auch wenig nützlich.«

Richtig. Könnten wir Erwachsenen etwa mit einem Tisch etwas anfangen, der uns bis zur Nase geht? Der Tisch geht dem Kind eben bis zur Nase.

Die Dame beendet ihren Brief mit einigen praktischen Rat-schlägen an die Eltern: »Kinder lehnen sich oft gegen Befehle auf. Wenn man ihnen mit Beispielen kommt, sind sie dafür hingegen sehr zugänglich. Man sollte ihnen erklären, daß man, wenn man aufräumt, wenigstens findet, was man sucht; man kann ihnen auch zeigen, daß man die Nähnadel schon eingefädelt hat, um später damit nähen zu können, usw.«

Ja. Oder daß die Werkzeuge im Werkzeugkasten sind und daß man sie dort wieder hineinlegt, wenn man mit der Arbeit fertig ist ... Aber die Kinder müßten ihre Eltern solche Dinge selbst tun sehen. Sie werden es dann auch tun, weil die Eltern es ebenfalls taten — zwar nicht sofort, aber das Beispiel wird mit der Zeit Früchte tragen.

Haben Sie noch etwas zu sagen?

Ja, ich finde diesen Brief wirklich wunderbar und möchte mich bei der Autorin herzlich bedanken.

(Einige Wochen später)

In bezug auf unser Gespräch über Ordnung und Unordnung sind eine Reihe von Einwänden erhoben worden. Dieses Thema scheint die Eltern ja schrecklich zu beschäftigen ...

Und es wird viel darüber diskutiert.

In der Tat. Manche sind sogar der Meinung, daß Sie sich in bezug auf die Unordnung völlig unkritisch verhalten hätten und sie dieses Thema strenger hätten angehen sollen, also etwa verkünden: »Unordnung ist schlecht!« Doch ich will nicht nur diese Briefe erwähnen. Andere stellen Ihnen genauere Fragen und beziehen sich auf einige Punkte Ihrer Ausführungen, die sie ein wenig überrascht haben.
Zum Beispiel haben Sie gesagt, daß die Kinder einen Platz haben sollten, den sie mit einem Hängeschloß abschließen können. Dazu schreibt man Ihnen: »Ich bin eine Mutter von

vier Kindern (sie sind neun, siebeneinhalb, sechs und viereinhalb Jahre alt). Ich verstehe schon die Notwendigkeit, daß jedes Kind eine spezielle Ecke für sich haben soll. Aber wieso soll man sie verschließen können? Wäre es nicht besser, den Kindern beizubringen, die Ecke des anderen zu respektieren, auch wenn sie wissen, daß sie, sofern sie es wollten, an seine Sachen herankommen könnten?« Würde das nicht einem Sinn für Ordnung mehr Gewicht geben?

Das wäre natürlich ideal. Aber es ist sehr schwierig, diesen Idealzustand auf Anhieb zu erreichen, und jedes Kind verhält sich in dieser Beziehung auch anders. Häufig kommt es vor, daß ein Kind das andere sehr beneidet — z. B. möchte ein älteres Kind, das seiner frühen Kindheit sehr nachtrauert, gern die Sachen des Kleineren haben; oder ein kleineres Kind glaubt, daß es größer wäre, wenn es die Sachen des älteren Geschwisters nimmt. Man sollte den Kindern aber beistehen, sich möglichst ohne Gewalt verteidigen zu können, d. h. eine Art passive Verteidigungsstrategie zu entwickeln. Durch einen abschließbaren Schrank (am besten mit einem Zahlenschloß, damit der Schlüssel nicht verlorengehen kann oder weggenommen wird) können die Eltern demjenigen helfen, der ständig aufgrund der Geschicklichkeit eines anderen Kindes benachteiligt wird: »Du kannst deine wertvollen Sachen auf diese Weise immer vor den anderen bewahren. Ansonsten müßt ihr jetzt selbst miteinander auskommen und einander tolerieren.« Was diese Dame in bezug auf das Erlernen des Respekts gegenüber dem Besitz anderer sagt, ist schon richtig. Nun gibt es aber wirklich Kinder, die von ihren Geschwistern regelrecht tyrannisiert werden, indem diese ihnen die Sachen systematisch wegnehmen …

Sie meinen also, daß man jemanden dazu erst gar nicht in Versuchung führen sollte?

Ich möchte noch einen anderen Aspekt anführen. Ein abgeschlossener Schrank oder ein abgeschlossenes Fach ist auch ein Zeichen dafür, daß sich jemand gegen jedwede Vergewaltigung im Umgang mit anderen wehrt. Es gibt Dinge, die man jemandem erlaubt, und solche, die man jemandem nicht erlaubt zu tun. Der abschließbare Schrank steht symbolisch für diesen Sachverhalt. Natürlich ist er nur so lange notwendig, bis die Kinder groß sind. Aber solange sie klein sind, halte ich ihn für sehr notwendig, damit sie das, was ich eine passive Art der Verteidigung genannt habe, erlernen.

Doch damit ist dieses Thema noch nicht erschöpft. Die Kinder sollten auch lernen, daß sie sich über einen anderen, der ihnen ihre Sachen weggenommen hat, häufig nur beklagen, damit die Mutter wütend wird, man sich gegenseitig anbrüllt, sich streitet, der andere ausgeschimpft wird, usw. Diese Szenen brauchen dann nicht mehr vorzukommen. Die Eltern haben etwas mehr Ruhe und dadurch die Möglichkeit, den Kindern Vorbild zu sein, indem sie sie respektieren, ohne daß sie selbst immer eingreifen müssen, weil eines ihrer Kinder durch das, was sein Geschwister tut, betroffen ist. Es kommt ja häufig vor, daß ein Kind schreit und die Mutter dann auf denjenigen, der es geärgert hat, losgeht. In diesem Fall verhält es sich im Grunde so, als wäre das Kind, das ja die Reaktion der Mutter veranlaßt hat, ein Teil von ihr. Die Kinder verstehen nicht, daß sie einer Welt gegenüberstehen, zu der der kleine Bruder einerseits, die Mutter andererseits gehört. Deshalb sollte die Mutter lieber sagen: »Verteidige dich doch, du mußt dir selbst helfen.« Und sie sollte selbst vorbildlich sein, indem sie als erste Respekt und auch Toleranz gegenüber denjenigen zeigt, die vielleicht nicht immer ohne Fehl und Tadel sind! Es gibt auch viele Jungen und Mädchen, die so aussehen, als könnten sie kein Wässerlein trüben, aber das Leben ihrer Geschwister verderben, weil auch die Mutter nichts anderes zu sagen weiß als: »Aber er ist doch noch so klein, sei doch lieb mit ihm« oder: »Geschwister, die sich streiten, gibt es doch nicht. Man soll einander liebhaben.« Das ist überhaupt keine Lösung; ein eigener Schrank, eine eigene Schublade, also die Möglichkeit, sich passiv zu verteidigen, ist viel ehrlicher und auch wirksamer. Schließlich hat man damit auch gegenüber den Erwachsenen ein gutes Versteck für seine kleinen Schätze, sein Tagebuch, seine Ersparnisse …

Ein freundlicher Brief erhebt Einwände in bezug auf das Alter, das Sie für das Erlernen, Ordnung zu halten, angegeben haben: »Ich habe in den Büchern von Maria Montessori gelesen, daß die Phase, in der Kinder für die Ordnung empfänglich werden, so zwischen 18 Monaten und zwei Jahren liegt.« Sie machten hier andere Angaben …

Eigentlich nicht. Diese Überlegungen von Frau Montessori sind recht interessant. Man darf nicht außer acht lassen, daß sie Italienerin war, und die Kinder in den italienischen Familien sehr eng zusammenleben. Sie wissen sozusagen nicht mehr, wo ihr eigener Körper aufhört und der des anderen anfängt. Sie schlafen beispielsweise alle zusammen. Die Räume, in denen sie leben, sind sehr klein, und sie werden dort quasi alle auf einmal großgezogen.

Hier spielen demnach auch kulturelle Einflüsse eine bestimmte Rolle?

Ja, in diesem Fall entsteht das Problem zu wissen, wo die anderen aufhören und wo man selbst anfängt. Man kann z. B. folgenden Vorgang immer wieder beobachten. Wenn die Eltern Erwachsene als Gäste empfangen und diese ihre Kleider irgendwo liegen lassen (der Herr seinen Hut, die Dame ihre Tasche …), kann man sicher davon ausgehen, daß ein Kind, das 18 Monate alt ist, dem Herrn den Hut, den Spazierstock oder den Mantel und der Dame die Tasche zurückbringen wird … Für ein Kind ist alles, was zu einer Person gehört, eben deren unmittelbarer Bestandteil. Doch dieses Stadium muß überwunden werden, denn nicht die Gegenstände machen die Einheit einer Person aus, sondern die Beherrschung der Gegenstände aus der Distanz durch die Person. Sie werden von uns liegengelassen, wenn wir sie nicht mehr brauchen, und geholt, wenn man sie wieder braucht. Es ist sehr wichtig, die Gegenstände in diesem Sinn zu begreifen, aber diese Vorstellung entwickelt sich erst viel später beim Kind. Zwischen 18 Monaten und zwei Jahren oder vielleicht zwei Jahren und drei Monaten wird alles, was zu einer Person gehört (die Kleider etc.), so wahrgenommen, als wäre es diese Person selbst. Es grenzt, wenn man so will, an Fetischismus. Und bei der Phase, die von Frau Montessori angesprochen wird, geht es eben nicht um Ordnung im eigentlichen Sinn, sondern um den Fetischismus des persönlichen Raumes. Es geht nicht darum, diese Art von Abwehr gegenüber einem Gefühl, daß etwas nicht zusammengehört, einfach zu verbieten. Aber man sollte sie auch nicht kultivieren.

Dieselbe Frau, die uns diesen Brief geschrieben hat, hat Kinder, die zwar nicht aufräumen, die aber ganz und gar in der Lage sind, es zu tun, wenn man ihnen erklärt, daß es notwendig ist.

Das heißt, ab und zu.

... Jetzt aber zu dem, was die Frau genau von Ihnen wissen möchte: Kann man ordentlich sein und gleichzeitig keinen Sinn für das Aufräumen haben; oder einen Sinn für das Aufräumen haben und nicht ordentlich sein?

Man kann natürlich einen Sinn für das Aufräumen haben und schlicht zu faul sein, es wirklich zu tun. Man kann sich sagen: »Warum sollte ich eigentlich aufräumen? Es lohnt sich ja doch nicht.« Und aufzuräumen bedeutet ja tatsächlich, daß man sich eine Stunde lang in den Dienst der Gegenstände stellt, anstatt etwas viel Interessanteres zu machen. So jedenfalls empfinden es die Kinder ein wenig. Deshalb sollte man ihnen auch ab und zu sagen: »Also jetzt sind es einfach zu viele Sachen, die überall herumliegen, ihr müßt aufräumen.« Sie tun es schon, wenn man nicht ständig an ihnen herumquengelt: »Räume doch auf ... Räume endlich deine Sachen weg ... Räume jetzt endlich auf!« usw. Es gibt ja nichts, was einem die Lust am Familienleben mehr verdirbt, als ständig dasselbe zu hören. Wenn es nichts bringt, warum macht man dann eigentlich immer weiter? Ab und zu und vor allem mit Hilfe der Mutter ist eine gewisse Ordnung für die Kinder und das Leben im Haus natürlich notwendig, denn andernfalls könnte man darin nicht leben.

Im Zusammenhang mit dem Phänomen des Fetischismus, den ich vorhin erwähnt habe, möchte ich noch etwas anderes sagen. Ein Kind läßt seine Sachen auch überall herumliegen, um sein eigenes Gebiet auszudehnen, damit sich dieses sozusagen nach überallhin erstreckt. Es läßt seine Spielsachen also mit Absicht im Zimmer seiner Eltern liegen, um zu betonen, daß es dort auch anwesend ist; es möchte zeigen, daß es vermittels seiner Spielsachen den Ort beherrscht, weil es überall bei sich sein will.

Ich möchte in diesem Zusammenhang jene Kinder erwähnen, die so weit gehen, daß sie ›bei mir‹ sagen, obwohl sie doch eigentlich ›bei uns‹ sind. Ich verstehe die Eltern, die ja selbst ›bei uns zu Hause‹ oder ›bei uns‹ sagen, nicht, daß sie diese Redewendung des Kindes zulassen. Denn das Kind sagt ›bei mir‹, weil es zu Hause der kleine Herr oder die kleine Dame sein will.

Soll man diesen Fehler also korrigieren?

Ja. Die Eltern sollten das Kind fragen: »Aber warum sagst du immer ›bei mir‹? Du weißt doch, daß wir hier ›bei uns‹ sind. ›Bei dir‹, das ist dein Zimmer (wenn das Kind eines hat) oder dein Schrank. Aber überall sonst ist es ›bei uns‹, und nicht ›bei dir‹.« Man soll sich also immer präzise ausdrücken. Man sollte dann nicht mit dem Kind schimpfen, aber die Dinge immer richtigstellen, denn wer einfach darüber hinweggeht, willigt letztlich ein: allmählich dehnt das Kind dann seine totalen Besitzansprüche aus und weiß nachher überhaupt nicht mehr, wo die Grenze ist zwischen dem, was es sich im Laufe seiner Entwicklung erwerben muß, und dem, was ihm selbstverständlich zusteht, weil es den Eltern gehört und zu Hause vorhanden ist.

Es gibt nun auch die Unordnung jener Gegenstände, die das Kind plötzlich nicht mehr interessieren — darüber habe ich in bezug auf das Kind unter vier Jahren schon gesprochen — und die es dann dort liegen läßt, wo es aufhört, mit ihnen zu spielen, um sich etwas Neuem zuzuwenden. Es handelt sich dabei um eine ganz andere Art von Unordnung als die,

die darin besteht, sein Gebiet überall behaupten zu wollen. Hier handelt es sich um Nachlässigkeit und den zu schnellen Wunsch nach etwas anderem, weshalb man den Gegenstand, der einen nicht mehr interessiert, einfach liegen läßt. In diesem Fall sollte man meines Erachtens erzieherische Maßnahmen ergreifen: »Siehst du, jetzt spielst du damit; wenn du die Spielsachen aber wieder haben willst, die du überall herumliegen läßt, nur weil du im Moment mit etwas anderem spielst, wirst du sie später nicht finden. Also heben wir sie schnell auf.« Man muß dem Kind helfen. Das heißt, daß die Mutter und das Kind zusammen aufräumen sollen. Das Kind wird sich darüber freuen.

Aber das Wichtigste möchte ich noch einmal betonen: Die Gegenstände sind für uns da, und nicht umgekehrt, daß wir im Dienst der Gegenstände stehen.

Hier ist ein anderer Brief zum Problem, wie man Ordnung hält. Es handelt sich um eine Frau, die Sekretärin ist. Sie ist selbst sehr unordentlich und hebt alles auf, Papier, Schnüre usw. »Natürlich gebe ich dadurch ein schlechtes Bild ab«, schreibt sie. »Ich stehe in Konflikt mit meinem Sohn, der, was wohl selten vorkommt, einen regelrechten Tick mit dem Aufräumen hat. Er hat dadurch in seiner Beziehung zu mir große Schwierigkeiten. Ich persönlich hänge sehr an den Gegenständen, kann aber nicht Ordnung halten. Gibt es eine Möglichkeit, unsere Beziehung zu verbessern?«

Ich glaube, daß beide Schwierigkeiten haben, die in Widerspruch zueinander stehen. Hierbei muß es sich allerdings um etwas handeln, worauf ich an dieser Stelle keine Antwort zu geben weiß. Es handelt sich um eine ganz bestimmte Art von beiden, miteinander auszukommen. Anscheinend muß, sowie es aussieht, zwischen der Mutter und dem Sohn immer ein Spannungsverhältnis bestehen. Bei diesen beiden existiert es in bezug darauf, Ordnung zu halten, sonst würde es vielleicht in bezug auf etwas anderes vorhanden sein. Jeder ist so, wie er ist. Mehr kann ich dazu nicht sagen.

Zum Schluß noch ein Brief in bezug auf die Unordnung. Er ist in einem Bericht enthalten, der Ihnen sicherlich gefallen wird. Eine Mutter schreibt Ihnen: »Sie haben gesagt, daß die Kinder ihre Eltern nach und nach formen würden. Damit bin ich ganz und gar einverstanden; als meine Tochter geboren wurde, habe ich mir überlegt, daß die Babys zwar von Anfang an richtige Babys sind, die Eltern dagegen nicht von heute auf morgen richtige Eltern werden können, sondern daß es dazu einer ganzen Entwicklung bedarf.« Sie bittet Sie darum, etwas in bezug auf die Unordnung zu sagen. Vielleicht stellt sie wirklich einen Einzelfall dar, aber ihre Frage ist doch allgemeiner Art. Sie schreibt also: »Ich persönlich bin nicht im räumlichen Sinne, sondern im zeitlichen Sinne unordentlich, d. h., ich bin absolut unfähig, einen Zeitplan einzuhalten. Mein Baby (sie hat ein vier Monate altes Kind) wurde entsprechend seinen Bedürfnissen ernährt und dies ganz einfach deshalb, weil ich mich an keinen Zeitplan halten kann. Irgendwie funktionieren die Wekker, Armband- oder Wanduhren nicht mehr, sobald ich mit ihnen in Berührung komme. Ich bin einfach nie pünktlich und frage mich, ob das für mein Baby gut ist. Ich gebe ihm also zu essen, wenn es Hunger hat; ich wasche es, wenn es schmutzig ist. Und morgens gehe ich ab und zu mit ihm spazieren, weil ich auf diese Weise am Nachmittag etwas anderes machen kann.« Sie hat gelesen bzw. von Kinderärzten gehört, daß ein Baby einen regelmäßigen Zeitplan braucht. Es wird ihr — und hier vor allem von den Großeltern — gesagt, daß sie dabei ist, ihr Kind ein für allemal zu verwöhnen, weil sie auf dessen kleinste Wünsche eingehen und ihr jeglicher Sinn für Pünktlichkeit fehlen würde. Sie bemerkt — übrigens mit Humor —, daß ihr die Tochter »trotzdem zur Zeit von reizender Normalität« erscheint, aber sie fragt, ob ihre Haltung langfristig nicht doch Konsequenzen nach sich ziehen könnte.

Ich finde diesen Brief sehr interessant, weil er zeigt, daß verschiedene Leute nur eine sehr abstrakte Vorstellung von dem haben, was Eltern tun und lassen sollen und ihre Kinder dann einfach daran gewöhnen, ein nach der Uhr geregeltes Leben zu führen. Schließlich ist es auch noch gar nicht so lange her, daß die Leute nach der Uhrzeit leben. Lange Zeit haben die Menschen entsprechend ihren Bedürfnissen und der jeweiligen Jahreszeit gelebt. Jetzt müssen die Kinder plötzlich jeden Tag ein Glas Fruchtsaft trinken — um nur ein Beispiel zu nennen! Als es unsere modernen Verkehrsmittel noch nicht gab, hatte man halt kein Obst im Winter. Man kam trotzdem ganz gut ohne den ›geheiligten‹ Orangensaft aus, den die Mütter heutzutage als unentbehrlich für ihre Kinder betrachten. Und damals litten die Menschen deswegen auch nicht an Vitaminmangel. Um nun auf die Frage, die mir gestellt wurde, zurückzukommen: ich denke, daß jedes Kind die Mutter hat, die zu ihm paßt, ich meine, wenn sie es in ihrem Bauch getragen hat. Sie sollte sich um ihr Baby keine Sorgen machen. Vielleicht ist es ihr gegenüber ihrem Mann, Freunden oder Bekannten unangenehm, daß sie sich nicht an die Zeit halten kann. Wenn sie z. B. Gäste für 13 Uhr zum Essen einlädt und das Essen dann erst um 15 Uhr auf dem Tisch steht, werden diese dagegen protestieren, weil sie dann vor lauter Hunger überhaupt keinen Hunger mehr haben … Nun gut. Aber das Baby, das genau diese Mutter gehabt hat, die es nach ihrem eigenen Rhythmus und nach der eigenen Art, mit ihrem Körper umzugehen, getragen hat, wird von ihr, also *seiner* Mutter, ganz normal erzogen. Es wäre für dieses Baby viel schlimmer, wenn es jetzt plötzlich in die Krippe gebracht wird, weil sich dort sein *menschlicher* Rhythmus — d. h. der Rhythmus, der durch die Beziehung zur Mutter geprägt ist und den es für sich auch als regelmäßig empfindet — verändern müßte und es dadurch ganz durcheinander käme. Ist dieses Mädchen nun eher nach der Familie des Vaters geraten und haben die Frauen in dieser Familie regelmäßige Ernährungs- und Lebensgewohnheiten, wird es mit zwei oder zweieinhalb Jahren mit seiner Mutter schimpfen und von ihr verlangen: »Mutter, wir müssen gehen. Mutter, ich habe Hunger.« Und die Mutter wird sich nach und nach daran gewöhnen. So wie sie von ihrem Baby bereits erzogen wurde, wird sie dann von ihrem Töchterchen erzogen. Und wenn letzteres sich später dadurch, daß sie den Rhythmus der Mutter übernommen hat, gegenüber den anderen gestört fühlen sollte, könnte die Mut-

264

ter ihm dabei helfen, sich mit dieser natürlichen Rhythmuslosigkeit abzufinden. Allerdings helfen einem natürlich die Gefühle, die man zu den anderen empfindet, dabei, gewisse Konzessionen zu machen; ich finde aber, daß diese Frau das Problem sehr gut anpackt — sie sollte wirklich ruhig so weitermachen!

Die Großmütter können also beruhigt aufatmen — dieses Kind wird nicht besonders verwöhnt sein?

Es wird nicht mehr und nicht weniger ein verwöhntes Kind werden, wie seine Mutter, und die macht mir nicht den Eindruck, wie ein verwöhntes Kind zu sein. Sie hat halt ihren eigenen Rhythmus, nach der Sonne zu leben; dieser ist von anderen Rhythmen verschieden. Sie geht eben nicht nach der Uhr, sondern nach ihren Bedürfnissen. Solche Leute gibt es. Man muß sie so akzeptieren und verstehen. Hunde sind halt keine Katzen; diese Mutter hat kein anderes Kind großziehen können als dieses, das sie getragen hat und das sich ihrem Rhythmus angepaßt und ganz wohl dabei gefühlt hat. Also ist im Moment wohl alles in Ordnung. Diese Frau hat genügend Respekt und Humor gegenüber ihrem Kind, daß es wohl auch dann weiter gutgehen wird, wenn das Kind seine Zeit nach dem Rhythmus, den die Schule ihm auferlegen wird, richten muß. Soweit ist es aber ja noch nicht.

40. Kapitel

Siehst du, ich hatte Lust dazu, dich zu schlagen

(Gewalttätigkeit bei Kindern und Eltern)

Wir sollten nun unbedingt einmal darüber sprechen, wenn Kinder geschlagen werden bzw. über das Problem der Gewalttätigkeit...

Der Gewalttätigkeit von Eltern?

... gegenüber den Kindern. Hier ist eine Mutter, die Schwierigkeiten hat, sich selbst zu beherrschen. Vorher muß man vielleicht noch erklären, daß sie drei Kinder hat, die sie sehr lieb hat, die sehr hübsch sind und die alle drei Wunschkinder waren: ein fünfeinhalbjähriges Mädchen und zwei Jungen im Alter von drei Jahren bzw. sieben Monaten. Seit der Geburt des letzten Kindes fing die kleine Tochter an, den Zweitältesten, d. h. den Bruder, der nach ihr kam, zu hassen, und zwar »weil er nicht gut aussieht«. Als seine Mutter ihr erklärte: »Aber sieh doch, er sieht seinem Vater ähnlich, sieht also gut aus«, fing sie an zu weinen und antwortete: »Das ist nicht wahr. Ich bin diejenige, die dem Vater ähnlich sieht. Er sieht nicht gut aus. Ich mag ihn nicht.« So sieht es also, wenn man so will, in dieser Familie aus.

Die eigentliche Frage lautet aber: »Ich fühle mich manchmal der Situation nicht gewachsen. Ich verliere dann die Geduld und habe mich nicht mehr in der Gewalt. Ich fange an, innerlich zu kochen und schlage dann zu.« Sie fügt dann noch hinzu: »Von meiner heftigen Reaktion bin ich selbst erschrocken. In manchen Augenblicken hasse ich meine Tochter. Ich zeige es ihr, indem ich sie schüttele, aber auch, indem ich ihr einen bösen Blick zuwerfe. Können Sie sich so etwas vorstellen? Ich, die ich von Harmonie und Gleichgewicht träume, gebe mich

266

der Gewalttätigkeit und der Brutalität hin.« Sie ist übrigens davon überzeugt — und in diesem Sinn beendet sie auch ihren Brief —, daß ihr Schlagen in erster Linie das Eingeständnis einer Niederlage darstellt.

Es wäre zweierlei zu diesem Brief zu sagen. Einerseits will das kleine Mädchen nicht einsehen, daß sein erster Bruder seinem Vater ähnlich sieht. Das kommt wahrscheinlich von daher, daß ihm die Mutter den Sinn des Wortes ›aussehen wie‹ nicht genau genug erklärt hat. Unter Umständen wird dieses Kind in seiner Umgebung oft gehört haben, daß es seinem Vater ähnlich sieht (seine Tochter ist ihm wie aus dem Gesicht geschnitten). Was steckt eigentlich hinter diesen Worten? Wahrscheinlich, daß das Gesicht des Mädchens dem des Vaters auf älteren Fotos, als er klein war, ähnlich sieht. Aber die Mutter hat es nicht genau gesagt: »Natürlich seht ihr alle eurem Vater ähnlich, da ihr alle von ihm seid. Aber dein Bruder, der jetzt ein Junge ist, wird später einmal Vater werden, du hingegen eine Mutter, weil du ein Mädchen bist. Ihr habt nicht das gleiche Geschlecht. Dein Bruder hat dasselbe Geschlecht wie dein Vater. Siehst du, das ist etwas anderes, auch wenn du deinem Vater ähnlich siehst, so wie ich auch meinem Vater ähnlich sehe.« Die Ähnlichkeit liegt für ein Kind in den Gesichtern. Die der Geschlechter versteht es nicht, wenn man sie ihm nicht mit Worten erklärt. Es ist so, als würde dieser Bruder nun aufgrund dessen, daß er ein Junge ist, dem Mädchen seinen Platz als Kind des Vaters weggenommen haben. Hinzu kommt, daß es sich wahrscheinlich bei der Geburt des dritten Kindes sehr frustriert gefühlt hat, keine kleine Schwester bekommen zu haben, damit in der Familie die Frauen am stärksten vertreten sind. Und schließlich wird sie auch auf die Mutter eifersüchtig sein, weil diese ein Baby bekommen hat, wobei sie selbst gern eines bekommen hätte; denn davon träumen alle kleinen Mädchen.

Und erst recht, wenn sie fünfeinhalb Jahre alt sind.

Ja, vielleicht war sie bei der Geburt des ersten kleinen Bruders deswegen nicht eifersüchtig, weil sie erst zwei Jahre alt war; aber bei der Geburt dieses Bruders ist sie nun schon fünfeinhalb Jahre alt. Sie wartet quasi seit zwei Jahren darauf, daß ihr Vater ihr ein Baby macht: und jetzt muß sie darauf verzichten. Das ist natürlich eine schwierige Situation.

Aber die Mutter wird auch nicht besser damit zurechtkommen, wenn sie ihr Schläge erteilt.

Sie sagt: »Ich bin völlig verzweifelt.«

Könnte sie eigentlich nicht, wenn sie spürt, daß ihre Hände kribbeln und sie bald zuschlagen wird, schnell in ein anderes Zimmer gehen und einfach auf ein Kissen hauen? Es wäre viel lustiger. Und dem Kind, das die Szene miterlebt, könnte sie sagen: »Siehst du, ich hatte solche Lust, dich zu schlagen, daß ich jetzt das Kissen verprügele.« Wenn das Kind sich amüsieren will, wird es zusammen mit seiner Mutter auf das Kissen hauen, und alles wird in einem Gelächter enden. Ich denke, daß diese Frau versuchen sollte, ihr Wutanfälle in Spaß zu verwandeln. Man kann eben eine dramatische Geschichte auch mit einem ›lauthalsen Lachen‹ beenden. Man sollte nicht alles so tragisch nehmen.

Ich möchte in Klammern anmerken, daß uns viele Briefe von solchen Eltern erreichen, die in dem Sinne ›altmodisch‹ sind, daß sie die Meinung vertreten, man würde mit den Kindern heutzutage viel zu lasch umgehen und daß eine Tracht Prügel ab und zu nichts schaden könnte.

Das heißt, daß es die Eltern erleichtert.

Haben Sie selbst jemals Schläge ausgeteilt?

Nie. Zum einen wäre ich dazu nicht in der Lage gewesen. Manchmal habe ich meine Kinder heftig behandelt und ihnen dabei gesagt: »Achtung, heute bin ich der Schwarze Panther, bald geht es los!« Daraufhin haben sie sich in ein anderes Zimmer zurückgezogen. An manchen Tagen ist natürlich jeder einmal genervt: man soll es den Kindern aber ruhig sagen und sie vor den eigenen Reaktionen schützen, indem man sie in ein anderes Zimmer schickt. Und wenn man trotzdem ab und zu einmal heftig zu ihnen ist, ist das auch nicht schlimm. Trotzdem sollte man vermeiden, in einen Zustand der Anspannung wie den zu geraten, von dem uns diese Mutter schreibt. Ich glaube, daß es ihr bestimmt schon geholfen hat, mir zu schreiben. Ich weiß selbst, wie schwierig es ist, drei Kinder so kurz hintereinander zu haben, da es bei mir selbst der Fall war. Aber man muß es fertigbringen, sie, wenn man so mit den Nerven am Ende ist, außer seiner Reichweite zu halten.

Die Dame schreibt am Ende ihres Briefes, daß sie die Haltung ihrer Tochter und ihre eigene Gewalttätigkeit so stark beunruhigen, daß sie sich fragt, ob sie nicht zu einem Psychologen gehen sollte.

Ihre Tochter auf keinen Fall! Aber sie könnte vielleicht mit einem Psychologen oder Psychoanalytiker sprechen. Die Tochter sollte lieber altersgemäße Aktivitäten entfalten. Sie sollte nicht immer mit ihren Brüdern und ihrer Mutter zusammensein. Es ist für sie einfach schwer zu ertragen, wenn sie sieht, wie die Mutter sozusagen ihr eigenes Baby pflegt, während sie selbst leer dabei ausgeht. Die Mutter sollte sich mit einer Verwandten oder einer Freundin treffen, oder das Kind könnte sogar ein paar Tage verreisen bzw. bei einer kleinen Freundin übernachten. Dies würde bestimmt helfen. Der Vater könnte sich übrigens auch einmal um seine ›große Tochter‹ kümmern. Ich glaube, daß sich die Mutter dadurch erleichtert fühlen würde.

Hier haben wir einen ganz anderen Bericht, der auf den entstehenden Sadismus bei Kindern Bezug nimmt. Es handelt sich um eine Frau, die dazu einen von Ihrer Meinung abweichenden und recht abwegigen Standpunkt einnimmt. Ich glaube allerdings, daß diese Denkrichtung bei vielen Eltern vorhanden ist: »Im Alter von fünf oder sechs Jahren hat mein Sohn, der heute fünfzehn Jahre alt ist, eines Tages unserer kleinen Hün-

269

din unbeschreiblich Grausames angetan. Er hat ihr die Pfoten zusammengebunden und sie dann einfach im Regen liegen lassen. Daraufhin habe ich folgendes gemacht: Unterstützt von meiner Mutter und, obwohl es uns allen sehr viel ausmachte, habe ich ihm die Hände und Füße zusammengebunden und ihn so lange gefesselt gelassen — allerdings nicht unter dem Regen —, bis wir das Tier abgetrocknet hatten.« Und weiter schreibt sie: »Seitdem hat es absolut kein Problem mehr in dieser Richtung gegeben.« Sie beendet ihren Brief dann mit den Worten: »Halten Sie uns jetzt nicht für Folterknechte? Es ist sehr hart, mit seinem Kind derart umzugehen, doch wenn die Umstände es erfordern...« Ich persönlich muß gestehen, daß... na gut, lassen wir es. Aber war es nun Ihrer Ansicht nach die beste Lösung?

Sie schreibt, daß ihr Sohn sehr nett und gut im Umgang mit Tieren geworden ist?

Auch mit Kindern.

Die Strafe erscheint mir *allemal* ziemlich schrecklich. Die Tatsache jedoch, daß die Mutter sie ihrem Sohn nur unter großen Schwierigkeiten verpassen konnte, schwächt das Ganze etwas ab. Sie hat so gehandelt, wie sie es für ihre Pflicht hielt, nämlich einen Menschen dazu zu erziehen, Mensch zu werden. Dies hat einen anderen Stellenwert, als es bei Eltern der Fall ist, die aus Rache ihre Kinder beißen, weil diese sie vorher gebissen haben, und dann meistens noch stärker. An diesem Bericht sind zwei Dinge hervorzuheben: Erstens war das Kind schon groß und in der Lage, nachzudenken (es war schon fast sechs Jahre alt); zweitens war anscheinend kein Vater da, denn gehandelt haben ja nur die Mutter und die Großmutter. Ich denke, daß der Vater, wenn er dagewesen wäre, das Kind hätte zur Vernunft bringen können. Es wäre interessant, wenn diese Mutter heute mit ihrem Sohn über diesen Vorfall sprechen würde und dabei herausfinden könnte, ob sich ihr Sohn noch an diese Szene erinnert, d. h. ob er irgendeine Erinnerung an diese Zeit hat, als er zu Tieren grausam war, und ob er denkt, daß es eine andere Lösung für andere Kinder gäbe als die, die man bei ihm angewandt hat. Nur über solche Berichte von Betroffenen könnte uns in dieser Frage weitergeholfen werden.

Das stimmt. Kann man also sagen, daß es ein Spiel mit dem Feuer ist, wenn Eltern Sadismus dadurch vergelten, daß sie selbst sadistisch handeln?

Ja, es kann dazu führen, daß das Kind sein Verhalten wiederholt, weil es einen perversen Geschmack an den starken Empfindungen findet, die es sowohl beim Bezwingen von etwas als auch bei Erleiden von etwas hat. Für diesen Jungen, der schon ›groß‹ war und intelligent zu sein scheint, ist alles gutgegangen. Aber eine sadistische Haltung ist insbesondere gegenüber jungen Kindern absolut verwerflich. Denn ihre Aggressivität gegenüber Tieren kommt im allgemeinen von daher, daß sie sich, als sie noch klein waren — zu Recht oder nicht —, von großen Kindern oder von zu anspruchsvollen Erwachsenen selbst sadistisch behandelt gefühlt haben. Vielleicht mußten sie sich also auch einem Krankenhausaufenthalt unterziehen und wurden dabei ohne vorherige Erklärungen und ohne Verteidigungsmechanismen einer Pflege ausgeliefert, unter der sie dann gelitten haben, oder andere Gründe spielen eine Rolle. Vielleicht sind ihnen auch Erzählungen oder Bilder aus dem Leben oder aus Filmen im Gedächtnis geblieben. Oft handelt es sich dabei auch um etwas verkümmerte Kinder, die sich in ihrem Körper unwohl fühlen, von ihrer Umgebung abgelehnt werden und die keine Freude am Leben haben.

Dieselbe Person erzählt uns auch einen analogen Bericht von einer ihrer Freundinnen. Deren Sohn hatte große Angst vor Spritzen, wenn er beim Arzt war und dort behandelt werden mußte; eines Tages stach er seinen Hund selbst mit mehreren Nadelstichen, worauf die Mutter mit ihm das gleiche tat. »Er hat dann verstanden«, schreibt diese Dame weiter, »was er ge-

tan hatte, und heute ist er ein entzückender zehnjähriger Junge geworden, der seinen Hund lieb streichelt.«

Dieser Erfahrungsbericht wird uns von derselben Person geschildert, die schon den vorigen Bericht abgab, so daß er zwangsläufig aus derselben Perspektive erzählt wird ... Aber vielleicht hatte das Kind vor den Spritzen Angst, weil man ihm vorher nicht hinreichend erklärt hatte, daß der Arzt sie ihm deswegen gab, damit er wieder gesund wird und daß für die Behandlung eines Hundes der Tierarzt zuständig ist. Auch in diesem Fall scheint die Strafe Erfolg gehabt zu haben, aber ich wende mich doch dagegen, daß die angewandte Methode die richtige ist. Bei den Betroffenen, von denen hier berichtet wird, hat sie sich nicht nachteilig ausgewirkt. Aber man müßte sie heute selbst fragen, ob sie jene Methode für die einzige gangbare gehalten haben*.

---

* Haben diese Kinder sich nicht in Wirklichkeit aufgrund ihrer Entwicklung verändert, und zwar dem aggressiven Verhalten ihrer Erzieher in bezug auf ihr eigenes Verhalten zum Trotz? Der bestohlene Dieb, der angegriffene Aggressor bringen es ja ansonsten nicht sehr weit! Sie werden zu Erwachsenen, die häufig Kinder geblieben sind, ›leidenschaftlich‹, ohne Distanz, ohne Mitgefühl und die nach dem Prinzip handeln, Gleiches mit Gleichem zu vergelten ... Im Grunde ist es doch traurig, wenn sich der Erwachsene einem zu erziehenden Heranwachsenden gegenüber so herabsetzen muß.

41. KAPITEL

Die Mutter rauft sich die Haare, der Sohn sieht aus wie ein zerrupftes Huhn
(Aufgebrachte Mütter)

Wir sprechen hier ein Thema an, das bei vielen Müttern ›Schuldgefühle‹ auslöst. Es handelt sich dabei um das Problem, vor lauter Aufopferung einem Kind gegenüber am Ende selbst total aufgebracht zu sein, was sich dann auf die Kinder überträgt. Wir wollen diese Problematik nun in aller Ruhe behandeln, indem wir zunächst auf die Frage der Anwesenheit der Mutter zu Hause zurückkommen. Viele Eltern haben uns auf Ihre Ausführungen hin zu diesem Thema geschrieben; sie gingen davon aus, daß die Anwesenheit der Mutter wohl bis zum Alter von zweieinhalb bis drei Jahren angebracht sei. Eine Frau möchte Sie zum Beispiel darauf aufmerksam machen, daß die Kinder ihre Mütter zu Hause vielleicht mehr benötigen, wenn sie zur Schule gehen und Hausaufgaben machen müssen, als wenn sie unter drei Jahren sind: »Es ist doch nicht so, daß die Kinder ihre Mütter zu Hause nicht mehr brauchen, nur weil sie das ganze Jahr über in die Schule gehen. Es gibt ja auch die Schulferien. Stellen Sie sich vor, sie wären zwölf Stunden lang unter eigener Verantwortung allein zu Hause.«

Ich habe gesagt, daß die Anwesenheit der Mutter zu Hause meiner Meinung nach bis zu dem Augenblick notwendig ist, in dem das Kind Kontakte nach außen aufnehmen kann, d. h. daß es laufen und klar sprechen kann. Bei gesund entwickelten Kindern wäre das so um die 25 oder 28 Monate. Bleibt die Mutter zu Hause, ist es für das Kind von Vorteil, wenn es auch mit anderen Erwachsenen oder Kindern zusammen ist. Deshalb habe ich diesen Müttern geraten, sich doch mit an-

273

deren Müttern in Verbindung zu setzen, um zu dritt oder zu viert die Kinder abwechselnd unter der Woche zu betreuen, damit diese sich daran gewöhnen, auch in der Gruppe zu leben. Dazu ist es im übrigen nie zu früh, ebensowenig, daß Frauen sich untereinander helfen.

Problematisch wird es aber in dem Fall, in dem Frauen zu Hause völlig isoliert sind und darüber, daß sie sich um ihre Kinder ganz allein kümmern, allmählich immer wütender werden; sie entwickeln sich dann zu wahren ›Meckerziegen‹. Und dies natürlich nicht nur in bezug auf ihre Kinder. In diesem Fall, und wenn sie im Laufe des Tages wirklich keine anderen Mütter treffen können, wäre es für sie richtiger, arbeiten zu gehen und ihre Kinder einer Kinderkrippe anzuvertrauen. Es ist nämlich besser, eine entspannte Mutter zu haben, die man zwar nur abends sieht, als eine genervte Mutter, die sich den ganzen Tag nur die Haare rauft, schimpft und die dann am Abend, wenn ihr Mann nach Hause kommt, völlig erschöpft ist. Will eine Mutter auf jeden Fall die ganze Zeit zu Hause bleiben und ihre Kinder in diesem Rahmen erziehen, kann sie es natürlich tun, aber nur, wenn sie es wirklich schafft und abends mit den Nerven nicht völlig am Ende ist.

Es ist für die Kinder sicherlich sehr angenehm, eine Mutter zu haben, die sich um sie kümmert, wenn sie von der Schule heimkommen. Für die Feiertage oder Ferien ist es für Kinder vor allem ab sechs, sieben Jahren — immer gut, eine intelligente Beschäftigung zu haben. Da die Mütter wegen der anfallenden Arbeiten im Haushalt häufig keine Zeit dazu haben, ist es also wichtig, daß sich die Kinder auch außerhalb von zu Hause an kreativen Beschäftigungen beteiligen können. Hinzu kommt, daß die Kinder es auch wirklich brauchen, mit anderen zusammen zu sein. Dafür gibt es ja Bastel- oder Spielgruppen. Oder die Mütter machen es auf die gleiche Art und Weise wie mit den kleinen Kindern; sie tun sich zusammen und machen untereinander aus, daß eine Mutter die Kinder beispielsweise am Mittwoch bei sich versammelt und irgendeine Beschäftigung organisiert, z. B. können sie Marionettentheater veranstalten, an dem darauffolgenden Mittwoch gehen sie zusammen spazieren usw. Die Mütter sollen dem Zu-

274

stand, sich mit ihren Kindern isoliert zu fühlen, ein Ende setzen, und sie sollen sich ebensowenig zwingen, den Kindern nun alles geben zu wollen: Sie sollten sich vielmehr gegenseitig helfen und unterstützen. Schließlich müssen die Kinder soziales Verhalten ja erst lernen und hierfür sollten die Mütter selbst mit gutem Beispiel vorangehen.

Noch einmal zum Problem der Anwesenheit der Mütter zu Hause: »Sie haben neulich über ein kleines vierjähriges Mädchen gesprochen, das sich zu Hause unmöglich aufgeführt hat. Ich verstehe jetzt nicht, warum Sie der Mutter empfohlen haben, wieder arbeiten zu gehen, während sie selbst doch erklärt hatte, lieber zu Hause bleiben zu wollen, um ihr Kind besser erziehen zu können.«

Es handelte sich um jenes Mädchen, von dem die Mutter sagte, es würde sich zu Hause wie ein ›Diktator‹ aufspielen; und dann kam noch die ältere Schwester hinzu, die von der Mutter früher nicht ganztägig betreut werden konnte und die jetzt zum Sündenbock der Kleineren wurde und alles mit sich geschehen ließ. Ich glaube, daß irgend etwas an der Beziehung der Mutter zu diesem Kind nicht stimmte und habe ihr deshalb geraten, wieder arbeiten zu gehen. Für ein Kind ist es schädlich, zu Hause zu bleiben, wenn es dort nicht glücklich ist und die anderen Familienmitglieder nicht glücklich macht. Wenn Mutter und Kind zu Hause sind, so doch deshalb, um sich gegenseitig mitzuteilen und Freude am Zusammensein zu haben. Sonst hat das doch keinen Sinn! Da ein Kind ab drei Jahren nicht mehr seine Mutter braucht, wäre es doch in diesem Fall wirklich das beste gewesen, daß sie sich tagsüber getrennt hätten. Dieses Kind war zu Hause nicht glücklich, verdarb sein eigenes Leben und vor allem das seiner Schwester. Und was war schließlich aus dem großen Traum der Mutter geworden, nach Hause zurückzukehren, um dort glücklich mit ihren Kindern zu leben?

Nun folgt ein Brief von einer Mutter, die lange gezögert hat, bevor sie Ihnen schrieb. Sie schämte sich etwas, weil ..., lassen wir sie selbst sprechen: »Ich habe mir eigentlich nicht getraut, Ihnen mein Problem zu schildern. Ich hatte Angst, daß Sie von mir denken würden: ›Sie weiß nicht, wie sie ihr Problem lösen kann, sie ist wirklich kindisch.‹ Schließlich aber dachte ich mir, daß Sie vielleicht doch nicht so von mir denken würden. Mein Bedürfnis, es Ihnen zu sagen, ist eben sehr groß.« *Und dann erklärt sie, worum es geht. Die Situation, die sie beschreibt, wird von ihr sehr dramatisch hingestellt, und sie schreibt auch, daß sie häufig weinen muß. Dabei geht es um etwas, was Hunderte von Familien täglich mitmachen. Sie hat einen Sohn, der 16 Monate alt ist, der gesund ist, keine Probleme mit dem Essen kennt, der zwar einen leichten Schlaf hat, aber doch meistens gut durchschläft, mit einem Wort, ein Kind, das problemlos aufwächst. Aber er ist launisch:* »Er brüllt den ganzen Tag«, *schreibt sie,* »und zwar immer, wenn ich mich unglücklicherweise von ihm abwende, wenn er gerade meine Aufmerksamkeit haben wollte. Es ist vielleicht nicht gut, von seinem Kind so zu sprechen, aber heute kann ich einfach nicht mehr.« *Sie beschreibt dann einen Tagesablauf, wie er sich bei ihr regelmäßig wiederholt:* »Morgens ist es furchtbar. Wenn er um sieben Uhr aufwacht, ist es ein einziges Gebrülle. Sobald er sein Fläschchen erblickt hat, kann er nicht mehr abwarten, bis es warm wird. Beim Waschen ist es noch schlimmer: er lehnt jegliche Berührung mit Wasser ab. Ich kann ihm weder das Gesicht, noch den Popo waschen, noch die Ohren saubermachen, noch die Fingernägel schneiden ... Ich bin von Natur aus eigentlich ein geduldiger Mensch, doch muß ich gestehen, daß ich mich seit drei oder vier Wochen nicht mehr in der Gewalt habe und ihn schlage, was mich persönlich regelrecht krank macht — und im übrigen auch gar nicht wirkt. Wenn er mit seinem Vater zusammen ist und ich zum Beispiel das Zimmer verlasse, ist er ruhiger als mit mir. Ich schreibe Ihnen, weil es Dinge gibt, die man seinem eigenen Mann nicht zu sagen wagt.« *Es ist ja klar, daß sich der Mann, wenn er abends nach Hause kommt und das Kind ganz ruhig vorfindet, denkt, seine Frau müsse mit ihrer Schilderung der Situation einfach übertreiben.*

Und er findet eine völlig erschöpfte Frau vor, die kurz davor ist, zusammenzubrechen. Ich halte dieses Kind für sehr intelligent, aber es scheint ja noch nicht zu sprechen. Es schreit, um sich auszudrücken. Wahrscheinlich hat es im Alter von neun oder zehn Monaten noch keine Worte zu dem, was es alles berühren oder machen konnte, angeboten bekommen. Vielleicht hat man es zu früh zur Beherrschung seiner Schließmuskeln, d. h. zur Sauberkeit ›dressiert‹. Oder es handelt sich um ein Kind, das schlecht behandelt wurde, dem Sachen weggenommen wurden und das jetzt das Bedürfnis hat, selbst zu nehmen; ein Kind, für das die Mutter Teil seiner selbst darstellt, der ihm entrissen wurde und den es ohne Worte nicht zu ersetzen vermag bzw. mit dem er keine Kommunikation haben kann. Ob es nun so oder so ist, das weiß ich nicht. Vielleicht sieht dieses Kind auch zu wenig andere Kinder?

Ist es wichtig für ein sechzehn Monate altes Baby, andere Kinder zu sehen?

Für manche schon. Sehen Sie, ein Kind hat mit neun Monaten, d. h. sobald es krabbeln kann, das Bedürfnis, zu Hause alle Dinge durch Berühren kennenzulernen und dabei deren Namen zu lernen, und vor allem darf man es nicht zwingen, auf den Topf zu gehen. Vielleicht rühren die Probleme dieses Kindes von daher, daß es von seiner Mutter in den Zustand eines Gegenstandes versetzt wird, der gewaschen werden muß, usw. Mit sechzehn Monaten könnte es eigentlich allein im Wasser planschen. Sie braucht es ja nicht immer zu waschen. Da sie ja immer zu Hause zu sein scheint, kann sie einfach Wasser in die Badewanne laufen lassen und das Kind hineinsetzen, fertig! Es wird sich dann vergnügen. Eine halbe Stunde später wird es dann bestimmt sauber sein. Dieses Kind scheint einfach nicht wie ein Kind seines Alters zu leben. Die Mutter selbst braucht in der Tat mehr Ruhe, damit sie, wenn ihr Mann abends nach Hause kommt, auch wirklich seine Frau sein kann.

Alles wächst ihr wahrscheinlich über den Kopf.

In diesem Fall könnte sie doch versuchen, ihr Kind bei einer Tagesmutter zu lassen oder — warum auch nicht — ihr Kind für drei oder vier Wochen, bis sie sich wieder erholt hat, in eine Kinderkrippe geben. Der Vater könnte das Kind hinbringen und auch wieder abholen, damit sie sich nicht übernimmt. Vielleicht käme für sie auch ein Müttergenesungsheim in Frage — solche Einrichtungen gibt es ja —, in denen Mütter mit ihren Kindern aufgenommen werden, wenn sie sehr deprimiert sind. Das Kind weiß ja zum Schluß auch nicht mehr, was es tut, und ist dann nur noch ein Nervenbündel. Um mehr über diesen Fall zu sagen, fehlen mir jedoch die genaueren Informationen. Ich kann nur nochmals hervorheben, daß ein Kind, das gern mit Wasser spielt, ein ausgeglichenes Kind ist und ebenso ein Kind, das, wenn es mit seinem Vater allein ist, ruhig ist.

Ich lege diesen Brief einmal beiseite, um Ihnen eine allgemeine Frage zu stellen. Fürchten Sie eigentlich nicht, daß viele Mütter aufgebracht reagieren, wenn Sie sagen: Es ist nicht nötig, einem sechzehn Monate alten Kind die Ohren zu waschen, die Fingernägel zu schneiden oder das Gesicht zu waschen?

Das hängt eben von dem Kind ab, von dem man redet. Augenscheinlich ist das Kind, von dem eben die Rede war, nicht so, wie die anderen Kinder: sich zu waschen, empfindet es so, als würde man ihm die Haut abziehen. Warum es so gekommen ist, weiß ich nicht. Aber in seinem speziellen Fall ist es wohl besser, ihn mit der Körperpflege in Ruhe zu lassen. Ich glaube, dieses Kind hat das Gefühl, von seiner Mutter verdinglicht zu werden. Sie hat jetzt Angst vor ihm, und es selbst fühlt sich mit ihr nicht in Sicherheit. Das geht doch klar daraus hervor, daß es mit dem Vater — wie man so schön sagt — ›brav‹ ist, obwohl es ihn doch nicht so oft sieht und dieser auch viel weniger hinter ihm her ist. Dieses Kind erinnert mich an das Bild eines zerrupften Huhnes. Und die Mutter rauft sich dabei die Haare!

Das heißt, sie soll sich nicht immer die Haare raufen!

Nein. Sie sollte weniger putzen. Außerdem sollte sie ihr Kind in die Badewanne setzen und sich dort vergnügen lassen. Und dann könnte sie ihm, wenn es schreit, vielleicht einfach etwas vorsingen? Das ist alles. Aber wird sie dazu in der Lage sein? Ich denke, daß sie jetzt schlicht und ergreifend Ruhe braucht und auch von dem Kind ein wenig entlastet werden muß.

Eine andere Mutter schreibt: »Ich habe ein kleines Mädchen, das noch kein Jahr alt ist. Ich liebe es sehr — wenn es bloß nicht weinen würde ...

Sie mag kein lebendiges Kind!

»... Ich kann so vernünftig denken, wie ich will, sobald meine Tochter anfängt zu weinen, schreie ich noch lauter als sie ...«

Das wird aber in Zukunft ziemlich anstrengend für sie werden.

Sie fragt: »Können Sie mir sagen, was ich tun könnte ...?«

Natürlich!

»... wenn ich so völlig außer mich gerate ...«

»Eine Psychotherapie ...«

»... denn ich habe den Eindruck, daß meine Tochter manchmal Angst vor mir hat.«

Das ist nicht verwunderlich. Diese Frau kann sich nicht beherrschen. Übrigens sieht man das an ihrer Schrift auch deutlich. Sie ist mit ihren Nerven völlig am Ende. Natürlich liebt sie ihre Tochter. Aber eigentlich liebt sie ein Kind ihrer Einbildung, und nicht ihr wirkliches Kind. Sie muß unbedingt eine Psychotherapie machen. Und ich bin mir sicher, daß sie

279

sich daran erinnern wird, früher auch so behandelt worden zu sein, denn eine Frau handelt mit ihrem Kind so, wie man früher mit ihr gehandelt hat; das braucht nicht die eigene Mutter gewesen zu sein, sondern eine Person, die in dem Alter anwesend war, als sie selbst so geschrien hat, so wie jetzt ihr eigenes Kind. Sie hat auf jeden Fall recht, über diesen Vorgang beunruhigt zu sein. Sie sollte also eine therapeutische Behandlung beginnen und keine Medikamente einnehmen, um sich zu beruhigen, denn allein darum geht es ja nicht. Sie muß lernen zu verstehen, was in ihr geschieht, wenn ihr Kind sich im Grunde einfach nur sensibel und lebendig verhält. Dazu muß sie mit jemandem regelmäßig sprechen.

42. KAPITEL

Passivität ist keine Tugend
(Schüchterne Kinder)

Es geht hier um die Frage, ab wann Freundlichkeit oder Zu-vorkommenheit zu weit gehen. Eine Mutter von zwei kleinen Töchtern (vier Jahre und sechs Monate) schreibt: »Ich war Lehrerin. Jetzt widme ich mich ganz meiner kleinen Familie. Die Älteste ist sehr nett und ausgeglichen, wird aber oft wegen ihrer Freundlichkeit ausgenutzt. Wenn sie im Kindergarten Schläge bekommt, traut sie sich nicht, sie zurückzugeben; sie begründet ihr Verhalten damit, daß sie Ärger mit der Erziehe-rin bekommen würde, wenn sie es sehen würde. Gestern hat ein 18 Monate altes Kind sie vor meinen Augen mehrmals grausam gebissen, sie gekratzt und gezwickt. Meine Tochter weinte zwar, wollte sich aber nicht wehren. Sie sagte über das andere Kind, daß es doch noch ›so klein‹ sei. Was soll man tun, um diesem Kind zu helfen, sich zu wehren? Sollte man ihm irgendeine Sportart beibringen?«

Vielleicht Karate!

Warum eigentlich nicht? Die Mutter schreibt auch, daß ihr Kind sehr großzügig sei, sein Spielzeug ausleiht und sein Zim-mer mit anderen Kindern problemlos teilt; häufig zieht sie sich allerdings irgendwie enttäuscht in eine Ecke zurück ...

Dieses Kind glaubt, daß Passivität eine Tugend ist. Als das 18 Monate alte Baby es mehrere Male gebissen, gekratzt und gezwickt hat, hätte das Mädchen ja nun wenigstens weggehen oder ihm die Arme festhalten können. Warum sie es nicht tat, weiß ich nicht. Vielleicht glaubt sie schon seit frühester Kind-heit, daß es gut ist, alles mit sich machen zu lassen. Sie hat vor der Erzieherin Angst, als ob diese wissen müßte, was ein

Kind in einer bestimmten Situation aushalten kann oder nicht. Im Grunde ist sie überhaupt nicht unabhängig in ihrem Verhalten. Die Mutter muß mit ihr reden und im Spiel so tun, als würde sie sie angreifen; und das Kind müßte sich dann ihr gegenüber wehren. Ohne ihr dabei weh zu tun, könnte sie dem Kind auf diese Weise beibringen, wie man sich am besten verteidigen und wie sie ihre kleine Person am besten schützen kann. Das Kind sollte auch für sich selbst spielen und nicht immer das Spiel der kleinen Schwester anleiten. Natürlich kann die Mutter sie mit ihrer Schwester spielen lassen, aber wenn die Kleinere dann einmal schreit, soll man es bloß nicht der Großen anlasten. Man soll ihr auch nicht andauernd sagen: »Sei lieb!« oder: »Gib nach, deine Schwester ist ja noch so klein.« ›Lieb‹ zu sein, paßt eigentlich eher zu einem Stofftier; ich habe den Eindruck, daß diese Mutter ihre Tochter ein wenig wie ein ›Stofftier‹ erzieht, das sich ja auch nicht bewegt, wenn man es angreift. Ich muß aber auch sagen, daß man dieses Verhalten häufig bei jenen Kindern beobachten kann, die zu früh sauber geworden sind. Die Mutter, die ihrem Kind zu früh wegnimmt, was für dessen Begriffe ja Teil seiner selbst ist, die also nicht will, daß es diesen bei sich behält, schafft darüber eine Grundlage für ein Verhalten, das entweder durch eine große Passivität oder durch das Gegenteil, nämlich übertriebene Selbstverteidigungsmechanismen, hervorsticht. So wie diese Mutter schreibt, scheint ja eher das erste eingetreten zu sein.

Die Mutter fragt tatsächlich in bezug auf das sechs Monate alte Kind: »Mit welchem Alter soll man ein Kind zur Sauberkeit erziehen?«

Beginnen? Nicht vor vierzehn Monaten bei einem Kind, das mit elf oder zwölf Monaten gelaufen ist. Und um 19 oder 20 Monate wird dann das Kind langsam von selbst in der Lage sein, sauber zu werden — die Jungen später als die Mädchen. Aber davor sollte es ganz viele Dinge wissen und kennenlernen! Es soll Bewegungsspiele spielen, in denen sich die körperliche Aggressivität ausdrücken kann, z. B. auf einen

Ball schlagen oder schwere Dinge tragen, es soll mit Geschick zerbrechliche Gegenstände hin- und herbewegen, seine Motorik beherrschen, sich anstrengen, Gemüse putzen, eine Menge Werkzeuge handhaben können, Messer und Schere. Es soll also seine Motorik, Kraft und Aggressivität in bezug auf äußerliche Gegenstände beherrschen lernen. Und dies natürlich auch im Spiel. Mir scheint aber, daß diese ältere Tochter mit ihrem Körper gerade nicht spielt. Was das sechs Monate alte Baby angeht, kommt eine Sauberkeitserziehung überhaupt noch nicht in Frage. Es ißt ja noch nicht allein und krabbelt noch nicht einmal …

Wenn Sie davon sprechen ›mit seinem Körper zu spielen‹, unterscheiden Sie dabei zwischen ›Spielen‹ und ›Sport‹?

Natürlich.

Wenn wir schon beim Sport sind … In vielen Briefen wird die Frage gestellt, ab welchem Alter man ein Kind eine Sportart treiben lassen kann.

Wenn es den Wunsch dazu äußert. Einem Kind, das sagt: »Ich möchte gerne Fußball spielen«, kann die Mutter antworten: »Ich will herausfinden, ob es für dein Alter schon kleine Mannschaften gibt.« Aber auch für ein wirklich geschicktes, aufgewecktes und soziales Kind hat es damit Zeit bis zu einem Alter von sieben oder acht Jahren.

Mit vier Jahren wäre es also noch viel zu jung.

Natürlich! Einen Ball einfach herumzukicken, ist ja etwas anderes, als richtig Fußball spielen; es sollte auch mit seinen Eltern spielen, die ihm dadurch erst einmal beibringen, was es heißt, gemeinsam etwas zu spielen und die es dabei in ihr Spiel einbeziehen. Genausowenig wie ein Kind mit seiner Mutter allein sprechen lernt, kann es nicht nur über die physische Anwesenheit einer Person lernen, was es heißt, zu spielen. Jemand kann ihm etwas beibringen und mit ihm üben. Aber hierbei handelt es sich um kein Spiel. Zum Spielen muß man mindestens zu dritt sein. Das Kind lernt das Spielen durch die Nachahmung seiner Mutter und seines Vaters, die zusammen kegeln, Ball spielen usw. Die körperliche Bewegung, die irgend etwas erreichen will, ist ja auch eine Art Sprache. Das Kind lernt durch seinen Wunsch zu spielen und durch die Freude, die es dabei empfindet; es lernt aber auch zu spielen, indem es andere dabei beobachtet.

Ich habe den Eindruck, daß das Kind, von dem vorhin die Rede war, für diese Art von Sprache keinen Sinn hat. Man muß ihm die Sprache der Gesten, die Sprache des Körpers beibringen. Dann wird es bestimmt auch keine Angst mehr vor seiner Erzieherin haben. Sie wird dann denken, daß diese nur ihre Pflicht getan hat, wenn sie schimpft, weil sie sich gewehrt hat, daß sie aber im Grunde genau das Richtige tat, indem sie sich nicht alles gefallen ließ. Die Mutter, die ja selbst Lehrerin ist, sollte ihre Tochter unbedingt von diesem morbiden Schuldgefühl gegenüber den Erzieherinnen befreien.

Hier haben wir es mit zwei Mädchen zu tun (viereinhalb und zwei Jahre), die beide sehr schüchtern und sensibel sind. Die Mutter macht sich hierüber allerdings keine allzu großen Sorgen; sie glaubt, daß es vorbeigeht, sobald die Kinder in der Schule sind und Kontakt zu anderen Kindern haben. Ihr Problem besteht vielmehr darin, daß die Älteste die Tendenz hat, allen Leuten blindlings zu vertrauen. Vor allem auf der Straße würde sie mit jedem Beliebigen einfach mitgehen. Die Mutter berichtet uns über einen Vorfall dieser Art: Eines Tages hat eine Dame, als sie gerade aus der Post herauskam, zu dem Kind gesagt: »Kommst du mit?« Das Mädchen sei daraufhin sofort mitgegangen. Die Frau hat dann weiter zu ihr gesagt: »Aber man darf nicht mit jedem so ohne weiteres mitgehen!« Später kam eine ähnliche Geschichte noch einmal vor. Die Mutter ist jetzt beunruhigt und fragt sich, wie sie ihrer Tochter verständlich machen kann, daß man nicht jedem vertrauen darf.

Ich denke nicht, daß man ihr es einfach nur verständlich machen muß. Die Beziehung des Mädchens zur Mutter scheint nicht besonders wählerisch zu sein; wahrscheinlich hat sich dieses Verhalten seit der Geburt ihrer kleinen Schwester herausgebildet. Hinzu kommt, daß sie sich anscheinend nicht zu widersprechen traut. Es handelt sich um ein schüchternes Kind, das entsprechend erzogen wurde bzw. die Tendenz hat, seiner Mutter zu sehr zu gehorchen. Ich glaube, daß letztere eine Änderung dadurch herbeiführen kann, daß sie von ihrer Tochter weder alles sofort verlangt, von dem sie glaubt, daß es richtig ist, noch einen blinden Gehorsam. Dieses Kind ist tatsächlich wie eine Blinde: es gehorcht blind seiner Mutter. Sie geht mit jedem mit, weil sie eine Art von Unterwürfigkeit bzw. eine totale Abhängigkeit in ihrer Beziehung zur Mutter gelernt hat. Sie ist nicht selbständig und unabhängig genug. Ihre Mutter könnte ihr beispielsweise dadurch helfen, daß sie beim Essen fragt: »Möchtest du dies oder das?« Das Kind muß die Möglichkeit, ›nein‹ zu sagen, erlernen, es muß lernen, daß es erlaubt ist, einen anderen Standpunkt zu vertreten! Man soll bei den Kindern immer persönliche Initiativen fördern, auch wenn sie der Vorstellung der Mutter nicht entsprechen.

Diese Frau hat uns am nächsten Tag noch einmal geschrieben, weil sie in bezug auf ihre Tochter etwas zu erwähnen vergessen hatte: als diese noch jünger gewesen war, hat sie sich auf Kinderspielplätzen von anderen Müttern oder sogar Großmüttern immer mehr angezogen gefühlt als von gleichaltrigen Kindern. Im Kindergarten bleibt sie in den Pausen immer neben ihrer Erzieherin und will nicht mit den anderen Kindern spielen.

Ich glaube nicht daran, daß dies ›immer‹ so war und ist. Ich vermute eher, daß es der Fall war, als die Mutter mit der kleinen Schwester schwanger war oder nach deren Geburt — aber eher, als sie noch schwanger war. Die Kinder fühlen, daß das Leben der Mutter, die ein Baby erwartet, durch ein anderes Kind förmlich ›ausgefüllt‹ ist. Sie werden insgesamt etwas vorsichtiger, was sich in einem schweigsameren Verhältnis zur Mutter ausdrückt, und fühlen sich angezogen von jenen, die ihnen ihr Leben eher zur Verfügung stellen können. Das beobachtet man doch häufig! Wenn sich dieses Mädchen nun schon vor der Schwangerschaft so verhielt, wie es die Mutter beschreibt, dann lag es daran, daß es zu wenig andere Kinder sah. Babys fühlen sich ja sehr schnell von anderen Babys angezogen: aber sie müssen zusammen sein können, und die sie beaufsichtigende Person muß sie kleine Spielerfahrungen mit anderen machen lassen, ohne dabei ängstlich zu wirken.

Ich komme nun zum nächsten Brief. Hier handelt es sich vielleicht nur um eine andere Form des gleichen Problems. Wir haben schon sehr oft von Familien mit zwei, drei, vier oder fünf Kindern gesprochen; aber Sie werden gebeten, auch von den Einzelkindern zu sprechen. So schreibt z. B. eine Mutter: »Ich habe nur eine viereinhalbjährige Tochter. Mein Mann und ich haben den Eindruck, daß sie alles unternimmt, möglichst lange ein Baby zu bleiben. Sie hat zum Beispiel ständig ein kleines Taschentuch dabei, das sie sich unter die Nase hält. Wenn sie mit anderen Kindern zusammen ist, versucht sie wenig, mit ihnen ins Spiel zu kommen. Sie bleibt ruhig in irgendeiner Ecke stehen.« Die genaue Frage lautet: »Wie kann man einem Einzelkind dabei helfen, sich von seinen Eltern ein wenig zu lösen und sich für andere — besonders für Kinder seines Alters — zu interessieren, um dabei eine gewisse Ausgeglichenheit zu finden?«

Wenn man nicht früher damit begonnen hat, ist es im Alter von viereinhalb Jahren nicht ganz einfach. Dazu muß ich sagen, daß Einzelkinder im allgemeinen unglücklich sind. Es ist frappierend zu sehen, daß Eltern, die selbst Einzelkind waren, Lust dazu haben, mehrere Kinder zu bekommen. Und die Eltern aus kinderreichen Familien — vor allem die ältesten — möchten gern ein Einzelkind haben, weil sie ihrerseits unter ihrer Gebundenheit an die kleineren Geschwister bzw. ihrer Verantwortung als ›Älteste‹ gelitten haben. Von der Gemeinschaft von Kindern geht jedoch eine ganz bestimmte Ausstrahlung aus, die kein Erwachsener ersetzen kann.

Ich denke, daß dieses Kind von seinen Eltern nicht früh genug darin gefördert wurde, mit anderen Kindern zusammen zu sein, während seine Eltern wohl ihrerseits nicht genügend andere Erwachsene sahen. Lebt ein Einzelkind mit Eltern zusammen, die ihrerseits viel Kontakt zu anderen Eltern haben, überträgt es seine Beziehung zur Mutter oder zum Vater auch auf sie; haben sie dann keine Kinder, spielen sie vielleicht mit den Erwachsenen. Aber mir scheint, daß sich diese Eltern passend zu ihrer Situation, nämlich die Eltern nur eines Kindes zu sein, verhalten. Man kann natürlich auch ein Einzelkind haben, weil man dazu gezwungen ist und trotzdem sehr zugänglich sein. Ich glaube, daß diese Frau quasi seit der Geburt ihrer Tochter Schwierigkeiten damit hat, anderen Frauen gegenüber zugänglich zu sein. Eigentlich müßte jedes Kind schon in der Wiege an dem Leben anderer Kinder beteiligt sein — und dies gilt erst recht für ein Einzelkind, denn die Mutter hat ja genügend Zeit, etwas Entsprechendes zu organisieren. Auch soll die Mutter häufig mit anderen Freundinnen zusammenkommen, egal, ob sie Kinder haben oder nicht. Das mindeste wären Tiere, die man zu Hause hat. Die Atmosphäre zu Hause soll also geprägt sein von sozialem Austausch, von Liedern, Freude, Bewegung, Leben. Und das Kind soll für die beiden Eltern nicht im Zentrum ihres Lebens stehen.

Die Mutter schreibt uns, daß sie ihre Tochter immer entsprechend ihres Alters behandelt hat, ihr Mann aber nicht: »Mein Mann kümmert sich viel um sie, aber er behandelt sie vielleicht zu sehr als kleine Erwachsene.« Und sie fragt sich, ob das Kind nicht als Reaktion auf diese Behandlung möglichst lange ein Baby bleiben will. Halten Sie ihre Analyse der Situation für richtig?

Ich weiß nicht. Aber ich kann mir auch nicht vorstellen, daß sie ihre Tochter immer entsprechend ihres Alters behandelt hat. Denn mit viereinhalb Jahren — sogar ab drei Jahren — tut ein kleines Mädchen alles gern, was die Mutter im Haus macht: Gemüse putzen, Betten machen, Schuhe putzen, Teppich klopfen, Staub saugen, Geschirr spülen, Wäsche waschen und bügeln ... Sie mag auch gern mit dem Vater irgendwelche Handwerksarbeit machen. Ich denke also eher, daß diese Mutter ihre Tochter, ohne es zu merken, lange wie ein zwei Jahre oder zweieinhalb Jahre altes Mädchen behandelt hat und ihre Schwierigkeiten gerade daraus resultieren. Vielleicht kann man dieses Kind jetzt dazu bringen, weniger abhängig zu sein, indem die Eltern kleine Mädchen mit ihren Eltern einladen und ihrerseits auch mit mehr Erwachsenen zusammen sind. So etwas könnte man zum Beispiel für die nächsten Ferien arrangieren. Es ist besser, als zurückgezogen im engsten Familienkreis zu leben. Aber wie gesagt, mit viereinhalb Jahren ist es nicht mehr ganz einfach. Denn ein Kind kann ja, sobald es laufen lernt, von sich aus unter anderen Kindern sein; man soll ihm jetzt auch die Freiheit gewähren, persönliche Initiativen zu ergreifen, und seine Eltern sollen es dabei durch Worte, vergnügte Aufmerksamkeit und Ermutigung unterstützen.

Man kann das wohl als Ratschlag an alle Eltern von Einzelkindern verstehen: Damit sie nicht zu unglücklich sind — da Sie vorhin sagten, daß Einzelkinder in der Regel unglücklich sind —, soll man viele Freunde mit ihnen besuchen gehen, sie bei Leuten, die sie eingeladen haben, ruhig allein lassen, und sie sollen auch ihrerseits viele Freunde und Bekannte zu sich einladen. Zu Hause soll man ihnen beibringen, auch allein mit sich auszukommen. Denn es gibt für Kinder im Grunde nichts Schlimmeres, als ständig im Mittelpunkt des Interesses ihrer Eltern zu stehen. Und hier besteht bei Einzelkindern eine ganz besondere Gefahr.

Ja, man kann sich Pflanzen anschaffen, die man gern hat und auch, wenn möglich, Haustiere. Vielleicht nicht gerade einen Hund, wenn man in einem oberen Stockwerk wohnt, aber eine Katze, einen Hamster, Goldfische oder einen Kanarienvogel. Ich sagte, daß die Kinder ›Tiere‹ bekommen können, d. h. z. B. ein Pärchen. Es soll Bewegung, Beziehungen und zu beobachtendes Leben im Haus geben, wenn schon keine Geschwister vorhanden sind.

Wenn ich Sie also richtig verstehe, sind Sie eher für eine kinderreiche Familie?

Kinderreich im eigentlichen Sinne, nein. Aber für drei Kinder in der Familie bin ich schon, denn das ist vom Standpunkt der Geschwister eine gute Zahl. Kinder sind glücklich, wenn sie zu dritt sind — drei Gefährten oder Brüder und Schwestern, die nicht zu weit auseinander sind. Denn sonst ist der eine gegen den anderen oder lebt doch wie ein Einzelkind. Zu dritt in einer Familie ist man schon wie ein kleiner Stamm, der sich verteidigt, der zusammenrückt, wenn die Eltern einen angreifen — und das ist doch sehr gut, nicht wahr? Auch wenn sie von den Eltern weg sind, rücken sie zusammen; sie können zu zweit den Dritten beschützen oder aber auch zu zweit den Dritten angreifen. Wie dem auch sei, sie haben schon unter sich ein kleines soziales Leben. Es ist dagegen überhaupt nicht lustig, Einzelkind in dem Sinne zu sein, daß man als einsames Kind zwischen seinen beiden Eltern und Großeltern erzogen wird. Es beeinflußt das Gefühlsleben negativ, auch wenn es natürlich vom materiellen Standpunkt aus gesehen einfacher ist.

43. Kapitel

In der Fantasiewelt
(Weihnachten, Märchen, Spielsachen)

Einer ganzen Reihe von Fragen merkt man an, daß bald Weihnachten sein wird.

Die Kinder sind aufgeregt, und die Eltern machen sich Sorgen!

Ja, das stimmt. Die Mutter eines zweijährigen Jungen schreibt Ihnen: »Dieses Jahr ist es das erste Mal, daß ich mich von dieser ganzen Geschichte um den Weihnachtsmann wirklich angesprochen fühle. Ich weiß nicht, ob man einem Kind vom Weihnachtsmann erzählen soll oder nicht; andererseits habe ich den Eindruck, ein Kind ganz einfach zu belügen, wenn man von dieser fast mythologischen Figur spricht, die da durch den Schornstein klettert, um den Kindern Geschenke zu bringen. Wäre es nicht möglich, das Wunderbare zwar beizubehalten, von dem Sie ja ausgehen, daß die Kinder es brauchen, aber nur die Geschichte der Weihnachtsnacht zu erzählen: ›Die Eltern tun die Geschenke in die Schuhe, wenn es dunkel ist und die Kinder schlafen ...‹ Könnte man also das Weihnachtsfest nicht auch ohne Weihnachtsmann ganz zauberhaft gestalten?« Und sie fügt hinzu: »Ich glaube, daß sich der Erwachsene mit seinen Geschichten vom Weihnachtsmann im Grunde nur selbst eine Freude macht.«

Diese Dame braucht ihrem Sohn noch nichts vom Weihnachtsmann zu erzählen, da er ja gerade zwei Jahre alt ist. Sie kann ihm sagen: »Wir stellen die Schuhe an den Kamin. Morgen früh werden deine Geschenke darin sein.« Nun wird das Kind bestimmt von anderen Kindern vom Weihnachtsmann erzählt bekommen. Und eines Tages wird es seine Mutter fragen: »Existiert der Weihnachtsmann wirklich?« Sie könnte dann antworten: »Ich weiß es nicht, ich weiß nur, daß es Weihnachten Geschenke geben wird.« Und außerdem — das habe ich bereits gesagt — tragen wir alle den Wunsch in unserem Herzen, jemandem ein Geschenk zu geben, das ihn überrascht: das nennen wir, wenn man so will, ›den Weihnachtsmann spielen‹. Natürlich kann diese Dame tun, was sie für richtig hält. Aber diese Geschichte ist so hübsch und poetisch. Sie findet in einer Fantasiewelt statt. Es gibt auch die wirkliche Welt. Ich glaube, daß wir uns beide bewahren müssen. Wir sollten nicht denken, daß wir ein Kind, dem wir von einem Mythos erzählen, anlügen.

Ein Mythos ist keine Lüge. Es handelt sich um gesellschaftliche Wirklichkeit, die von entsprechenden Bräuchen begleitet wird. Man sollte allerdings vermeiden, daß die Bräuche zum bloßen Ideal verkommen. Ich denke dabei besonders an jene Eltern, die sich das ganze Jahr über streiten und eines schönen Tages ›Weihnachten‹ feiern. Das Essen ist zwar gepflegter als sonst, aber gleichzeitig gibt es die Drohung, keine Geschenke zu bekommen, Szenen, Beschimpfungen, Wegnahme des vom Weihnachtsmann ›gebrachten‹ Spielzeugs usw.... Man kann sich in so einem Fall in der Tat fragen, worin der Sinn des Feierns liegen soll.

Aber nun wieder zurück zu dem Kind — man könnte es doch einmal, wenn es dazu Lust hat, als Weihnachtsmann verkleiden, d. h. ungefähr mit dreieinhalb Jahren. Es wird dann der Weihnachtsmann sein, der die Geschenke in die Schuhe seiner Eltern hineinlegt. Und wenn es in den Geschäften einen Weihnachtsmann sieht, kann man ihm sagen: »Siehst du, das ist ein als Weihnachtsmann verkleideter Herr.« Wenn das Kind fragt: »Und was ist mit dem richtigen Weihnachtsmann?«, kann man ihm antworten: »Den richtigen Weihnachtsmann kennen wir nicht. Es ist jemand, der nicht trinkt, nicht ißt, der keinen Vater und keine Mutter hat, der nicht geboren wurde und auch nicht sterben wird. Es ist jemand, der nur in unserer Fantasie existiert.« Und das Kind versteht es dann bestimmt.

Dieselbe Dame spricht auch noch die Märchenbücher an. Gerade in der Weihnachtszeit fragt man sich natürlich, was man wem schenken soll bzw. welche Märchen für welche Kinder. Sie schreibt: »*Ich war davon überzeugt, daß solche Geschichten wie der ›Däumling‹, ›Schneewittchen‹ oder ›Rotkäppchen‹ bei Kindern bis zu einem gewissen Alter nichts zu suchen haben.*«

Ja. Und auch ihr Kind ist noch nicht im richtigen Alter dafür.

Aber sie hat gehört, daß man keine Angst zu haben braucht, daß die Kinder sich bei diesen Märchen fürchterlich ängstigen. »*Man hat mir gesagt, daß die Angst, die beim Erzählen von Märchen bei den Kindern entsteht, jene Ängste beruhigt, die beim Kind bereits vorhanden sind, oder sie zumindestens in eine richtige Bahn lenkt. Ich weiß nicht so recht, was ich davon halten soll; die Versuchung ist ja groß, den Kindern solche schrecklichen Geschichten zu erzählen, weil man sich dann sicher sein kann, sie damit zu begeistern. Ist aber die Angst, die bei ihnen entsteht, wirklich nötig, sie zu ködern und ihre Aufmerksamkeit zu fesseln? Auch hier finde ich, daß sich im Grunde der Erwachsene auf Kosten der Gutgläubigkeit der Kinder eine große Freude bereitet.*«

Da sie die Dinge so empfindet, sollte sie auch entsprechend mit ihren Kindern verfahren, einfach so, wie sie eben fühlt. Eine andere Mutter würde über diese Frage anders denken ... Es geht nicht um gut oder böse, um ›es muß‹ oder ›man darf nicht‹. Alles hängt von der Sensibilität der Kinder ab, und diese ist im allgemeinen der der Eltern recht ähnlich. Manche Kinder mögen sehr gern schreckliche Geschichten erzählen. Wie dem auch sei, es ist wichtig, daß die Kinder ihre Geschichten malen oder daß ihnen beim Erzählen von Geschichten Bilder gezeigt werden. Sie haben nämlich das Bedürfnis, ihre Geschichten durch Bilder zu illustrieren. Der Beweis dafür ist das Bild, das dieser kleine Junge für mich gemalt hat: er hat das Bedürfnis empfunden, den Brief seiner Mutter zu illustrieren, um mir seine eigene Frage zu schicken und um seine eigene Art der Kommunikation herzustellen.

Abgesehen davon finde ich aber, daß diese Mutter recht hat. Die Märchen von den Gebrüdern Grimm waren im 18. Jahrhundert Märchen für Erwachsene, sie sind es heute für Kinder, aber nicht für Zweijährige.

Für welches Alter dann?

Für Sechs- oder Siebenjährige. Diese Märchen haben Symbolcharakter, d. h., sie bewirken im Unbewußten des Kindes ganz bestimmte Resonanzen, weil sie auf Ängste eine Antwort geben, die das Kind gehabt hat, als es noch ganz klein war. Zum Beispiel, seinen Weg in der großen weiten Welt wiederzufinden oder sich die Frage zu stellen, ob man genug Geld zum Essen haben wird. Wenn das Kind seine Mutter rufen hört: »Es ist kein Zucker mehr da, oh, wir haben vergessen, welchen zu kaufen, und heute ist Sonntag, und alle Geschäfte haben zu«, sagt sich das Kind plötzlich: »O je, es kann aber leicht etwas fehlen.« Mütter, die merken, daß ihre Kinder auf solche Bemerkungen sehr stark reagieren, sollten ihnen erklären: »Siehst du, man hat dir diese oder jene Geschichte erzählt, in der auch so etwas vorkam.« Man muß nämlich wissen, daß selbst ein belangloses Ereignis, sobald es vom Kind in der Wirklichkeit erlebt wird, große Dimensionen für das Kind annehmen kann — erst recht, wenn die Mutter eine Szene um etwas völlig Unwichtiges macht. In Wirklichkeit mag es gar nicht so schlimm sein, nur differenziert das Kind nicht genügend.

Man braucht also dem Wolf ›nicht den Bauch aufzuschneiden‹?

Man muß sehen, daß die Tiere zu der Zeit, als die Märchen geschrieben wurden, die Menschen wirklich bedrohten, und daß sie bei den Erwachsenen Fantasievorstellungen hervorriefen, die ihnen aus der Kindheit in Erinnerung geblieben waren. Heutzutage fantasieren die Kinder ja über alles Mögliche. Lassen wir ihnen ihre Fantasie. Ich kann Ihnen versichern, daß sie nicht zuhören, wenn sie etwas nicht interessiert. Natürlich sollte man ein Kind nicht zwingen, einer Geschichte zuzuhören, nur weil wir an dieser Geschichte Freude haben; man sollte dem Kind auch nicht mit Absicht, wie diese Dame schreibt, irgendwelche Horrorgeschichten erzählen. Jede Mutter sollte danach gehen, was sie fühlt, d. h. was sie für ihr Kind am besten findet. Dafür lassen sich keine Festlegungen treffen. Märchen sind für solche Kinder ›richtig‹, die sie gerne mögen. Und im allgemeinen mögen die Kinder Märchen, weil ihre Mütter sie auch ganz gut finden. Aber es gibt auch Mütter, die ihren Kindern, die von unwahren Geschichten so begeistert sind, Schuldgefühle vermitteln … Die Reaktion der Kinder ist dann meistens, so zu tun, als würden sie alles Unwirkliche verachten … Jetzt geht es aber langsam um das Für und Wider von Literatur ganz allgemein …

Hier haben wir eine Frage, welche Spielsachen man den Kindern wann geben soll. Eine Frage, die viele Eltern beschäftigt. Man spricht ja auch oft von Spielsachen, die eine pädagogische Funktion erfüllen. Man muß schon sagen, daß es einerseits solche Spielsachen gibt und dann jenes gängige Spielzeug, das man überall findet und das nicht so besonders interessant ist. Was meinen Sie?

Ich finde, die Frage ist schwierig zu beantworten. Ich glaube, daß man den Kindern die Spielsachen geben sollte, die sie sich wünschen. In solch einem Fall ist es ganz einfach. Die Mutter geht mit ihrem Kind in ein Geschäft — am besten zu einer Zeit, wenn wenig Betrieb ist, denn das Kind kann dann alles anfassen. Sie könnte ihren Besuch auch dem entsprechenden Geschäft vorher ankündigen und fragen: »Wann kann man am besten kommen, ohne daß man zu sehr stört? Ich möchte mein Kind nämlich einmal allein inmitten der Spielsachen beobachten, um herauszufinden, wofür es sich interessiert.« (Auf diese Weise kann man es nämlich am besten herausfinden.) Und während einer oder zwei Stunden läßt sie sich das Kind in Ruhe alles ansehen und sieht unauffällig zu, während sie sich mit anderen Leuten unterhält. Eine Verkäuferin könnte vielleicht mit dem Kind gehen, damit es nicht zu viel anstellt, und mit ihm sprechen. Die Mutter sollte es gerade nicht tun, weil sich das Kind augenblicklich für genau dasselbe interessieren wird, wofür sich auch die Mutter interessiert. (Ich spreche von Kindern unter fünf bis sieben Jahren.) Die Mutter kann sich nun merken, welche Spielsachen bei dem Kind besondere Aufmerksamkeit hervorriefen und wird sich dabei natürlich auch fragen, ob sie es bezahlen kann — denn das ist ja auch ein wichtiger Gesichtspunkt.

Was Spielsachen betrifft, die man ohne das Kind auswählt, interessieren die Kinder bis zu fünf Jahren solche am meisten, die man zusammensetzen oder zusammenstecken kann, also Puzzles, Bauklötze, Hampelmänner oder Figuren, die man auseinandernehmen und wieder zusammensetzen kann. (Ich meine also nicht die Puppen, die man in Teile zerlegen kann. Die Eltern finden sie zwar deshalb ganz gut, weil sie unzerbrechlich sind, aber diese Puppen, die man heutzutage herstellt, und die leicht den Kopf, die Arme oder die Beine verlieren, sind für Kinder weniger geeignet. Puppen stellen für sie ja Menschen dar, die man liebkosen will …) Und dann gibt es noch die Spielsachen, die zum Träumen anregen; sie sind den perfekt verarbeiteten und mechanischen Spielsachen vorzuziehen, die ohnehin nicht sehr lange halten: man schüttelt sie oder dreht an einem Schlüssel, und sie funktionieren einen Tag; nachher sind sie kaputt, oder der Schlüssel geht verloren, und die Kinder interessieren sich nicht mehr dafür; die Eltern finden es zwar lustig, einen Vogel picken zu sehen oder einen Frosch herumzuhüpfen, aber so etwas interessiert ein Kind nicht sehr lange. Eigentlich ist nichts besser als kleine und haltbare Spielsachen zu schenken, z. B. Spielzeugautos, an denen die Kinder manchmal bis zum Alter von 14, 15 Jahren Interesse zeigen. Hinzu kommen Spielsachen, die ab- und wieder aufgebaut werden können. Schließlich noch die berühmte elektrische Eisenbahn, von der jeder weiß, daß sie mehr für die Väter als für die Kinder ist … Für Jungen ab zwölf Jahren finde ich sie in Ordnung, aber vorher brauchen die Jungen ihren Vater, daß er mit ihnen spielt. Puppen? Ich bin auf jeden Fall gegen Puppen, die alles machen können, also weinen, wenn man auf irgendeinen Knopf drückt, oder

295

Pipi machen, wenn man sie so und so hält. Dem Kind wird an diesen Puppen genau das fehlen, was sie nicht machen, denn es hat kein Interesse für Dinge, die sich ständig wiederholen. Es möchte lieber über einem Gegenstand träumen. Wird ihm eine solche Puppe geschenkt, kann man natürlich nichts machen. Aber es wird bestimmt nicht die Puppe sein, die es haben wollte …

Eine Puppe, die sprechen, laufen, saugen kann?

Das sind doch technische Kuriositäten. Für das Kind ist die Puppe, die man liebkosen kann, etwas völlig anderes. Es liebt weiche und sanfte Puppen, die ein hübsches Gesicht haben, und natürlich will es viele Kleider für seine Puppe haben. Ich weiß auch nicht, warum es in Mode gekommen ist, Puppen herzustellen, die einen so aus dem Augenwinkel heraus ansehen. Ich finde es schrecklich. Puppen, die geradeaus sehen, sollen die Kinder angeblich ängstigen. Das mag bei einem besonders ängstlichen Kind vielleicht einmal der Fall gewesen sein, und dann hat man wohl daraus geschlossen, keine Puppe mehr herzustellen, die geradeaus schaut. Ich finde es nicht besonders originell, denn bei einer Puppe, die einen so schräg aus den Augenwinkeln ansieht, fühlt man sich schließlich nicht gerade als ›Mutter‹ dieses ›Babys‹, nicht wahr?

Also auch in diesem Fall sollte man eher nach den Empfindungen und Wünschen der Kinder gehen …

Ich möchte kurz noch etwas hinzufügen, was viele Leute nicht wissen: Luftballons, es können ruhig hundert sein, die es abgepackt in Tüten zu kaufen gibt, sind für kleine Kinder, aber auch solche bis zu sieben, acht Jahren, fantastisch: sie sind im Haus nicht gefährlich, weder für die Fensterscheiben noch für die Gegenstände, man kann auf sie schlagen, man kann ihre Luft ablassen, sie wieder aufblasen, mit dem Finger auf ihnen herumdrücken und sie durchbohren. Es ist wunderbar für ein Kind, mit einem Luftballon zu spielen.

Eine andere Frage: Was halten Sie von jenen Stofftieren, die sehr groß sind?

Wenn Stofftiere oder Puppen zu groß sind, können sie auf Kinder gefährlich wirken. Ist das Kind wach und spielt, spielen die Proportionen des Spielzeugs in bezug auf die des Kindes zwar keine Rolle. Leider befinden sich aber die Spielsachen häufig in einer Ecke des Zimmers, und in manchen Situationen, wenn das Kind müde oder krank ist, nehmen sie einen größeren Raum im Zimmer ein als das Kind, das sich müde und schwach fühlt. Eigentlich sollte Kinderspielzeug (ein Stoffbärchen, eine Puppe usw.) nicht größer sein als die Länge vom Mittelfinger des Kindes bis zu seinem Ellenbogen. Dies Verhältnis ist für jedes Kind richtig, weil es die Proportion zwischen einem Erwachsenen und einem Baby wiedergibt.

Immer noch bezogen auf das Thema ›Spielsachen‹ haben wir hier einen schrecklichen Erfahrungsbericht von einer Mutter, die drei Töchter hat (fünf, drei und ein Jahr alt). »Zum Jahresende hin werden die Kinder im allgemeinen viel zu sehr verwöhnt. Einmal zu dieser Zeit haben meine zwei ältesten Töchter einen Riesenspaß daran gehabt — nachdem sie jeweils um die zwölf Geschenke bekommen hatten —, ein Puppengeschirr, das ihnen gerade geschenkt worden war, mit den Füßen zu zertreten und kaputtzumachen.« Die Mutter hat daraufhin das Puppengeschirr in den Abfalleimer geworfen, und die Kinder haben danach alle ihre alten Spielsachen, für die sie sich nicht mehr interessierten, auch weggeworfen. Der Brief fährt fort: »Seitdem lassen wir meinen Töchtern, wenn sie ein Geschenk bekommen, nur kurze Zeit, es zu begutachten und nehmen ihnen es dann mit den Worten weg: ›Es ist zwar dein Geschenk, aber du hast ja noch so viel Zeit vor dir, um damit zu spielen.‹« Schließlich gibt es noch ein anderes, ausgeklügeltes System in dieser Familie. Man überläßt den Kindern immer nur ein Spielzeug auf einmal; dieses muß dann ordentlich in eine Schachtel eingeräumt werden, bevor sie ein anderes bekommen. Die Kinder suchen ihre Mutter dann auf und zeigen ihr, daß sie alles gut aufgeräumt haben, bevor sie dann die Erlaubnis von ihr bekommen, sich ein anderes Spielzeug nehmen zu dürfen. Die Mutter beendet den Brief dann mit folgendem Satz: »Ich vermeide ihnen zu schenken, was ihnen gefällt, damit sie wenigstens von etwas Unerreichbarem träumen können.«

Das ist ja verblüffend. Ausgerechnet diese Mutter möchte, daß ihre Kinder von etwas träumen ... Dabei tritt doch das genaue Gegenteil ein. Sie können nicht träumen, weil sie viel zu sehr an die Realität geheftet werden! Und die Mutter versteht auch nicht, daß das Feiern — das ›Feiern‹ im Sinne von ›außer sich vor Freude sein‹, ›glücklich sein‹ — für ein Kind durchaus darin bestehen kann, Spielsachen zu zertreten. Und man sollte kaputtes Spielzeug ruhig in der Spielzeugkiste lassen — es sei denn, das Kind könnte sich an den zerbrochenen Stücken leicht verletzen. Kinder haben manchmal mehr Spaß an einem kaputten Teil von einem Spielzeug als an ganz neuen Spielsachen. Für den vorliegenden Fall möchte ich allerdings sagen, daß ein derartiger Erziehungsstil wahrscheinlich zu ernsthaften Störungen bei den Kindern führen wird. Die Spielsachen sollen dem Kind unbedingt ganz allein gehören, und was es mit ihnen macht, geht die Eltern nichts mehr an. Geschenkt ist geschenkt, und das Kind kann daraus Hackfleisch machen, wenn es Spaß daran hat.

Es resultieren also keine weiteren Rechte der Eltern an den Spielsachen, wenn sie einmal verschenkt sind?

Nein. Und man sollte einem Kind ein Spielzeug auch nie vorübergehend wegnehmen. Das ist sadistisch. Was würden die Leute sagen, wenn man einer Mutter vorübergehend ihr Kind wegnehmen würde? Also! Spielsachen sind für Kinder wie ihre Kinder ... Dieser Brief ist völlig untragbar. Wir haben uns beim Lesen sogar die Frage gestellt, ob uns diese Frau nicht nur einen Streich spielen wollte. Aber es scheint tatsächlich wahr zu sein.

Und dann sind Kinder mit fünf, drei oder einem Jahr doch auch noch zu jung, um aufzuräumen.

Ich habe schon davon gesprochen, daß es für die weitere psychische Entwicklung des Kindes gefährlich ist, wenn man es vor vier Jahren dazu zwingt, aufzuräumen. Ab vier Jahren kann man ihm dabei helfen. Es räumt, wenn man so will, ein Zehntel auf, den Rest übernimmt die Mutter. Man sollte darüber hinaus, wie ich schon gesagt habe, möglichst abends aufräumen, wenn das Kind zu Bett geht, weil sich dann alles zusammen schlafen legt. Aber die Welt um das Kind herum muß leben. Und die Welt des Kindes sind seine Spielsachen, die es um sich verbreitet. Deswegen bloß nicht alles am Abend wegräumen — wäre das noch Leben? Jene Kinder befänden sich in einer … unmenschlichen Welt.

Ich hoffe, daß die Mutter, die uns den letzten Brief geschrieben hat, noch einmal gründlich über alles nachdenkt.

Auf jeden Fall möchte ich den Eltern raten, ihren Kindern Spielsachen zu schenken, die sie wirklich haben möchten; sie sollen sie auch nie wieder vor ihren Kindern verstecken oder sie ihnen entziehen, nachdem sie sie bekommen haben. Wenn sie das Spielzeug nicht wollen, werden sie es in eine Ecke stellen und mit den alten Spielsachen weiterspielen. Alles, was einem Kind gehört, ist seines. Spielsachen, die ein Kind nicht mehr gebraucht, kann man durchaus anderen Kindern verschenken, aber das Kind, dem sie gehören, sollte selbst wählen, was es verschenken will. Die Eltern sollten auch nicht davon ausgehen, daß man nur heile Spielsachen verschenken darf; Kinder in Krankenhäusern oder Kinderhorten sind manchmal über ein beschädigtes Spielzeug froher als über ein nagelneues. Natürlich braucht man auch neue Spielsachen, aber eben nicht nur. Kinder mögen gern Teile von Spielsachen.

Eine weitere Frage zum gleichen Thema. Dieser Brief stammt von einer Mutter, die wissen möchte, ob man zweieiigen Zwillingen (einem Jungen und einem Mädchen) die gleichen Spielsachen — also alles doppelt — geben sollte (sie sind zehn Monate alt).

Zehn Monate! Nein, ich glaube, daß es mit zehn Monaten besser ist, etwas Verschiedenes zu geben. Man sollte es sich zwar nicht verbieten, auch einmal beiden das gleiche zu schenken, aber es sollte nicht zum Prinzip werden. Wenn sie nun größer werden und beide das gleiche Spielzeug haben wollen, kann man darauf natürlich eingehen. Ich persönlich rate immer, Zwillinge voneinander zu unterscheiden, vor allem aber, sie verschieden zu kleiden; sie können dann ihre Kleider tauschen und sind auch nicht immer gleich angezogen, so daß ihre Freunde sie auseinanderhalten können. Das gilt insbesondere für Zwillinge, die einander sehr ähnlich sind, was hier nicht der Fall ist, da es ein Junge und ein Mädchen ist. Sie sollten verschiedene Kleider und später in der Schule auch verschiedene Hefte haben. Aber was Spielzeug angeht — und dies gilt für alle Kinder —, sollte man grundsätzlich nur solche Sachen schenken, die sich die Kinder auch wünschen. Wollen zwei Kinder das gleiche Spielzeug, sollen sie es auch bekommen! Ob es sich nun um Zwillinge handelt oder um Kinder, die vom Alter her nicht so weit auseinander sind — nur ein Prinzip sollte man daraus nicht machen.

44. Kapitel

Wirklichkeit und Einbildung
(Flucht, Angst, Lüge)

Drei verschiedene Briefe erwähnen jene Schwierigkeiten, die dadurch entstehen, daß die Kinder die Wirklichkeit ablehnen. Zunächst wollen wir uns mit einer Familie befassen, in der es drei Kinder gibt, einen fünfjährigen Jungen, einen 26 Monate alten Jungen und schließlich ein vier Monate altes Mädchen. Der älteste soll schon als ganz kleiner Junge auf sehr beunruhigende Weise geweint haben, wie die Großmütter, die ihn erzogen haben, berichten: es handelte sich um ein nahezu geräuschloses Weinen, bei dem der Junge den Atem anhielt, als würde er ersticken. Man hatte dann Angst, daß er in Atemnot geraten würde.

Es könnte sich um eine Art ›Weinkrampf‹ gehandelt haben.

Nun, auf jeden Fall ist alles wieder in Ordnung gekommen. Jetzt ist es aber sein Bruder, der die Familie beunruhigt. Er weint, wie es scheint, ganz ruhig vor sich hin, bis er einen ›Starrkrampf‹ bekommt, d. h., er wird ganz steif und kippt mit dem Kopf und den Händen nach hinten gehalten rückwärts um. Nach diesen kleineren Anfällen taucht er sozusagen aus einem Niemandsland wieder auf und sieht verloren, erstaunt und sehr müde aus. Um zu vermeiden, daß er sich verletzt — er würde schließlich irgendwo einfach umkippen —, und wenn man merkt, daß er diese Art von Wutanfall bekommt (man muß um so mehr darauf achten, weil sich das Ganze ja in aller Stille abspielt), legt man ihn mit dem Bauch auf den Boden. Die Mutter macht sich keine allzu großen Sorgen, weil sie, wie sie schreibt, davon ausgeht, daß alles »vorbeigeht, wie bei dem Ältesten«.

Sie hat bestimmt recht. Aber sie schreibt noch etwas anderes, was mir wichtig erscheint: »Ich möchte Sie darauf hinweisen, daß er nicht erst seit der Geburt seiner kleinen Schwester so zu weinen begann. Er tat es schon vorher. Es fing um Weihnachten herum an, und zwar nach einer schweren Mandelentzündung mit 40 Grad Fieber.« Ich finde es nun sehr interessant, daß die Mutter zu dieser Zeit drei Monate schwanger war. Und im allgemeinen entwickelt das Kind, das vor dem zu erwartenden Baby geboren wurde, genau zu dieser Zeit psychosomatische Störungen: vielleicht, weil man ihm die Schwangerschaft verschwiegen hat oder weil es ein Gespräch darüber gehört hat, ohne direkt angesprochen zu werden.

Wie dem auch sei, ich denke, daß man diesem Kind, wenn es seinen Anfall hat, eher dadurch helfen kann, daß man es auf den Arm nimmt, anstatt es auf den Boden zu legen. Dabei könnte man ihm leise ins Ohr sagen: »Du wirst nicht weniger geliebt, weil du eine kleine Schwester hast.« Sobald es sich wieder in seinem normalen Zustand befindet, könnte man ihm erklären: »Kannst du dich erinnern? Als du Weihnachten krank gewesen bist, wußtest du schon, daß Mutter eine kleine Schwester erwartete, und niemand hatte es dir gesagt; du wolltest damals in den Bauch deiner Mutter zurückkehren, weil du wohl spürtest, daß sich dort irgend etwas ankündigte. Du hattest recht!« Ich bin davon überzeugt, daß nach einigen ›Wutanfällen‹ dieser Art alles vorbei sein wird.

Obwohl es sich hier um einen ganz besonderen Fall handelt, sollte man in diesem Zusammenhang noch einmal alle schwangeren Mütter, selbst wenn sie in den ersten Monaten schwanger sind, daran erinnern, ihren Kindern mitzuteilen, daß sie ein Kind erwarten.

Es braucht nicht immer so früh zu sein. Für ein Kind kann das monatelange Warten sonst vielleicht zu lange dauern. Eine Ausnahme bilden jene Kinder, die, wie im letzten Fall, irgendwelche Symptome zeigen. In diesem Fall war das 22 Monate alte Kind sehr sensibel und hatte, wie man von vielen Kindern weiß, für den Vorgang der Schwangerschaft ein si-

cheres Gefühl, obwohl es ihn ja mit den Augen nicht wahrnehmen konnte.

Ich denke schon, daß bei ihm alles wieder in Ordnung
kommen wird.

Noch einmal zu dem, was uns über den großen Bruder mitgeteilt wird. Ich frage mich, ob er nicht aus der Wirklichkeit in
eine Fantasiewelt geflohen ist — dabei stütze ich mich auf das,
was von seiner Art berichtet wurde: er spielt ständig mit allen
möglichen Schnüren und fiktiven Maschinen; er mag nicht,
wenn sein Bruder ihn dabei stört. Er will anscheinend in seiner Fantasiewelt bleiben. Er versteht aber auch weder Scher-
ze noch die Funktion der Wörter, über die man sich mit anderen unterhalten kann. Er ist ständig am Herumbasteln. Ich
glaube, der Vater sollte seine zwei Jungen auf den Geschmack
bringen, daß die Wirklichkeit sich vom Traum unterscheidet,
indem er ganz konkret mit ihnen spielt. Auf diese Art und
Weise werden diese kleinen Störungen des Realitätsbezugs
bestimmt bald verschwinden.

*Man sieht hier noch einmal, wie wichtig es ist, mit den Kindern
zu sprechen ...*

Ja, und man sollte auch immer auf die Sensibilität eines Kindes in bezug auf ein Ereignis achten, das es ein wenig aus
dem Gleichgewicht gebracht hat.

*Zu einem anderen Thema: Sprechen wir über die Angst bei
Kindern. Ein zehnjähriges Mädchen hat Angst davor, seine
Aufgaben allein in seinem Zimmer zu machen, wenn sich die
Eltern zur gleichen Zeit in einem anderen Raum befinden;
oder es mag nach dem Essen nicht, allein seine Zähne putzen
zu gehen, wenn die Eltern zum Beispiel in der Küche sind;
oder ein Stockwerk höher zu gehen, um dort eine Freundin zu
besuchen. Alles macht es nur, wenn seine kleine Schwester, seine Mutter oder sein Vater es begleiten. Die Mutter fragt nun:
»Liegt es vielleicht daran, daß wir unsere Kinder, selbst, als sie
Babys waren, niemals allein lassen wollten, nicht einmal für
fünf Minuten?«*

Ja, ich glaube, daß dieses Verhalten darauf hindeutet, daß die Mutter selbst Angst hatte. Dieses Kind hat sich jetzt mit ihr identifiziert und eine ängstliche Persönlichkeit entwickelt.

Die Mutter sagt von sich selbst, daß sie große Angst vor Unfällen, Gas, Feuer oder Stürzen hat. Sie schreibt: »Ich lasse meine Kinder nicht allein einkaufen gehen. Ich verbiete es ihnen förmlich, sich die Räder zum Beispiel allein aus dem Keller zu holen (sie wohnen in einer großen Wohnsiedlung), weil wir irgendwelche Penner befürchten. Wenn man so will, habe ich die typische Angst derer, die in großen Wohnsiedlungen leben.«

Man sollte sich auf keinen Fall über das Kind lustig machen. Und alle dunklen Ecken sollten gut beleuchtet sein. Man könnte ihr vielleicht eine elektrische Lampe mit einer langen Schnur schenken, damit sie überall, wo sie hingehen will, Licht hat. Man kann sie auch darum bitten zu malen, was ihr Angst macht oder was sie sich dabei vorstellt. Denn es handelt sich um ein Kind mit einer großen Vorstellungskraft, das seine Träume aber niemandem erzählt. Wenn es Angst hat, könnte die Mutter auch sagen: »Komm, wir schauen zusammen nach. Siehst du, da sind ganz normale Dinge ...« Und dann sollte man das Kind alle Sachen berühren lassen! Ich könnte mir nämlich auch denken, daß dieses Kind nicht gelernt hat, die Gegenstände zu berühren, wie ich es empfohlen habe, und von daher in seiner Fantasiewelt verharrt, weil es keinen Bezugspunkt zu der sinnlich vorgegebenen Welt findet. Hat ein Kind verstanden, daß Gegenstände Umrisse haben, daß sie unbeweglich sind, daß man mit der Hand um sie herumfahren kann und daß man sie berühren kann, hat es keine Angst mehr vor dem, was es sich vorstellt. Es kennt dann die Dinge und weiß, daß man sie auf verschiedene Weise ›begreifen‹ kann. Es weiß, daß es die Wirklichkeit und die Fantasie gibt und daß beides nicht das gleiche ist. Wenn man einmal aus Spaß die Fantasiewelt mit der Wirklichkeit verbinden will, soll man dem Kind helfen, das Mögliche und das Unmögliche auseinanderzuhalten, soweit die Verwechslung dieser beiden Vorstellungsebenen das Kind ängstigt und ihm das Leben schwermacht. Könnte nicht etwa der Vater in dieser Familie seinen Töchtern dabei helfen, ihre Mutter, die zu ängstlich ist, zu kritisieren? Alle könnten dann gemeinsam darüber lachen ... Vorsichtig zu sein ist nicht dasselbe, wie immer auf völlig unwahrscheinliche bzw. in der Wirklichkeit gar nicht vorkommende Gefahren fixiert zu sein.

In zahlreichen Briefen werden Sie gebeten, zum Thema ›Lügen‹ etwas zu sagen. Hier ist ein Brief einer Mutter, die nicht mehr weiß, wie sie sich den Lügen ihrer einzigen sechsjährigen Tochter gegenüber verhalten soll. Seit Beginn der Schule hat dieses Mädchen die schlimme Gewohnheit, ›mit der Wahrheit auf dem Kriegsfuß zu stehen‹. Die Mutter fragt sich, ob ein sechsjähriges Kind überhaupt bewußt genug ist, um zwischen Lüge und Wahrheit zu unterscheiden. Auf jeden Fall macht sie dieses Problem um so ärgerlicher, weil die Lügen ihrem Kind mittlerweile ganz natürlich über die Lippen gehen.

Das Alter, um zwischen Fiktion und Wirklichkeit unterscheiden zu können, liegt bei Kindern ganz verschieden. Es ist aber schwierig, dieser Dame eine präzise Antwort zu geben, weil man das Verhalten eines Kindes eigentlich nur anhand der konkreten Situation, worauf es sich bezieht, verstehen kann. Die Mutter gibt uns ja kein Beispiel, in welchem Rahmen die Lügen ihres Kindes auftauchen.

Ein Kind sagt aus den verschiedensten Gründen nicht die Wahrheit.

Es kann sich um krankhaftes Lügen handeln, wir nennen es ›Mythomanie‹. Ein Mädchen erzählt irgendeine unwahre Geschichte, die sozusagen jenseits von Gut und Böse ist. Es handelt sich dabei um eine reine Erfindung.

Natürlich muß man die Fantasiewelt des Kindes schützen. Es braucht sie. Die Poesie gehört zu uns Menschen, gibt es doch so wenige Dinge, die zu verwirklichen wir in der Lage sind, und unsere Ohnmacht ist so groß, daß wir uns dann vorstellen müssen, was wir nicht haben oder tun können. Die Poesie und die Komödie leben davon. Warum sehen die Erwachsenen denn so gern die Filme im Fernsehen? Weil sie sich eben nicht ›in der Wirklichkeit‹ abspielen. Wir alle berauschen uns an dieser ›nichtwirklichen‹ Seite unserer Kultur.

Es kann sich andererseits auch um ein Kind handeln, das gern in Widerspruch zu seiner Mutter gerät, weil es dies im Spiel mit ihr nicht erlebt hat. Ich glaube, daß die Mutter herausfinden sollte, warum ihr Kind am Lügen solch einen Gefallen findet. Und sie könnte, von den konkreten Dingen ausgehend, antworten: »Ich weiß nicht, ob es wahr ist, was du sagst. Siehst du, dort steht ein Tisch, er ist weiß angestrichen. Wenn du mir sagst, daß er schwarz ist, werde ich denken: ›Kann sie eigentlich richtig sehen?‹ oder: ›Sie sagt es nur zum Spaß, weil sie möchte, daß wir uns im Spiel über die Farbe des Tisches streiten.‹«

Diese Dame könnte vielleicht auch einmal sich selbst fragen, ob nicht sie und ihr Mann dem Kind schon einmal Lügen erzählt haben. Zum Beispiel in bezug auf die Geburt eines Babys oder Weihnachten in bezug auf den Weihnachtsmann (ein Thema, dem man ja häufig in der Vorstellungskraft der Kinder begegnet): Das Kind weiß die Wahrheit über den Weihnachtsmann schon von seinen kleinen Freunden, und trotzdem sagt man ihm weiter, daß er wirklich ›ganz wirklich‹ existiert, wobei er doch nur ›zum Vergnügen‹ als wirklich hingestellt wird. Aber wenn etwas ›zum Vergnügen‹ ist, handelt es sich eben um eine andere Ebene der Wirklichkeit, man bewegt sich sozusagen im Land der Poesie.

Kurz, man sollte versuchen, dieses Kind zu verstehen und sollte es nicht beschimpfen.

Vielleicht hat dieses Kind aber auch jemanden in eine Sache hineingezogen, für die es selbst verantwortlich war? Manche Kinder lügen, weil sie intelligent sind, nur, um die Schuld von sich auf andere zu lenken. Diesen sollte man beibringen, sich für etwas verantwortlich zu fühlen. Das ist sehr wichtig! Ich habe auch manche Kinder ›lügen‹ sehen, nur, damit sie sich einen Vorgang erklären können, den sie noch nicht verstanden hatten … In diesem Zusammenhang fällt mir eine Anekdote ein: Eines Tages fand ich einen Schrank, den ich gerade zugemacht hatte, offen, und alle Spielsachen lagen auf dem Boden. Mein Sohn, der damals 20 Monate alt war und schon ganz gut sprach, sagte mir, daß sein kleiner Bruder (der damals drei Monate alt war), den Schrank aufgemacht hätte. Ich war sehr erstaunt, denn er hatte bisher nicht gelogen. Kurze Zeit später ging ich an einer ganz bestimmten Stelle dicht an diesem Schrank vorbei, einer Stelle, die so dicht am Schrank war, daß die Erwachsenen nur selten dorthin treten. Ich sah, wie der Schrank wie von allein aufging und alles, was darin war, auf den Boden purzelte. Erst dann hatte ich verstanden! Ich machte die Tür wieder zu und drückte an derselben Stelle noch einmal mit der Hand — etwa so stark, daß es dem Gewicht eines Babys entsprach — und der Schrank ging wieder auf. Ich habe dann meinen Sohn gerufen und ihm den Vorgang gezeigt. »Siehst du, wenn man da entlanggeht, geht der Schrank auf.« Daraufhin sagte er: »Aber ja, das sagte ich dir doch!« — »Was sagtest du mir? Du sagtest doch, daß es dein Bruder war. Der kann aber aus seiner Wiege noch gar nicht allein heraus.« — »Ich sagte dir, daß der Schrank ohne Zauber aufging«, antwortete mir mein Sohn. Er brauchte für diesen Vorfall einen Verantwortlichen, und zwar aus Angst, daß es irgendein unheimlicher Zaubervorgang war. Weder er selbst, sein Vater noch ich hatten ja den Schrank geöffnet. Also war es der kleine Bruder. Das war alles! Erst dann habe ich verstanden, daß das, was ich für eine Lüge gehalten hatte, im Grunde keine Lüge war. Oder wenn es wirklich eine gewesen wäre, war es in seinen Augen doch eine plausible Erklärung: da er es selbst nicht gewesen war, mußte es sein Bruder sein. Diese Geschichte zeigt, daß man lange darüber nachdenken muß, aus welchem Grund ein Kind uns etwas sagt, das uns wie eine Lüge oder etwas völlig Absurdes vorkommt.

Und man soll sich auch nicht darüber ärgern ...

Möglichst nicht. Ärger nutzt überhaupt nichts. Auf jeden Fall ist es von den Eltern nicht richtig, das Kind zu erpressen: »Wenn du sagst, daß du es gewesen bist, werde ich nicht mit dir schimpfen.« Aber wenn das Kind irgend etwas kaputtgemacht hat oder etwas, was die Erwachsenen stört, sollte es dies auch auf sich nehmen. Und das Kind kann es besser akzeptieren, wenn man ihm sagt: »Deine Füße oder deine Hände wollten dies oder jenes tun, nicht du. Ich weiß, daß die Hände manchmal Dinge tun, die der Kopf nicht will« usw. Man muß mit dem Kind sprechen und zusammen mit ihm nachdenken, sollte aber niemals ›bohren‹, um die Wahrheit zu erfahren. Nicht zulassen sollte man hingegen, daß sich ein Kind nur deshalb auf eine Lüge versteift, weil es sich möglichst ohne viel Aufhebens aus der Affäre ziehen will. Und schon gar nicht, wenn es sich von einem Erwachsenen nicht bedroht zu fühlen braucht. Was getan ist, ist getan. Wenn es nun seine Verantwortung abstreitet, weil es die Schuld nicht auf sich nehmen kann, sollte man mit dem Fragen aufhören und sagen: »Nun gut, ich sehe, daß du dich zu sehr schämst, um zuzugeben, was du gemacht hast. Du hast recht, aber versuche das nächste Mal, es nicht noch einmal zu tun ...« Und wenn das Kind nun weiter beteuert: »Aber ich sage dir doch, daß ich es nicht war«, kann man antworten: »Gut, ich glaube dir ... Und was geschehen ist, ist im übrigen geschehen. Reden wir nicht mehr darüber. Aber du solltest wissen, daß ich dich lieb habe und dir vertraue, auch wenn du Schuld gehabt hast. Du solltest dir also die Dummheit selbst verzeihen, wenn du sie begangen hast; bist du es nicht gewesen, dann verzeihe mir, daß ich dich verdächtigt habe.« Diese Lektion wird langfristig Erfolg haben. Und das ist allemal besser, als ein Drama aus einem solchen Vorgang zu machen.

45. KAPITEL

Die Worte sollen der Wirklichkeit entsprechen
(Den Tod sagen)

Der Tod: Ein Thema, das in den Briefen immer wieder vorkommt. Hier zwei Briefe in diesem Zusammenhang. In dem ersten Brief werden Sie von den Eltern danach gefragt, wie man ihrem acht Monate alten Kind am besten von dem Tod seines Bruders erzählt; es hat ihn zwar nicht mehr gekannt, aber im Herzen der Eltern ist er sehr gegenwärtig. Der zweite Brief ist von einer Mutter, die Zwillinge (siebzehn Monate alte Jungen) bekommen hat. Der eine Zwilling ist nach einem Krankenhausaufenthalt von anderthalb Monaten im Alter von drei Monaten gestorben. Die Mutter fragt Sie, wie der andere Zwilling diesen Verlust wohl empfinden wird und wie man mit ihm am besten darüber sprechen kann.

In bezug auf das acht Monate alte Kind, dessen großer Bruder gestorben ist, möchte ich den Eltern zwei Dinge sagen. Erstens sollte dieses Kind, das in ihrem Herzen gegenwärtig geblieben ist und das sie geliebt haben, seinen Platz dort behalten; es ist gut, wenn man in der Familie oder unter Freunden weiterhin über dieses Kind spricht. Und wenn das letzte Kind auch erst acht Monate alt ist — im übrigen wäre es auch schon vorher gegangen —, sollte man ihm sagen, wenn man über dieses Thema spricht: »Wir reden von deinem großen Bruder, den du nicht gekannt hast.« Man soll sich den Begriff ›großer Bruder‹ gut merken. Denn nichts ist für Kinder, die ein älteres Geschwister verloren haben, schädlicher, als von dem ›kleinen‹ Bruder zu sprechen. Manche Mütter neigen dazu, »mein kleiner ..., der gestorben ist« zu sagen; ich glaube, daß man im Gegenteil von dem ›großen Bruder‹, dem ›älteren Bruder‹ sprechen sollte oder sagen: »Du bist der zweite.«

309

Es ist wichtig für das Kind, immer wieder zu hören, daß es das zweite ist und daß es seine Eltern sehr glücklich macht, da das Schicksal zum Glück wollte, daß es das Alter des toten Bruders, auf das sich die Eltern weiterhin beziehen, überschritten hat. Wenn man einen nahestehenden Menschen verliert, hat man häufig die Tendenz, ihn nachträglich nur von seinen besten Seiten zu sehen; wenn es sich um einen Erwachsenen handelt, sieht man ihn wieder in jungem Alter vor sich, selbst wenn man ab und zu denkt, wie alt er doch gewesen ist ... Aber bei einem sehr früh gestorbenen Kind haben die Eltern die Tendenz, sich es in den letzten Monaten seines Lebens vorzustellen. Es wird für sie von daher eine große Hilfe sein, ihrem Sohn vom großen Bruder, »der ... alt geworden wäre«, zu sprechen. Und nach und nach, wenn das Kind älter wird, kann man ihm erklären: »Du hast zwar deinen Bruder nicht hier. Vielleicht wäre es für dich eine Hilfe, wenn er noch am Leben wäre; und trotzdem, man kann nie wissen, hilft er dir vielleicht doch, schließlich ist er noch unter uns, weil wir an ihn denken.« Auf keinen Fall aber sollte man dieses verstorbene Kind idealisieren, indem man z. B. sagt, es wäre ohne Fehl und Tadel gewesen, hätte nie Dummheiten gemacht usw.

Ich möchte also noch einmal betonen, daß man vom Tod eines Bruders sprechen kann, sogar mit einem noch sehr jungen Baby.

Ja. Und bei der ersten Gelegenheit, vielleicht am 1. November, wenn alle auf den Friedhof gehen, um den Toten ein Zeichen der Treue von seiten der Lebendigen zu geben. Dann wäre es ganz gut, wenn das Baby die Eltern begleitet — ohne daß man pathetisch wird — und daß man ihm bei dieser Gelegenheit vom verstorbenen Bruder erzählt: »Hier liegt er in Frieden.«

Darüber haben wir hier einen Bericht. Es handelt sich um den Brief einer Mutter, deren Junge zur Zeit zwei Jahre alt ist. Ein-

310

einhalb Monate nach seiner Geburt verlor sie ihren ältesten Sohn, der drei Jahre alt war; er starb plötzlich infolge einer schweren Krankheit. Sie hatte auch ein fünfzehn Monate altes Mädchen, das diesen Bruder sehr gern mochte. Die Mutter stellt nun folgendes fest: »Ein Baby kann viele Dinge verstehen, und man sollte ihm gegenüber nichts verbergen, sondern immer die Wahrheit sagen.« Der Beweis: das fünfzehn Monate alte Mädchen entwickelte nach dem Tod seines Bruders ernsthafte Störungen; es hat ihn tagelang gesucht und infolgedessen nicht einmal sein Spielzeug angerührt. Als es 19 Monate alt war, ist man mit ihm zum Grab des Bruders gegangen, und ab diesem Zeitpunkt hat sie sich vollkommen wieder beruhigt.

Dieses Beispiel ist sehr bezeichnend. Es ist nicht einfach, alle Gründe dafür anzuführen, warum die Wahrheit zu sagen eigentlich immer der bessere Weg ist. Ich möchte allerdings dazu sagen, daß man sie in den gleichen Worten sagen soll, die der Erwachsene selbst benutzt, um mit diesem Leid, das nur so schwer zu akzeptieren ist, fertig zu werden. Dann wird sich das Kind in seiner Fantasie auch keine wilden Vorstellungen machen, die die Angelegenheit zum Teil noch mehr dramatisieren können. Zum Beispiel hätte dieses fünfzehn Monate alte Mädchen, das seinen Bruder suchte, ja glauben können, daß seine Mutter ihn in die Toilette geworfen hat oder daß Vater und Mutter ihn aufgegessen hätten ..., all diese Dinge also, die man in den Märchen findet und die sich Kinder eben vorstellen. Die Worte sollen der Wirklichkeit entsprechen, d. h. so, wie die Dinge erfahren werden, muß man sie auch in Worte fassen (und dies möglichst ganz natürlich). Die Eltern gehen davon aus, daß ihr Kind unter dem Tod eines anderen leiden wird. Sicherlich, aber später! Dieses Mädchen litt unter dem Eindruck, daß etwas sehr Seltsames geschehen war und hätte in einen völlig realitätsfernen Zustand geraten können, aus dem es vielleicht nicht mehr herausgefunden hätte.

Die Mutter erzählt im übrigen nicht, ob der zweijährige kleine Bruder in bezug auf den gestorbenen älteren Bruder Probleme hatte. Da er aber jetzt der älteste Sohn geworden ist, ist es wichtig, ihm zu sagen: »Wir hatten einen Sohn, der

der Älteste war. Du bist der Zweitälteste.« Er sollte bloß nicht den Platz des Ältesten im Herzen seiner Eltern einnehmen, selbst wenn er diesen Platz ›auf dem Papier‹ jetzt hat. Jeder Mensch ist für diejenigen, die ihn geliebt haben, unersetzbar.

Kommen wir nun auf die Zwillinge zurück, von denen einer gestorben war.

Die Mutter fragt, was der andere wohl empfinden mag. Das ist eine Frage, auf die wir keine Antwort geben können … Wir können, um ihr zu helfen, nur raten, jede Gelegenheit zu nutzen, um sich mit anderen darüber zu unterhalten, wenn der Zwilling dabei ist und z. B. sagen:»Ja, sie wären jetzt zu zweit, wenn er noch am Leben wäre …« Wenn das Kind diesen Satz wieder aufgreift, wird man ihm sagen können:»Er ist gestorben, weil er zu Ende gelebt hatte, obwohl wir eigentlich gehofft haben, daß er so lange wie du leben würde. Es ist gut, daß du lebst; und es ist auch nicht schlecht, wenn er gestorben ist. Vielleicht bedauerst du es, weil du mit ihm zusammen in meinem Bauch warst. Eines Tages ist dieser Gefährte aus deinem Leben verschwunden. Aber vielleicht beschützt er dich doch von oben her, von da aus, wo er ist, wer weiß?« Was man in dieser Richtung sagt, hängt vom Glauben der Leute ab. Ich denke, die Eltern sollten *ihre* Wahrheit sagen; d. h. die Wahrheit, die für alle verbindlich ist *und* die Wahrheit, die mit ihrem Glauben, wenn sie einen haben, zusammenhängt. Selbst wenn das Kind sagt:»Das kannst du doch gar nicht genau wissen, was mit ihm ist …«, kann man ihm antworten:»Vielleicht, aber es tut mir gut, an so etwas zu denken.«

Hier haben wir den Bericht einer Mutter, die lange gezögert hat, bevor sie Ihnen geschrieben hat. Es hat einfach damit zu tun, daß das, was im Verlauf der folgenden Szene geschehen ist, sich nicht mit dem deckte, was sie anfangs vermutet hatte. Diese Mutter hatte Sie über den Tod sowie über die Art und Weise, wie dieses Thema bei Kindern angesprochen werden kann, sprechen hören. Daß man ihnen erklärt, »daß man stirbt, weil man zu Ende gelebt hat«. Diese Antwort, sagten Sie, würde das Kind in den meisten Fällen von seiner Angst befreien. Nun hat sie eine achtjährige Tochter; vor vier Jahren starb ohne ersichtlichen Grund eine kleine Nachbarin — sie hatte noch nie eine schwere Krankheit gehabt und spielte an jenem Tag ganz ruhig in der Nähe ihrer Mutter, die eine Freundin der Familie, vor allem der kleinen Tochter, war.

Die Frau schreibt: »Nach vier Jahren läßt der Schmerz über diesen Tod allmählich nach. Wir gehen oft zum Friedhof, um dort Blumen auf das Grab zu legen. Aber meine Tochter spricht noch andauernd von ihrer gestorbenen Freundin. Nachdem ich Ihnen zugehört hatte, habe ich mit ihr sehr offen und lieb gesprochen und ihr alles so erklärt, wie Sie es vorgeschlagen haben. Ihre Reaktion entsprach nun gar nicht der Reaktion, die Sie beschrieben hatten, denn sie wurde sehr böse. Sie fing an zu schreien: »Du spinnst. Du machst dich über mich lustig. Natürlich habe ich zu Ende gelebt, wenn ich gestorben bin. Aber wenn dieses Mädchen an jenem Morgen seine Mutter das gleiche gefragt hätte und seine Mutter ihm geantwortet hätte: ›Nein, du hast noch nicht zu Ende gelebt‹, so wäre es trotzdem gestorben.« Die Mutter geriet durch diese Form der Auflehnung und die Angst, die sie bei ihrer Tochter verspürte, ein wenig aus der Fassung. Um dieser Szene ein Ende zu setzen, hat sie ihr dann gesagt, daß sie im übrigen nichts weiter wüßte und versucht, sie zu beruhigen.

Einige Tage später sind sie gemeinsam noch einmal auf das Thema zurückgekommen. Der Wutanfall hatte dem Kind die Angst nicht genommen, wie die Mutter erhofft hatte. Daraufhin hat sie ihm von einer sehr alten Dame erzählt: »Weißt du, wenn diese Dame, als sie jung war, ihre Mutter gefragt hätte, wann sie sterben würde, hätte ihre Mutter auf diese Frage auch keine Antwort geben können.« Sie bittet Sie nun, noch einmal über dieses Thema zu sprechen, »weil das Problem immer wieder auftaucht. Letzte Woche noch hat mich meine Tochter ganz leise gefragt: ›Halte mich in meinem jetzigen Alter an, da ich mein Alter nicht ändern will, um immer zu leben.‹ Ich weiß nicht, was ich ihr sagen soll, außer, daß ich sie liebe und hoffe,

313

daß wir alle fünf (es sind drei Kinder in der Familie) sehr lange leben werden.«

Ich glaube, daß dieses Kind zur Zeit verschiedene Schwierigkeiten durchlebt, die mit dem Tod dieser kleinen Freundin unmittelbar zusammenzuhängen scheinen, die aber auch etwas mit ihrem Alter — sie ist jetzt acht Jahre — zu tun haben. Sieben- oder achtjährige Kinder haben in der Regel Alpträume über den Tod ihrer Eltern oder über ihren eigenen Tod — aber meist über den Tod ihrer Eltern. Und dann empfinden sie wegen ihrer Träume Schuldgefühle. Von diesen Träumen ausgehend, denken sie über ihren möglichen Tod bzw. darüber nach, daß man sie im Stich lassen könnte. Hinter der Wut dieses Mädchens gegen seine Mutter verbarg sich ein Vertrauensverlust, ob die Eltern nun wirklich alles wissen — zu dieser Art von Vertrauensverlust kommt es bei Kindern dieses Alters im übrigen automatisch, da sie entdecken, daß ihre Eltern tatsächlich weder allmächtig noch allwissend sind.

Wenn dieses Mädchen über seine Freundin weiterspricht, sollte die Mutter ihr dabei helfen, ihrer Wut freien Lauf zu lassen — der Wut, die sich ja auch gegen bestimmte Alpträume richtet, die man hat und nicht vermeiden kann, genausowenig wie man vermeiden kann, seine Milchzähne zu verlieren, wenn man groß wird. Das Kind hat ja nicht im Alter seiner kleinen Freundin aufgehört zu leben, sondern lebt weiter und ist jetzt acht Jahre alt. Ich glaube, daß sie aus dem Mund ihrer Mutter hören muß, daß es im Leben schwierige Dinge gibt, was aber nicht bedeutet, daß das Leben nun völlig unerträglich wäre oder daß es eine Lösung wäre, nicht zu leben. Zu leben aufhören wäre genau dasselbe, als würde man so tun, als wäre man ein Gegenstand. Die Gegenstände denken nicht, lieben nicht, leben nicht. Man muß ihr auch erklären: »Es ist schon schwierig, die Kindheit zu verlassen, um ein großes Mädchen zu werden, besonders wenn du deine kleine Freundin nicht mehr hast, um mit ihr darüber zu sprechen. Es wäre also doch nicht schlecht, sich schnell neue Freunde zu suchen, nicht wahr?«

Wenn das Kind wieder anfängt, über den Tod zu reden,

kann man sagen: »Mehr kann ich dir wirklich nicht sagen: Derjenige, der stirbt, ist im selben Moment im Einklang mit dem, was geschieht, wenn er stirbt. Er versteht wahrscheinlich das, was wir Lebenden erst verstehen werden, wenn wir selbst sterben. Wenn du nun mit deinem Leben nicht in Einklang sein willst, kann ich es nur so sehen, daß du wie ein Gegenstand werden möchtest. Und ich persönlich möchte keine Tochter haben, die ein Ding ist.« Stimmt das etwa nicht? Es gibt doch kein Leben ohne die Gewißheit, eines Tages zu sterben. Und wir fühlen uns dadurch lebendig, daß wir sicher sind, sterben zu müssen. Das Wichtigste ist, daß wir unser Schicksal akzeptieren; erst dann hat das Leben einen Sinn.

Vielleicht sollte man mit diesem Kind nicht mehr zum Friedhof gehen. Die Mutter kann ruhig hingehen, aber wenn das Mädchen nicht danach fragt, sollte man es zu Hause lassen. Dieser Kult um den Friedhof könnte es langfristig daran hindern, neue Freunde zu finden. Im Grunde bekommt es dort ein Gefühl vermittelt, als müßte es der verstorbenen Freundin treu bleiben, anstatt neue Freundinnen kennenzulernen. Das ist alles, was ich dazu sagen kann.

Insgesamt aber meine ich, daß dieses Mädchen seine Wut über den Tod seiner Freundin vor vier Jahren hätte zum Ausdruck bringen sollen. Damals hat es sie verdrängt. Es ist gut, daß es die Wut jetzt endlich zum Ausdruck gebracht hat. Aber seine Wut wird jetzt auch von der Angst anderer Alpträume bzw. von anderen Ängsten genährt: Angst vor dem Gedanken, groß zu werden, und Angst, daß es seine Mutter und seinen Vater nicht mehr in derselben Weise wie früher lieben darf. Es möchte die Illusionen der Kindheit aufbewahren. Es kommt jetzt in das sogenannte ›Vernunftalter‹ und wird sich seiner Ohnmacht und der seiner Eltern sowie der Ohnmacht aller Menschen vor den Geheimnissen des Lebens und des Todes bewußt. Vielleicht stellt es sich auch über seine Geschlechtsrolle Fragen, über die Rolle von Mann und Frau bei der Geburt eines Kindes, über die Lust, die es am eigenen Körper verspürt und die es vielleicht verwerflich findet. Man muß dem Mädchen sagen, daß der Wunsch, im Zeugungsakt Leben in die Welt zu setzen, nicht die Frage beantwortet, ob ein Mensch geboren und weiterleben will; daß niemand eigentlich weiß, was Leben und Tod bedeuten. Wir kennen nur die Bedingungen, unter denen beides steht, die Freuden und auch die Schmerzen.

Und dann wird die Mutter doch die geeigneten Worte finden, um ihr — so gut sie kann — den Wunsch zum Ausdruck zu bringen, leben zu wollen und daß sie sich ihrer Liebe gewiß sein kann.

46. Kapitel

Gemeinsam Spaß haben — aber jeder entsprechend seinem Bedürfnis

Ein Vater mit einem dreijährigen und einem zweieinhalb Monate alten Kind möchte Ihren Rat zu zwei konkreten Punkten einholen. Seine Frau und er haben wegen der Eßgewohnheiten der Kinder kleinere Probleme. Das älteste Kind will oft nicht am Tisch sitzen bleiben, weil es lieber spielen und im Haus herumgehen will. Die Mutter nimmt diese Angewohnheit sehr ernst: »Es macht sie krank«, schreibt der Vater, »wenn sie sieht, daß das Kind nichts zu sich genommen hat. Ich selbst neige eher dazu, es gewähren zu lassen bzw. nehme es nicht so wichtig; schließlich hat man mich auch so erzogen, daß ich nicht zu essen brauchte, wenn ich keinen Hunger hatte, und ich aß dann bei der nächsten Mahlzeit eben mehr.« Ich denke, daß man schon jetzt auf seine Frage eingehen kann: Ist es für ein dreijähriges Kind wichtig, regelmäßige Mahlzeiten zu sich zu nehmen?

Ganz und gar nicht! Das Wichtigste ist, daß die Mahlzeiten in einer angenehmen Atmosphäre stattfinden. Die Eltern sollen am Tisch selbst Spaß haben; man ißt, um sich zu ernähren, aber doch nur das, was einem auch gefällt. Wenn ein Kind Hunger hat, will es auch essen. Wenn es nicht ißt, sollten ihm die Eltern sagen: »Du hast recht. Wenn du keinen Hunger hast, brauchst du nichts zu essen.« Vielleicht hat es in Wirklichkeit doch Hunger, ißt aber nicht, weil es lieber spielen will. Meistens verhält es sich mit drei Jahren so, wie ich es gerade gesagt habe. Es ist nicht wichtig, daß das Kind bei der einen Mahlzeit mehr und bei der anderen weniger ißt. Wissen Sie, es ist für die Menschheit erst recht spät zu einem festen Brauch geworden, regelmäßig zu essen. Bevor sich die Kinder den Regeln des gesellschaftlichen Lebens etwas mehr unterwerfen müssen, ist es auch nicht so wichtig. Erst um sieben

Jahre herum reguliert das Kind seine Bedürfnisse (nach Nahrung, aber auch alle anderen Bedürfnisse) selbst. Davor ist eine regelmäßige Beteiligung an den Mahlzeiten völlig überflüssig. Später ist es dann praktisch. Aber unbedingt notwendig ist es auch nicht.

Sie meinen also, daß es ganz gut ist, wenn sich das Kind an regelmäßige Eßzeiten gewöhnt, daß darin aber keine Notwendigkeit besteht und das Kind im Grunde essen sollte, wenn es Hunger hat?

Ja, es kann zwischendurch seinen Hunger an etwas Kleinem stillen, aber wie gesagt, nur wenn es danach verlangt. Ich wiederhole, daß die Mahlzeiten vor allem für die Eltern schön sein sollen, das halte ich für alle am wichtigsten ... Die Mutter sollte also die Diskussion um die Eßmanieren ihrer Tochter lassen und nicht die Stimmung zwischen sich und ihrem Mann am Tisch verderben bzw. die Lebensfreude ihres Kindes. Im allgemeinen zieht ein dreijähriges Kind das Frühstück und einen kleinen Imbiß am Nachmittag allen anderen Mahlzeiten vor. Abends ißt es ja kaum etwas. Die Eltern sollten aus so etwas bloß keine Staatsaffäre machen. Der Vater hat recht: er wurde selbst erzogen, daß er nur zu essen brauchte, wann er wollte, und ist schließlich doch ein Mann geworden. Vielleicht könnte er seiner Frau dabei helfen, den Eßrhythmus ihres Kindes zu akzeptieren, anstatt die Essensituation zu einer Art Kraftprobe werden zu lassen. Als ob sich der Magen der Mutter im Körper ihres Sohnes befinden würde!

Der Vater hebt dann hervor, daß die Probleme seines Sohnes erst mit der Geburt des Babys, das jetzt zweieinhalb Monate alt ist, aufgetaucht sind. So ist bei ihm zum Beispiel das An- und Ausziehen zum Problem geworden. Aber vor allem das Schlafengehen stellt jetzt das größte Problem dar, weil das Kind um die gleiche Uhrzeit wie seine Eltern ins Bett gehen will — d. h. gegen elf Uhr. Der Vater schreibt: »Meine Frau hat große Mühe mit ihm, wenn sie ihn um acht oder halb neun ins Bett schikken will. Ab und zu schafft sie es, aber nur dann, wenn sie sich neben ihn legt.«

Das haben sie wirklich falsch angefangen, denn dieses Kind braucht mit seinen drei Jahren nicht mehr von seiner Mutter ins Bett gebracht zu werden. Man sollte es in Ruhe lassen, wenn alle Voraussetzungen zum Schlafen erfüllt sind, d. h. wenn er sich seine Zähne gebürstet und sich seinen Pyjama, T-Shirt oder Nachthemd angezogen hat. Und ab einer bestimmten Uhrzeit, die am besten der Vater festlegt, sollte er seine Eltern dann auch in Ruhe lassen. Er wird dann je nach Lust und Laune in seinem Zimmer spielen oder sich hinlegen — ohne die Erwachsenen zu stören und ohne Krach zu machen. Dafür müßte der Vater sorgen.

Der Vater fragt auch noch: »Vielleicht braucht er seit der Geburt seines Bruders mehr Zuwendung?«

Sicherlich; aber man sollte ihn weder wie ein Baby noch wie einen erwachsenen Mann behandeln ... Man soll ihn als großen Jungen, der sich in seinem Zimmer allein schlafen legt, betrachten — ich habe es schon öfter hervorgehoben. Sein Vater könnte auch, wenn er nicht sehr früh ins Bett gehen will, einen Augenblick mit ihm spielen. Zum Beispiel Domino, was viel Spaß macht, mit ihm ein Puzzle legen oder ihm irgendeine Bildergeschichte erzählen. Er könnte dann eine bestimmte Uhrzeit festlegen — neun Uhr oder halb zehn, das hängt von den Kindern und von den Eltern ab — und ihn dann mit den Worten in sein Zimmer schicken: »Jetzt ist Schluß! Und du läßt mich jetzt bitte mit meiner Frau in Ruhe. Du kannst dich hinlegen, wann du willst. Wenn du nicht müde bist, dann kannst du spielen. Aber wir wollen unsere Ruhe haben, sonst werde ich sauer.«

Was nun den kleinen Bruder angeht, ist er nun schon zweieinhalb Monate auf der Welt. Es ist möglich, daß die Eltern eine kleine Schwester angekündigt haben — das kommt häufig vor, wenn das ältere Kind ein Junge ist — oder daß sie enttäuscht waren, daß das Baby noch einmal ein Junge war. Der große Junge versteht dann nicht, daß seine doch allmächtigen Eltern dieses Baby, das sie sich nicht gewünscht hatten, dennoch akzeptieren. Der Vater könnte in diesem Fall mit dem

Ältesten sprechen und ihm sagen, daß das Leben eigentlich entscheidet, und nicht die Eltern. Als er selbst gezeugt worden ist, wollte er selbst ein Junge sein; genauso erging es seinem Vater und jetzt seinem Bruder; er sei der Große, der andere der Kleine; von daher wären sie nicht gleich und würden auch nicht die gleichen Lebensgewohnheiten haben. Er wird ja nun bald in den Kindergarten kommen und Freunde haben. Sein kleiner Bruder braucht ihn nicht, weil er noch nichts anderes kennt, als in seine Windeln zu machen, zu saugen oder zu schreien.

Der Vater sollte also mit ihm sprechen, denn sein Sohn befindet sich in einem Alter, in dem er sich stark mit ihm identifiziert. Deswegen sollte sich der Vater um ihn kümmern, ihm zeigen, wie man sich wie ein Großer wäscht, anzieht und ins Bett geht. Die Versuchung ist nämlich groß, die Mutter und den kleinen Bruder nachzuahmen. Er ist im Zweifel, was besser ist, sich mit einem Erwachsenen (und wenn, welchen Geschlechts?) zu identifizieren oder mit einem Baby. Oder soll er seiner Mutter gegenüber den tyrannischen ›Ehemann‹ spielen oder doch besser das Baby, indem er in seiner Entwicklung wieder zurückschreitet? Es liegt an diesen Zweifeln, daß er versucht, seine Mutter ängstlich zu machen, indem er mit dem Baby konkurriert, das regelmäßig gestillt, an- und ausgezogen und trockengelegt werden muß. Und mit seinem Vater konkurriert er, indem er von seiner Mutter verlangt, sich beim Schlafengehen neben ihn zu legen.

Hier ist ein netter Brief, der eine Erfahrung wiedergibt, die eine Familie mit fünf Kindern gemacht hat. Die Frau schreibt: »Wir leben seit drei Jahren auf einem Bauernhof und von unserer eigenen Arbeit. Wir legen sehr großen Wert auf die Erziehung unserer Kinder und darauf, daß der Vater auch darin einbezogen ist. Dieser wird nicht mehr, wie es in der Stadt war, bloß als ›Maschine‹ betrachtet, die das Geld verdient, sondern kann jetzt am Leben der Kinder wirklich beteiligt sein. Ich finde, daß die Eltern ihren Kindern gegenüber häufig zu mißtrauisch sind. Sie nehmen sogar die Rolle eines Feindes gegenüber ihren Kindern ein und bekämpfen deren

Fehler in der Absicht, sich von ihnen nicht ›hereinlegen‹ zu lassen. Und die Kinder haben dann den Eindruck, daß die Eltern gegen sie sind. Vor allem in intellektuellen Milieus kann man das andere Extrem beobachten: Die Eltern stellen sich völlig in den Dienst ihrer Kinder, so, als wären sie die Könige. Hier versuchen wir einfach, zusammen zu sein mit all den Anforderungen, die es für den einzelnen bedeutet, sich gegenseitig zu verstehen, zu helfen und zu respektieren. Zum Beispiel sind Schimpfworte erlaubt, es sei denn, sie stören jemanden, z. B. Großeltern oder Besucher, bzw. stellen eine wirkliche Beleidigung gegen jemanden dar (man kann so viel fluchen wie man will, wenn man sich etwa am Finger weh getan hat, aber zu jemandem ›Halt die Fresse!‹ oder ›Drecksau!‹ zu sagen finden wir nicht richtig). Die sexuelle Erziehung bewegt sich ganz natürlich im Rahmen der Beobachtung der Beziehung zwischen den Tieren (Ziegenbock und Ziege, Hahn und Henne etc.), die ja auf instinktivem Verhalten beruht und dem Vergleich dieser Beziehungen zu den Kontakten und Respekt, die die Erwachsenen im Umgang miteinander pflegen.«

Man könnte meinen, Sie hätten diesen Brief geschrieben ...

Der Brief schildert dann das tägliche Leben. Sie haben das Glück, viel Platz in so einem alten, eigentlich ja unbequemen Haus zu haben, um die verschiedenen Leute zu empfangen, sowohl junge Leute wie auch die Großeltern oder Freunde der Großeltern. Die Kinder sind zwei bis elf Jahre alt. Der Älteste geht in die sechste Klasse. Die drei nächsten gehen in die Dorfschule, die nur zwölf Schüler hat. Wenn doch nur alle Schulen so wären! Auf dem Land spielt die Arbeit eine dominierende Rolle, denn sie dient dem Überleben und jeder, ob groß oder klein, nimmt entsprechend seinen Fähigkeiten daran teil. Die Arbeiten, die im Haus erledigt werden müssen, sind nicht nach einer strengen Regel eingeteilt, sondern jeder wählt sich aus, was er am betreffenden Tag machen will: Kehren, Geschirr spülen usw. Zweimal in der Woche beaufsichtigen die Kinder die Tiere; das machen sie abwechselnd zu zweit und wählen dabei den, der sie begleiten soll. Die zwei anderen, die keinen Dienst haben, bringen ihnen dann einen kleinen Imbiß. »Ich kann nicht im voraus sagen, was in der Pubertätszeit passieren wird«, steht weiter in dem Brief, »aber ich glaube, daß die Tatsache, früh Verantwortung übernehmen zu müssen, den Kindern die Möglichkeit gibt, an das Leben mit einer objektiven und ernsthaften Sicht der Dinge heranzugehen. Sie können mir im übrigen glauben, daß diesen Kindern trotz der Arbeit immer noch genügend Zeit übrig bleibt, sich irgendwelche Hütten oder Lifte zwischen den Bäumen zu bauen.« Die Frau schreibt, daß es ein ›bescheidener‹ Bericht sei. Ich sage dazu, daß es ein wunderbarer Bericht ist. Vielen Dank.

Ein zehnjähriges Mädchen macht seinen Eltern viel Kummer. Beide haben den Eindruck, daß sie zur Zeit eine schwierige Phase durchzumachen scheint. Sie quengelt ständig herum und fängt beim kleinsten Anlaß an zu jammern. Auch beim Essen kommt es oft zu Tränen. Die Mutter meint, daß die Schwierigkeiten begonnen haben, nachdem sie und ihr Mann von einem Urlaub, den sie allein verbrachten, zurückgekommen sind. Das Kind war bei der Großmutter mütterlicherseits geblieben. Obwohl dieser Urlaub der Eltern im Grunde sehr kurz gewesen war — acht Tage —, fragt sich die Mutter, ob die Haltung des Kindes nicht darauf hinausläuft, sich in den Vordergrund zu stellen, um mehr Zuwendung zu bekommen.

Ich führe das Verhalten des Kindes darauf zurück, daß es offensichtlich unter der Abwesenheit der Eltern, der großen Entfernung, die es von ihnen trennte, und seiner Einsamkeit gelitten hat. Vielleicht hat das Mädchen es während dieser Ferien das erste Mal so empfunden. Ich würde nicht sagen, daß es sich einfach nur in den Vordergrund stellen will.

Es kommt hinzu, daß das Kind schon in sehr jungem Alter spürbare Probleme mit seiner Gesundheit erlebt hat: da es stark schielte, wurde es mehrmals (im Alter von dreieinhalb und sechs Jahren) operiert. Mit vier Jahren kam noch eine

Hautkrankheit, nämlich Schuppenflechte, hinzu, die seit zwei Jahren periodisch immer wieder auftaucht. Die Mutter schreibt noch, daß die Großmutter väterlicherseits den dreizehnjährigen Bruder des Mädchens lieber mag. Weiter heißt es: »Der Wechsel im Verhalten meiner Tochter hat sich erst vor ungefähr sechs Monaten bemerkbar gemacht. Glauben Sie nicht, daß es mit der beginnenden Pubertät zusammenhängen könnte? Sie klagt zum Beispiel häufig über Bauchschmerzen, und ich weiß nicht, ob sie mir nun etwas vorspielt oder nicht. Ihre Brüste sind leicht angeschwollen. Könnten Sie vielleicht erklären, wie sich die Pubertät auf ihre Persönlichkeit auswirkt?«

Hier handelt es sich um mehrere Fragen. Einerseits geht es um ganz spezifische Probleme dieses Mädchens, andererseits darum, wie man ein Mädchen allgemein auf die Zeit der Pubertät vorbereitet.

Ich habe den Eindruck, daß dieses Mädchen unter den Schwierigkeiten, die es mit den Augen hatte, sehr gelitten hat. Vielleicht würde es für sie eine Hilfe sein, wenn ihre Mutter ihr erklären würde, daß sie als kleines Kind darunter gelitten hat, von ihrer Familie getrennt zu werden, um dann einige Tage in völliger Dunkelheit zu verbringen (wie es nach einer Augenoperation üblich ist). Weiter könnte die Mutter ihr sagen, daß sie vielleicht aufgrund dieser Schwierigkeiten, die sie bis zum Alter von sechs Jahren mit ihren Augen gehabt hat, glaubte, nicht hübsch zu sein. Eltern sagen ihren Kindern, die an den Augen operiert werden, oft, daß man es macht, damit sie danach schöner aussehen. Das ist eigentlich nicht wahr, denn ein kleiner Augenfehler hindert ein Kind nicht daran, schön auszusehen, doch das Kind glaubt, daß es so wäre. Es ist auch möglich, daß sich dieses Kind als ›weniger gelungen‹ als sein Bruder empfindet, weil dieser von der Großmutter väterlicherseits bevorzugt wird.

Die Mutter fügt in ihrem Brief hinzu, daß sie diese Bevorzugung bei ihrer Tochter ihrerseits zu kompensieren versucht.

Dieser Kampf zwischen den beiden Frauen erscheint mir sehr wichtig zu sein …

Sie schreibt: »Meine Schwiegermutter zieht meinen Sohn gegenüber dem Mädchen derart vor, daß es auf der anderen Seite bei mir so aussieht, als ob ich mit meinem Bemühen, einen Ausgleich zu schaffen, meine Tochter mehr liebkosen würde als ihn — was meine Schwiegermutter wieder zu einem vorschnellen Urteil über meine Person veranlaßt.«

Wenn die Großmutter den dreizehnjährigen Jungen tatsächlich ›liebkost‹, dann habe ich Mitleid mit ihm. Denn in einer Familie ist der Bevorzugte in bezug auf die Zukunft immer der Leidtragende, und niemals der andere. Selbst wenn das zweite Kind, wenn es jung ist, darunter ein wenig zu leiden hat, wird es sich später desto unabhängiger fühlen. Die Mutter braucht sich also über das Verhalten ihrer Schwiegermutter gegenüber ihrer Tochter keine Sorgen zu machen. Sie könnte der Tochter beispielsweise aus Spaß sagen: »Siehst du, deine Großmutter ist schon alt. Sie mag kleine Jungen gern, weil sie sich zu alt fühlt, um einem Mann zu gefallen und wieder zu heiraten. Im Grunde ist sie doch zu bedauern.« Oder: »Du wirst jetzt immer größer. Unter den Töchtern bist du die älteste. Er ist der älteste unter den Jungen. Jungen und Mädchen sind überhaupt nicht dasselbe. Und als Mädchen bist du gut gelungen, du könntest nicht besser sein. Auch wenn du Schwierigkeiten mit deinen Augen hattest, als du klein warst.« Ab und zu solche Gespräche ›unter Frauen‹ zu führen, bei denen die Mutter ihrer Tochter das Selbstvertrauen und das Vertrauen in ihre Weiblichkeit stärkt, ist viel hilfreicher als mit ihr nur herumzuschmusen.

Vielleicht kann sie mit dem Kind auch über seine Bauchschmerzen sprechen und es darüber aufklären: »Ich weiß nicht, ob du Bauchschmerzen aufgrund von Verdauungsschwierigkeiten hast oder sich deine Eierstöcke und Gebärmutter auf deine erste Periode vorbereiten.« Und dann muß sie ihr genau erklären: »Du kannst stolz darauf sein.« Oder: »Deine Brüste fangen an, sich zu entwickeln. Bald werden wir deinen ersten BH kaufen.« Sie kann ihr bei dieser Gelegenheit auch ein kleines Geschenk speziell für Mädchen mitbringen, vielleicht eine Brosche oder ein Armband (selbst wenn sie es dann nicht trägt) und ihr sagen: »Siehst du, du wirst jetzt ein junges Mädchen.«

Andererseits würde ich gern wissen, ob dieses Mädchen Freundinnen hat. Denn mit zehn Jahren müßte sie eigentlich welche haben, sie einladen und zu ihnen hingehen. Ich glaube, daß sie solche Aktivitäten außerhalb der Familie gut gebrauchen könnte. Dieses Kind langweilt sich anscheinend und weiß vielleicht nicht, daß es hübsch aussieht und auf sich sehr stolz sein kann. Im übrigen wird der Vater in dem Brief gar nicht erwähnt. So sagt die Mutter, daß die Großmutter väterlicherseits in ihrem Sohn ein Bild des Vaters, als dieser klein war, sieht, aber sie erwähnt mit keinem Wort, wer eigentlich die sich zögernd entwickelnde Weiblichkeit ihrer Tochter unterstützt. Vielleicht ist diese Weiblichkeit auch dadurch bedroht, daß die Tochter sich mit dem Bruder zu identifizieren versucht, weil sie sich ihm gegenüber beeinträchtigt fühlt, und die Mutter dieses Gefühl verstärkt, indem sie sie mit ihrem Bruder vergleicht, der verwöhnt und immer beschützt worden ist. Ich möchte noch etwas hinzufügen: Das nächste Mal, wenn sie mit ihrem Mann irgendwohin allein hinfahren will, wäre es ratsam, wenn sie ihre Tochter einer befreundeten Familie anvertrauen würde, anstatt sie mit ihrem Bruder zusammenzulassen.

Ich möchte noch einmal auf die allgemeine Fragestellung zurückkommen: Wie wirkt sich die Pubertät bei einem jungen Mädchen auf dessen Charakter aus?

Zweifelsohne geht in dem Kind eine tiefgreifende Veränderung vor sich. Es macht manchmal einen gelangweilten Eindruck; die Geschwister, Vater und Mutter genügen nun nicht mehr, nun will es aus der Familie ausbrechen. Davor hat es manchmal auch Angst. Man muß dem Kind hierbei helfen, es in einer Jugendgruppe anmelden, unter Jugendliche bringen, die irgend etwas zusammen arbeiten, oder an einem Ferienlager teilnehmen lassen. Man sollte es aber nicht sofort in einem fremden Milieu ganz allein auf sich gestellt lassen. Diese Frau könnte mit ihrer Tochter zum Beispiel hin und wieder ein Wochenende bei Verwandten oder Freunden verbringen, die Kinder im gleichen Alter haben. Sie könnten auch einmal zu dritt, d. h. Vater, Mutter und Tochter, wegfahren, also ohne den Bruder, der für das Mädchen keine ständige Bezugsperson mehr sein kann. Auf diese Weise hätten sie auch einmal die Gelegenheit, ruhig miteinander zu sprechen — bei kleinen Anlässen wie Essengehen, Verreisen usw. ist man ja eher geneigt, einmal miteinander zu reden, nicht wahr? Und man könnte auch herausfinden, was das Kind nun wirklich gern mag (seinen Geschmack, seine Zukunftspläne), und man kann es darin unterstützen, mit einer Gruppe von Mädchen oder Heranwachsenden beiderlei Geschlechts Kontakt aufzunehmen, d. h. ihr Selbstvertrauen stärken.

Wenn man es mit Kindern in diesem Alter zu tun hat, sollten Vater und Mutter möglichst getrennt mit dem Kind sprechen. Aber die Mutter und der Vater sollten darauf achten, daß sie sich nicht gegenseitig erzählen, was ihnen der Junge oder das Mädchen vertraulich mitgeteilt hat. Das wäre ein Vertrauensbruch. Höchstens könnten sie den Jugendlichen ermutigen, bei dem anderen Elternteil Rat zu suchen und ihm dabei erklären, daß ein Vater und eine Mutter die Dinge nicht immer gleich sehen und daß zwei verschiedene Meinungen einen Sachverhalt durchaus klarer hervortreten lassen können, vor allem, wenn es sich um Probleme in bezug auf beide Eltern handelt. Im übrigen hat ja jeder die Tendenz — vor allem bei den älteren Kindern —, entsprechend der eigenen Erziehung zu reagieren; das hilft dem jungen Menschen, sich mit seinen Schwierigkeiten und Widersprüchen selbst besser zu verstehen: er wird sich sowohl der Gemeinsamkeiten wie auch der Unterschiede zwischen seinen Eltern bewußt und wird in eine Zeit zurückversetzt, als diese sich noch nicht kannten. Will man vermeiden, daß zwischen Eltern und Kindern eine Art Friedhofsruhe herrscht, sollten die Eltern mit ihren Kindern im Alter von zehn, elf Jahren solche Gespräche unter vier Augen führen. Solche Gespräche sollten gesucht werden, und man kann sie wiederholen, doch immer im Rahmen einer interessanten Beschäftigung für beide, den Erwachsenen wie für das Kind.

47. Kapitel

Du wolltest auf die Welt kommen, und wir wollten ein Kind
(Sexualerziehung, direkte Fragen)

Unter den Briefen, die wir bekommen, finden sich immer wieder solche, die das Problem der Sexualerziehung bzw. jener Antworten ansprechen, die die Eltern — häufig auf Umwegen — ihren Kindern zu diesem Thema zu geben versuchen. In dem Brief, der nun vor mir liegt, geht es um die Fragen einer vierjährigen Tochter (sie hat noch eine dreijährige Schwester), die von ihren Eltern wissen wollte, woher eigentlich sie und ihre Schwester auf die Welt gekommen seien. Die Eltern begannen ihrer Tochter etwas über die Fortpflanzung der Blumen zu erzählen, hatten aber den Eindruck, daß das Mädchen ihnen nicht folgen bzw. sie nicht verstehen konnte. »Dann«, schreibt die Mutter, »haben wir ihr erklärt, daß wir sie und ihre Schwester dadurch bekommen haben, daß wir miteinander geschlafen haben. Sie schien durch diese Antwort nicht besonders schockiert gewesen zu sein« (d. h. die Mutter dachte, daß das Mädchen schockiert sein könnte). Die Mutter hat nun folgende Frage: »Ist es üblich, daß Kinder dieses Alters solche Fragen stellen? Denken Sie, daß es von uns richtig war, ihr die Wahrheit zu sagen?« Um Ihnen ein richtiges Bild dieser Familie zu vermitteln, möchte ich noch sagen, daß es dort recht offen und frei zugeht, z. B. baden alle Familienmitglieder zusammen.

Man sollte auf derartige Fragen immer ganz direkt antworten, also so, wie die Eltern es im vorliegenden Bericht getan haben. Man muß ihnen erklären, daß sich der Körper eines Kindes durch den Geschlechtsverkehr im Bauch zu bilden beginnt. Man könnte vielleicht sagen, daß im Bauch so etwas wie eine ›Tasche für die Kinder‹ ist, die alle Mädchen in sich haben und die größer wird, wenn sie Mütter bzw. Frauen werden. Ich denke aber, daß die Frage, die das Kind gestellt hat, auch gleichzeitig einen übernatürlichen Sinn hatte. Die Eltern haben nur in bezug auf den körperlichen Vorgang geantwortet. Aber man sollte den Kindern auch sagen, daß sie geboren wurden, weil sie selbst auf die Welt kommen wollten. Denn der Geschlechtsverkehr erklärt ja nicht alles. Ich kenne viele Jugendliche, die glauben, daß ihre Eltern insgesamt dreimal miteinander geschlafen haben, weil sie drei Kinder bekommen haben. Als würde dies nur mit dem Geschlechtsverkehr zusammenhängen! Die Zeugung eines Kindes ist aber nicht auf irgendeine ›Funktion‹ des Geschlechtsverkehrs zurückzuführen. Viele Kinder stellen im übrigen ihren Eltern keine direkten Fragen nach ihrer Zeugung, sondern sprechen mit anderen Kindern darüber. Ihre Gespräche über dieses Thema im Kindergarten reduzieren sich oft auf eine bestimmte Geste: »Siehst du, so machen es unsere Eltern« — und sie tun den Zeigefinger der einen Hand in die geschlossen gehaltene andere Hand. Sie tun dies wortlos, ohne Bezugnahme auf etwas Schönes oder Häßliches, auf etwas Gutes oder Böses. Diese Geste scheint ihnen für ihr Wissen zu genügen und ganz natürlich.

Die Eltern, die uns den Brief geschrieben haben, haben sehr richtig geantwortet. Trotzdem wird diese Antwort nicht ausreichen, da ihre Tochter eines Tages die Frage stellen wird: »Aber warum habt ihr mich gezeugt?« Man sollte dann antworten: »Weil du zur Welt kommen wolltest und wir auch ein Kind haben wollten. Wir drei sind uns begegnet, und du begannst, in meinem Bauch zu wachsen.« Man sollte also das Gespräch nicht nur über die körperlichen Funktionen beim Geschlechtsverkehr führen, weil eine derartige Behandlung dieses Themas einen Körper, wenn ich es einmal so ausdrükken darf, zu menschlichem Fleisch degradiert.

Man sollte also auch von der Liebe erzählen.

Unbedingt. Und auch von dem Begehren, das man dabei empfindet, wenn man sich liebt. Wenn die Kinder nun weiterhin darüber sprechen wollen und Fragen stellen, kann man ihnen auch gleich erklären, daß der Geschlechtsverkehr erst dann zur Zeugung eines Kindes führen kann, wenn der Körper des Jungen oder Mädchens bereits erwachsen ist; und daß ein Mann und eine Frau miteinander schlafen können, wenn sie beide es wünschen und sie weder Geschwister noch Mutter und Sohn oder Tochter und Vater sind, denn letzteres gilt für alle Menschen auf der Welt. Natürlich gibt es viele Bücher in bezug auf die Aufklärung der Kinder über die Geburt — und manche sind auch ganz gut gemacht. Aber ich kenne nur ein einziges, das dem Kind neben dem Wissen über die Biologie des Menschen und die Fortpflanzung auch das Inzestverbot beibringt. Und doch müssen beide Dinge gleichzeitig vermittelt werden. Im Kindergarten und in der Schule sollte man darauf zu sprechen kommen, sobald die Kinder diese Frage ansprechen. Denn genau darin besteht ja der Unterschied zwischen den Menschen und den Tieren.

Wenn ich Ihnen jetzt zuhöre, muß ich daran denken, daß solche Themen vor noch nicht allzu langer Zeit tabu waren und die Familien ihren Kindern in dieser Beziehung überhaupt keine Antworten gaben. Sie vertreten also einen klaren Standpunkt: Es ist normal, daß ein Kind im Alter von vier oder fünf Jahren solche Fragen stellt, und es ist erst recht normal, ihnen auf ihre Fragen eine ganz direkte Antwort zu geben, ohne die Dinge zu verschleiern.

Ja. Aber man sollte auch nicht darüber erstaunt sein, wenn die gleichen Kinder zwei oder drei Jahre später alles vergessen haben, was ihnen gesagt wurde. Die Antworten, die man ihnen dann noch einmal gibt, entsprechen zwar ihrem früheren Wissen (sie wissen ja, daß sie gezeugt worden sind: das Unbewußte weiß alles). Aber man hat ihnen mit Worten geantwortet, die nur in bezug auf ihre damalige Entwicklungsstufe logisch waren. Im Laufe ihrer Entwicklung schaffen sich die Kinder nun komische Fantasiegebilde — manchmal sadistische Vorstellungen oder irgendwelche seltsame Gedanken — über die Zeugung und die Geburt. Diese Vorstellungen sind für sie dann ›auch‹ wahr: Sie gehören der Fantasiewelt an. Man sollte ihnen dann nicht sagen: »Bist du aber dumm! Das hast du doch schon alles gewußt, als du noch ganz klein warst.« Man muß ihnen vielmehr die ganze Wahrheit noch einmal sagen, weil sie es wohl vergessen haben. Darüber sollte man also nicht erstaunt sein, ebensowenig, wenn sie weiterhin an ihren Fantasievorstellungen festhalten wollen. Man kann ein wenig darüber lachen und sagen: »Gut, stelle dir vor, was du willst, aber in Wirklichkeit ist es doch so, wie ich es dir erklärt habe.«

Hier haben wir einen Brief, der ganz gut veranschaulicht, was Sie gerade über die Fantasie und Einbildungskraft der Kinder in bezug auf die Geburt gesagt haben. Es geht um eine Familie mit zwei Jungen, die sechs und drei Jahre alt sind, und die in nächster Zeit ein Baby erwartet. Der Älteste ist davon überzeugt, daß er das Baby in seinem eigenen Bauch hat und daß man jetzt unbedingt darauf achten soll, das Baby nicht zu bedrängen, wenn man ihn umarmt. Als seine Eltern ihm sagten, daß sein Vater ihn ja schließlich auch nicht im Bauch getragen hätte, war er mit dieser Erklärung überhaupt nicht einverstanden und blieb vom Gegenteil überzeugt. Da er dieses Mal hofft, ein kleines Mädchen zu bekommen, geht er sogar davon aus, daß er es besser als sein Vater angestellt hätte, der ja ›nur‹ zwei Jungen gezeugt hat. Ich finde diese Geschichte ziemlich erstaunlich. Kann es sein, daß man in dieser Familie nicht mit der genügenden Klarheit über solche Dinge gesprochen hat?

Ich weiß es nicht. Dieser Junge befindet sich zur Zeit in jener Phase, in der die Mädchen, von denen wir vorhin sprachen, vergessen hatten, was ihnen früher einmal gesagt wurde. Er interessiert sich ja anscheinend überhaupt nicht für die Art und Weise, wie das Baby gezeugt wurde. Er beschäftigt sich nur damit, es im eigenen Bauch zu haben, um es dann auf die Welt zu bringen, weil er sich, wie alle kleinen Jungen und Mädchen, mit seiner Mutter identifiziert. Vielleicht will er mit ihr konkurrieren, ihre Vormachtstellung leugnen. Er ist von dem Gedanken einer scheinbaren Schwangerschaft erfüllt. Die Mutter schreibt sogar, daß er denkt, dieses Baby würde sprechen und singen, zum Beispiel »der Nikolaus ist da« usw. Er lebt in der Vorstellung, daß er sich in einem ebenso außerordentlichen Zustand und einer ebenso ›interessanten Situation‹ wie seine Mutter befindet. Seine Anspielung auf den Nikolaus (oder Weihnachtsmann), dieses große, alte und allmächtige Heinzelmännchen, entspricht dabei ganz und gar seinem Alter. Er zeigt noch eine gewisse Abneigung, die wirkliche Welt zu akzeptieren bzw. sich damit abzufinden, daß die Männer, deren Vorteile zu teilen er stolz ist, doch nicht das Privileg haben, wie eine Frau ein Kind zur Welt zu bringen.

Ist dies der Grund, warum er so verzweifelt ist, wenn man ihm die Wahrheit sagt?

Dieses Kind erlebt zur Zeit etwas, was wir in unserer psychoanalytischen Fachsprache die ›primäre Kastration des Jungen‹ nennen. Auch wenn er, weil er ein Glied hat, in bezug auf die geschlechtliche Form seines Körpers glaubt, im Vorteil zu sein, ist er trotzdem nicht zufrieden damit, weil er in bezug auf das Genital gleichzeitig männlich sein will, aber andererseits auch das Privileg haben will, wie die Frauen Kinder auf die Welt bringen zu können. Er möchte alle ›Zeichen‹ der Macht und Stärke auf einmal haben. Für uns Menschen ist es letztlich eine schlimme Erfahrung, nur von einem Geschlecht sein zu können und uns lediglich in der Fantasie die Lust und das Verlangen des anderen Geschlechts vorstellen zu können! Deshalb können sich auch Männer und Frauen im Grunde niemals ganz verstehen. Es ist schon gut, wenn sie sich vertragen können! Dieser kleine Junge möchte nichts gesagt bekommen. Er will verstehen, und verstehen bedeutet für ihn, etwas ganz konkret zu erfahren. Er versteht schon, daß seine Mutter ein Baby bekommen wird und erkennt es auch an. Im übrigen wird er daran keinen so großen Gefallen finden, einen Konkurrenten oder eine Konkurrentin zu bekommen, denn er war sicherlich auf seinen kleinen Bruder eifersüchtig gewesen, selbst wenn er es inzwischen vergessen hat.

Was wird also bei der Geburt des Babys geschehen?

Ich weiß es nicht. So, wie man diesem Jungen die biologische Wahrheit sagen muß, muß man auch seine fiktive Welt respektieren, da man weiß, daß er sich hier auf der Ebene seiner Vorstellung bewegt. Man könnte ihm sagen: »Glaubst du wirklich daran?«, und dann lachen, mehr nicht. Man könnte es ihm auch folgendermaßen erklären: »Weißt du, alle Väter waren früher einmal kleine Jungen, die auch ganz gern ein Baby in ihrem Bauch gehabt hätten. Viele Mütter möchten Väter sein; viele Väter möchten Mütter sein, viele Mädchen kleine Jungen und viele kleine Jungen kleine Mädchen.« Im Grunde verhält es sich immer nach dem gleichen Schema. Wenn ein Junge es ganz besonders toll findet, ein Mädchen zu sein, möchte er ein Mädchen sein und umgekehrt. Erkennen, daß die Realität seines Geschlechts in Widerspruch zu dem vorgestellten Wunsch stehen kann, heißt schon, ihn als Menschen anzuerkennen, der ähnlichen Schwierigkeiten ausgesetzt ist, wie sie viele von uns haben. Das bedeutet, daß man ihm hilft, sich in seinem Dasein als kleiner Mensch zu akzeptieren. Wichtig ist dabei, daß jede Mutter auf die Frage nach der Entstehung des Lebens antwortet: »Ohne Mann kann keine Frau Mutter werden«, und daß jeder Vater antwortet: »Ohne Frau kann kein Mann Vater werden.« Im Moment befindet sich dieser Junge in einem Alter, in dem man darüber Träume und Fantasievorstellungen hat. Lassen wir ihn träumen. Er weiß sehr wohl die Wahrheit, aber er will sie im Moment noch nicht anerkennen.

Es sind also deswegen keine Dramen in Sicht?

Nein, ganz sicherlich nicht! Alle Menschen machen solche Erfahrungen!

Wenn wir schon dabei sind, wie man es dem Kind erklärt — ich habe hier einen sehr lustigen Brief. Als wir vor längerer Zeit über Sexualprobleme bei Kindern sprachen, hatten Sie Begriffe wie ›Lebenskern‹ und dergleichen verwendet ...

Ja, ich finde, daß es sich dabei um Begriffe handelt, die in der Umgangssprache etwas verständlich machen können. Aber vielleicht könnte man auch ein anderes Wort verwenden.

Tatsächlich schreibt uns diese Mutter, daß sie ihrem Kind die Geschichte mit den ›Kernen‹ erzählt hat und daß ihr Kind seitdem auf einen Schlag sämtliche Früchte, die Kerne haben (wie z. B. Tomaten oder Erdbeeren) abgelehnt hat. Es zeichnete auch andauernd Bäume mit Früchten und Häuser voller Kirschen: »Da ich diese Anzeichen mit meinen Erklärungen in Verbindung gebracht habe«, schreibt sie, »habe ich ihn bei der nächsten Gelegenheit daraufhin angesprochen, und mein Sohn hat mir gesagt, daß eine große Pflanze in seinem Körper wachsen würde.«

Hier sind zwei Dinge zu vermerken. Einerseits der Gedanke, daß jeder Kern einen Keim trägt und andererseits die Vorstellung, daß ein Pflanzenkern in seinem Magen keimen könnte. Weder spricht er von dem Kern, der ein Menschenleben erzeugt, noch hat er Angst davor. Vielleicht ist dieses Kind eben intelligent und denkt dabei an Orangen- oder Kirschkerne, vielleicht an Früchte überhaupt. Man muß ihm erklären, daß der Magen alles verdaut und daß die Pflanzenkerne nur in der Erde wachsen und daß der menschliche Samen nicht im Verdauungsorgan Leben erzeugen kann. Bei den Erklärungen, die diesem Jungen gegeben wurden, wurde ihm wahrscheinlich nicht gesagt, daß ein Begegnen der Lebenskerne von Mutter und Vater erst durch den Geschlechtsverkehr möglich wird und daß das Kind, das in der Babytasche der Mutter wächst — die weder etwas mit dem Mund noch dem After zu tun hat, und die die Jungen nicht haben —, das Kind *beider* Eltern ist. Und dann sollte man nicht vergessen, das Inzestverbot mit in die Erklärungen der Eltern einzubeziehen, und zwar jedesmal, wenn man den Kindern den Sexualakt zwischen zwei Menschen erklären will.

Es ist für viele Kinder verwirrend, wenn die Mutter in bezug auf die Kinder den Vater ›Papa‹ und der Vater die Mutter ›Mama‹ nennt. Man sollte immer von ›deiner Mama‹ und

›deinem Papa‹ sprechen, denn sonst könnte das Kind glauben, daß sein Vater der älteste Sohn seiner Mutter wäre oder seine Mutter die älteste Tochter des Vaters. Ebenso sollte man vermeiden, daß sich die Eltern gegenseitig so anreden; es erweckt leicht den Eindruck, daß sie Geschwister sind, insbesondere, wenn sie auch noch die Schwiegereltern ›Mama‹ und ›Papa‹ nennen.

Man muß den Kindern im Kindergarten und in der Schule den Wortschatz für Verwandtschaftsbeziehungen beibringen, damit in deren konfusen inzestuösen Vorstellungen, was das Verständnis für die Verwandtschaftsbeziehungen angeht, Klarheit geschaffen wird.

48. Kapitel

Das große Vergnügen?
(Sich voreinander nackt zeigen)

Ein Erzieherehepaar hat zwei Jungen, die vier Jahre bzw. fünf-
zehn Monate alt sind. Beide sind nicht damit einverstanden,
was Sie in bezug darauf gesagt haben, daß man sich voreinan-
der nackt zeigt. Sie berichten: »Wir zeigen uns nackt vor unse-
ren Kindern. Übrigens spielen sie sowohl mit ihrem Körper wie
auch mit unseren.« Sie drücken auf die Brüste ihrer Mutter und
sagen »tüt-tüt« dabei usw., machen mit ihrem Vater ... unter
sich ... na ja, lassen wir es bei dieser Schilderung. Ich will nicht
in alle Details gehen, die man bei dieser Familie aufzählen
könnte, da ›man‹ vor seinen Kindern ja nichts verbergen will.

Es geht also um ›das große Vergnügen‹?

Ja. Dennoch stellen sie sich ein paar Fragen. Ihr ältester Sohn
verharrt manchmal vor jeglicher neuen Aktivität in totaler Pas-
sivität, als wäre er von Idiotie befallen. Wie könnten sie ihm
helfen? Und hat es mit dem zu tun, was die Eltern uns vorher
geschildert haben?

Ich denke ja. Die Eltern wissen nicht, daß es einem Kind gefällt, den Körper eines Erwachsenen zu betrachten, daß es
sich darin spiegelt und dann einbildet, ähnlich zu sein. Das
Kind spielt mit dem Körper des Erwachsenen sicherlich aus
Vergnügen, aber wenn der Erwachsene dabei ebenfalls Vergnügen empfindet, weiß es zum Schluß nicht mehr, wer der
Erwachsene und wer das Kind ist. Diesen wichtigen Punkt
sollte man in bezug auf das gemeinsame Nacktsein und die
Lustgefühle, die man beim gegenseitigen Anschauen und Betasten miteinander teilt, unbedingt beachten. Es geht nicht
darum, sich darüber zu entrüsten, doch es kann für das Kind

335

in bezug auf seinen eigenen Körper zu einem ›Realitätsverlust‹ führen. Hinzu kommt, daß diese erregenden Spiele für das Kind gefährlich sein können, weil sie seine Genitalien zu früh überreizen.

Sie haben schon einmal gesagt, daß sich ein Kind gegenüber dem Körper eines Erwachsenen geradezu mickrig vorkommt ...

Ja! Um die Problematik einmal auf eine etwas andere Ebene zu verlagern, möchte ich die Situation mit der eines Kindes vergleichen, das einen Teddybären hat, der sehr viel größer ist als es selbst. Solche schrecklichen Tiere sieht man ja häufig in den Schaufenstern — riesige Pinguine oder Teddys; es kommt nun gar nicht so selten vor, daß manche Kinder den Realitätsbezug zu sich selbst verlieren, weil sie glauben, sie wären selbst so ein Teddybär. Die Fantasie des Kindes geht eben manchmal weit über das, was wirklich sein kann, hinaus. Wenn man dem Kind etwas anbietet, was seinem Wunsch entspricht, ein großes Tier oder eine große Puppe zu sein, und wenn es in der Wirklichkeit dieses Stofftier oder dieses Wesen gibt, kann folgendes passieren: das Kind läßt es in seiner Fantasie zu einer menschlichen Gestalt werden, verleiht ihm Leben, Empfindungen und menschliche Gefühle und entfernt sich auf diese Weise immer mehr von der Wahrnehmung seines eigenen Körpers.

Jenes Kind, das manchmal wie von Idiotie befallen zu sein scheint, möchte eigentlich das Geschlecht seines Vaters schon jetzt haben. Und da er es berühren darf, ist es geneigt zu glauben, daß es bei dieser Berührung sein eigenes Geschlecht berührt. Wenn es die Brüste seiner Mutter berührt, berührt es auch seine eigenen eingebildeten Brüste. Es sagt »tüt-tüt«, als ob es ein Spielzeug berühren würde, weil die Brüste es an die Hupe eines Autos erinnern. Das ist eine merkwürdige Vorstellung. Dieses Kind hat in bezug auf den Körper seiner Eltern bereits einen ›Realitätsverlust‹ erlitten.

Ab der Pubertätszeit spielt der nackte Körper der Eltern keine Rolle mehr. Gerade aber ab diesem Zeitpunkt verbieten es die Eltern ihren Kindern häufig, sie nackt zu sehen.

Und doch ist es gerade umgekehrt, daß es für das kleine Kind gefährlich ist, seine Eltern nackt zu sehen, denn es hat die Vorstellung, als würde deren Körper nur das Spiegelbild des eigenen sein, was in der Realität natürlich nicht stimmt. Deshalb bleibt auch das Kind, von dem vorhin die Rede war, regungslos und starr; es verhält sich, als würde es ganz abwesend sein: es weiß nicht mehr, wer es ist, ob es nun groß oder klein ist, es selbst oder ein anderer. In seiner visuellen Vorstellung und den Tastempfindungen seines Körpers gibt es ein oder mehrere Körperteile, die bereits nicht mehr als die eigenen empfunden werden. Das Kind wirkt wie ein Idiot, weil es im Grunde intelligent ist und mit einem regelrechten Identitätskonflikt zu kämpfen hat. Ich möchte die Eltern bitten, in dieser Beziehung wirklich achtzugeben!

Ich weiß nicht, ob Sie Ihre Meinung ändern können, aber ich möchte Ihnen folgende konkrete Frage stellen: Kann man eine solche Störung denn überhaupt rückgängig machen? Können Eltern ihr Verhalten von Grund auf ändern, nachdem sie ihre Kinder vier Jahre oder fünfzehn Monate daran gewöhnt haben, sie nackt zu sehen?

Es ginge schon, wenn die Eltern nur selbst dabei nicht so viel Vergnügen empfinden würden! Ich habe den Eindruck, daß es gerade diesen Eltern sehr viel Spaß macht, daß ihre Kinder dieses Spiel gegenseitigen Berührens mitmachen. Und genau das finde ich an der ganzen Angelegenheit so ärgerlich. Es sieht so aus, daß die Eltern in bezug auf erotische Spielereien sich ganz gern an diesbezüglichen Aktivitäten ihrer Kinder — in der Rolle des ›Riesen‹ — beteiligen. Es mag ihnen lustig erscheinen, aber für die Kinder ist es doch eher beängstigend.

Könnte man aber eine solche Haltung nicht durch verschiedene Theorien wie ›Rückkehr zur Natur‹ usw. erklären?

Vielleicht. Aber die Eltern haben ja gerade festgestellt, daß die Kinder Probleme damit haben, und ich bin dabei zu erklären, um welche Art von Problemen es sich dabei handelt.

Kann man also diesen Umgang mit den Kindern verändern?

Natürlich. Man kann sagen: »Hör zu! Jetzt bist du zu groß für so etwas geworden. Berühre dich selbst oder spiele doch mit den Freunden in deinem Alter. Du hältst dich noch für ein Baby, aber du wirst jetzt groß und später ein Mann werden. Dann wirst du ja nicht mehr die Brüste deiner Mutter zum Spielen brauchen. Du wirst dir wohl eine kleine Frau unter denjenigen aussuchen, die zur Zeit noch, genau wie du, Kinder sind.« Man sollte dem Kind also auf einer solchen Ebene entgegentreten. Man muß es sogar, denn dieses Kind ist ja vom Körper seines Vaters manchmal wie von einer Krankheit befallen. Es weiß nicht mehr, wer es ist und was es ist …

Bleiben wir noch eine Weile bei dem Thema. Was passiert, wenn man sich voreinander nackt zeigt? Hier der Brief eines Vaters: »Ich habe eine sechsjährige Tochter, die sich von den Jungen anscheinend schon ganz schön angezogen fühlt. In der Schule ist es auch der Lehrerin schon aufgefallen. Mich überrascht diese Neugierde meiner Tochter in bezug auf Jungen etwas, denn meine Frau und ich haben sie schon als kleines Kind sehr liberal erzogen; so hatte sie Zugang zum Badezimmer, wenn sich dort jemand wusch.« Es ist um so überraschender, weil der elfjährige Bruder des kleinen Mädchens im Gegensatz zu ihr sehr prüde zu sein scheint.

Es ist nicht erstaunlich, daß sich dieses Mädchen von den Jungen angezogen fühlt und daß ihr Bruder im Gegenteil prüde ist: es rührt von der Erziehung, die die Eltern selbst als liberal einstufen. Ich sehe nichts Schlimmes darin, daß sich dieses Kind von Jungen angezogen fühlt. Ich denke sogar, daß es ihr eine gewisse Sicherheit gibt, weil sie aufgrund der ständigen Konfrontation mit dem nackten Körper ihrer Eltern und angesichts des gesunden Ausweichens ihres elfjährigen Bruders, der von den anderen Familienmitgliedern nicht nackt gesehen werden will, gerade Freunde des anderen Geschlechts braucht; ansonsten wäre sie eine Gefangene im Feuer — wirklich im Feuer — ihres Triebwunsches in bezug

338

auf den Vater. Die einzige Möglichkeit, die inzestuöse Beziehung zum Vater zu vermeiden, besteht eben darin, sich männliche Freunde zu suchen. Der Vater muß sich halt daran gewöhnen. Er hat seiner Tochter eine freie Erziehung gegeben. Ohne zu wissen, hat er bei ihr eine Inflation von Erregungszuständen wachgerufen, die jetzt gegenüber ihm und ihrem Bruder aufgrund des Inzestverbots blockiert sind. Die Mutter hat ihrerseits den Wünschen des Mädchens zu wenig entgegengesetzt und durch den kindlichen Austausch von Zärtlichkeiten die Konkurrenzgefühle ihrer Tochter ihr gegenüber noch provoziert. Deshalb will das Kind jetzt alle Jungen für sich allein haben, und gibt sich diesem angenehmen Spielchen fast ausnahmslos hin. Es ist ganz normal.

Um all jenen schon im voraus eine Antwort zu geben, die uns schreiben werden, »Ich bin dafür« oder: »Ich bin dagegen«: Wenn sie ihre Töchter so erziehen, wie dieser Herr, werden sie schon früh viele kleine ›Verlobte‹ haben, und es wird bei ihnen eher heißen: »Erst kommt das Vergnügen, dann die Arbeit.« Zumindestens in ihrer frühen Kindheit, aber vielleicht auch bis ins sogenannte ›Vernunftalter‹.

Das ist die logische Konsequenz einer solchen Erziehung. Im Fall eines Jungen wird er in der Familie eher prüde und in Gesellschaft anderer eher schüchtern sein. Er wird gegenüber anderen Jungen Minderwertigkeitsgefühle haben und unfähig sein, seine Wünsche zu realisieren: in seiner Fantasie ist es für ihn sehr erregend, die Mutter nackt zu sehen, aber er empfindet die sexuelle Konkurrenz zum Vater als bedrohlich. Er muß sich gegen seinen sexuellen Wunsch nach der Mutter schützen, d. h. gegen seinen Wunsch, die Mutter allein für sich zu bekommen. Dieser Wunsch des Jungen wird aktiv vorgetragen, d. h. er bringt ihn so zum Ausdruck, daß er zu der Frau hingeht, die er sich wünscht. Aber er kann weder zu seiner Mutter noch zu seiner Schwester gehen, da das Inzestverbot tief im Herzen der Menschen verwurzelt ist. Die sexuelle Rolle, die das Mädchen einnimmt, besteht nun darin, aktiv auf der Lauer zu sein, wer wohl zu ihr kommt. Deshalb provoziert sie die Jungen bzw. lockt sie an, weil sie genau merkt, daß es gefährlich sein würde, den Vater zu provozieren und weil sich ihr Bruder — zum Glück — nicht provozieren läßt.

Sie tut das alles instinktiv...

Instinktiv, ja. Weil sie gesund ist.

Ich betone es deshalb, weil Sie in bezug auf die Sexualerziehung immer wieder betonen, daß man sehr leicht vergißt, vom Inzestverbot zu sprechen.

Das wirklich Entscheidende an der Sexualerziehung ist das Inzestverbot. Dies ergibt sich ganz zwangsläufig aus der Tatsache, daß das Inzestverbot und die Freiheit, alles kennenlernen zu wollen, zusammenfallen. Dann ist es sehr gut, daß die Kinder sich vom anderen Geschlecht angezogen fühlen und sich gegen ein eventuelles sexuelles Interesse für Eltern oder Geschwister wehren. In bezug auf die Sexualerziehung des Mädchens, von dem wir sprechen, sollte der Vater ihr — abgesehen vom Inzestverbot — sagen: »Suche dir doch ›kleine Verlobte‹ deines Alters.« Denn die einzige Gefahr besteht darin, daß sie sich jetzt junge Männer oder Erwachsene sucht, was sie vom Weg ihrer gesunden sexuellen Entwicklung abbringen würde. Wenn sie ihrem Vater vertraut und dieser dezent und ernst mit ihr redet, wird sie auf seine Worte hören und sich für die Äußerung ihrer Sinnlichkeit ›kleine Verlobte‹ oder besondere ›Auserwählte‹ und keine jungen Männer aussuchen, die für sie noch zu alt sind.

49. KAPITEL

Was man in einem bestimmten Alter können muß
(Von falschen Normen)

Der folgende Brief stellt Ihnen eine ›klassische Frage‹ — ich weiß im übrigen, daß Sie diese Art von Fragen ›ärgerlich‹ macht, ich meine ›ärgerlich‹ in Anführungszeichen ...

Das stimmt.

Es handelt sich um eine sehr detaillierte Frage nach dem Erwerb von bestimmten Fähigkeiten in den ersten Lebensjahren. Man hat allerdings den Eindruck, daß diese Mutter ihr Kind vielleicht ein wenig zu viel beobachtet ...

›Ein wenig zu viel‹ — das kann man wohl sagen! Mich schockieren diese Mütter immer wieder, die ihre Augen ständig auf den Körper ihres Kindes richten, um herauszubekommen, was es schon leistet! Hinzu kommen dann haargenaue Beobachtungen wie »jetzt kann Baby dies, morgen kann Baby das«. Man könnte denken, man hätte es mit einem experimentalpsychologischen Bericht zu tun. Es handelt sich um Mütter, die ihr Kind ständig beobachten, ständig auf der Lauer liegen und beim kleinsten Anlaß ängstlich werden. Ist es normal, daß ein Schneidezahn an diesem oder jenem Tag herauskommt, und zwar oben, und nicht unten? Ist dies oder jenes normal? Man könnte glauben, daß die Frau, die uns den Brief geschrieben hat, den ganzen Tag nur noch ihr Kind beobachten würde und alles in ein Heft einträgt! Hat sie aber noch genug Energie übrig, um eine Frau zu sein? Nie spricht sie von dem Vater des Kindes oder von anderen Leuten, auch nicht von sich und ihren Gefühlen ihrem Kind gegenüber; statt dessen interessiert sie sich dafür, daß ihr Kind zwei Stunden zwischen fünf und sieben Uhr seit jenem Monat bis zu jenem Monat geschrien hat. Sie schreibt auch nichts über die Mimiken des Kindes, ob es lacht, oder weshalb es lacht, oder was es zum Weinen bringt, noch sagt sie etwas über seinen in Entstehung begriffenen Charakter, was es also mag, und was nicht. Sie redet viel über sein Gewicht, aber nichts über seine Gesichtszüge, über seine Augenfarbe oder seine Haare ... Sie sagt auch nichts darüber, ob es seinem Vater, den Familienangehörigen väterlicherseits oder eher ihr und ihren Angehörigen ähnlich sieht. Man weiß nichts von ihrem eigenen Charakter, aber auch nichts von der Persönlichkeit dessen, den sie sich als Vater ihres Kindes gewählt hat. Man erfährt auch nichts vom äußerlichen Rahmen, in dem sie leben, von den Menschen ihrer Umgebung, d. h. von denen, die um sie und um ihr ›Baby‹ sind, von denen, die ihr Baby lieben und von diesem geliebt werden. Sie erzählt auch nicht, ob sie es auf den Arm nimmt, wiegt, spazierenführt, mit ihm spricht oder worin ihr gemeinsames Vergnügen und ihr stillschweigendes Einverständnis besteht, wenn sie ihm sein Fläschchen gibt, es trockenlegt und badet. Was bleibt ihr und ihrem Kind eigentlich übrig zum Austausch von Zärtlichkeiten, an Lachen und gemeinsamer Freude? Und wenn der Vater des Kindes zu Hause ist — wie sieht es dann mit ihrem Glück aus, Eltern zu sein und in diesem Kind den gemeinsamen sinnlichen Ausdruck einer Verbindung zu sehen, der dazu führte, daß ein Dritter geboren wurde? Wir erfahren auch nichts von beider Hoffnungen, die doch eigentlich das Kind verkörpert. Und diese Haltung nimmt das Kind doch wahr oder ›ahnt‹ es zumindestens, und *das* ist relevant für seinen Erwerb von wirklichen ›Fähigkeiten‹.

Sind Sie verärgert, Françoise Dolto? Es scheint so!

Ich bin nicht verärgert, aber dieser Bericht macht mich traurig. Daß wissenschaftlich arbeitende Psychologen solche Beobachtungen über Kinder, die nicht ihre eigenen sind, anstellen, sie unter die Lupe nehmen, wenn sie sie beobachten müssen (und zum Glück passiert das ja nicht jeden Tag, und das

342

Kind liebt sie ja auch nicht wie seine Mutter oder seinen Vater), geht schon in Ordnung, da es die Wissenschaft vom Säugetier ›Mensch‹ voranbringt — wenn man dieses mit anderen Tierarten vergleicht. Aber bei einer Mutter oder einem Vater ist es doch ganz etwas anderes!

Ist es schädlich für das Kind?

Ja. Diese permanenten Beobachtungen und Urteile über das Kind degradieren es zu einem Gegenstand.

Sie wollen dieser Mutter also keine Auskunft darüber geben, was ein Kind zu einem bestimmten Alter können muß?

Ich will es einmal so ausdrücken: Ein Kind ist von seiner Geburt (bzw. sogar schon davor) ein Wesen, welches unbewußt für das empfänglich ist, was es vom Unbewußten derjenigen empfindet, die mit ihm zusammenleben und sich ihm annähern.

Können Sie uns erklären, was Sie damit meinen?

Ich meine, daß der Mensch ein sprachbegabtes und kommunikationsfreudiges Wesen ist, das für alles empfänglich ist, was es vom anderen wahrnimmt: dessen Laune, seinen Geruch, seine motorischen Rhythmen, seine Stimme; und daß der Mensch die Liebe oder die Gleichgültigkeit, die ihm entgegengebracht wird, empfindet, genauso wie den Platz, der ihm in der Familie oder anderswo eingeräumt wird bzw. den Respekt, den man für sein Leben und seine Äußerungen hat. Behandelt man den Menschen wie einen Gegenstand, eine Speiseröhre oder einen motorischen Apparat, und nicht wie einen Menschen, den man liebt, wird er im Verlauf seiner Entwicklung allmählich zum Roboter, der gut gehorcht, wenn es sein Herr ihm befiehlt. Doch das Kind ist bereits ein Subjekt, es hat Wünsche, und nicht nur physische Bedürfnisse. Das Kind ist nicht nur ›Baby‹, sondern es hat einen Namen, den es mit einer bestimmten Herkunft verbindet, einen Vornamen, den man für ihn ausgesucht hat und der ganz persönlich zu ihm gehört; um ihn dreht sich sein ganzes Leben, die Beziehung zu seinen Eltern und Verwandten, ob sie mit ihm Freuden und Leid teilen oder nicht. Und es ahnt schon — selbst wenn es noch nicht bewußt verstehen kann — den wahren Sinn der Beziehungen von anderen zu ihm, vor allem, was seine Mutter, seinen Vater oder die Tagesmutter, von denen sein Leben abhängt, angeht. All dies wird von ihm aufgenommen und füllt sein ganzes Wesen mit seiner Sprache aus.

Gut, aber wie steht es mit dem Erwerb von bestimmten Fähigkeiten?

Bei alledem handelt es sich doch schon um eine ›Fähigkeit‹: Fähigkeit des Herzens, des Geistes, der Intelligenz, die mit dem physischen Wachstum einhergeht, das im übrigen bis zum Alter von drei Jahren sehr schnell vonstatten geht. Das alles kann man nicht einfach ›sehen‹ und auch nicht unmittelbar ›überprüfen‹. Das Kind muß aus dem, was ihm von Anfang an von seiner Natur gegeben ist, das Beste machen. Diesen Weg geht es dann. Alles, was es von denjenigen wahrnimmt, von deren Leben sein eigenes seit der Schwangerschaft bis ins Alter von sechs bis acht Jahren abhängt, verbindet sich mit seinem nach Befriedigung seiner Wünsche trachtenden Wesen und organisiert sich in — zunächst stummer — Sprache. Sein Schreien, sein Lallen, seine Tränen und sein Lächeln sind natürlicher Ausdruck, der durch seine Hauptbezugspersonen zur Sprache entwickelt wird, durch die es dann seine innere Ausgeglichenheit oder seine Anspannungen mitteilen kann. Sie steht ihm in der Begegnung mit anderen, die ihm antworten, ebenso zur Verfügung wie zu einem stillschweigenden Einverständnis mit ihnen. Im Wach- und im Schlafzustand, in seinem intensiven Bedürfnis nach Kommunikation und im Zustand, wenn es sich ausruht, wird ein subtiles Kommunikationsnetz gesponnen, durch das es über gut und böse, schön und häßlich, erlaubt und verboten informiert wird. Es trachtet nach allem, was Lust bereitet und vermeidet Unlust. Dieser Vorgang spielt sich sicherlich unbewußt ab und geschieht beim Kind doch als Reaktion auf das, was diejenigen, die es erziehen und die es liebhat, befriedigt, verärgert oder gleichgültig sein läßt (wenn es von ihnen z. B. nicht verstanden wird).

Gibt es denn nichts, was man als ›normal‹ oder ›anormal‹ beim Erwerb bestimmter Fähigkeiten des kleinen Kindes klassifizieren kann?

Nein. Alles ordnet sich entsprechend der Beziehung zu seiner Mutter, seiner frühen Liebe zu ihr und über sie dann wieder zu sich selbst und zu den anderen. Es ist wirklich nicht möglich, für das, was ein Kind an Fähigkeiten erwirbt, Normen anzugeben, um dann entsprechend dem, was es kann oder nicht, zu urteilen.

Ich würde im Gegenteil sagen, daß die Entwicklung eines Kindes in gewissem Sinn vorgezeichnet ist, sie bewegt sich entlang der natürlichen Fähigkeiten, die es besitzt und die es vom Anfang seines Lebens an begleiten, d. h. wenn es sich von seinen Eltern, die es liebt, geliebt fühlt und in einer fröhlichen Atmosphäre aufwächst. Ich möchte es einmal so ausdrücken: ein Kind fühlt sich in Sicherheit, wenn man nicht unbedingt will, was es nicht möchte, was umgekehrt nicht bedeutet, daß man nur tun sollte, was es will oder ihm alles gibt, wonach es verlangt.

Und was die Eltern angeht: die Mutter und der Vater sollten ihr eigenes Leben weiterführen, tun, was sie tun müssen und was ihrem Leben einen Sinn verleiht. Natürlich verfügt man, wenn ein Baby da ist, das alle drei Stunden ernährt werden muß und übrigens ja auch Geld kostet, über weniger Freiheit. Aber das ganze Leben der Eltern sollte sich nicht nur um das Kind drehen, und sie sollten sich von diesem nicht völlig vereinnahmen lassen. Es kann an ihren Unternehmungen ja auch beteiligt sein, in der Nähe sein, wenn sie etwas zu tun haben oder Freunde empfangen.

Nur sollte man in seiner Anwesenheit den Geschlechtsverkehr vermeiden, auch wenn es schläft, denn unbewußt nimmt es doch an allem teil, wenn es schläft, sogar noch stärker; die

345

Erregung aufgrund von Lustgefühlen sowie aufgrund von Wutanfällen oder Ängstlichkeit der Eltern provoziert beim Kind zu starke Empfindungen. Man darf das Kind weder durch die Stimme, durch Liebkosungen noch durch zu heftige Bewegungen in einen überstarken Reizzustand versetzen. Man sollte es sich auch nicht aus Spaß gegenseitig wie einen Ball zuwerfen und sich auch nicht über es lustig machen: gerade in dieser Beziehung reagiert ein Kind sehr sensibel, selbst, wenn es sich nichts anmerken läßt.

Aber wie ist es nun mit dem Erwerb ganz bestimmter Fähigkeiten?

Sie wollen wohl nicht locker lassen?

Also gut! Man muß dazu wissen, daß Fähigkeiten nur allmählich erlernt werden können und das Zentralnervensystem des Menschen bei der Geburt des Kindes noch nicht fertig ausgebildet ist; das Gehirn ist zwar schon ausgebildet, aber nicht die Nervenenden, die zu den Händen führen; diese wiederum werden früher ausgebildet als jene, die zum Gesäß oder zu den Füßen führen. So kann der Tastsinn des Kindes entwickelt sein, ohne daß es schon seine Bewegungen kontrollieren kann. Das Rückenmark entwickelt sich durchschnittlich bis zum Alter von 24 bis 28 Monaten.

Hieraus folgt, daß das Kind viele Dinge lernen und können muß, bevor ihm durch Dressur die Beherrschung seines Schließmuskels aufgezwungen wird. Denn es ist nicht von Beginn an in der Lage wahrzunehmen, was in der Gegend von seinem Gesäß stattfindet, und kann also erst viel später lernen, sein Pipi natürlich zu kontrollieren. Die Fähigkeit, mit dem Mund und mit den Lippen Formen zu erkennen, ist sehr früh vorhanden; ebenso die Geschmacksempfindung, die Fähigkeit, mit der Nase Gerüche auseinanderzuhalten, mit den Ohren Laute zu erkennen (ihren Klang, ihre Tonhöhe, ihre Intensität), also Lieder zu behalten, Stimmen zu erkennen, den Tonwechsel wahrzunehmen und die Betonung der Wörter (die das Kind erst viel später wird selbst aussprechen können). Das Kind lernt auch Farben auseinanderzuhalten, ihre

Intensität wahrzunehmen und das, was sie mit etwas anderem verbindet. Es gibt Bilder, Gemälde und Malereien, die es sehr gern mag, und es hört auch zu, was man darüber sagt. Andere sind ihm wiederum gleichgültig, und es interessiert sich nicht dafür. Kinder mögen sehr früh Blätter, die sich vor dem Hintergrund des Himmels bewegen, sie sind empfänglich für das Rauschen des Windes, der die Blätter hin- und herbewegt. Sie mögen das Grüne, die Luft, die Blumen, den Gesang der Vögel, die am Himmel ziehenden Wolken. Sie mögen, was sich bewegt, weil Bewegungen das Leben bedeuten. Man kann bzw. müßte mit ihnen über alles ›sprechen‹, was ihre Aufmerksamkeit fesselt. Die vielfältigen mimischen Ausdrücke des Kindes sind die stillschweigenden Antworten auf alles, was um sie geschieht, und auf die erklärenden Wörter — vor allem die der Mutter und des Vaters.

Es gibt also eine natürliche Ordnung für die Möglichkeiten des Erwerbs bestimmter Fähigkeiten beim Kind — die Ordnung ist für alle dieselbe, aber das Tempo ist je nach Art des Kindes und der Mütter verschieden. Und gerade dieser natürlichen Ordnung sollte man auf keinen Fall entgegentreten.

Zum Beispiel ist es gefährlich, wenn ein Kind zu früh spricht. Ich meine damit, daß es gefährlich ist, wenn nur das Sprechen für seine Mutter einen Wert darstellt und wenn das Kind dadurch zu einer Art Tonband wird, das die Wörter oder die halben Sätze der Mutter durch Nachahmung nur wiederholt, weil es ihre einzige Freude ist. Es gibt Kinder, die dem Anschein nach perfekt wie die Erwachsenen sprechen, die sich aber nicht bewegen, keinen Lärm machen, die Gegenstände nicht verrücken, nicht klettern und auf nichts neugierig sind, was man — aus reinem Vergnügen — berühren kann. Wenn ein Kind bereits perfekt spricht, bevor es geschickte Hände wie die der Erwachsenen hat, um sich allein ernähren zu können (so daß es noch von den Erwachsenen gefüttert werden muß, weil es nicht allein essen will oder kann), hat man es mit jemandem zu tun, der sich im Grunde gerade nicht ›ordentlich‹ entwickelt.

Genauso ist ein Kind, das zwar sauber ist und auf Bitten der Mutter — um ihr zu gefallen — auf den Topf geht, ein dressiertes und von den Erwachsenen total abhängiges Kind. Vor dieser Reinlichkeitserziehung sollte es erst einmal seiner Lust nachgehen zu spielen, in der Hocke zu sitzen, geschickt zu laufen oder eine Haushaltsleiter aus Spaß hoch- und wieder herunterzuklettern. Andernfalls handelt es sich in bezug auf ›seine Natur‹ und seine spontanen Fortschritte eher um eine ›unordentliche‹ Entwicklung. Die Dressur führt dazu, daß es auf die angenehmen Empfindungen, die sich um die Tätigkeit seines Schließmuskels gruppieren, verzichtet, denn dessen Funktionieren ist mit Lustgefühlen verbunden. Es verzichtet dann auf seine eigene Lust, um seiner Mutter einen Gefallen zu tun, um mit ihr in Frieden zu leben. Und es gibt sich dabei selbst auf. Ebenso verhält es sich in bezug auf seine Motorik. Das Kind entwickelt sie beim Spielen mit anderen Kindern, um den Raum zu entdecken, die Gegenstände zu beherrschen, sie kennenzulernen und um dann aus der Freude am Umgang mit ihnen zu lernen, wie man sie bewegt und wozu man sie gebrauchen kann. Dabei schwätzt es vor sich hin, macht Krach und hält kleine Reden auf seine Art. Wenn die Mutter es andauernd zum Schweigen bringt und ihm verbietet, Dinge zu berühren, die es leicht erreichen kann und die für es nicht gefährlich sind, zieht sich das Kind immer mehr zurück, seine Möglichkeiten werden ihm beschnitten, und es ist blockiert in bezug auf das Erlernen von Fähigkeiten.

Was können Sie also abschließend in bezug auf die Normen für den Erwerb bestimmter Fähigkeiten beim Kind sagen?

Ich denke, daß ich bereits genug darüber gesagt habe. Ein Kind ist dann ›flexibel‹, also beweglich, wenn der Ausdruck seines Mundes, sein Geschmack, sein Blick, seine Höraufmerksamkeit und seine Geräusche stetig wechseln; wenn es nimmt, wegwirft, berührt und die Dinge bewegt und all dies entsprechend seinen Bedürfnissen; wenn es in dem Maße, wie es groß wird, spielt, was es bei den anderen sieht oder selbst Spiele erfindet; ein Kind, das die Bedürfnisse seines Körpers allein befriedigt, d. h. ißt, wenn es Hunger hat, sich wäscht, weil es ihm angenehm ist, sich allein beschäftigen kann, aber doch das Spielen mit Kindern seines Alters vorzieht; ein Kind, das sich bei all diesen Tätigkeiten in Sicherheit fühlt, das eine wachsame, aber keine ängstliche Mutter hat, die weder zu viel erlaubt noch zu streng ist, die nicht die Sklavin des Kindes ist und aus ihm kein Stofftierchen, Püppchen oder Schoßhund macht; das eine Mutter hat, die es lachen und singen hört, die es mit anderen Menschen außer ihm glücklich sieht, ohne daß sie es vernachlässigen oder von ihm in Gesellschaft anderer mehr abverlangen würde — das alles zusammengenommen wäre ein gutes und lebendiges Kind, ein glückliches Kind, das sich in seiner Haut wohl fühlt, das sich so entwickelt, wie es ihm ganz persönlich entspricht — mit seinen Eigenarten, die respektiert werden.

Erst durch seine Beziehung zu den anderen, zu dem Lebenden, zu den Tieren, den Pflanzen, den Blumen, den Elementen, den Gegenständen und durch die Worte, die über all dies gesagt werden, wird ein Kind zu einem Wesen, das nach Austausch mit seiner Umwelt trachtet, ein Wesen des Habens, Tuns, Nehmens und Gebens, Wissens und Erfindens: zu einem Menschen, der sich Tag für Tag zu einer zu gesellschaftlichen Kontakten fähigen Person entwickelt — und das ist der Mensch schon im Alter von ca. 30 Monaten.

Soweit zu den Fähigkeiten eines Kindes bis zum Alter von 30 Monaten.

Das Kind hat bis zum Alter von drei Jahren sehr viele Dinge zu lernen, um überall in Sicherheit zu sein, um sich an die Disziplin im Kindergarten anpassen und dort Spaß haben zu können, um freudig neue Aktivitäten zu entwickeln, anstatt sich womöglich zurückzuziehen.

Es wird seinen Namen erfahren — und warum gerade diesen Namen —, sein Geschlecht, seine Herkunft, von wem es die Tochter oder der Sohn ist und was dies bedeutet; seine Adresse, die Straßennamen, den Weg zum Kindergarten. Und es wird noch lernen müssen, daß man nicht alles hat, was man haben möchte, daß man nicht nehmen darf, was einem nicht gegeben wird, und daß alles seinen Preis hat; daß man sich zu verteidigen wissen muß, anderen nicht mit Absicht schaden soll, auf der Straße vorsichtig sein muß; es wird in dieser Zeit alles lernen, was ihm in der Gesellschaft Sicherheit gibt und ihm Tag für Tag die Möglichkeiten der Entwicklung neuer Fähigkeiten eröffnet, wodurch es dann immer unabhängiger wird und gelungene Beziehungen zu anderen aufnimmt, unter denen es sich seine ›Auserwählten‹ aussucht und Freundschaften knüpfen wird. Und mit den anderen muß es auch lernen, zurechtzukommen.

Das war ein langes Schlußwort, und ich danke Ihnen dafür — im Namen der Kinder und der Eltern ... Und noch einmal in aller Kürze: es gibt keine Normen!

Nein. Es gibt die Ordnung der Natur, und die Liebe der Eltern und die Erziehung kann sie nutzen und das, was in ihr angelegt ist, entwickeln oder nicht; aber man sollte wirklich vermeiden, ihr in irgendeiner Weise entgegenzutreten.

Sachregister

Abwesenheit des Vaters 223
Adoption 84, 143
ältestes Kind 25, 139, 210–212
Ängste 80, 124, 162–164, 303
–, nächtliche 69, 73, 160
Aggressivität 185–189, 204, 208
Alles berühren 231
Alpträume 65, 69, 314
Arbeit der Mutter 204
Auflehnung 169, 173, 190, 197
Aufräumen 170

Bettnässen 71
Beziehungen
–, zur Mutter 277, 345
–, zur Umwelt 348

Demütigen 137, 210
»Die ersten drei Jahre« 139

Eifersucht 27, 43, 100
Einbildung 152, 185, 290, 330
–, und Wirklichkeit 305, 330
Einzelkind 212, 286, 288
Entwicklung 341
Ernährung 118
Erziehung
–, sexuelle 327, 332, 340
–, zweisprachige 143, 147
Essen
–, nicht essen wollen 317
–, sauber essen 173
Eßgewohnheiten 173, 317

Frechheiten 192
Freikörperkultur (FKK) 178
Freizeitbeschäftigungen 149

Geburt 29, 89, 124, 138, 214
–, eines zweiten Kindes 318, 331
Gehorsam 169
Gerechtigkeit gegenüber dem
    Kind 37
Gewalt 266, 275
Gewohnheiten 31
Gott 193
Großeltern 35, 55, 160

Inzest 93, 183, 203, 329, 333,
    338

Kindergarten (Vorschule) 21, 36
Kinderkrippe 53
Kinder wie Zwillinge behandeln
    167, 207
Körperliches Leiden 155, 162,
    211
Krankenhaus 155, 158
Küssen 97, 127, 137

Laufstall 236
Launen 20, 41
lieben 68, 127, 135, 166, 201,
    207
Linkshänder 238
Lügen 305, 330

Märchen 292
Malen 129, 150
Motorik 283
Musik 132
Mutter 41, 95, 192, 204, 206
–, ledige 219
–, sklavische 234
–, aufgebrachte 273

351

Nacktsein, voreinander 335
Normen 341

Ödipuskomplex 183, 192, 197,
   199, 202
Operationen 155
Ordnung 246, 262

Passivität 281, 284

Rhythmus 31, 171
Rivalität (unter Brüdern) 165,
   207

Sadismus 269
Sauberkeit
–, Erziehung zur 50, 125, 144
Scheidung 80
Schimpfworte 176, 321
schlagen 47, 137, 145, 266
Schlafengehen 33, 61, 171, 318
Schlafgewohnheiten 61, 69, 160
Sexualität 89, 181–182
sich lustig machen über jemanden
   210
Spiele 76, 153, 185
Spielzeug 294

Sprechen 29, 124
–, mit Vater, Mutter, Kindern
   325
Stillen 116
Strafen 234
Streitigkeiten 43, 102

Tagesmutter 55, 74
Tiere 152
Trennungen 38, 55, 65, 204
Tod 110, 185, 309

Vater 38, 40, 63, 90, 140, 192,
   193, 195, 212, 221, 226
Verantwortung 322
Vorpubertät 323, 325

Weihnachten 290
Weihnachtsmann 107
Widersprechen 305
Wünsche
–, Ablehnung von 152
Wutanfälle 42, 74, 103, 205, 301

Zimmerfragen 32, 64
Zwillinge 163, 165–168,
   207–209, 299